叢書・ウニベルシタス　1014

観光のまなざし 増補改訂版

ジョン・アーリ／ヨーナス・ラースン
加太宏邦 訳

法政大学出版局

THE TOURIST GAZE 3.0
by John Urry and Jonas Larsen
English language edition published by Sage Publications of London, Thousand Oaks and New Delhi and Singapore,
Japanese translation published by arrangement with Sage Publications Ltd. through The English Agency (Japan) Ltd.

観光のまなざし〔増補改訂版〕　目次

まえがき（第一版）

以下の諸氏、Paul Bagguley, Nick Buck, Peter Dickens, Paul Heelas, Mark Hilton, Scott Lash, Michelle Lowe, Celia Lury, Jane Mark-Lawson, David Morgan, Ian Rickson, Chris Rojek, Mary Rose, Peter Saunders, Dan Shapiro, Rob Shields, Hermann Schwengel, John Towner, Sylvia Walby, John Walton and Alan Warde ならびに、世界各地から貴重な観光資料を提供して下さった諸氏にたいして、その助言、奨励、助力を深謝する次第である。また、わたしの質問に丁寧に答え、ご教示くださった観光業や接遇業に従事されている方々にも感謝する。本書で報告されているいくつかの聞き取り調査は英国経済社会研究機構の〈変容する都市・地域システム〉企画の助成を得てなされたものである。わたしに休暇・行楽を〝まじめに〟とるよう慫慂してくれたその企画に感謝するものである。

ジョン・アーリ

ランカスターにて　一九八九年一二月

まえがき（第二版）

本版は、第八章（「まなざしのグローバル化」）を追加した以外は、初版の構成を踏襲している。初版を受け継いだ七つの章については、データ更新、新しい研究の摂取、いくつかのより適切な事例との入れ替えなどを行った。

この版では、広範にわたる調査や知見の提供に Viv Cuthill の援助を得たことを大いに感謝したい。また Mike Featherstone にはそもそも観光に関する書籍を書くよう奨めてもらったことを感謝するものである。『旅する文化』（*Touring Cultures*）での共著者である Chris Rojek には、この第二版を出すよう提言してもらったことにお礼を申し上げる。

この一〇年間、ランカスター大学で、私は、観光・旅・移動文化関係の博士論文を指導してきたが、その研究者諸君との研究上の交流や談話を通して、本書を執筆するについて学ぶところが大いにあった。次の諸氏（何人かは、特に第八章について役立つコメントをくれた）に感謝したい。

Alexandra Arellano, Javier Caletrio, Viv Cuthill, Saolo Cwerner, Monica Degen, Tim Edensor, Hernan Gutiérrez Sagastume, Juliet Jain, Jonas Larsen, Neil Lewis, Chia-ling Lai, Richard Sharpley, Jo Stanley, Joyce Yeh.

さらにこの一〇年間に、『観光のまなざし』を科目として学んでくれた修士課程の学生諸君との議論でも大いに得るところのあったことを記しておきたい。
ランカスター大学の同僚の方々とも議論をした（特に第八章について有意義な意見をいただいた）が、その方々は、Sara Ahmed, Gordon Clark, Carol Crawshaw, Bülent Diken, Anne-Marie Fortier, Robin Grove-White, Kevin Hetherington, Vincent Kaufmann, Phil Macnaghten, Colin Pooley, Katrin Schneeberger, Mimi Sheller である。社会学部の大学院事務関係で、Pennie Drinkall や Claire O'Donnell と、ここ二、三年一緒に仕事ができたのは愉快なことであった。

ジョン・アーリ

ランカスターにて　二〇〇一年四月

まえがき〔第三版〕〔増補改訂版〕

観光の世界は絶えず流動的で、観光理論も、その変化を捉えるには、必然的に進行形であることが求められる。この『観光のまなざし』第三版〔増補改訂版〕は、二一世紀における観光研究者、学生、政策・施策担当者にむけて、少しでも今日的意義を示しうることをめざして、旧版を根底から構成しなおし、改訂し、増ページをはかった。

多々の改変を行うにあたって、共著者としてヨーナス・ラースンを加え、新しい目で本書の見直をした。旧版の章の文章も全面的に改訂した。古くなったデータや研究は削除し、新しい研究や理論を組み込んだ。観光のまなざし概念は、さらに理論的な考察の対象とし、考究を深めた。そのひとつとして観光の「負の側面」への着目などもある。

新たに三つの章を立てて、観光のまなざしと〝写真〟、〝デジタル化〟との関係、観光理論や研究における身体的〝パフォーマンス〟の分析、地球温暖化や石油ピークなど、グローバル化する観光のまなざしにとっての望ましい状況とか未来を問う観光における〝リスク〟の諸相を、この三つの章で検討した。

私たちは、この新版『観光のまなざし』を執筆するにあたって、ありがたいヒント、助力、支援をいただいた。とりわけ、次の方々に感謝をするものである。

Jørgen Ole Bærenholdt, Monika Büscher, Javier Caletrio, Beckie Coleman, Anne Cronin, Viv Cuthill, Monica Degen, Kingsley Dennis, Pennie Drinkall, Tim Edensor, Michael Haldrup, Kevin Hannam, Allison Hui, Michael Hviid Jacobsen, Juliet Jain, Jennie Germann Molz, Mette Sandbye, Mimi Sheller, Rob Shields, David Tyfield, Amy Urry, Tom Urry, Sylvia Walby and Laura Watts.

なお、写真はエイミ・アーリならびに著者によるものである。

ランカスター市にて　ジョン・アーリ

ロスキレ市にて　ヨーナス・ラースン

「世界中が動いていく、この変化の時代にあって、じっとしているなんてことは、罪なことだ。旅行、万歳。安い安い旅行だよ」

（一八五四年、トーマス・クック。Brendon, 1991: 65 より引用）

「景色？　あ、景色ね！景色って、どうしてこんなに素敵なんでしょう！」

（E・M・フォースター作『眺めの良い部屋』〔一九〇八年〕の主人公ミス・バートレットのセリフ。Forster, 1955: 21）

「カメラと観光、このふたつは、現実《リアリティ》を明確にしてくれる際立った近代的方法である」

（Horne, 1984: 21）

「二〇世紀の観光者にとって、世界は、田舎と都会が一緒に売られている大百貨店となってしまった」

（Schivelbusch, 1986: 197）

「どの旅行者も、おのれは別格で、他の奴らは観光者だと言うから、お笑い草じゃないか」

（エドワード時代の挿話。Brendon, 1991: 188）

「トーマス・クックが初めての旅行用列車を仕立ててから、まるで奇術師の杖が、地球の顔の上をさっとひと撫でしたみたいなことが起った」

（月刊誌『周遊旅行者《エクスカーショニスト》』一八九七年六月号。Ring, 2000: 83）

「（観光者は）自由にふるまうために金を払っている。だから、現地の人たちの大切にしているものや感情を無視し、自分たちで勝手に意味づけの網を張り巡らしていく（…）。世界は観光者が思いのままに（…）愉快に生きられる場であり、つまり意味付けを勝手にするものになっている」

（Bauman, 1993: 241）

「鉄道で行くこと、これは私には旅だとはまったく思えない。たんにある場所へ〈運ばれて〉いるにすぎない。つまり荷物と異なるところがない」

（ジョン・ラスキン。Wang, 2000: 179 引用）

「うわぁ、絵はがきそっくりだ！」

（ヴィクトリアの滝を観た人。Osborne, 2000: 79 引用）

第一章　観光理論

観光の意義

まなざしというものを実践し、これを定めていく学問を初めて成立させる試みをしたのは臨床医学の現場ではないだろうか（…）しかも医学的まなざしが構成されていったのは新しい方法でもってであった。まず、それは診た人の誰彼によるまなざしではなくなって、制度によって保証され正当化された医師のまなざしとなったのである。（…）さらにそれは、その制度が定めた狭い枠にとらわれないまなざしでもあり、むしろ色あい、違い、わずかな異変を把握できる、またそうしなくてはならないまなざしなのである（…）。

ミシェル・フーコー（Foucault 1976: 89）

本書のテーマは、かたい医学の世界とか、このミシェル・フーコーが言うところの医学上の〈まなざし〉とはどんな関係もないように見えるかもしれない。この本は遊びにかんするものであり、余暇、観光、旅行にかんするものであり、また人がなぜ、どのように日常の仕事場や住居から離れてしばらくの間出かけるのかという問題についてのものだからだ。ある意味では必然性のない財とかサーヴィスを消費することについての本だからなのだ。つまり、こういうものの消費というのは、日常生活でふだん取り囲まれているものとは異なる遊興的な体験で発生すると思われているからである。とはいえ、一方、すくなくともこういう体験で、私たちはたいてい、日常から離れた異なる景色、風景、街並みなどにたいしてまなざしもしくは視線を投げかけている。私たちは「出かけて」、周囲を興味や好奇心をもって眺める。周囲は私たちの見方に応じて語りかけてくれる、というか少なくとも語りかけてくれるであろうと期待する。言い換えるなら、私たちは、自分が遭遇するモノ・コトにまなざしを向けるのである。そしてこのまなざしは社会的に構成され制度化されているので、その意味ではこの医学のまなざしと同じなのである。もちろん、これは「制度によって保証され正当化された」専門家限りのまなざしではないという点では、次元が異なるとはいえる。とはいっても「必然性のない」遊興を生み出す過程にも、実際は観光者のまなざしを構築したり、開発促進をしたりしようとする多くの専門業者や関係者はいるのである。

　まなざしという概念で言いたいことは、モノ・コトを見るということは、実は習得された能力であって、純粋で無垢な目などはありえないということである。医学的なまなざしが、診て、かつ見えるようにしているものは、ミシェル・フーコーによれば、単純に「そとに」待ち構えているような既知の実像などではないのだ。では、なにかというと、それはエピステーメ〔認識の枠組み〕なのだ。モノの姿も、言語的に構成されたものなのである。見るということは人間的な目の行なう行為である。まなざし行為は「言説認定」で、社会的に構成された見ることあるいは「視覚の制度」である。H・フォスターがこの点で、「どのようにしてヒトは見ることができるのか、見えるようになっているのか、そして、どうやって見ているコトが見えたり、場合によって見えなかったりするのか」と述べている（Foster 1988: ix）。視覚的に見えたものをあたりまえに表現することとか、あるいは、個々の孤立した一人ひとりが作り出すものとかは、結局、その社会的、歴史的特質であり、権力関係の馴化なのだ。

言語と同じで、人の目も社会・文化的な枠組みがあって、したがって「見方」というのはその枠によって異なるのだ。「私たちはあるモノをただ見るということはなく、いつでもモノと自分たちとの関係を眺めているのだ」(Berger 1972: 9)。人が世界を見るのは、観念、能力、願望、期待などの特定のフィルターを通してであって、しかも社会階層とか性差とか国民性とか年齢とか教養などでそれは定まっていく。まなざしというのは、目に世界を映すというより、世界を整序し、形づくり、分類する行為なのだ。この点についてC・ジェンクスはこう述べている。

> 世界は自明なものとしてあるのでなく、「そのままの目」が「外の世界を見れば」自然に「見えて」くるようなものではない。ありていにいうなら、「外」には、支配的な文化がそう思わせているような面白いものも、よいものも、美しいものも何もないのだ。見えるということは、人が学び取った文化的慣習でしかない (Jenks 1995: 10、傍点は引用者)。

ある特定の景色へのまなざしは、その個人の体験や思い出によって決まり、その枠組みは規範や様式で決まり、また、流布しているあれこれの場所についてのイメージとテクストにもよる。こういう「枠組み」は決定的な動機、技法、文化的なメガネとなって観光者が、具体的なモノや実態的な場所を「面白い、いい感じ、美しい」と見るより先に、先行してそう見えるようにしてしまっているのだ。観光地はたんなる景色そのものではないのだ。そして、このメガネなしには、自然の中にある美的な秩序や構築された世界はきわめて違ったものになるだろう。見方が異なってしまうことで、モノとしての、構築された世界はいかようにでも違って見える。

本書では、したがって、それぞれ違う社会や、とくに歴史上のさまざまな時期に、異なった社会集団内で、観光のまなざしがどう変容、進展してきたかを見ようとするものである。まなざしの形成と強化の過程をくわしく描き、このまなざしをだれが、あるいは何が権威づけて、その結果、まなざしの対象となった「場」がどうなったのか、またこれがどのように、他の社会現象と関係してきたかを考察したい。「観光のまなざし」は個々人の心理などではなく、社会的にかたちが決まり、習得された「モノの見方」(Berger 1972)なのだ。それは、携帯電話の画像や映像技術を通して構成された視覚的映像である。医学的まなざしと同様、近代の観光では視覚的まなざしの権能は、種々の技術、たとえばビデオ、フィルム、テレビ、カメラ、デジタル画像などと結びつきまたそれらによって発揮されてきた。

ただし、これこそが観光のまなざしだというようなものがあるわけではない。社会によっても社会集団によっても、時代によっても異なるからだ。こういうまなざしは、差異ということから形成される。ただ、そのことは、あらゆる時代のあらゆる観光者に真実となるような普遍的体験はない、ということを言いたいだけでなく、観光のなかにはさまざまなまなざしの向け方があり、観光者が「差異」を見る方法も各自異なっているということなのだ。その理由は、一つには、観光のまなざしが階級、性差、民族、年齢ごとに構成されているということがある。さらに、まなざしはどの時代であっても観光と反対側にあるものとの関係性から構成されていくからである。つまり、社会体験や社会意識の非・観光的様相との対照点に生まれるということなのだ。個々の観光のまなざしを作り出すものは、それが対比している社会の側に依存する。つまり、非・観光的な社会がそのときどういう形をしているかということに依存するのだ。したがって、まなざしは社会行為とその記号のシステムとを前提とするのである。このシステムが個々の観光行為を決めていくのだ。観光の対象は、前もって存在する何かの特性によって定まるのではなく、こちら側にある非・観光的社会環境が内包している対照点に生まれる。非・観光環境というのはとりわけ家庭と労働の場である。

観光、行楽そして旅行は一般の評者たちが思ってきた以上に重要な社会現象である。一見するとこんなつまらない主題で本を書くことはないだろうと思える。じっさい、社会科学者たちは労働とか政治という重厚なテーマについては苦心を重ねて説いてきたが、行楽などという、取るに足らない現象の説明をせよと言われると、たいへんな困惑を覚えるのでないかと想像されるのである。しかしながら観光研究と逸脱論とには興味深い類似点があるのである。逸脱論は、異常で特異な社会的行為の研究を行なうが、この行為は、じつは、ある社会において、たまたま逸脱とされ、別の社会では必ずしもそうでない。逸脱の研究の前提には、「正常な」社会側のもつ興味深く意味ある諸相が解明されるだろうということがある。なぜ種々の行為が逸脱として扱われるかということ、それはまさに種々の社会がどのようにして機能しているのかを照らし出すからである。

本書は、これと類縁的な分析を観光にも適用しようという考えを基盤としている。逸脱行為とは「出る」《デパーチャー》という概念を含んでいる。また日常生活の決まりきった繰り返しの行為を、限られた期間ではあるが、中断することも含んでいる。その人の感覚を日常とか世俗性とかと対照的なある種の刺激に触れさせてくれるという意味もある。観光のまなざしの典型的な対象を考察することで、より広い社会の基本的原理というものを理解しようとするにはこの逸脱を用いてよいだろう。まなざしの対象は社会と対比的だからだ。べつの言い方をするなら、それぞれの社会集団がどうやってそれぞれの観光のまなざしを形成するのかということを考察することは「正常な社会」でなにが生起しているかを理解するのにじつによい方法なのである。私たちは観光の典型的な形態を探究することを通して、正常とは、という問いに答えるため、差異という実態を用いることができよう。このようにして観光は取るに足らないテーマであるどころか、ふつうなら曖昧に看過されてしまう通常の行為の諸相を解明する可能性をもつという点で重要なものなのだ。社会にかんする研究作業を切り開いていくには、日常感覚に反する不意打ちの方法論を要求されることがよくある。この場合の観光のまなざしに内包されている「出る」ことの研究がそれである。

このまなざしにかんしては、歴史的、地理的、社会学的に多様であるということ、このことはそのとおりではあるが、慣例として一応「観光《ツーリズム》」と表現されているこの社会的慣行にも最低限の共通な特質があるのだ。いま、これを列記し、のちに歴史的、社会学的、そしてグローバルな視点で行なう分析のベースとしたい。

一、観光は余暇活動であり、これはその対照物を前提にしている。対照とは、制度化され組織化された労働である。観光は、労働と余暇が、どのようにして、〝近代《モダン》〟社会の社会的慣行のなかで分離され、制度化された分野として成り立ったのかをみせてくれている。事実、観光者として行動するということは、〝近代〟の定義にもつながる一つの特質であり労働の大きな質的変化とも密接に関係している。労働はある一定の場で行なわれ、またある一定の時間内に生じる行為となったのである。

二、観光から生じる諸現象は、人々がいろいろな所に移動し滞在することから発生するものである。観光は必然的に空間的移動をともない、これが旅で、あわせて新規の場所（一か所とは限らない）での一定期間の滞在をもともなう。
三、旅は、住まいや労働のある通常の場以外の場所へと向かうこと、滞在はその場に留まることである。そこでの滞在期間は短期でかつ一時的という性質をもち、比較的近いうちに、〝家《ホーム》〟へもどる、という心積もりがある。
四、まなざしを向けられる場所は、その目的地としていうなら、労働と直接結びつかない対象で、通常、労働（無報酬の労働でも）と明確に対比されるような所である。
五、近代社会の相当数の人は、このような観光に関与している。観光者のまなざしの集団的性格《マス》（「旅」のもつ個人的性格と反対）に対応するべく、新たに社会化されてきた施策が発展してきた。
六、いろいろな場がまなざしを向ける対象に選ばれるが、選ばれる理由は、とくに夢とか空想を通して、自分が習慣的に取り囲まれているものとは異なった尺度あるいは異なった意味をともなうようなものへの強烈な愉楽への期待なのである。このような期待は、映画、テレビ、小説、雑誌、CD、DVD、ビデオなどのさまざまな非・観光的な技術でたえず作り上げられている。これもこのまなざしを作り強化しているものである。
七、観光のまなざしは人々の日常体験と切断されるような風景や街並みの様相へと向けられている。こういう景色を人が見るのは、これが日常とは、ある意味、別物だととらえるからである。このような観光的な風景を見て、いつもと異なったかたちの社会的認識パターンをもつことがよくある。つまり風景や街並みの視覚的要素にたいして通常日常生活で見られるより過敏になるのである。人々はそのようなまなざしにこだわるのである。このまなざしは、こんどは、写真、絵はがき、映画、ミニチュアなどを通して、しばしば視覚的に対象化され把握されていく。このことでまなざしは、時を越え空間を超えて、はてしなく再生産し再把握をくりかえしていく。

八、まなざしというのは記号を通して構造化される。そして観光は記号の集積ということになる。観光者が、パリでキスをしているカップルを見た場合、そのまなざしに捕らえられたものは「永遠のロマンティックなパリ」となる。イギリスの小さな村を見た場合は、観光者がまなざしを向けているのは「本物の古《いにしえ》のイングランド」となる。J・カラーが述べているように「ツーリストというのは記号そのものとして何にでも興味をしめす（…）。世界いたるところ、陰の記号軍団《セミオティシアン》としての観光者はフランスらしさとか典型的なイタリア人の言動とか絵にかいたようなオリエントの風景とかいかにものアメリカの高速道路とか伝統的な英国のパブの記号をもとめて溢れかえっているのである」（Culler 1981: 127）。

九、観光関連の人々はこぞって、つぎからつぎへと最新の観光のまなざしの対象の再生産を行なう。まなざしの対象は、複雑でしかも変容する階層のなかへ置かれていく。まなざしは、一つはそういう対象を供給する利害にまつわる競争側と、もう一つは、潜在的な客層間で変化する階層や性差や好みの世代間差との相互作用によって決まる。

本書で考察したいのは、観光のまなざしの発展とその歴史的な変遷についてである。主としてこの二〇〇年の間のそういう変化を図式的に述べることにする。それはヨーロッパのほとんどの地域と北アメリカや世界の多くの地域で大衆観光《マス・ツーリズム》というものが広範にひろまったのがこの時代だからである。観光者である、ということは「近代」を身にまとう、という特質の一環である。これは近代社会でのステータスの指標となり、健康のためにも、国際的という体裁としても必要だと思われるようになった（Feiffer

1985: 224 参照; Urry 2007)。

近代以前《プレモダン》の社会にもしっかりしたかたちの旅行はあった。ただそれは選ばれた階層のきわめて限られたものだった（Towner 1988 参照）。たとえばローマ帝国では選民用の遊びや教養のための多種多様な旅行が存在していた。平和な時代が二〇〇年間続いたということもあって、とにかく旅行関連の施設が整備されていた。イギリスのハドリアヌスの長壁〔ケルト人の襲来を防ぐ目的で、二世紀ローマ皇帝ハドリアヌスの命で、イングランドを横断するかたちで造営された長さ一二〇キロの塁壁〕からユーフラテス河まで敵地を通らずに旅ができたのである（Feifer 1985: ch. 1）。セネカも、このおかげで都市居住者がつねに新しい感動と喜びを求めることができるのだと述べ、「人はさまざまな気晴らしを求め、広域にわたって旅をする。というのは、人はきまぐれで、ぬるま湯の生活に退屈し、いつも自分たちの常識を超えたなにかを求めているからだ」と言っている（Feifer 1985: 9 の中で引用）。

一三、四世紀には巡礼が大流行した。それは「巡礼宿《ホスピス》のネットワークが産業として成長したことと、大量発行された『免罪巡礼案内書』のおかげで、実行可能で制度化された現象となっていたのである」（Feifer 1985: 29; Eade and Sallnow 1991）。このような巡礼には、多く、宗教的な信仰心と教養と娯楽が混じり合っていた。一五世紀になると、もうヴェネツィアから聖地パレスチナへの定期的なツアー旅行があった。

〈グランド・ツアー〉というのがはっきりと確立したのは一七世紀の終わりであり、これはイギリスの貴族や紳士《ジェントリー》階級の子弟が行った旅行で、一八世紀も終わりごろになると専門職〔英国の階層概念はきわめて複雑であるが、おおよそ中流の上位部分を指し、医師、法曹関係者、教師などがそれに含まれる〕に就く中産階級の子弟もこれを行なった。一六〇〇年から一八〇〇年にかけて、旅行を論ずるといえば、遊学中に話の種にしようとして得た学術的な知見が中心だった。これが百聞は一見にしかず式の旅にシフトしていった。旅行体験の視覚化ということが生じたのだ。「まなざし」の発展ともいうべきで、これを助長し支えたのがガイドブックの発達であった。ガイドブックは新しい見方を育成していくのである（Adler 1989 参照）。ツアー自体の性質も変化していった。初期は、いわば「古典的グランド・ツアー」で、画廊や博物館、高級な文化的作品についての感情を排除した観察とか記録であったのが、一九世紀になると、いわば「ロマン主義的グランド・ツアー」へ変わり、「風景観光」とか美や崇高《サブライム》という、もっとはるかに個人的で情動的な体験の勃興が見られるのである（Towner 1985 参照）。旅行に求められていたのは、イギリスの上流階級の男子の知覚や感性の教育という重要な役割だった（Dent 1975 参照）。

一八世紀はまたヨーロッパ各地、到る所、温泉町という形態での大規模な観光施設の発展を見た（Thompson 1981: 11-12; Blackbourn 2002）。J・マイヤーズコフは「温泉生活の装置全体、たとえば舞踏会、遊歩道、図書室、宴会進行などは、孤立して生活している田舎貴紳に向けての、熱気一杯の社交生活、つまり濃密な都市体験を提供できるように作られていた」と記している（Myerscough 1974: 5）。大衆にも、一年のなかには遊びや休養の時期というのがあった。田舎では、村や町の縁日になると、仕事と遊びが絡まり合っていた。イングランドのほとんどの町村では、少なくとも年に一回、多くはそれ以上の縁日があった。人々はかなりの遠くからやってきて、縁日はいつも仕事と遊興の混淆体で、一般には呑み屋を中心にして行なわれたようだ。一八世紀までには、共同体での交流の大切な中心がパブとなっていった。そこでは灯、暖房、調理器具、家具、情報、両替、旅の用具、娯楽、社交が提供された（Harrison 1971; Clark 1983）。

しかし、一九世紀以前には、上流階級以外の者が労働や仕事と関係のない理由で何かを見にどこかへ旅をするということはまずなかった。この点が、近代社会での大衆観光の大きな特徴なのだ。つまり、大衆が基本的に仕事と関係のない理由で、時期を問わずどこかへ出かけ、何かにまなざしを向け、そこに滞在するということである。イギリスでは、いまや、「自由時間」の四割は旅行に使われていると考えられている（Williams and Shaw 1988: 12）。旅行をしない人は社会的信用《ステータス》を失う。旅行はステータスの指標にされているのである。旅行や休暇は必須だと感じること、これは現代生活ということの決定的指標になるのだ。「休みがほしい」ということばは現代的言説を反映しているいちばん確かなものである。それは人々の肉体的・精神的健康は、ときどき「休養《ゲッタウェイ》する」ことができさえすれば回復するという思いが基礎にあるからだ。

この重要性は今日の旅行数の規模の大きさにも見られる。一年間に国外旅行する人は、一九五〇年では二二〇〇万人であったのが八億八〇〇〇万人になっている。今後、二〇二〇年までには一六億人に達すると言われる。ただし、二〇〇九年には一時的に四パーセント落ちた（www.unwto.org/index.php; アクセス日：2010. 03. 31）。どんな瞬間をとっても、三〇万人がアメリカの〝空〟を飛行している。これは中規模都市の人口に匹敵する（Gottdiener 2001: 1）。年間五〇万室が新築ホテル建設で生まれている。一方、地球上には三一〇〇万人の難民がいる（Papastergiadis 2000: ch. 3）。「旅行と観光」は世界で最大の産業であり、世界のGDPの九・四パーセント、全雇用の八・二パーセントを占めている（www.wttc.org/eng/Tourism_Research/Economic_Research/; アクセス日：2010. 03. 31）。

この旅行はどこにでも発生し、二〇四か国を対象にした〈世界観光機構〉の観光・旅行統計によると、少なくとも七〇の国で、一年間に一〇〇万人以上の外国人観光旅行者が入国している（www.unwto.org/index.php; アクセス日：2010. 03. 31）。世界で、入国者数に無関心な国というのはまずない。ただ、こういう外国人の流れは、きわめて不均衡である。どこから来るかというと、四五の「高次」の文化的先進国が世界の移動人口の四分の三を占めている（UNDP 1999: 53-5）。このような移動というのは、環境にたいして甚大な負荷をかける（これにかんしては雑誌 *Tourism in Focus* の種々の記事ならびに後の第九章参照）。一九九〇年から二〇五〇年の間で世界の自動車旅行は三倍にもなるという（Hawken et al. 1999）。

次の節では、これらの大規模な人の流れの意味についての解明を試みた理論を、いくつかの主要な論文で見てみる。

理論的アプローチ

「愉しみ、娯楽、遊び」の理論的な意味づけをすることは、社会科学者にとっては難しい作業であった。この節では、観光社会学に貢献のあったいくつかの主だった業績を要約しておこう。これらの業績には興味深いものがないわけではないが、それでも未開拓の面が非常に多く残っている。本書では、この先も、観光の場や行為について、理論的に理解するための概念をいくつか論じることにしている（Jamal and Robinson 2009 を、また最新研究論評については Hannam and Knox 2010 参照）。

初期の理論の一つにD・ブーアスティンの「擬似《ぎじ》事象《イヴェント》」分析がある（Boorstin 1964）。現代アメリカ人は「現実《リアリティ》」の直接体験ができず「擬似事象」で生きていると言うのである。観光はその最たる例である（Eco 1986; Baudrillard 1988 参照）。訪れた先の環境からも土地の人間からも孤立したかたちで、大衆観光者はガイド付きの団体のなかで旅行をし、本物ではない嘘っぽい見世物を嬉しがり、騙されながら「擬似事象」を愉しみ、外にある「現実《リアル》」世界を見て見ぬふりをするのである。その結果、観光会社や土地の人々はさらにもっととっぴな見世物を、騙されている見物人用に作り出していくようになってしまうのである。見物人はそれによって、また、さらにその土地の人たちから遊離してしまうのである。また、たえまなく広告やメディアを通して、まちがった観光のまなざしの放出するイメージが観光者にたいして、こんど訪れるべき場所の選択と評価の基礎知識を与えてしまうという幻影の永久自己増殖の閉鎖系を構成していくというのである。D・ブーアスティンによれば、こういう観光は自分たちにおなじみのアメリカンスタイルのホテルとかいう「環境の保護膜《エンバイロンメンタル・バブル》」に覆われて執り行なわれて、観光者は行く先の本来の新奇な環境から隔離されてしまうのだ。

その後、多くの論者がこの「個人旅行者」から「大衆社会の観光者」への移行という比較的単純な理論を深化、洗練させていった。L・ターナーとJ・アッシュの『黄金の群れ』（Turner and Ash 1975）は、観光者が、厳密な境界閾のつくられた世界の中心へどのようにして付置されていくのかという理論をふくらませたものである。代理親（旅行会社、添乗員、ホテルの係）が観光者を義務から解放し、苛酷な現実《リアリティ》から庇護してくれるのである。親の気遣いのおかげで、観光者は海浜リゾートとか観光のまなざしの対象として認められたしかるべき対象以外は禁止される（Edensor 1998.〈タージ・マハル〉のパッケージ・ツアーについての部分を参照）。L・ターナーとJ・アッシュが言いたいのは、ある意味で、観光者の感性や美的感覚は実は故郷にいる場合と同じように狭いということのようである。これがエスカレートしていくのは、土地固有の文化を観光者に見せるのに使われている比較的うすっぺらな手法のせいである。二人はバリ島についてこう述べる。「バリ文化や技芸の様相はほとんどが困惑を与えるほどに複雑で、本来、西洋の様式とまったく異質だ。だが、人々が戸惑いを感じるほどにまで土地の技芸のかたちを極端な単純化やマスプロ的処理をして、観光者用のまがい物に改変していくのだ」（Turner and Ash 1975: 159; Bruner 1995. 図1・1参照）。その行く末は、たえず新しい観光地を探してそこに作り出される可も不可も無い無難なホテルと観光名所のセットで、「まるでどこに行っても自分の似姿を見せられているにすぎない単調な小世界（…）、つまりは異国情緒とか多様の追求は、結局は画一性に帰着するということだ」（Turner and Ash 1975: 292）。

この論調にいささか批判的なのがE・コーエンである。彼は、こんな観光者は一人としていない、実際にあるのは多様な観光者のタイプと多様な観光体験の型だ、と主張する（Cohen 1972, 1979, 1988 参照。とくに、宗教社会学からの理論）。彼が名付けた「経験的」、「体験的」、「実存的」観光というのは、慣習的な観光サーヴィスの「環境の保護膜」に依拠していない観光体験をさす。程度の差はあるが、観光には、既存の観光への反発が背景にあるのだ。さらに、こういうことにも注意すべきだ。そのような「環境の保護膜」があるからこそ、ふつうなら訪れないような場所に人々を赴かせ、そこでなんらかのわずかであれ「新奇な」場との接触をもさせてくれるのである。じっさいは、こういう場所の観光施設開発が十分に熟した時点でも、その観光地の「新奇さ」を、あれこれの擬似事象《イヴェント》の完全な装いで隠し通し、封じ込め続けることなどできないだろう。

D・ブーアスティンの立場に異議を唱えた仕事としてはD・マッカネルによるものがいちばん大きい。D・マッカネルも現代生活の嘘っぽさと上面《うわっつら》にも関心をよせる（MacCannell 1999; 初版 1976）。彼は社会学者のG・ジンメルが「大都会」で体験する感覚的印象のありようについて述べた「変転するイメージの急激さと過密さ、持続がくっきり切断された、一瞥だけの把握、そして突進して来る心象の予測不可能性」の部分を引用している（MacCannell 1999: 49）。彼は、こういう感覚はまさに観光の症候だと言う。だが、彼はD・ブーアスティンの立場には賛意を表明しない。D・ブーアスティンの立場は「あいつらは観光客だが私は旅行者である」（MacCannell 1999: 107; また、この階級問題についてはBuzard 1993 参照）というよ

図 1.1　インドネシアのバリ島の観光者のまなざし

うな典型的な上流階級意識を映し出すものだからだ。

D・マッカネルからみると、どの観光者にも本物志向があり、この志向は聖なるものにたいする人類普遍の関心事の現代版である。観光者は、一種の現代の巡礼で、自分の日常生活とは別の「時」と「場」に本物を求めているのである。観光者は他人の「生《なま》の生活」のなかにも独特の魅惑を感じ、これにどういうわけか自分自身の経験のなかでは見いだせないような現実味を感じるのだ。現代社会というのは、したがって、よそ者がその営みを覗き込む権利を急速に制度化しているのだ。「そういう制度には装置、舞台、会場があり、それらは観光者御用達の特別品なのである」(MacCannel 1999: 49)。まずどんな種類の仕事でも、それがウェールズ地方の苛酷な炭鉱労働であっても、あるいはパリの下水掃除夫のとても羨ましいとはいえない労働であっても、観光のまなざしの対象になりうるのである。

D・マッカネルが考察したのは、とりわけ、人々が他者の労働生活に懐く強い興味から生み出される社会関係である。このような「生《なま》の生活」は観光地の裏側にあるもので、もろに私たちに見えるものではない。そこで、観光者のまなざしは、いきおい現地の生活の中までずかずかと侵入しがちになる。しかしこれは一般には許されないことである。それでも見られてしまう。そこで、地元の観光業者はだんだん嘘っぽい舞台裏を人工的手法ででも造りだすようになる。「観光空間」が、このようにして、マッカネルが言う「舞台化された本物らしさ」(MacCannell 1973)というものの周辺に創出されていくのである。作られた観光の見せ場が発達したのは、観光のまなざしの対象になった人たちがどのように応えていくかということの結果でもあるが、自分自身の生活の舞台裏への侵入からの自己防衛の結果でもあり、また目の前のこの機会に便乗して儲かる投資をしたいという結果でもあったのだ。そこから、D・ブーアスティンと逆に、D・マッカネルは「擬似事象」は観光の社会的関係に由来するのであって、まがい物を求める個人的動機に由来するものでないという主張である。

P・ピアースとG・モスカードはこの本物性についての概念をさらに精緻にしている(Pearce and Moscardo 1986; Turner and Manning 1988)。二人が述べるのは、背景の本物性とまなざしを向けられる人の本物性とは区別しなければならないということだ。さらに、当の観光者にとって意味を持つ観光体験は多様であり、それは区別しておく必要があると言う。M・クリックはそれと反対に、どの文化も「舞台化」されていて、ある意味ではまがい物ということにこそ意味があるのだと指摘する。文化というのは考案されるものであり、作り変えられるものであり、その部分々々は組み替えられるものであると言う(Crick 1988: 65-6)。これでいくと観光者用の見え見えのまがい物の舞台化と、どんな文化にもある一連の文化的変容過程と、なぜそれほど甚だしく異なっているかは明白でなくなる(Rojek and Urry 1997)。

エイブラハム・リンカーンが一八三〇年代の何年かを過ごしたニューセイラムの町での調査にもとづいて、E・ブルナーが「本物」の意味をめぐっての混乱を整理した面白い指摘がある（Bruner 1994; Wang 2000）。第一は、ある意味で一七〇年以上の年月をたしかに経て、この小さな町が残ってきたように〝見える〟という点では町は本物だ。建物などが実際にその当時のものか、丁寧に復元されたものかは別として。次に、一八三〇年代の町のように見える町がそこにあることはあるが、実際には、町のほとんどは〝新しい〟建物なのだ。三番目に、一八三〇年代に文字通り〝遡れる〟建物や民具などはある意味本物性がある。そして四番目に、町のなかにある「文化遺産」を所轄する〈保存団体《トラスト》〉が〝本物〟であるとお墨付きを与えた建物や生活用具もある。同じように、G・ホルダーネスは〈シェイクスピア生誕地保存会〉がストラトフォード・アポン・エイヴォンの町に覇権的役割を及ぼしてきた状況を述べている。どの建物が、どの場所が、そしてどの民具が〝シェイクスピアの遺産〟としての本物性を認定されるか、あるいは、それほど「本物として認定」されないかの判定をしてきたのである（Holderness 1988）。E・ブルナーはこういうことも言っている。ニューセイラムの町は、現在は一八三〇年代とまったく違っているところがあり、それは、以前にはカメラをぶら下げた観光者が大挙して歩き回り、昔のしかも消えて久しい時代の住民に扮した衣裳をまとった役者たちを興奮気味にジロジロ見るという状況はなかったはずだ、と。

D・マッカネルは、観光者は、ただ一つの聖地を賛仰する宗教的巡礼とはちがって、数多くの名所や見物先を賛仰するのだとも言う。その場所は産業や労働の現場にすら及ぶ。D・マッカネルによると、その理由は、労働が社会のたんなる一つの付属物になってしまって、社会の中心ではなくなっているからだという（MacCannell 1999: 58）。彼は、このような労働の見世物化への関心を「疎外された《エイリエネイテッド》余暇」と特徴づけている。これは余暇の目的の転倒で、労働の現場に、行楽目的とはいえ、また戻ってしまうのだ。

彼はまた、恒常的で意味のある、そして利益につながる観光のまなざしが創出され維持されるためには、いかにしてそれぞれの観光地が複雑な創生のプロセスをもっているかを記している。まなざしは成り行き任せではだめだ。いつ、どこで、どうやって「まなざしを向ける」のか学びとらなくてはならない。明確なサインが出ているばあいもあるし、ある場合には、その現場でかつて起こった何かの事象、または経験を指し示しているサインそのものが、まなざしの対象であったりする。

D・マッカネルの主張は、ふつうは聖地化の過程があり、聖地化が、ある自然あるいは文化的文物を観光儀礼の聖なる対象に変えていくというものだ（MacCannell 1999: 42-8）。それにはいくつもの過程がある。風物の命名、構成と推敲、祀り上げ、聖具の人工的な複製、そして社会的再生があり、つまり、新しい風物（あるいは名所）は有名どころに倣って名前がついていく。また、次のことも大切である。賛仰されるような見せ所もたくさんあるが、多くはまなざしを向けられるだけでおしまいなのだ。言い方を換えるなら、観光者のまなざしはびっくりするほど気まぐれで、なにか新しいものはないか、なにか違うものはないかと探し、期待を膨らませているのである。D・マッカネルは「どんなものでも潜在的には見世物になる。ただ、だれかが、他人に向かって、あれは面白いよ、一見の価値があるよ、と指摘する労をとってくれるのを待っているのだ、とも言う（MacCannell 1999: 192)。

この複雑な過程については、V・ターナーが巡礼の分析で、その一端を明らかにしている（Turner 1973, 1974)。ある段階《ステージ》から次の段階《ステージ》へ移るとき、そこにともなう〝通過儀礼〟が重要なのだと言う。それには三つの段階がある。第一は、通常の居住地や社会的シガラミからの社会的・空間的な切断。第二は、境界状態《リミナリティ》。この段階では各自は自分を「時空を超えた（…）反構造」にあると感じる。慣習的なシガラミは宙吊りになり、強力な結合力をもつ「共同態《コムニタス》」が体験され、そこには聖なるものあるいは超越的なものに直に触れる体験がある。第三は、再統合で、ここでは各個人は元の社会組織に再統合されるが、一般には以前より社会的ステータスが高まる。

もちろん、この分析は巡礼に適用されているものではあるが、何人かの論者たちはこの説を観光用に解釈しなおしている（Cohen 1988: 38-40; Shields 1990; Eade and Sallnow 1991 参照）。巡礼と同様に観光者もなれ親しんだ場から遠くへ移動し、またなれ親しんだ場へと戻る。遠いところへ行って、巡礼者も観光者も、そのやりかたは異なるが、神聖なる社殿に「参詣」をする。そしてその結果として、なんらかの高揚した気分を味わう。V・ターナーとE・ターナーは、観光者のケースについては、その「境界様態《リミノイド》」の状況を説明している（Turner, V. and Turner, E. 1978）。そこでは、日常の義務は宙吊りにされるか、逆転されるという。ここには無礼講のふざけた「非・まじめ」な行為への許容があり、比較的縛られない「共同態《コムニタス》」がある。言い換えると、仲間の一体感なのだ。ここによくみられるのは、半・日常生活的行為というか、ある種のお定まりになった、非・日常生活だ。

こういう巡礼の分析の一つにR・シールズの「世界の新婚旅行のメッカ」ナイアガラの滝についての論究がある（Shields 1990）。ナイアガラへ新婚旅行に行くことはまさに巡礼で、境界様態の体験へと踏み出すことによって、通常の社会的体験の約束事は忘れられる。とりわけ、歴史的にも、新婚旅行に行くカップルというのは境界閾に入ったという意識をもっていた。そこでは、旅、多分の匿名性、共同体の目からの解放がともなっていて、中産階級家庭の厳格な社会的因習が緩むのである。一八〇八年に書かれたある小説で、ある登場人物がナイアガラの滝について「ほかでは、どこへ行っても、仕事とか上流社会の流儀への気遣いが必要だし、年齢のこと、不幸なこと、失意がある。でもここにあるのは、若さと信頼と歓喜だけ」だと言う（Shields 1990より引用）。R・シールズはまたこういうことも考察している。ナイアガラの滝は、イギリスとスコットランド国境にあるグレトナ・グリーン村〔かつて結婚を許されないカップルがこの村の教会へ駆け込み結婚式をした〕とまさに同様、いまでは意味がやや隠蔽された意味指標となり、商業化された紋切型《クリシェ》となったという点でそうとう似ているという。

この延長線上で、幾人かの論者が、こういう戯れ、というか遊戯的行為は、リフレッシュや慰安であって、観光者が家庭と労働という日常の場へ元気を回復して戻れるようにするものだ、という考察をしている（Lett 1983の遊戯的なチャーター船観光についての記述参照）。別の論者は、この境界様態とか転倒という一般論はもっと精密な内容がなくてはならないと言う。何が転倒しているのか、どの様に境界体験が現前するのかを正確に見るためにも、観光者の刻々の生のなかにおける社会・文化的模様の特質を掘り下げていく必要があるという。A・ゴットリーブはたとえばこう言う。休暇・休日で求められているのは、日常の転倒だと。中産階級の観光者は「一日農民」になろうとし、中産下層階級の観光者は「一日殿様・お姫様」になりたがる（Gottlieb 1982）。こういうのは、単純な例でしかないようだが、じつは、観光の核心を突く様相を指摘しているのだ。すなわち、ふだんと憧れとのあいだの明確な違い、その差がくっきりした境界閾を作り出すということである。

したがって、本物性の探求が観光編制のまさに基底にあるというような議論の方向は正しくないように思われる。むしろ、カギになる点は、ふだんの住居・仕事の場と、観光のまなざしの対象との差異ということだと思われる。そこで、私たちが本物とする対象を考究するというのがここで重要な要点となっているが、それは、日常の体験と、ある意味で対比的だという、そこの点だけなのである。さらに、最近の議論では、ある種の観光者（M・ファイファーの用語によると「ポスト・ツーリスト」（Feifer

1985)）はふつうの観光体験の嘘っぽさにほとんど大喜びするという。「ポスト・ツーリスト」は観光ゲームがいっぱいあることに面白さを見いだすのだ。彼らは、本物の観光体験など存在しないことを承知していて、あるのはたんにいろいろなゲームとか遊べるテクストだけなのだという（第五章参照）。

本書では、観光における視覚の意味を徹底的に考究してみる。まなざしは、観光者にとっての「他者」との遭遇経験を形作り、そのときにある意味での適応力、遊び、人間関係を規定していく。そのまなざしは、いろいろな愉しみというものがどういう時空で発動するか、その質を選り分けているのだ。外に出たとき目で見てなにが日常から外れているのか、なにがいま異なっているのか、そして、なにが「他者」なのかを確認しながら、種々の感覚的な経験のなかで、関係性を秩序だて、整理するのはまなざしなのだ。

観光のまなざしの発生をおよそ一八四〇年ごろに設定することができる。この「観光のまなざし」は団体旅行とか旅への願望とか写真現像術などと独特なかたちで結びついて西洋近代の核の構成要素になっていった。第七章で述べるように、写真術は近代のまなざしのなかでも重要な位置を占める。観光と写真術は、西洋では一八四〇年に始まり、ルイ・ダゲールとフォックス・タルボットが、それぞれ多少違う方式ではあるが、カメラを「発明」したと（一八三九年と一八四〇年にそれぞれが）発表した。一八四一年には、トーマス・クックが、今日いうところのパック旅行《パッケージ・ツアー》を初めてつくった。初めての駅前ホテルがヨーク市に開業したのも、一八四〇年代におこった鉄道建設ブームの前だった。最初の全国鉄道時刻表、通称『ブラッドショウ』ができたのは一八三九年である。また、サミュエル・キュナードが初めての海洋蒸気船を就航させ、アメリカン・エクスプレス社の前身であるウエルズ・ファーゴ社が、アメリカ西部に駅馬車運行会社を始めた（Urry 2007: 14）。また、一八四〇年に、ラグビー市の寄宿学校の名物校長トーマス・アーノルド先生は「スイスは英国にとって（…）全土が夏休みの周遊地だ」と宣した（Ring 2000: 25より引用）。一八四〇年というのは、つまり世界が一転し、新しい関係性の姿が不可逆的に確立していくめざましい時期の一つだといえる。

最近の学界では、しかしながら、この「観光のまなざし」の概念で観光を視覚的な体験（つまり見物）から説明することについての批判的な議論が出てきている。観光行為に随伴する他の五官や身体的体験を無視していないかというのである。観光学で言われるいわゆる「パフォーマンス転回《ターン》」（詳しくは第八章参照）が、観光体験の場に、より多角的な感覚論でもって光を当ててきている。たとえば触る、味わう、嗅ぐ、聴くなどという、文物や場所の肉体的なもので、この感覚は記号としてみられるたんなる文物や場所とは違うのである。アーヴィング・ゴフマン（Goffman 1959）のドラマツルギーの社会学やナイジェル・スリフト（Thrift 2008）の非・表象論からの援用で、このパフォーマンス転回という考え方によって、観光者の身体性ならびに、観光業者、観光者、現地の、さらには、その相互間にある関係性の、体験的な行動を理論化していくのである。また、こういうことも言われた。まなざし行為なのか、パフォーマンスなのか、の二者はいわゆる観光の範例《パラダイム》として、選ぶことが必要だと（Perkins and Thorns 2001）。しかし、本書では観光のまなざしの概念を、パフォーマンスとして、身体的行為として、とくにそれぞれのまなざしが言説や記号とあわせて行動やモノの関係にも同様に依拠していることを再考してみたいのだ。確かなことは、まなざしを向けることや写真を撮るという身体的かつ「異種混交」の行為や、それぞれの見ることを可能にしてくれる種々のモノやテクノロジーを重視するという点だ（とくに本書八章、九章を参照されたい）。さらに観光は、見物するということが中心ではあるものの、見るということは観光者がかかわる行為、また発揮する行為や意義のすべてとはいえない。視覚でどこまで説明できるかといえば、それには限界がある。そうではあるが、観光のまなざしはかならず観光の身体体験のなかにも存在している。ハイキング、日光浴、渓流下りなどでも、明らかにある点では視覚的環境で決まってくるその場にこそ重要性があるからだ。さらに、本書では観光のまなざしの〝暗い〟側面にも光を当ててみる（Urry 1992; Hollinshead 1999; Morgan and Pritchard 2005; Elliott and Urry 2010）。そのあと、観光のパフォーマンスにおいて、まなざしを向ける側と向けられる側の権力関係、種々の監視的な要素をもつ写真撮影、地球規模にひろがった観光のまなざしが生みつつある環境の変化などを考えてみる。

だが、最初は、卓越した観光のまなざしを作り出すものは何かをまず考えてみることが必要だ。その行く先には行きたくなるような何かが少なくともなくてはならない。そこは日常生活で取り囲まれている慣れ親しんだものとは異なるような場である。観光は、ふだんの日常生活と非日常の二項区分を基調にして発生する。観光には、愉しい体験が惹起するなんらかの様相または要素がある。その愉しさとは、ふだんの生活と比べてふつうではない何物かなのである。もちろん、これ以外の観光体験的な要素では、ふつうの観光者に、「まるで家《うち》といっしょだ」とか、あまり「外へやって来た」という気分にさせない、ということではない。しかし、観光のまなざしの対象は、表立っていなくてもなんらかの意味でふだんとかけ離れている、違ったものであるはずだ。人は、ふつうに日頃の生活で周りにあるものと違った感覚を与えるような、または、並外れた大きさをもったものにたいして特段に悦びの体験をするはずだ。しかしながら、視覚的に、ふだんのものと非日常的なものとのあいだに区別が打ち立てられ、かつその違いという感覚が持続していくには多様な道筋があるのだ。

まず、比類のないものを見るというもの。たとえば、北京の紫禁城、エッフェル塔、グラウンド・ゼロ、バッキンガム広場、グランド・キャニオンとかダイアナ妃が悲劇的な事故死をしたパリの地下道。

だれでもが知っている絶対的に際立ってまなざしを向けられる対象。これらは有名だから有名であるというもので、その場が往時の著名さの根拠をいまは失っていてもそうなのである。たとえば、ニューヨークのエンパイヤー・ステート・ビルディング。西洋人ならだれでもが、こういうものを一つぐらいは死ぬまでに見てみたいと思うのである。こういうものは聖地となり、ある種の巡礼行為を慫慂する。ときに、首都、大都市、世界的なイヴェントのあった場所もそうなる（Roche 2000; Winter, Teo and Chang 2009の〝東洋〟での例示）。

次に、独自の記号を見るというもの。典型的なアメリカの摩天楼、日本庭園、フランスの城《シャトー》、ノルウェーのフィヨルドなど。このまなざしの様式は、観光者がいかにある意味で記号論者であるかを示している。風景を、旅や観光の言説から引き出され成立したある概念や記号の意味指標として読み解いているのだから（Culler 1981: 128）。

三番目に、昔ならありふれたものだと思われていたものを、現代にはふつうではない姿として見るというもの。その例として、かつてのふつうの人たちの生活を展示して、その人たちの文化的な文物を見せる博物館を見学することということがある。この種のものはたいてい「リアル」なセッティングで展示されていて、家屋や仕事場や工場が当時どんな具合であったかがわかるようになっている。入場者は昔ならありふれていたはずの他者の生活を見るというわけだ。

最後は、特殊な記号を見るというものだ。これは、どこから見てもそうは見えないのに、実はとても珍しいということを示している記号である。そのよい例が、月の石である。これは、外見はただの石である。人を惹きつけているのは、そのものでなく、そこに参照される記号で、これがこの石を際立ったものに徴《しるし》づけているのだ。このようにして徴がつくと、対象は際立ったものに転ずる（Culler 1981: 139）。

同じような目の向け方は画廊でも生じる。あるまなざしが絵画自体へ向けられるとしても、それと同じていどに画家の名前、たとえば「レンブラント」としよう、そこに向けられている場合がそれだ。文化的教養が不十分だと、絵画それ自体だけではこの画廊にある他の絵から群を抜いていると見なすのは難しいと思われる。

M・ハイデッガーは、アドリア海を船旅しているときに観光者として感じた視覚的な戸惑いのようなものを捉えている。彼のとくに強調しているのは観光者の〝まなざし〟である。それはよその場所を実見することが「見る側にとって〝自在に扱える〟〔ハイデッガーの用語。道具的存在性（Zuhandenheit）〕対象」（Heidegger 2005: 42）としてどのように変容するかということである。かくて、まわりにいる数知れぬ「観光者」と同じように、彼は自分の船室の窓は「救命ボートが塞いでいるので外の景色がよく見えない」と嘆く。しかし、引き続き、前よりよく見えるようになると「ギリシャ」へとまなざしを向けるのである。ところがM・ハイデッガーは、次にそこが「ギリシャ」のようには見えないという困惑に移る。あれは本当に「ギリシャ」なのか？　彼は問う。「あれは、やはりギリシャなのか、私が理解し期待していたのが現れなかったということか……。何もかもどちらかというとイタリアの景色のように見えるのだが」（Heidegger 2005: 8）。彼はもっと困惑をおぼえ「理由は、ギリシャらしい要素の存在が見あたらないからだ」と、数知れぬ観光者が比較的なじみのないものを見て、そこがそう見えるはずなのにそうは見えてこない時のなにものかへの困惑と同じことを感じるのだ（Heidegger 2005: 11）。そのうちM・ハイデッガーはオリンピアに至る。そこは古代と近代のオリンピック大会の祭典の原点であるが、「そこで見えてきたのは、アメリカ人の観光者用のホテル（になるはず）の新しい建築中の建物によっていっそう醜悪になった村そのものの姿だった」（Heidegger 2005: 12）。となると、いったいまなざしは何に向ければいいのだろう？

このように、直接見られた対象と、その対象が意味するものとのあいだの関係は単純でない。私たちはモノを文字通り「見る」ということはない。とりわけ観光者として私たちは対象、とくに構築物はある部分を、記号として構成されたものとして見るのである。それらはそれ自体でないモノとなる。観光者としてまなざしを注ぐときには、見えたものは多種多様な記号または観光のクリシェである。このような記号はメタファーとして機能することもある。イギリスの綺麗な村は中世から現代まで続くイギリスの不易とか伝統の表象として読み解かれているかもしれない。また、パリの恋人たちというような記号は（パリの町の）換喩として機能する。ここに発生することは、その現象それ自体を、なにかの様相または結果または原因の現象の置き換えにすることなのだ。元炭鉱夫は、いまは、以前の炭鉱で観光者にそこら辺りをガイドするために雇われているが、それは重工業に基盤をもった産業から観光産業への経済の構造的変化の換喩になる。古い工場跡の産業博物館開設はポスト産業社会の換喩的記号である（第六章参照）。

D・マッカネルは「アトラクション」の開発や再構成の複雑な関係を論じている。これらの関係はある「指標《マーカー》」つまり、「景色」と「観光者」のあいだに継続的に生じている（MacCannell 1999: 41）。まなざしを向けるということは単に見ることとは違う。まなざしには解釈の認識作業がある。価値を判断し、比較の対象を求め、記号とその指標とのあいだに心的なつながりをつけ、記号を写真にして捉えるのだ。まなざしを投げかけるのは一連の実践行為だ。ある景色へまなざしを向けるという個々の身体体験は、文化様式、あれこれの場所について流布するイメージとテクスト、さらに個人的な体験と思い出などによって形づくられる。これに加えて、まなざしは夢や心の旅という文化にかかわる手練《スキル》ということもともなう（Löfgren 1999）。C・ロジェックがいうには、「非日常は、おのずと、想像、夢想、心の旅、そのほかさまざまな空想に耽ることに誘うのである」（Rojek 1997: 53）。

観光のまなざしの概念は、なぜ、ある人が旅に出たいと思うかということを説明するために用いられているのではない。そうでなく、私たちの言いたいのは、多様なまなざしの体系的でかつ整合性のある特質についてなのである。まなざしのそれぞれは社会的言説と慣習行動に依拠し、さらに、ある場所とかまわりの「見栄え」を育んでいる建物、デザイン、復元の状態などでもある。このようなまなざしは、流動的かつ体系的な社会と身体の相関性に組み込まれた〝まなざしを向ける人〟と〝まなざしを受ける人〟をも視野にいれているのだ。このような関係性はたくさんの専門的な人々による言説によって編制されたものである。写真家、旅行作家、ブログ、ガイド、地方自治体、〝文化・歴史遺産〟研究家、旅行代理店、ホテル経営者、設計技術者、ツアー手配会社、テレビの旅行番組、観光振興団体、建築家、プランナー、観光研究者などなどである。現代の観光では、こういう技術、表象、機構の言説は観光者向けの〝アトラクション〟の「敷設」――M・ハイデッガーの言葉でいうなら、彼が企図したギリシャ「滞在」の事例における「それ自身の展望と整備」を「施工する外力」（Heidegger 2005: 55-6）――と結びついている。

まなざしに焦点を当てることで、いかに観光の意味の構成が視覚的であるかが見えてくる。そして、このことは、西洋社会の歴史で、眼が全面的に優位であったことを映し出してもいる。視覚は長らく五官のなかでもっとも狂いがなく、ヒトと身体環境とのあいだの感覚媒体のなかでも、いちばん識別力のある、信頼に足るものとして見られていた。この視覚に重点をおく考えは、現在の西洋の認識論のなかや宗教や他の記号体系のなか、そして、統治者の目に、いかに社会が可視的であるべきか、透けて見えるようになっているかという見解のなかにも現存している（Urry 2000: ch. 4）。

この視覚の覇権という一方で、旅の言説のなかでは、視覚がよく貶められているし（Buzard 1993）、旅だけでなくもっと一般的にも貶められている（Jay 1993）。視覚という感覚に無邪気に信頼をおくような人はあざ笑われている。そういう観光者、とりわけカメラを首の周りにかけているような者は周りの様子や人や場所を味わうのにも、薄っぺらな人だと決まって言われている。マーティン・パーの写真集『スモール・ワールド』では、カメラをぶら下げた観光者（通常男である）を揶揄する画像がはっきりとみられる（Martin Parr 1995; Osborne 2000: ch. 7）。

たんなる見物《サイトシーイング》についてはは明らかに困ったことがありそうだ。視覚は五官のなかでもいちばん表面的なものとして見られていて、他の感覚を動員し、ほどよく対象へ没頭するための長い時間を要する生《なま》の体験の妨げにもなるからだ。よく知られているのは、詩人のワーズワースが言っていることだが、イギリスの〈湖水地方〉には独特の目が求められる。それは比較的未開の手つかずの自然にびっくりしたり怖がったりしないような目である。ここが求めているのは「ゆっくりとした緩やかな文化の流れ」（Wordsworth 1984: 193）だ。たんなる見物をする観光者への批判は、さらに極限にまで至り、原型よりいっそう「本物《リアル》」の様子をしているまがい物の場である「ハイパー・リアル」への批判を呼ぶ（Baudrillard 1983, 1988; また本書第五章参照）。ハイパー・リアリティでは、視覚は、目に見えている外見の、しかも限定的な羅列でしかなくなると言われている。そうなると、それは過激になり、他の感覚を凌駕してしまう。ハイパー・リアルな現場は、外見の見てくれにだけ特徴づけられる。視覚はその景色のもっとも直に見えやすい部分に集約される。ディズニーランドの入り口から続く〈メインストリート〉の目を惹きつけるような張りぼての建物外観やイギリスのマンチェスターにある室内型総合ショッピングセンター〈トラフォード・センター〉の豪華客船の船内風の大広間である。もちろん両者は見せるだけでない他参照）。

の用途もあるが（Bryman 1995: chs. 6 and 8 参照。また Fjellman 1992 の〈ディズニー、これぞ「本物」のテーマパーク！〉

観光のまなざしはこの一般的な感覚から生まれるのだが、そうとしても、多様な言説から認められる別種のまなざしもある。この言説に〝教育〟がある。一九世紀のヨーロッパの〈グランド・ツアー〉や現在の研修旅行などがそうである。〝健康〟というのもある。個々人の健康機能を「快復」させる目的の観光で、たいてい身体の快復用の観光地での滞在を行なう（スイス・アルプスとかニュージーランドのロトルア湖畔温泉地など）。〝団体旅行〟もある。日本人や台湾人の観光だ（ナイアガラの滝で見られる。Shields 1990）。〝遊びとスポーツ〟、これは「遊戯的」観光で、一八歳から三〇歳までの者だけが参加できるカリブ海の全費用込みのリゾート施設で催行されるのがある。〝歴史遺産・追憶〟観光は各地の歴史、博物館、祭りの再現、縁日、踊りなどの掘り起こしにともなうものである（Arellano 2004 のインカ遺産文化についての記述参照）、それから〈故郷《おくに》〉がある。それはいまやますます利益もあげている自治体発信の〝ブランド・スコットランド〟というアイディアなどに見られる（McCrone et al. 1995）。

さらに、言説が異なれば、そこに異なる社会性が見えてくる。本書で〝ロマン主義的〟まなざし、と名付けるものは、孤独、隠遁、そしてまなざしの対象との個人的で半ば精神的関係に主眼点がある。こういうケースでは観光者は対象を、ひそかにあるいは少なくとも「大切なだれか」とだけで見たいのである。たくさんのよそからの訪問者は、たとえばタージ・マハルなどでは、こういう西洋人の来訪者が自分だけでじっくり眺めようとするのを邪魔し、妨害するのだ（タージ・マハルでのダイアナ妃を写した写真はじつによくそれを示している。Edensor 1998: 121-3）。そのロマン主義的まなざしはもっとひそやかな新しいまなざしの対象を求めていく。人気《ひとけ》のない浜辺、邪魔物のいない山頂、人里離れた森、山間の清流など。

ロマン主義的まなざしというくくりは、尽きることなく、市場開拓でも観光地の広告でもつかわれている。とくに「西洋」ではそうだ。

これにたいして、本書で〝集合的〟観光のまなざしとよぶものには親睦的な雰囲気がある。他人も同じ場所を見ていることが、愉快さ、祝祭的気分、活況を与える。たくさん他人がいることがその場の〝らしさ〟を醸す。こういう活況や他人を見ることがその場の集合的消費には必要なのである。バルセロナ、イビサ島、ラスヴェガス、北京オリンピック大会、香港などである。詩人ボードレールがこれにかんして、〝遊歩《フラヌリ》〟という概念をあげて、こう述べている。「集団の中、世の盛衰の中、雑踏、疾走の中に住まうこと」(Tester 1994: 2より引用)。インド人がタージ・マハルへ家族や友だちと一緒に行くのは、国民的なモニュメントへの共同体的な体験という意味なのだ(Edensor 1998: 2)。ところが北ヨーロッパや北アメリカの海浜リゾートには、集合的まなざしにとって必要だった混雑がなくなってきている。いわば集合的なまなざしの失われた観光地になってしまっているのだ(Walton 2000)。

この二種類のまなざしのかたちとは別に、滞在中であれ、移動中であれ、場所を視覚的に消費するにあたっての多様なまなざしについても述べられてきた。まなざしは行った先での社会的関係性、滞在時間の長さ、視覚的な味わい方の質によって多様な変化をするというのだ。そこで、まず〝傍観的〟まなざしがある。これは集合的一瞥で、通りすがりにきわめて短時間ちらっと見ただけで、変わった記号の収集をする。その例は、観光バスの窓からみた一瞥の収集(Edensor 1998: 127-8)、あるいは、ノルウェーの観光船とかフェリーからだと船客が「簡略版フィヨルドのノルウェー」を見ることができるということになろうか。次に、〝畏怖的〟まなざしだ。タージ・マハルを聖なる場としてイスラム教徒は精神的に消費している。イスラム教徒の来訪者はモスク、墓廟、そして彫り込まれたコーランの言葉を眺め渡し、そこに気持ちを集中する（Larsen 2001）。〝人類学的〟まなざしというのもある。観光者それぞれが、どのようにして種々の名所（現場）を眺め渡すか、そしてその対象を、歴史的にさまざまある意味と象徴のなかに解釈的に位置づけることができるかということで特徴づけられるものである。たとえば、観光ガイドのなかには、名所（現場）を歴史的・多文化的解釈で説明をしていくのもいる（バリ島にかんして Bruner 1995 のツアーガイドとしての文化人類学者の項参照）。

これと関連して、〝環境的〟まなざしがある。これは、学術的、NGO的言説で、種々の観光を精査し、「環境」につけられたその足跡《あしあと》を測定していくというものである。こういう〈観光反射機能〉〔観光が及ぼす何らかの影響が再帰的に観光の姿を変えていくこと〕をベースにして、いちばん足跡の少ないものを選択することが可能になる、そして、さまざまなメディアを使って、環境主義に同調的な観光地を推薦していくのである（例は、イギリス行楽団体〈ツーリズム・コンサーン〉という組織〔観光分野での、環境破壊や第三世界開発に批判的な活動をする〕である。Urry 1995a: 191）。それから〝メディア化された〟まなざしがある。これは集合的まなざしの一つで、何らかのメディア的な「表象」によって有名になった独自の観光地を観るものだ。これにはいわゆる映画誘発の観光がある（第五章参照）。映画やドラマの場面へのまなざしは、メディア上の出来事の一部または全体を追体験させてくれる。この表象化されたまなざしの例としては、たくさんのハリウッド映画が撮影されたサンタ・モニカとかヴェニス海岸〔ロサンジェルス近郊の海浜遊歩施設〕というロケ地がある。また、いまなら〈バリーキッサンジェル村〉〔BBCテレビのドラマのタイトルで、架空の村の名前。実際の撮影はアヴォカ村で行なわれた〕観光の客であふれかえっているアイルランドのウィックロウ州にあるアヴォカ村。そして、タージ・マハルは種々の「マサラ」映画〔インドの娯楽映画〕が撮影され、そこへ行くと、その各場面が追体験される（Edensor 1998: 127）。最後に、〝家族的〟まなざしだ。M・ハルドロプとJ・ラースンは、家族愛を演出するような観光写真が、視覚的に際立つ雰囲気の中でどれほどたくさん撮られているかといっている（Haldrup and Larsen 2003: chs. 7 and 8 参照）。

第八章で詳しく論じるが、まなざしというのは身体化された社会的実践で、視覚を超えた感覚なのだ。時には、私たちは旅というと、〝身体〟の旅と考える。だが、ここで力説しておきたいのは、しばしばこの自明なことが忘れられている点だということである（男性の研究者のほとんど！）（Veijola and Jokinen 1994）。あちらこちらと移動する観光者というのも、よたよたの人も、弱い人も、高齢な人もいれば、性差も、人種差もある肉体から成っているのだ。このような肉体が、別の肉体やコト・モノの世界と、多様な感覚を通じて邂逅する。観光は、〝身体的〟な動きや悦びのかたちをともない、それらは、どのような観光論の中心にもおかれている。その意味で、観光のまなざしは、少なくとも、断続的にであれ動いている身体同士の関係ということが前提にあるのだ。

この肉体の動きは、ときには、〝身体の接近〟の要因となり、同じ風景・景観、または、なにかの出来事の現場、あるいは、友だち・家族・同僚・相棒と、あるいは本当になるべくしてなった「他者」の仲間（スキー場のスキーヤーみんな、一八から三〇歳の独身者みんな、ブリッジを遊んでいる人たちみんな）と一緒に、という具合に、身体が同じ空間にいるようになる。だいたいの旅行は、旅をすることを絶対に必要だと思わせる強力な「近接欲動」に起因する（Boden and Molotch 1994; Urry 2007）。多くの労働や社会生活には旅行が必要となるが、それは、取引関係とか、打ち合わせの必要性とか、だれかを督励・振興しにいくとか自分のネットワークの維持とかが大切だからだ（Larsen et al. 2006）。だが、自分自身でその場に行くということがおおかたの観光ではポイントとなる。その場所が世界的観光産業のメジャーなところだとしても、あるいはたんに友人から聞いたなんということもない場所であってもである。場は、「自分自身」の目で見て、直接に体験されるべきものなのだ。子ども時代の家に行ってみる、然るべきレストランに行く、あるいはかくかくの渓谷を散歩する、元気よく然るべき山にのぼる、自分の手でよい写真を撮るとかである。感覚の共存がそこにともなう。つまり、その然るべき場所を見る、触れる、聴く、嗅ぐ、味わうのである（Rodaway 1994; Urry 2000 の多種感覚の共存について、を参照）。

さらには、「生《なま》」の出来事が見られる旅もある。特別な理由でたまたま行なわれる企画だ。たとえば、政治的な、あるいは芸術の、あるいは祝典とかスポーツとかの催しだ。とくにスポーツは「生」の催しで、結果も（場合によっては長さも）事前にはわからない。これらは、強烈な共存の契機を生み出す。ダイアナ妃の葬礼であっても、上海万博であっても、グラストンベリー・フェスティバル〔イングランド南西の村で行なわれている野外ロック・フェスティバル。パフォーマンスや演劇も開催〕であっても、あるいは二〇一〇年の南アフリカのワールドカップであってもである。こういうものは、見逃すと二度と見られないし、ここでは、「世界注目の町」での、非常に際立った機会にその生の特別な巨大イヴェントを「捉える」ために、たいへんな人の動きが生まれる。M・ロッシュは企画ものの巨大イヴェントを「社会的・時空的〈ハブ〉であり〈スイッチ〉であって（…）世界的な流れ《フロー》の道《チャンネル》をつくり、混ぜ合せ《ミックス》、ルート替えをする」という（Roche 2000: 199）。このようなイヴェントは、世界が時空的にぐっと縮まる瞬間でもあり、「たぐいまれなイヴェントだからこそ、たぐいまれなこの場」でのグローバルなイヴェントの濃密な「局在化」がそこに出現するのだ。したがって、これらの場所は、「その場自体が日常的な場から（…）特殊な〈一大注目点〉へと変身するパワー」を持つことになり、世界観光の卓越した適所という座を占める（Roche 2000: 224: ch. 6 参照）。

このような共存には他所へ行く（を通る）旅がほとんどいつも伴い、視覚的に珍しい観光地にたどり着き、生のイヴェントを観覧したり、しかじかの岸壁を登ったり、「浮雲のようにひとり」〔ワーズワースの詩の一節〕散策をしたり、渓流下りをしたり、バンジージャンプをしたりあれこれする。これらの身体的な行為は特殊な、専門化された「余暇空間」におかれる。この空間は地理的にも意味論的にも仕事と家庭という場と遮断されている。事実、こういう一応は「自然」で、若々しく、肉体が生き生きしている場での見もの・催し物というのは、たいてい感覚的にはふだんの決まりきった生活や場とは「別の」ものである。J・リングが興味深いことを言っている。アルプスは、一九世紀に英国の貴紳がそれなりに生気を回復できる（ように見える）ためのこういう特殊な空間として開発されたのだと（Ring 2000）。

このような場には「冒険」もともなう。時と空間の中に複雑な道を見いだしていく強烈な肉体の目覚めと活動する肉体から起こる生《せい》の孤島だ（Frisby and Featherstone 1997; また、Lewis 2000 のロッククライミングする「冒険者」の記述）。社会活動にも、肉体的な抵抗があって、このとき肉体は外の世界との関係を身体表現する。一八世紀の末には、領主の土地を通行する「自由」と遊歩の発達が、反抗としての歩くこととして、固定化した社会階層にたいする控えめな抗議の行為になったのだ（Jarvis 1997）。同様に、極端な「冒険観光」は、労働と日常への身体的抵抗の姿勢を見せつけていることになる（Perkins and Thorns 2001）。日焼けした体になりたいという快楽主義的願望は、〈プロテスタントの倫理〉とか家庭的女性とか「折り目正しい気晴らし」への反抗から広がってきたのだ（Ahmed 2000 参照）。同じように、〈プロテスタントの倫理〉風なものへの反発といえば、体を静かに休めつつも、異国情緒を享受し贅沢三昧な待遇に身を任せるというような温泉療養地への旅行が広がったことにもそれが見られる。

ここまで、私たちは身体を観光者側の問題として論じてきた。しかし、観光には、見せる、演じる、客を技巧、魅惑、力、セクシュアリティなどを尽くして誘惑するという、いわば〈見られる身体〉があるのだ（第四章参照）。さらに、私たちは、まなざしについても、まなざしを投げかける側から考えてきた。しかし、観光研究の多くは、まなざしが向けられることの結果の方に着目している。たとえば、観光者の群がる「蜜壺《ハニーポット》」で、たとえて言えば、やや〈一望監視《パノプティコン》の牢獄〉のなかにいるのにも似たまなざしに晒されて働く人などだ（Urry 1992）。客に本当に「お墨付きの本物」だと見えるものを与えておけば、仕掛けとしての本物も、プライバシーに立ち入りそうな客の目を排除できる効果がある。ただし、これが可能かどうかは、「ホスト」環境での力関係、訪客のいる時空の性質、そこにあるまなざしの種類など種々の要件による。たとえば、無遠慮なまなざしも少しなら傍観的とみなせる場合もある。というのもそれは、移動してすぐに通り過ぎてしまうように感じられるからである（もっとも、途切れることなくだれかわからない人の行き来は、それ自体でプレッシャーになり得るけれども）。人類学者的なまなざしがいちばん無遠慮である。こういう観光者はホスト環境で長い時間じっと立ち止まって本格的にこの「本物」を知りたがるからである。

しかし、観光者はまなざしを向けるだけでなく、そこの関係者や「現地の人」からまなざしを向けられもするのだ。土地の人は観光者の行動や衣服、体つき、カメラを眺め、おかしいとか、見下すとか、おもしろいとか、かっこいいとか思う。D・マオズは、「相互的まなざし」ということで、観光者も鉄格子の中のおかしな人として現地の人から観察されることがあり得ると述べている（Maoz 2006: ch. 8 参照）。

移動する世界

一九九〇年に、本書の初版がでたときには、今日私たちが「グローバル化」と呼んでいる事柄がいかに重要になるかということが明確でなかった。じっさい、インターネットは発明されたばかりであり、いままでのいかなる技術よりも急速に浸透していき、これが社会生活の数知れぬ様相をいかに変形させていくのかという指摘もなかった。そして、インターネットが出現するとすぐに次の「移動技術《モバイル・テクノロジー》」すなわち携帯電話《モバイル・フォーン》が通信を移動式に変えていった。この二〇年で、著しい「時空間の圧縮」がみられ、世界中の人々の距離は、さまざまな技術の進展によってぐっと縮まったのである。Z・バウマンが述べているように、硬く定着した近代性から、より流動的で速度のある「流動的近代」へとおおきくシフトしつつある（Bauman 2000）。

空間の圧縮感は旅行者の早い流れからも来ている。観光者は身体的にあちらこちらと移動し、とくに、ハブ空港からハブ空港へと移動する。ただ、他方、私たちは、インターネットを通してのヴァーチャルな旅とか携帯電話、ラジオ、テレビを通してのイメージの旅というものは、世界を覆う旅行産業の諸設備を使っての身体的な旅とは区別をしている（Urry 2007; また Cresswell 2006 参照）。これらすべてにかかわる「交通」の総量はこの一〇年ばかりで拡大し、ヴァーチャル・イメージ旅行が身体旅行に取って代わられているということは証明できないが、この二種の旅行形態のあいだに複雑な相互関係が生じてきて、ますます両者間に区別をつけることが難しくなってはいる。マイクロソフトの問いかけのように「今日はどこへ行きたい？」〔同社のコマーシャルのキャッチ。ネットサーフィンへの誘いと外出への誘いとをかけている〕。そして、「そこへ」行くには多種多様な方法がある。

私たちがいう身体的旅行には、膨大な次元のことが関係しているが、国境を越えて人々がかつてないぐらい大量に往来することもその一つだ。この流動化という点でいうなら、地球上のあらゆる社会間の関係は観光者の流れが媒介をしていて、その流れの受け皿としての場はつぎつぎと姿を変え、地球上の場を手当たりしだい創出し、「消費していく」のだ（Urry 1995a 参照）。今日の世界にひろがる文化を構成するモノ・コトといえば、いまや、ホテルの食堂でもプールでも会食の集まりでも浜辺でも（Lenček and Bosker 1998）、さらに空港の待合室でも（Cwerner, Kesslring and Urry 2009）、小麦色の肌でも（Ahmed 2000）なんでも、である。

このなんでもありというのは、「観光反射機能」の進展の前提となるし、それぞれの（全ての？）場所を対象に、グローバル観光という新しい枠内での観光潜在力をチェックし評価し開発する原理とか手順とか規範にもなる。この観光反射機能が関わるのは、地理、歴史、文化が世界を廻っているような環境の中での、かくかくの場所の位置づけを定めていくことで、とくにその場の実際のまた潜在的な素材と記号的資源を定めることである。この「観光反射機能」の一つの要素となっているのは、観光学のまさに制度化であり、新規の論文、教科書であり、異文化《エギゾティック》会議、大学、研究誌なのである（Jamal and Robinson 2009 参照）。また、地域、国、外国政府、企業、ボランティア団体やNGOと結びついたコンサルタント会社もたくさんある。このような「観光産業」はロジャー・シェルドレーク像によく描写されている。この人物はデイヴィッド・ロッジの小説『楽園ニュース』に登場する観光人類学者であるが（Lodge 1991）。

この観光反射機能はたんに個人の問題とか個人生活の可能性というより、制度的、組織的、評価的手続方法《プロシージャー》であって、これでその場をチェックし、改変し、このめまぐるしく変化する世界秩序の中で、その位置づけをいちばん高めるのだ。こういう手続方法は、その場が新しかろうと、衣更えしたものであろうと、知られざるところであろうと、それらに対応する視覚的イメージをなんでも「発明」し、プロデュースし、マーケティングをし、世界に向けて、とくにテレビやインターネットを通して流布させていく。そして、そのイメージの流布はさらに世界それ自身の概念を、まるでよそから見ているかのように新たに展開させていく（Franklin, Lury and Stacey 2000）。

もちろん、世界の共同体のすべてがグローバルな観光に等しく参与しているわけではない。空港のラ

図 1.2　ソウェト、通称黒人居住区《タウンシップ》

ウンジ、長距離バスのターミナル、鉄道の終着駅、高速道路のサーヴィス・エリア、港など、近代の「空虚な待合室」あるいは「どこでもない場」では、グローバルな観光者や旅行者と隣り合わせに、グローバルな数知れない難民もいるのだ（Augé 1995）。この難民たちは、飢餓、戦争、気象変動、責め苦、迫害、殺戮から逃れようとしている。さらには、経済的・社会的不平等からの逃避ということもある。その結果、移動を強いられる人々は近年とみに数を増してきているのである。最近増えてきた「密入国斡旋業」は何十億ポンドという市場になっていて、常時世界各地で何百万の移住が行なわれている。

「観光のまなざし」で注目すべき点は、世界秩序の周縁（学術面でも）から、「流動化する近代」の只中にある喫緊の移動世界のほぼ中心に至るまで、いたるところで「観光」を取り上げることが広がっていることである。第一に、観光のインフラがありえないと思われているような所にも作られてきている。もちろん、世界のほとんどの人が、どこかを訪れるという意味での、グローバルな観光者になっているわけではないのも明らかだ。とはいえ、そのことは、

図 1.3　キューバの〈地区イメージ〉を一新した 1950 年代のアメリカ車

人々が住んでいる場所やその場にかんする自然、民族、植民地文化、加害の犠牲、共同体、文化遺産などに関連する姿が、貪欲なグローバル観光の相当な構成要素にならないということではない。グローバルな観光というパターンで、主なものをあげれば、アラスカ、南極、チャンネル諸島のナチ支配地、廃坑、グラウンド・ゼロ、アイスランド、モンゴル、エヴェレスト、北アイルランド、トルコ「支配下」にある北キプロス、真珠湾、ソ連崩壊後のロシア、南アフリカのソウェト地区（図1・2参照）、宇宙空間、〈タイタニック号〉、ヴェトナム等々がある。

ある場合には、観光地になるということは、観光反射機能の結果によるものでもあって、そのことによって、その社会や場がグローバルな秩序になかに投げ込まれ、あるいは「再投入」されるということだ。たとえば、一九七八年の社会主義市場経済化以降の中国とか一九九〇年代のキューバがそうである。後者では、青空市に共産体制以前の古いアメリカ車を展示・利用した観光がある（図1・3参照）。

さらに、きわめて多種多様な国々、とくに「東洋《オリエント》」から、世界に広がる観光者のたいへんな増加が見られる。東洋というのは、かつては、おもに西洋から訪問され消費されるところであったのだ。いまや、アジアの中産階級（学生のツアーや「バックパッカー観光」も）の収入の増大は、世界に通用する文化を形づくっていると思われている西洋のそういう場所を見たいという強烈な願望を生み出していった。中国の巨大な人口を擁する中産階級の観光希求の増大は大きな新しい発展現象である。J・ヘンドリーは、しかし、なんと多種な異国趣味の「西洋らしさ」にあふれたテーマパークがアジアの各国〝内〟で、設営されていることかと述べている（Hendry 2000）。彼女が言いたいのは〈東洋の逆襲〉〔スター・ウォーズ エピソード5／「帝国の逆襲」のもじり〕ということで、西洋文化のあれこれをアジアの人向けに展示し、自国にいたまま、これを見たり、面白がったり、異国気分を感じたりしているのだ（より一般的にはWinter, Teo and Chang 2009参照）。

さらに、多くのタイプの動きがこのようなグローバル観光の輪の中に今日では見いだされるようになってきた。そのため消費空間に大きく広がっている、より広範な「記号の経済」と重なり合って、このような輪の中のどれにも関与しない、あるいは影響を受けないということが困難になっている（Lash and Urry 1994: ch. 4参照）。このような動きには次のようなプロセスがある。交通、接客、旅行、企画、コンサルタント業があって、世界的観光地の「イメージ」や世界的シンボル（エッフェル塔）や典型的シンボル（国際的なビーチ）そして郷土的シンボル（バリ島の舞踊）の創出をするのである。それから、紙媒体、テレビ、ニュース、インターネットなどを通してメディア化されたイメージの流布もある。さらに、政治や抗議行動のキャンペーンを通じての組織運動などもある。キャンペーンは観光インフラの建設や開発に賛否を問うものなどである。そしてこれにはほとんどあまねく存在しているセックス観光も含んでいる（Clift and Carter 2000: ch. 3参照）。

また、増えているものに、世界を流転し到る所に顔を出す強力な世界ブランドとかロゴがある（Klein 2000）。その流体にも似た力というのは、もっとも成功をおさめた会社が、この二〇年間に、どれほど膨大なマーケッティング、企画、スポンサー体制、PR、広告出費を駆使したか、そしてモノの製造からブランドメーカーにシフトしていったかということでもわかる。このようなブランド会社は旅や余暇に関係するものが多い。〈ナイキ〉、〈ギャップ〉、〈イージージェット〉、〈ボディ・ショップ〉、〈ヒルトン〉、〈ヴァージン〉、〈クラブメッド〉、〈サンダルズ〉、〈スターバックス〉などは「コンセプト」とか「ライフスタイル」を製造しているのだ。こういう企業は「店舗や製造という現実世界の重荷から解放されて、ブランドが勝手に名を広めていく。それは、商品やサーヴィスの流布としてというより共同幻想による部分が小さくないのである」（Klein 2000: 22）。N・クラインがこの「世界の若者市場」の大きさを明示して、約一〇億の若者たちが世界中同じようなブランド商品を不釣り合いなまでに消費しているという（Klein 2000: 118-21）。

渦巻く世界観光の奔流の中に、膨大な数の人や場所が巻きこまれていくが、その道筋は数多くある。「グローバル」ということと「観光」ということの二つは別々の実体ではなく、互いがある現象面での繋がりをもっているのだ。むしろ、この両者は、複雑に絡まりあった同じ一連の流れの部分というか一面なのである。さらに、こういう下部構造の集合体、イメージと人の流れ、現実に現れている「観光反射機能」などは、「グローバルな異種混交」の概念としてとらえられるべきである（Urry 2003）。異種混交とここで言うのは、これが技術、テクスト、イメージ、社会現象などの混ざり合ったものだからだ。この〝ちゃんぽん〟というのが世界中に広がって自己再生産をしている。このことは地球規模で異種混交するべつの「移動世界」とも類縁性がある。その移動世界は、インターネット、自動車移動、世界金融のようなもので、世界中に拡散していき「グローバル」そのものを変容させ再演出していく。

Z・バウマンにとっては、ヴァガボンドとか観光者はポストモダン時代のいかにもというメタファーである。ヴァガボンドは目的地を持たない巡礼で、道程の定まらない放浪の民をいうが、「世界は観光者が思いのままに（…）愉快に生きられる場」なのだ（Bauman 1993: 241）。ヴァガボンドも観光者も、ともに他人の社会空間を通り抜けるし、ともに、身体の近接性は精神の近接性とは別だと思っているし、ともに、幸福とかよき生活についての基準はすでに決まっている。Z・バウマンによれば、そのよき生活というのは、「いつまでも続く休暇」にも似た何かだと思われているようなふしがある（Bauman 1993: 243）。こうなると、Z・バウマンによれば、観光のまなざしは、これがそうだと決められるようなものはないことになる。つまり、たんに生活様式だからだ、少なくとも新しい世界秩序の中の富める三分の一の人にとっての。

フェミニズムの論者たちは、こういうメタファーの男性的な面を批判する。このメタファーは現実に根なしの束縛のない移動が可能な人、という肯定的含意があるからだ。しかし、そうでない人もあり、文字通りにであれ、比喩的にであれ「旅立つ」に至るのに相当これとはちがう事由を持つ場合があるのだ（Wolff 1993）。E・ヨキネンとS・ヴェイヨラは、その点で、多くの放浪への「男性的」メタファーの問題点を指摘している（Jokinen and Veijola 1997）。もし、こういうメタファーを、パパラッツィとかアル中のホームレスとかセックス観光者とかナンパ男という読み取りに変えてみると、こういう人間は、男視線の放浪理論のなかで受けていたプラス評価など消えてしまう人たちということになる。実際でいえば、ある者が移動するということは、常に一方に、滞っている者がいることが予想される。移動している観光のまなざしは一方で滞留する身体（ふつうは女性）がいることが想定される。そういう人たちは移動し通り過ぎる者にたいして、その身体をさらして接客サーヴィスを供する。

M・モーリスが現代の移動生活の特質をあらわすものとしてモーテルのメタファーをあげている（Morris 1988）。モーテルは、人が顔を合わす正式のロビーもなく、高速道路網に直接つながり、きちんとした人として客を遇するほどの場でもなく、むしろ人を右から左へと中継し、循環と移動に専一し、独自の場とか位置とかの感覚も徹底的に消している。モーテルは「ただ動きとスピードと絶え間ない循環の記録にすぎない」ところで、「その意味で本当の〝場〟でありえなく」、どのモーテルもその違いは「高速の閃光のような〝体験〟」で辛うじて区別される程度なのだ（Morris 1988: 3, 5）。モーテルは、空港のトランジット用ロビーとか長距離バスの停留所みたいに、到着や出発のいずれの表象ともならない。何の表象かと言えば、観光者が次の停止点へ行くまでの、日常性を欠いた自動車道路に沿っての「中継ぎ休み」なのである。もちろん、彼らは、さっと通り過ぎる際に一瞥を投げかけた移動しない側の身体（たとえばシカゴのオヘヤ空港の五万人の従業員）をあとにして去っていく（Gottdiener 2001: 23）。

グローバル化分析が先駆となり、このように観光のまなざしの、ある点での重大な再検討が導かれてきた。これは、時に休みはするが、たえず移動する身体についても、また、こういう世界新秩序の「未知なる遭遇」で出会う、移動をしない側の身体についても同様だ。このような遭遇はきわめて特異とさえいえる「非相互性」がある。これはとくに「城郭的都市」内での都会の匿名性とでもいえる。あるいは空港という名の〈避難キャンプ〉だ（Cwerner, Kesselring and Urry 2009; Adey 2006, 2010）。

このように、一九世紀の限られた枠内での観光のまなざしから、現代は、観光のまなざしについての言説、形態、具現事案が大膨張するという大きな変化がでてきたのだ。端的にいうなら、観光のまなざしのグローバル化について語ることができるようになったということだ。多様なまなざしがグローバルな文化の核になるにつれ、眠っている場が軒並み叩き起こされ、これが観光地となって覚醒していく。この場合、特殊な卓越したような時空に生まれる〝本来の〟「観光」というのはほとんどなく、あるのはもっと一般的な「記号の経済」のなかでのむしろ「観光の終焉」である。そこにあるのは無数の移動で、それは身体的であったり、想像上というかヴァーチャル的であったり、意志的、強制的であって、かつ「ホーム」と「アウェイ」での行動様式にますます違いがなくなっていることもあるのだ（Shaw et al. 2000: 282; Urry 2007; Haldrup and Larsen 2010）。観光のメディア化が膨張するにつれ観光地は世界中で増殖し、ふだんの活動の場も、テーマ化された環境として「観光」モードに衣更えしてしまう。移動ということが、ますます多くの若者の自己証明にとって、また離散の民にとって、さらに場所を変えて居住し、大半の時間を小さな一軒家とか貸アパートで過ごす比較的裕福な退職後の人にとっても重要なものとなっている（Urry 2007）。また、「観光反射機能」で、ほとんどの場所（と言っても明らかにマイナーな場所）に新興秩序の渦巻きという中でこその、隙間的な場の開発が起こってきている（マーティン・パーの写真集『退屈な絵はがき』を参照（Parr 1999））。

それとは別に、混沌とか複雑性という概念、これが、いま世界中に吹き荒れている先行き見えない、かつ均衡状態とも程遠い社会や身体の形成過程をどうやって明らかにすることのヒントになるのかという問題もそこには見られる（Urry 2003）。こういう動きが「観光」の閾値を予測不可能なほど拡大させてきた。観光があたかも、レジャー、ショッピング、芸術、文化、歴史、身体、スポーツなどとの差別化を消し去り、このグローバルな秩序のなかでの中心からまさに周縁に至るまでの差異も消してしまうのだ。そして、いたるところでそうなってくるに従い、裂け目とズレ、回想と酔狂、波乱と余剰の中から無秩序という空白地帯だけが残る（D・マッカネルは「第二のまなざし」という概念でほぼ同様のことを述べている（MacCannell 2001））。勢いをもってきたグローバルな秩序について言える確かなことは、せいぜいのところ、さしあたりの一時的な秩序化でしかなく、これもすぐに大規模で複雑な無秩序を生み出していく、ということぐらいである。

次章では団体旅行の起源に遡り、その成り立ちを吟味してみたい。まさにだれでもがよく知る初めての産業労働者階級の海浜旅行、これはイングランド北部で展開していくのだが、それを生み出したプロセスの吟味である。

第二章　大衆観光

はじめに

初めての大衆旅行の例として、イギリスの産業労働者のなかで始まったそれを考察してみよう。この大衆的観光のまなざしは北イングランドの工業地帯の裏町に萌したのだ。本章は、工業都市の労働者階級が、生活圏から離れてひと時をよそへ行ってみようと考えたということが、なぜ当時の社会状況と合致した行為となったのか、そのことに焦点をあててみたい。観光のまなざしは、なぜイングランド北部の労働者階級から起こってきたのか。体験、考え方、認識にどういう変革があって、この大きな社会生活の新たな様式が起こったのだろう。

この観光の発展は旅行の、ある意味「民主化」を表している。これまで、旅行はきわめて社会的に限られたものであったということを見てきた。旅行は比較的限られた上流階級だけが行ないえたもので、社会的ステータスの指標でもあったのだ。しかし、一九世紀後半になると、鉄道による団体・大衆旅行がヨーロッパで行なわれるようになった。こうなると、ステータスの区分線は、旅行者同士の中の階級の違いで引かれるようになっていき、以前のように、行けるものとそうでないものというような区分は少なくなってきたのだ。一八四〇年というのは、まさに世界が変容しはじめ、新しい社会関係の型が成立しはじめた画期的な年代の一つであるということを前にも述べた。このときに〝観光のまなざし〟が、団体旅行という手法や、旅へ出たいという願望や写真現像の技術と一体化して西欧の近代性の中心要素となったのである。

二〇世紀には、いかにして自動車と航空機が地理上の移動をさらに大衆化していったかということは後述する。旅行が大衆化されるにつれて、広範な趣向の違いも形成され、行く先の違いが生じ、それが社会的な「卓越」〔フランスの社会学者ピエール・ブルデューの用語。一定の指標で示される特質でもって解かれる社会階層の差異や優位性。ディスタンクション。〕の指標となっていったのである。観光のまなざしは、場所々々で質が異なってきた。行楽地の「階級制」が進んできて、ある場所は大衆観光の典型と見なされ、バカにされたり哂われたりする。とくに違いもないような場所同士でも、「社会的色合い」の大きな差はできあがってきた。そして、労働者階級の行楽地のような、そういう場所は「大衆観光」の象徴として、また二流の場として急速に発展していった。二流の場は、上位の社会階層からみて、悪趣味、凡俗、下品ということと一切を表象するものだった。

観光のまなざしについての説明、というか、一九世紀における産業労働者階級むけの大衆観光を成立させ、支えてきた言説についての説明は、今まであまりにも一般的すぎる枠組みでなされてきた傾向がある。まなざしの発展はふつう「一九世紀の産業化」という観点から説明されてきた (Myerscough 1974)。この産業化のなかのとくに重要な側面を選んで仔細に検証していくと、どうしても行きつくさきは海浜リゾート地開発で、ここに注意を向けざるをえない。海浜リゾート地の発展は、一九世紀のイギリスの産業化の申し子といってよく、新たに社会組織化されていった大規模な労働者階級に基盤をもつ社会の中で、遊興も組織化され構造化されるという新しい生活様式の成長から生まれたものでもあった。その発展を検証しよう。もちろん、それが初めて生まれた大衆観光だからだ。

英国の海浜リゾートの発展

ヨーロッパ到る所で、一八世紀に数多くの温泉地が発達した。その元来の目的は医療だった。入浴と飲料用の鉱泉だ。人がこういう療養の場を信じるようになった由来とか理由はよくはわかっていない。英国の最初の温泉はスカーバラにできたようだ。それは一六二六年にファロウという女性がその海岸にある源泉に着目したときに始まる(Hern 1967: 2-3; Blackbourn 2002 参照)。二、三〇年もしないうちに、医療業界が、その水を飲むこと、あるいは「湯治」をすれば好結果が得られる、ということを唱えるようになった。そこから、たくさんの温泉地が発展していった。バース、バクストン、ハロゲート、タンブリッジ・ウエルズなどの町である。驚くほど多種多様な病が、その水を飲み入浴しさえすればよくなるのだと信じられた。

スカーバラはそのなかでもとくに著名であった。その理由はここがたんに大きな温泉町であっただけでなく海辺にあったからである。ウィッティという医者が海水の飲用と水浴を提唱したのだ。一八世紀には海水浴をする人がかなり増加した。それは勃興してきた商人や専門職層がその医学的効能をいわば万能精力剤のように信仰しはじめたからである。この段階では、これは成人向けであって、当時は海辺と子どもというつながりはまずなかったのである。事実、海水浴の目的が人を健やかにするというものであったので、冬にも行なわれることが多く、基本的には「浸礼」の意味があり、今日の海水浴というイメージとは異なる(Hern 1967: 21)。この海に浸かるということは手順が決められ儀礼化されていて、まじめな医学的治療のためだけに処方されていたのである。歴史家ギボンが記録に留めているように、湯治は「しかるべき準備段階と診断をもって」はじめて実施されるべきものだったのである（Shields 1990）。また一般には裸で行なわれたものである。海浜も「娯楽」の場でなく「医療」の場だったのだ。

温泉町はどちらかというと社会的に特定の人たちむきの場所であった。そこへ出掛けられたのはどこかの温泉町に施設を所有するか借りることができる者だけだったのだ。G・ヤングがこのことを端的にこう記す。「一七、八世紀の水浴びの場というのは、多くの点でクルーズの船上生活やウインター・スポーツの小ホテルでの生活に似ている。ここでは小グループで、自給自足的である。これが、個人が群衆の中に埋没してしまう現代の海浜リゾートと異なる点だ」（Young 1973: 14-15）。

しかしながら、海水浴が大衆的になるにつれて、いつまでも社会的上位階層でそこを占有するのは困難になってきた。その困難さはスカーバラで見られるようになってきた。この町が温泉地と海浜リゾートという二重の機能を持っていたからである。一八二四年に温泉施設には塀が張り巡らされ「相応しからぬ階層」を排除するために料金所まで開設された（Hern 1967: 16）。しかし、こういう特定目的で海浜保養地にこの種の社会的制限をすることも難しくなり、結果、大規模な発展をしていって、その行く末がどうなっていったかを、J・ピムロットは、次のようにまとめて述べている。

海浜リゾートの収容能力は、一方で、無限であった。温泉での社交生活は大広間と浴室に限られ、人と交わる生活なのに、他にすることがない。これにたいして、海岸は広大で来る人みんなを収容できたし社会的な均一性を保つということも問題になりにくかった（Pimlott 1947: 55）。

一八世紀後半、とりわけ一九世紀の海浜リゾートのこのような急速な発展の前提条件というのがあって、それは空間だった。英国には長い海岸線があり、以前は漁港として以外はろくな用途がなく、しかも海岸線や海浜というのは個人が手をつけられるものではなかったのである。というのは満潮と干潮の差の部分は王室の管理地域だったからである（Thompson 1981: 14 参照）。

このような海浜の新リゾートの発展には目を見張るようなものがあった。一九世紀の前半に海浜リゾートは手工業都市よりも人口増加率が高かったのである。年二・三八パーセントの都市人口増加にたいして二・五六パーセントだったのだ（Lickorish and Kershaw 1975: 12）。海浜リゾートのブライトンの人口は半世紀で七〇〇〇人から六万五〇〇〇人に膨らんだ。とくにある意味、摂政皇太子ジョージがここを流行の地にした。ウエストエンド〔ロンドンの高級でおしゃれな地区〕のちょっとした〝海浜版〟というわけだ（Shields 1990）。主だった四八の海浜町の人口は一八六一年から七一年の間にほぼ一〇万人増加し、世紀末にはさらに倍以上になる。一九一一年までにイングランドとウェールズの五五パーセントの人は少なくとも年一回は海浜リゾートへ行き、二〇パーセントの人は毎年かなりの期間、滞在もしている（Myerscough 1974: 143）。

さまざまな条件の複合体からこの新しい形態の大衆余暇活動の急速な伸長が起こり、またそこから、各都市の街中にもこういう比較的目的の限定された、そこにしかないようなサーヴィスが集まった。とくに、新規でそして当時としては目を楽しませる観光のまなざしの対象を提供しそうな企画が集まっていったのである。

まず、労働者階級の相当部分の経済的水準がいくらか上昇した。一人あたりの実質国民所得は一九世紀のあいだに四倍になった（Deane and Cole 1962: 282 参照）。このことで労働者階級部門は、一回休暇をとったあと、次の休暇に備え、貯蓄することができるようになった。当時は有給休暇がほとんど無かったということを踏まえておく必要があるが（Walton 1981: 252）。

これに加えて、急速な都市化がある。小都市が信じられないくらいのスピードで膨張していったのである。一八〇一年に、都市住民の人口は二〇パーセントだったのが一九〇一年には八〇パーセントとなった。ここに極度な貧困と過密も生まれてきた。さらにこういう都市化された地区には、公園とか広場のような公共スペースがほとんどなかった（Lash and Urry 1987: ch. 3）。古い町や都市と違って、新興都市は階級によって、それぞれにあからさまな差ができてきた。これは特定のリゾート地の発生に決定的なことになった。つまり、そのリゾート地は、近隣の新興産業都市のある区域から一定の社会集団をひきつけることで成立したからである。一八五七年の『エコノミスト』紙は都市化の典型的なパターンについて次のように簡明に述べている。

つき合いの範囲はますます、どの階級も、その内へと広がる傾向がある。しかもたんに階級内だけでなく、ローカルな階層内でも、さらにその下のマイナーな階層内でも（…）。これは同種の人たちとつき合おうとする傾向だ。ある意味で、同じような〝利害〟を持つ人と、またさらに広い意味では同じような趣味や教養を持った人と、とりわけ、具体的な基準などなくても、相手と気持ちのうえで同種な人だと自分で判断できる人とつき合おうとするのだ（一八五七年六月二〇日、六六九号。また Johnson and Pooley 1982 参照）。

一九世紀の都市の経済的、人口的、空間的変容のもたらした効果の一つは自己の振舞いを自分たちで律する労働者階級の共同体を生んだことである。この共同体は彼らをとりまく社会の新旧いずれの制度からも比較的自立的だったのだ。この様な共同体は労働者階級の余暇の形態を作り上げるのに意味があった。その余暇の形態は階層分けされ、特定目的化され制度化されていたからである（Thompson 1967; Clarke and Critcher 1985）。

労働のパターンがより組織化され機械的になっていくにつれて、余暇もそれに対応して合理化が進んでいく。「おおまかに言うなら、休暇を制度化することが生じてきた要因は一日あたりの労働時間と労働の質の変化だ」（Cunningham 1980: 147）。とりわけ、新しく誕生してきた産業の労働現場や都市では、労働が以前より時間制約的、場所制約的な活動として制度化されていて、遊び、宗教、祝祭と切り離されていった。一八世紀、一九世紀を通じて、労働は徐々に、それ自体が価格化されるようになり、無為徒食にたいするたんなる救済措置的なものではなくなってきたのである。作業重視から時間重視への移行という試みも一部ではあった（Thompson 1967; Lash and Urry 1994: chs. 9, 10 参照）。

産業家のほうはこの新しく形成されてきた労働力に厳しい規律を課そうとした（Pollard 1965）。精勤とか時間厳守にかんする、きつくて、日常生活の感覚からひどく遠いルールが導入され、そこに種々の罰金、罰則が科せられた。飲酒、血なまぐさいスポーツ、悪い言葉、怠惰などを批判する運動も盛り上がった（Myerscough 1974: 4-6; Cunningham 1980: ch. 3「善きレクリエーション」参照）。たくさんの市《いち》が廃止され聖人祭やイングランド銀行の休業日なども激減した。一八六〇年代以降「粗野な」労働者階級をきちんとしたレクリエーションで啓蒙する、という考え方が雇用者、中産階級の改良主義者、政府の中で広がっていった（Rojek 1993: ch. 2 参照）。好んで採用されたレクリエーションで代表的なものといえば、勉強教室、体育、工芸、音楽教育、行楽であった。恵まれない町っ子のための田舎への行楽や急速に芽生え出した青少年運動（少年旅団《ボーイズ・ブリゲイド》、ボーイスカウト、ユダヤ人青年団など）によって企画されたキャンプは、善きレクリエーション運動によって好ましいとされた労働者階級のための社会政策の一環であった。労働が一面、合理化され、その結果、労働時間は徐々に減っていった。議会は一九世紀後半、さまざまな細かい保護条例を導入していった。とりわけ重要だったのは、半休、とくに土曜日半休の達成であった（Cunningham 1980: ch. 5 参照）。E・H・フェルプス＝ブラウンはこう記している。「五四時間以下の週労働時間の達成と半休の達成というのは、この時代、珍しいことだったので〈イギリス週《ラ・スメーヌ・アングレーズ》〉と讃えられた」（Phelps-Brown 1968: 173; Cunningham 1980: 142-5）。

さらに長い休憩時間や一週間単位の休暇の達成は、イングランドの北部で先駆的に始まった。とくにランカシャー地方の綿織物工業地帯である（Walton 1981, 1983, 1997, 2000）。工場主は〈徹夜祭週《ウエイクス・ウイーク》〉を正式の休暇期間として認めるようになってきた。ただ、実態は、その他の通常の労働日の勤勉強化との引き換えではあったが。「恒例の休暇期間、工場全体が休業するというのは、夏のあいだのさみだれ式の休暇よりは好評だったし、決められた協約期間の休暇遵守へ労働者を導くのにも好都合でもあったのだ」（Walton 1981: 255）。

このようにして、雇用者たちのなかで、定期休暇は労働効率にプラスに働くという見方をするものが出てきた。しかし、一九世紀中葉以降、休暇が除々に拡張したのは、主として労働者側からの自己防衛的な圧力からきたものであった。とりわけより裕福な職種からそれはきたのである。こういう層は、そういう休暇実施こそが自分たちの自律的なレクリエーションを発展させる道だと見ていたからである。工場監督だったレオナード・ホーナーは、休暇の存続は「親方一存のおなさけ」というより、慣習によるところがあるとみていた（Walton 1978: 35）。こういう休暇のきわめて重要な一面に、行楽は集団で、というのがあった。J・ウォルトンが論じているように、〈徹夜祭週〉の休暇も「クリスマスやイースターや聖霊降臨節と同じように、〝一団となって《アン・マス》〟実施されるべきであるというような慣習が支配的だった」のである（Walton 1978: 35）。一八六〇年代以降、徹夜祭週は日常の住居地から遠く離れて、おもに海浜へ旅行するという意味合いをもつようになっていった（Walton and Pool 1982; Walton 2000）。

　一八世紀末から一九世紀初頭にかけて、ロマン主義運動の進展と歩調をあわせるようにしてある価値観の変容がでてきた。感動とか感覚とかの激しさ、また知的な明晰さより詩的な神秘性、さらに個性的な享楽的表現などが重んじられるようになってきたのである（Feifer 1991「ロマン主義」観光者を述べた第五章）。英国のロマン主義の最高の布教者には、シェリー、バイロン、コールリッジ、キーツ、ワーズワースなどの文人がいた（Bate 1991）。ロマン主義が教えたのは、人は自然世界と景色に感動を覚えるものだということだった。個人の喜びは、圧倒的な天然の風物を鑑賞することから生み出されるとした。ロマン主義は新興産業都市に住む人たちに、町を離れたところでしばらくでも滞在し、自然を観るとか体験をすれば得るものがあるだろうということをなんとなく説いていることになる。ロマン主義は「風景観光」や海岸線の壮大な広がりを享受することを奨めただけでない。それは、海水浴までを推奨したのだ。一般的にいうなら、英国の悪い天候やおおかたの水浴者がはだか（一九世紀の初めにはまだ適当な水着というものは考案されていなかった）であったことを考えあわせると、どうも健康を与えてくれるご利益としての「自然」にたいする信仰の拡大がよほど大きかったとしか考えられない。一九世紀の観光のほとんどは海とそのいわゆる健康付与のご利益との自然現象に根拠をおいていたのである（Hern 1967: ch. 2; Walton 1983: ch. 2; Sprawson 1992）。

　大衆観光の増大の前提条件が一つある。それは交通手段の大幅な改良である。一八世紀末、バーミンガムからブラックプールの町までは三日の道中だった。マンチェスターからですらブラックプールまで丸一日かかった。ブライトンの町へだけは、かなりしっかりした駅馬車便があった。一八三〇年になるとロンドン・ブライトン間には一日四八便あり、所要時間も四時間半にまで短縮されていた（Walvin 1978: 34 参照）。しかし、駅馬車の旅には二つの大きな難点があった。一つは、ほとんどが悪路であったこと。これが一八三〇年代になって初めて有料道路整備会社が出現し、国内道路網が作られ、旅の所要時間が劇的に短縮された。もう一つは、馬車による旅がたいへん高額だったということ。一マイルあたり二ペンス半から三ペンスほどかかった。劇作家のリチャード・エイトンは、一八一三年に、ブラックプールを訪れた客たちのことをこう述べている。「こちらへはたいていの者は馬車でやって来たが、マンチェスターから一日かけて徒歩でやって来るのもいたようで、その距離は四〇マイル以上ある」（Walvin 1978: 35）。一八三〇年代の鉄道会社は、初めのうちは、低所得大衆層の旅行市場の経済的潜在力の大きさがよくわかっていなかった。力をいれていたのは、貨物輸送と裕福な層の旅客運輸であった。しかし、商務院総裁グラッドストン提出の「一八四四年鉄道法」という重要な法制定で鉄道会社は「労働者階級」への対応をせざるをえなくなった（Walvin 1978: 37）。それ以前でも、一八四〇年のプレストンの町とフリートウッドの町とのあいだの鉄道開通で、フリートウッドへは異常なまで客が殺到していた。フリートウッドへの客の多くは、さらにそこから南下して海岸沿いにブラックプールへと流れたのである。一八四八年には一〇万人以上の旅人が聖霊降臨節週にマンチェスターを出て、列車で海岸方面へと赴いた。これが一八五〇年になると二〇万人以上にのぼる（Walvin 1978: 38）。一九世紀半ばのブラックプールの当時の「社会的色調」が次のように記録されている。

ただちに何らかの措置がとられないと、紳士淑女のためのリゾート地ブラックプールは台無しになってしまうであろう（…）。割引列車を中止するか、あるいはここを訪れる何千という客を制限するための何らかの効果的な規制を講じないとブラックプール本来の姿は取り返しのつかないぐらいまで毀損してしまうであろう（Walvin 1978: 38 より引用）。

じっさい、ブラックプールの「社会的色調」は急速に低落してしまったと思える。一五年前には「〈品位のある家庭〉のための上質の健全な上流社会のリゾート地」だったのだが（Perkin 1976: 181）。しかし、鉄道の役割を高く見積もりすぎてはいけない。総じて、鉄道会社は、季節変動という特質をもつ休暇旅行は、利益にとくには結びつかないということがわかっていたからである。鉄道会社がじっさいに一つひとつのリゾート地のいちばん魅力的な面をうたい文句にして各地のリゾート地への旅行を売り出すことをしたのは、やっと世紀末になってからである（Richards and MacKenzie 1986: 174-9 参照）。それから、イングランド北西の港町シロースがリゾート化されたというのは稀なケースで、鉄道会社が新規にリゾート開発をすることはまずほとんどなかった。しかもシロースのケースもじっさいは失敗だった（Walton 1979）。

また、鉄道の発展が、一九世紀中葉に急速に発生してきた種々の海浜リゾート間の「社会的色調」の違いの原因になっている、ということが議論されてきたが、取りあえずの、違いの納得のいく説明は、こういうことだ。つまり、大都市や工業都市からより近いリゾート地は大衆化し、そのためにより高い社会的ステータスの人々を追い出すことになったのだろう、たとえば、ブライトンやサウスエンドはこの理由で、大衆化して、ボーンマスの町やトーキーの町に比べて低い社会的色調が生まれたということだ。それは、ボーンマスやトーキーがロンドンからの日帰りの無理な所だったからだ（Perkin 1976: 182）。

しかし、この説明だけでは十分でない。スカーバラとスケグネスはウエスト・ライディング地区〔現ウエスト・ヨークシャー〕から実質的には等距離にある町だが、両者はひじょうに違った「社会的色調」を形成してきたのだ。明らかに違いを作ったのは鉄道ではあるが、その鉄道が敷設されたかどうかだけでは、そこに発生してきた顕著な多様性を完全には説明できないし、さらにH・パーキンは地元有力者の動きも、違いが生じた理由に結びつかない、という。じじつ（ブラックプールやモアカムのような）労働者階級のリゾートとなった多くのところでは、地元の鉄道会社にたいして、日曜日の日帰り便をやめてほしいという激しい運動が繰り広げられていたのである。もちろん、こういう旅行者たちが、どのリゾート地でも本当は呼び込みたがっていた裕福な客層を追い出してしまうと思われていたからであるが。

そこでH・パーキンは、個々のリゾート地の「社会的色調」に及ぼす地方の有力者の影響というのは、むしろ現地の土地や建物の所有形態、管理形態にあったのだと、論じている。各リゾート地の社会的色調を決定するファクターは、三つの資本のどれがそこを支配するかという競合関係にあった。三つというのにはまず地元の大資本。これはとくに、大ホテルやコンサートホールや店舗などの所有者である。次が地元の小資本である。これはとくに賄い付き下宿屋の持主とか盛り場の店の所有者などである。最後が外部の高度に資本化された大企業で、廉価な大衆娯楽を提供するような会社である（Perkin 1976: 185）。とりわけ大きかったのは、現地のもともとの所有・管理の形態がどうであったかである。

H・パーキンはこの点でブラックプールとサウスポートの町のあいだに明確な違いがあることを示している。後者は、ブラックプールと比べると、人口稠密地帯からより近くに位置し、きれいで長い海岸線がある。両者とも、多かれ少なかれ自然発生的に土地の宿屋主とか農民とか漁師が海水浴施設の提供を始めたことからリゾートとして開けてきた。しかしサウスポートでは、土地の囲い込み《エンクロージャー》が歴史的に行なわれなかったため、種々の借地人が土地を占有して牧畜などを行なっていたが、彼らが海水浴関係設備を営業しはじめ、まもなく領主たちが合弁で荘園をつくったので、自然とそこの借地人となっていき、そこで、ゆったりした優雅な大通り、〈領主通り《ロード・ストリート》〉を開設したりした。荘園領主たちは、一方で、企業的、商業的な傾向のつよい開発はさせなかった。その結果、サウスポートは立派なホテル、豪華別荘、壮大な公園、そして綿産業界の大立者などの引退後の別宅リゾートとなっていった（Walton 1981: 251）。

これと対照的に、ブラックプールは自由保有農《フリー・ホールダー》の共同体として始まった。一八三八年まで、この町には二五エーカー以上の土地保有者は二四人しかいなかった。しかもその多くは海岸線からかなり離れていた。海岸に近いやや広い土地さえも売りに出され、浜辺の賄い付き下宿屋用の小区画に分売された。J・ウォルトンは、ブラックプールほどの大きなリゾート地で、こんなに小さな民宿で一杯なところは他に見当たらないと言い、その理由をこう述べている。

計画的に高級な土地開発を育て上げようということなど土地所有者の思いには毛頭なかったのだ。というのはブラックプールの小地主たちはリゾート地全体の魅力を高めるよりも、限られたコマ切れの土地から、最大限の利益を得ることにのみ関心があったのだ（Walton 1978: 63）。

このようにして、ブラックプールでは土地は当初からきわめて密集状態で開発され、土地所有者からも開発規制などほとんど行なわれず、というのも、土地所有のコマ切れ状態だと、売ったり建てたりの絶え間ない競争にさらされていたからだ。

結果として、中心部全体が計画性の欠如した集落と成り果て、さらに小さな地所、民宿、娯楽街、小店舗などばかりで、サウスポートの町で見られるような大きな公共の建物や広い遊歩道や公園などもなかった。もちろん、地元の小資本が、当時急速に拡大していた中産階級の観光マーケットを惹きつけようと試みもしたのだが、ブラックプールは、このマーケットを惹きつけるほどの魅力に乏しかった。しかし同時に、安いこともあって、産業労働者階級にはきわめて人気のあることがみえてきた。日帰りもあるが泊まり客もあったのである。一八七〇年代、八〇年代にかけて客数が著しく増大し、当時『モーニング・ポスト』紙は、ブラックプールに行けば「世界のどこよりも安く、どこよりも楽しめる」と書いた（一八八七年八月二四日）。安物販売、安サーヴィスを提供しようとする商人を排除しようとした自治体当局の努力も無駄で、一八九〇年代までには、当地の地方税納付者も、労働者階級の行楽客に飲食サーヴィスをすることで充分利益を得るに到り、ブラックプールの「社会的色調」はいよいよ決定していったのである（Perkin 1976: 187）。ただし、例外地区もあって、その大きいところは〈ノース・ショアー〉として知られている地域である。ここでは〈ブラックプール土地・建物・ホテル会社〉が四分の三マイルの臨海地区を管理下に置き、世情的にみても高級で一貫性のある開発の計画をきちんと立てていた（Walton 1978: 70-1 参照）。一九世紀をみるかぎり、サウスポートの方が実際はブラックプールより繁栄していたのである。一九〇一年時点でみても人口も多かった（Perkin 1976: 186）。

つまり、リゾートにおける社会的色調（「リゾート階級」）の違いというのは、土地所有の型と景観の魅力度という二つの交点から説明ができるように思われる。労働者階級のリゾート地、あるいは特定の工業都市と結びついた「工業リゾート」と描写されるようになっていった所というのは、一般に一九世紀中葉に土地所有がきわめて細分化され、景観的にも比較的魅力に欠けるところだった。こういうリゾート地はかなり安手の遊興地として開発されていき、結局、観光用の設備も、一般には特定の工業都市からやってくる大衆労働者階級の市場にあうものが供給されていった。こういうマーケットが展開していくにつれて、裕福な行楽客は、より高級な施設・社会的色調・観光のまなざしを求めて別のところへ移ってしまう。行楽というのは、階層がはっきり見える消費の一形態なのだ。〝どこに〟滞在したのか、また、自分が滞在しているその場所にいる他の連中がどういう人なのか、ということからステータスの属性が決められてしまうのである。そのほかに、その場所、つまりはリゾート階級のなかでのその場の魅力度が決まるのは、〝どれほど多くの〟人がその場所に滞在したか、とくにそこに滞在している他人がその人とどの程度同類であるかによるのだ。

一九世紀には、英国の南北で、庶民の行楽にある興味ある差異が存在していた（Walton 1981）。南では、日帰り小旅行に人気があり、鉄道会社や〈全国日曜同盟会〉のような国内の関連団体またはトーマス・クック社のような企業が主催する旅行への参加傾向がみられた（英国南部海岸リゾート、ロンドン用海浜の開発については Farrant 1987 参照）。このトーマス・クック社は一八四一年創立で、トーマス・クックが禁酒運動集会参加のためにレスターの町からラフバラの町まで一列車をチャーターしたときに始まる（Brendon 1991）。行楽用の旅行としては一八四四年に募集したものが初めてで、この「パッケージ」には買い物推奨店と「まなざしを向ける」べき名所旧跡案内というのが含まれていた。トーマス・クックは大衆観光の奨めと旅の大衆化ということについて雄弁に語っている。

しかし、この進歩の時代に、特定の階級用というようなばかげたことをまだ言っているのか（…）、鉄道だって蒸気船だって人類共有の科学知識の結果であり、それは庶民のためのものなのだ（…）。

ご立派な人士よ、高潔なる人士よ、庶民が遊覧の道を前向きに進むのを見てむしろ喜びたまえ（Feifer 1985: 168-9 から引用）。

おもしろいことに、トーマス・クック催行のヨーロッパ大陸への「パッケージ」参加者数では、女性が男性を相当上回っていたのである。堅苦しいヴィクトリア朝時代のイギリスで、トーマス・クックは女性（独身もいた）にお付きがいなくてもヨーロッパ巡りができるような画期的な機会を提供したのである。トーマス・クックの組織論的な、また社会学的な意義の大きさをG・ヤングがうまくまとめて「クックのオリジナリティは、その方法や、どこまでも骨惜しみをしないという能力や、顧客のニーズを鋭く察知するセンスなどにある（…）。彼は今日ではあたりまえになったクーポン制度を考案し、一八六四年までに一〇〇万人以上の客が彼の手で旅をした」と述べている（Young 1973: 21; Urry 2007）。

一方、北では、自主的組織が休暇行動の発展に大きな役割をはたしていた。パブ、教会、同好会単位で日帰り旅行とか休暇旅行用に列車を仕立てたり、メンバーに費用の備えをさせる手立てをしたりした。友だち、近隣、地域の指導者という身近な結びつきなので、安全も組織の統制もあったのである。きわめて貧困な人でも、多くが家を離れて何泊かの行楽に出かけられたのである。行楽客が同じリゾート地の同じ宿に何度でもくりかえし行くという型がここでまもなくできていった。ブラックプールの町の民宿は、地元ランカシャー地方出身の女将の比率が高く、この点でもかなり有利に働いた。他の町ではまだ珍しかった休暇クラブというのがランカシャー工業地帯のあちこちでは一般的になっていた。J・ウォルトンは一九世紀後半のランカシャー地方の工業地帯での発展を次のように述べる。

このようにして、工場共同体は、以前からあった雇用主の奨励や自己啓発の意欲もあって、一九世紀後半に、休暇組織の草の根制度を育ててきた。各家庭は上からの援助なしに自前で行楽旅行をまかなうことができた。ランカシャー地方のこのユニークな休暇制度は労働者階級の団結によって、慣例の休日を守りつつもこれを拡大し、相互協力と互助活動によって、この休日を最大限有効につかえるようにしたことにある。伝統的な休日の保持と産業労働の規律が幸いにも両立したのはランカシャー地方でだけであった。(…)町ぐるみで行楽に出かけ、リゾート地こそが自分たちの願望を叶えてくれる場所だという思いに浸れたのは、この地方でだけのことだった(Walton 1978: 39)。

このパターンはとくに綿織物業界でみられた。その理由の一つに、女性労働者の比率の高さをあげることができる。ということは、家庭単位の収入の高さと余暇への相当な関心の高さを意味し、その余暇も男性中心でなく、むしろ家族・主婦中心だったのだ(Walton 1981: 253 参照)。またJ・ウォルトンに言わせれば「イングランドのほかの産業地帯ほとんどでは、伝統的な休息日と労働のあり方にこだわりすぎ、労働者階級の海浜行楽の発展を遅らせた」(Walton 1981: 263)のである。

じっさいは、この時代、ほかにも余暇関連の事業がたくさん興され、一八七〇年から一九一四年までのあいだには過剰なまでの伝統行事が創設され、そのなかには、王室の庇護のもとに推進され聖化されていったものもかなりあった。たとえば、一八八八年の軍事パレード〈ロイヤル・トーナメント〉、一八七二年のオックスフォード・ケンブリッジ両大学対抗ラグビー戦の第一回〈ヴァーシティ・マッチ〉、一八九五年のクラシック演奏会〈ヘンリー・ウッド・プロムナード・コンサート〉、スコットランドで行なわれる民族伝統祭〈ハイランド・ゲーム〉(一八五二年に王室主催となる)などである。C・

ロジェックが論じているように、ヴィクトリア朝後期・エドワード七世時代には、道徳規範の構造変化が見られ、その中に、遊びの自制でなく、むしろその育成へということがあった。そのなかで、国家的行事が重要な役割をはたした。いちばん衆目を集めたのが近衛騎兵旅団観兵式での〈軍旗分列行進式〉であった（Rojek 1993: ch. 2; McCrone 1998 参照）。こういう余暇的行事に一度は出かけてみるということが、一九世紀後半に生まれてきた〈英国らしさ〉という重要な意識の一つとなった。それは庶民の〝余暇〟活動から出現した意識である。

両大戦間にいろいろな進展があり、イギリスの観光のまなざしにも影響があった。第一は、自家用車の増加で一九三九年までで二〇〇万台を超えている。同時に、バス旅行で田舎をめぐるという嗜好が大きく広がったことである（Light 1991）。

第二は、空の交通が相当進歩したことで、一九三八年で飛行距離は二億マイル以上になる。その理由の一つは、P・エディの造語での「飛行機ごごろ《エアー・マインデッドネス》」（Adey 2006）とでもいうべき勧奨のせいでもある。

第三は、さまざまな新しい組織が作られたことである。〈自転車ツーリングクラブ〉、〈共同組合休暇協会〉、〈サー・ヘンリー・ラン旅行会〉、〈フランス・ツーリング・クラブ〉、〈国際観光宣伝機関連盟機構〉、〈ユースホステル協会〉、〈英国キャンピング・クラブ〉などである。

第四は、休暇専用施設だが、ジョゼフ・カニンガムが一九〇八年にマン島に開設したのを嚆矢とし、ビリー・バトリンが一九三六年に開いたスケグネス町の豪華な休暇施設あたりが最盛期となる（Ward and Hardy 1986）。

第五は、船による旅の魅力が増えてきたことだ。とりわけ遊覧船でのクルージングで、当時の船上には贅沢な消費と閑雅な洋上宮殿があったのだ（Walton 2000; Stanley 2005）。

第六は、有給休暇運動が急激に活発になってきたことだ。その頂点が一九三八年の〈有給休暇法〉であった。ただし、その条文の大半は一九四五年以降に実施されたものだが(Walvin 1978: ch. 6)。サー・ウォルター・シトリンは〈労働組合評議会〉(TUC)についての特別調査委員会で証言をした際、休暇旅行に行くということは「労働者階級の生活にますます必須条件となってきている。私が思うに、おおかたの庶民はいまや境遇の徹底的な変化が必要だと敏感に感じ取っているのです」と言明した(Brunner 1945: 9から引用)。

全体的にみれば、E・ブルンナーが言うように、要するに、海浜リゾートはこの時代を通じて英国人の大多数の行楽客のメッカであった。じっさい、E・ブルンナーは、こうしたリゾート地は「イギリス生まれのもので、外国と比べて、リゾートとしてまず数も格段に多く、機能も高度化されていた」(Brunner 1945: 8)。海浜リゾートは第二次世界大戦までは英国では一番ぬきんでた行楽形態であり、両大戦間には他のタイプの行楽よりも迅速に拡大していった(Walvin 1978: 116-18; Walton 2000)。このようにして、第二次世界大戦までには、休暇旅行に出かけるのはよいことだし、自分にとって充電の基本だという考え方への支持は大きく広がっていった。行楽は市民たることの証であり、遊びは権利だというところまできたのである。そこで、この権利という点にかんがみて、英国ではとくにこういうリゾート地で専門業としてのサーヴィスを提供するような施設が広く発達してきて、だれでもが海浜の〈観光のまなざし〉の喜びに組み込まれるようになったのである。

次の節では、そのまなざしが、いろいろなリゾート地でどう構成されてきたかを詳しくみる。まず、「労働者階級のリゾート」、イングランドの北西端の一角、〈湖水地方〉の真南にあるモアカムの町である。この考察で、リゾート地が、社会階級の独自のグループに対応する観光のまなざしと関係サーヴィスを提供するにあたって、どのようにして階級別になってきたかを見てみたい。

〈ブラッドフォード用海浜〉・海岸・海浜別荘

一九世紀の中葉までは主な海浜リゾート地はほとんどイギリス南部に位置し、中産階級の常連やその財力に結びついていた（King 1984: 70-4）。こういう場所だけが「全国」規模のマーケットからの来訪者を呼べたのである。そして南部以外の海浜では、地域や地元のマーケットに依存せざるをえなかった。しかし、二〇世紀の初頭になると、こういう区分も劇的に変化したのである。それがまず始まったのは、一九世紀後半の北イングランド、とりわけランカシャー地方の繊維産業都市の労働者階級の休暇旅行からだった。

一八七五年頃から世紀末にかけて、日帰り旅行でなく、海浜で休暇滞在をすることが、大衆のものとなってきたのはこの地だった。よそでは、ロンドンでさえも、その足取りは鈍くまた波があった。しかしヴィクトリア朝後期から、北イングランドでは労働者階級の要望がリゾート地の成長のいちばん大きな後押しになっていた（Walton 1983: 30-1）。

北イングランドでは数多くの大きなリゾート地が発展していった。一九一一年にはブラックプールが英国で五番目に大きなリゾート地になったのである。またリザム、モアカム、サウスポート、セント・アンズもいずれも人口が大幅に増加した。これが「労働者階級専用のリゾート地の急速でかつ力強い隆盛をみた時代だった」（Walton 1983: 67）。こういうリゾート群が、速い時間で成長し、全国あまねく前代未聞の拡散ぶりをみせていった。

「モアカムの町は（…）上流リゾート地になろうとし、また、隣のヨークシャー州のウエスト・ライディング地区へ通う実業家の高級住宅地駅になろうとした。しかし、結局そうはならなくて、ヨークシャー人のブラックプールとなってしまった」（Perkin 1976: 104; Quick 1962）。労働者階級の休暇リゾート地成長のカギとなったのは、イングランド北部工業地帯の共同体に存在する強力な紐帯なのであった（Walton 1978: 32）。ところがモアカムの町はランカシャー州からの行楽客の規模でいうと、ブラックプールの町の競争相手ではなかった。理由はブラックプールが早くからしっかりした観光施設を完成させてしまっていたからである。ランカシャー地方南部と東部に点在する急成長しつつある都市からもかなり近いこともあったので、膨大な数の日帰り客も呼ぶことができたのである。ひとたび、あるリゾート地がその「産業後背地」をがっちり取り込んでしまうと、この地位はもうどうやっても揺らぐことがないようだ。それというのも、そこのリゾート地へ行くということが、行楽の「定番」あるいは「依存症」となってしまうからである。ボーンマスやスケグネスのような後発リゾート地は、近隣にこれといった同種のライバルもないためおおむね企図されたとおりに成長した（Walvin 1978: 161）。

モアカムの場合は、ランカシャー州の休暇市場の枠をブラックプールと争うのは不可能だということが、一九世紀後半には明らかになってきた。工業都市ウィガンの炭鉱主で参事会会員のラルフ・ダーリントンは一八八四年の下院委員会で「モアカムの海浜町としてのわれわれの評価は芳しいとはいえない。あえて言えば海浜リゾートですらない」（Grass 1972: 6から引用）と言いきった。さらに、モアカム厚生委員会の議長だったトーマス・バクスターも一八八九年に「ブラックプールがランカシャー州全土の客を取り込んでしまっていることは疑う余地もない」（『オブザーヴァー』紙、一八八九年一〇月一一日）と述べている。

モアカムの町は、地元ランカシャー州の休暇滞在マーケットには手が出せないのだが、一方、ヨークシャー州の羊毛都市と結ぶ鉄道があるため、その結果、客のほとんどは同州のリーズの町やブラッドフォードなど内陸の町から来るということになった。ヨークシャー州との結びつきは休暇客とだけでなく、一般の人の移住の流れにまで及んでいたこともある。ヨークシャー州から、労働者であれ雇用主であれ、かなりの人がモアカムに住み着き始めたのだ。そのうちの一部の人はここからブラッドフォードの町とかハリファックスの町へ通勤したのである（Perkin 1976: 190）。モアカムの初代市長の参事会員E・バンスビーはブラッドフォードの出身で、モアカムへは引退後移ってきたのであった。ただ、モアカムの町は、ヨークシャー州の西部地区に住む人たちにとっての唯一の休暇地ではなかったのだ。モアカムはヨークシャー州とリンカンシャー州にある東岸のリゾート地との厳しい競争に直面しなくてはならなかった。しかし、ともあれ徐々に評判を得るようになっていった。一八九一年のある日『デイリー・テレグラフ』紙の通信員がこう書いている。「マーゲートの町と平均的なロンドンっ子とが結びついているように、モアカムの町はがっちり屋で健康を愛するヨークシャー人と結びついている。あらゆる面で、モアカムはランカシャー州にありながら骨の髄まで真のヨークシャー州だということは万人が認めるところだ。ヨークシャーの老若男女は、風のよく吹く、雨のよく降る、吹きさらしの、それでも健康に良いというこのランカシャー地方の海浜を選び、わが土地とし、大衆化したのである」（Grass 1972: 10 から引用）。さらには、両大戦間のことだが、ブラッドフォードの某市長が「ブラッドフォードの、子どもはいうにおよばず、ほとんどの市民がこのすばらしい保養地で余暇を楽しんで過ごしました」（一九三五年六月『ビジター』誌「六〇周年記念」）と述べているのだ。

とはいえ、モアカムの町は望んでいたような中産階級の人々を充分には惹きつけることができなかった。その理由の一つに、『ランカスター・ガーディアン』紙が「無秩序で騒々しい群」（一八六八年八月二二日）と描写したような日帰り客の増加を、町の指導者たちが抑え込むことができなかったことがある。またもう一つの理由は、比較的小さな家（それも「納屋」程度が多かった）がとても多く、その民宿や小型ホテル営業を禁止するわけにもいかなかったこともある。こういう施設はあまり裕福でない客、とくにヨークシャー州西部からの客用になっていたのである。その間にも、かなりの議論があった。それは、一八九四年までは厚生委員会から、その後は市議会から構成されていた「お歴々」の代表たちと、一方、大規模な遊興施設会社のような「大衆的休暇旅行消費」の供給者との論争だった。一九〇一年の『ビジター』紙の論説は後者のグループを支持した。論点は、「公営の音楽隊も、公園も公費助成を受けた観光埠頭〔海に突き出した桟橋にさまざまな遊興施設をおいた展望テラス〕もない」町で「この夏、来訪者にサーヴィスをする仕事をやりとげたのは立派なこと」（一九〇一年一〇月二日）というものだ。一八九〇年代後半、早くも、商業開発推進派は勝利をし、「お歴々」を支持する市議会は敗退した。『デイリー・テレグラフ』紙が一八九一年のモアカムを「気難しい方々には、がさつで飾り気のない場所だと感じるモアカムは、やや素朴すぎていささか通俗の気味があるだろう。しかし断じて退屈な所ではない」（Perkin 1976: 191）と簡潔に表現している。

一九世紀末期になるとモアカムにも進展が数多くあった。急速な人口増加率（年一〇パーセント以上）、高い資本投下、とくに回転展望塔などの大きな施設への支出、下宿屋と宿泊施設の相当な増加がある（Denison-Edson 1967 参照）。

しかし、その繁栄は、西部ヨークシャー州の景気に依存したものだった。ブラッドフォード、とくに毛織物産業が好調だと、モアカムも繁盛したようだ。『オブザーヴァー』紙が書いているとおり「ブラッドフォードの町の景気が後退すると〈ブラッドフォード用海浜〉もぱたりと活気が失せてしまった」（一八八三年五月二五日）のである。また、モアカムは鉄道会社の言いなりでもあって、列車便の質量とも、提供されるままだったのだ。

両大戦間、モアカムは順調だった。その理由の一つは、労働現場に有給休暇が広く普及したからであり、また休暇といってもその大部分はまだ海浜で過ごされ、家族ぐるみ列車で、ときにまれに馬車で、運ばれて来たからである。モアカム出身の広報担当者も、労働者はだれもが一週間の休暇を有給で取得することが望ましいとまで言った（『ビジター』紙、一九三〇年一月二二日）。一九二五年までに、モアカムの市域の南にあるヘイシャムに二つの休暇滞在施設ができた。モアカムは年間人口増加も大きく、一九三〇年代には、年率三・八パーセントで（Denison-Edson 1967: 28）増えた。一九三〇年代と四〇年代はとくに賑わいを見せ、市議会も観光のまなざしをねらって新しいものに重点的に投資をした。保守党《コンサーヴァティヴ》の議会がいかに「市政の現実肯定主義《コンサーヴァティズム》」に係わっていたかの好例である。

ここで、その他の二つのリゾート地をかんたんに比較してみてみたい。それはロンドン南部にあるブライトン市と東部にあるケント州のバーチントン村である。ともに海浜に初めて観光のまなざしの対象を展開した祖であり、ブライトンは〈遊興〉に特化した海浜を初めて開発し、バーチントンは初めて海浜用の別荘を導入したのである。

ブライトンの一八世紀における初期のめざましい発展についてはすでにふれた。海浜というのは病気治療の場所として見られ、「入浴治療者」が指導にあたっていたが、その浸水指導には女性があたっていた（Shields 1990: ch. 2 参照）。一九世紀半ばに、この医療目的の海辺が娯楽用にとって変わられてきたのだ。この場をR・シールズは「境界閾」と捉えている。すなわち日常のパターンや生活リズムからの型通りの逃避行である。このような「境界閾」にはもう一つの特徴があった。カーニバル状態である。海岸は騒音と雑踏の場となり予測もつかない社会的混交に満ち、社会的階層と道徳規範の転倒が起こる。中世の古典的カーニバルでは、礼節と権威のそなわった規律正しい身体にたいしてグロテスクな身体が表出されたわけだが、一九世紀の観光カーニバルでも、グロテスクな身体が破廉恥に露呈され他人の目に晒された。やがて文字通り、グロテスクな身体は現実の風景からは削除され、商業化された表象、とくに通俗的な絵はがきなどを通して眺められるようになった。R・シールズは、この遊興専用に変容した海浜カーニバルをこう要約している。

このカーニバル狂騒の痛烈な象徴としての最たるものは、この愚かしくて不謹慎で無規律な身体である。凹凸むき出しの肉体。他者の身体空間の上へ、中へと侵犯し、その肉体の輪郭からいまにも逃走し、逸脱し、越境せんばかりだ(Shields 1990: 95)。

ブライトンは遊興、社会混交、階層転倒、カーニバル用になっていったリゾート地の走りであった。ここが二〇世紀初頭の一〇年、二〇年に、過激なセックスと、とくに「汚れた週末」ということで名を馳せたのも、その原因の一端はここにあろう。実際は、ブライトンのこういうカーニバル狂騒の場としての機能がそう長続きしたわけではなかったのだが、やはりこのイメージはつきまとった。

ブライトン市の階級構成が王室と貴族であったのにたいして、バーチントン村などがある一九世紀のケント州のリゾート地は新興の中産階級であった(King 1984: 72-8)。力をもってきた専門職中産階級は、徐々にこの州にあるマーゲイト市のクリフトンヴィル海浜地区やウエストゲイト村に滞在するようになった。ウエストゲイト村では、道路がすべて私道で、一戸建て以外は許可されなかったのである。英国で初めての海浜別荘はウエストゲイト村に一八六九から七〇年にかけて建てられた。またもっと大規模に、すぐ隣のバーチントン村でも一八七〇年から七三年にかけて建設された（King 1984: 74）。この開発までは海浜専用の建物というものはなかったのだ。じっさい、初期の漁村では、湖水地方の中で、海にも接するレイヴングラスなどで見られるように、ふつう、家は海に背を向けた造りになっていた。海は漁をするためのものでまなざしを向けるものではなかったからだ。一九世紀のリゾート地は、公的な場であり、社交場や遊歩道や公園や舞踏会場などのような立派な公営建造物が備わっていて、さらに、そこにある個人の住居は、内陸に見られるのと同じようなもので、一向に特別なものではなかった。

ところが、海浜に特化した形式を持つ別荘の開発というのは、医療の目的でなく、清々しい空気と美しい風光目的で海浜を訪れる人の要望の高まりに応えることで初めて生まれてきたものでもあったのだ。隣とほどよく距離を保ち、どちらかというと孤立して海を眺められるような建物を求める中産階級層の要求の増加があった。浸水にたいして水泳をすることへの人気も高まっていた。そのことで家族全員、とくに子どもも、団体ではない旅行のかたちで行ける必要性も意識されるようになっていた。バーチントン村はそういう条件にまさにぴったりの所だった。公営機関の施設はなかったし、家を建てるのに魅力的な海岸線もあったのである。初めての海浜別荘は「田舎風」に造られ、都会との対照性で人を惹きつけた。また別荘と海岸とを結ぶ通洞を造ることもあったようだ。二〇世紀になると海岸地帯に広範な「海浜別荘旋風」が起こり、ある意味では二〇世紀では、海浜別荘即英国海岸になってしまった。そしてこれが下位中産階級の住いと変化していったので、初期のおしゃれ感覚とか自由気ままな色合いが薄れてきて、じつにステータス敵対競争の対象となったのである（King 1984: ch. 5 参照）。このことからさらに、どのように海浜リゾート地が、社会的色調で争われる場所であるか、また文化資本〔経済資本などと同様に社会関係として機能していく、個人に備わった教養、趣味、蔵書、学歴など〕を争奪する場であるかということがよくわかる。

むすび

本章では、一九世紀のイギリスの海浜リゾートの発祥をみてきた。そこから、その開発にまつわる階級差に論を進めた。海浜リゾートというのは、急激に成長していくヨーロッパの産業労働者が余暇と行楽を求めて、おおかたは、家族だけでなく近所の同じ階級の者同士と一緒出かけた場としては最初のところであったといえるのでないだろうか。労働者は、仮に一日、一週間であれ、過酷な労働を離れ、水や空気の汚れ切った、病の蔓延するそして目をみはるような景色もない工業都市をあとにして出かけて行ったのである。このような海辺が労働者の集合的まなざしの極端なまでに定着する場となっていき、リゾート地は大転換した。たんなる海辺が、視覚的誘惑の場として、周縁に位置しながらも、産業経済では成長著しい記号の経済の中心として、しだいに〝創り・直し〟と〝見・直し〟が行なわれてくるようになっていったのである。

二〇世紀になると、観光のまなざしの変容はさらに強烈に進んでいった。初期の大衆リゾート地をなぞるようにして海辺のこういう場所は世界中に生まれた。しかもまなざしの対象となるたくさんの様相と特徴が創出され、そのことはあとで本書でも検討する。まなざしを向ける先の競争もはじめは国内でだったが、やがて国際的になるにしたがって、この種の初期リゾート地は時代遅れになり、低速走行車線に取り残されていった所もでてきた。

第三章　経済

はじめに

観光のまなざしとそのまなざしとが出会うべく発達してきた産業との関係は複雑である。観光者向けのサーヴィスは、例外がいくらかあるとしても、そのほとんどは、その生産の現場で同時刻に提供される。その結果、ウェイター、客室乗務員、ツアー担当者、ホテルの受付のようなサーヴィスの提供者と消費者のあいだの直の社会的関係の品質が観光者によって購われる「生産品」の一つとなるわけだ。この社会的相互関係の現れ方が意に満たないもの（ぶっきらぼうなウェイター、ブスッとした客室乗務員、失礼な受付）であれば購われたものは、事実上、ふつうのサーヴィス生産品とは言えなくなる。大きな問題は、この消費サーヴィスの生産を、観光者がまなざしを向けているところから離れて、舞台裏で何もかもを行なうというわけにはいかないところから生じるのだ。観光者は自分たちにサーヴィスを供しようとしている仕事ぶりの幾分かはどうしても見えてしまうのである。ところが、これに加えて、観光者は、自分が受けるはずのサーヴィスについて高い期待を抱く傾向があるということだ。「出かける」ということが特別な意味を付与された出来事だからであり、また、宣伝や観光会社などによるマーケティングなどを通して期待が膨らむようになっているからである。人は非日常を求めているのであり、それゆえサーヴィスを毀損していると感じられるものにたいして極端に厳しくなるのであろう。これらのサーヴィスの質への期待は外国出張の旅行者の場合にとくに顕著である（Beaverstock et al. 2010）。

このことから言えることは、観光サーヴィス〔諸施設・交通・飲食・娯楽などを提供する広義の意味での観光についてのサーヴィスである〕は、どこの場所ででも生産できるわけではないということだ。ある特定の場で生産、消費されなくてはならない。消費されるものは、全部でないにしても、要するにそのサーヴィスの生産者が位置している場所そのものなのである。そういう特定の場所が、もし、しかるべき文化的意味も帯びていないし、あるいは心をうつ視覚的な風物も見せていないのなら、その場所の固有のサーヴィスの質は変質してしまっているということになる。すなわち、観光サーヴィスには厳しい「空間決定性」が存在するのである。近年、観光者獲得競争が激化してきている。したがって、生産者は、その独自の場にあわせた独自のサーヴィス提供をしなくてはならないという意味で、相当程度に大きく空間決定的であるのに、消費者の方は場所を変え、全世界という舞台で一定程度の観光サーヴィスを消費する立場にあるのだ。世界中のほとんどどこでも、観光のまなざしの対象として行動ができるわけだから、この産業は競争から免れることはできない。おおくのサーヴィス（温かい食事のような）は、決められた時に届く必要があり、そのサーヴィスとの出会いにこそ常に真実の瞬間がある。サーヴィスは〝いま・ここ〟の行為だからである（第四章参照）。適切なタイミングで供与されないサーヴィスは、どうしても貧しいサーヴィスとして見られてしまうだろう。しかも、サーヴィスには予測もつかない「来世《アフターライフ》」があり、よいサーヴィスであれ悪いサーヴィスであれ、旅行談とかインターネットのレヴュー欄を通して、思い出や「世界の旅サイト」の中に刻み込まれてしまって、ひどいサーヴィスの行なわれた瞬間というのは、来世にさ迷い出てくるのだ。

生産者と消費者とのあいだの社会的相互作用の質に力点が置かれるということは、観光の開発が単に「経済的」決定要因という枠ではかんたんに説明がつかないということを意味している。後ほどに扱うつもりだが、さらには社会的・文化的変容を視野に入れて検討しなくてはならないということである。この変容というのは、まなざしを向けたい先は何か、そのまなざしにどういう意味を付与させるのか、そして、それが当該の観光サーヴィスの提供側にどういう効果をもたらしているのか、というようなことにたいしての人々の期待感を変えていくからだ。観光産業には一般に、あらゆるレベルでの膨大な関与や投資が随伴してきた。そして、近年では、これがさらに増大している。どんな場所でも、観光のまなざしの人気スポットになろうと策定あるいは補強に努めているからである。観光の経済学は、本書でもあとで述べるが、文化、経営、政策の展開と切り離しては理解できない。同様に、観光産業内部の労働も、複雑なサーヴィス供与を取り巻く外の世界からの期待感と切り離しては理解できない。観光産業内での労働の相関性はきわめて社会的に決定されるものである。

本章ではとくに観光の政策的・文化的経済の変容の展開に焦点をあててみたい。〈フォーディズム〉〔自動車王フォードが確立した合理化による大量規格品生産、大量消費方式〕からここ何十年かに起こってきた〈脱フォーディズム〉〔この文脈では、個別かつ少量の需要にも対応する柔軟な生産様式〕への変化、それから最近のこれにかんする概念としての〈体験経済〉〔生産されたモノによって顧客と結びつくより、体験を提供することによって利益をあげる経済活動。経験経済ともいう〕や〈マクドナルド化〉や〈ディズニー化〉にかんする最近の議論を援用して検証してみよう。

フォーディズムと脱フォーディズム

手始めに、C・キャンベルの消費にかんする古典的な分析からみていこう（Campbell 1987）。その論点は、ひとの心に潜む夢とか期待感が現代消費のポイントになるのだというものである。個人が満足を求めるのは、たんに製品からとか品選びや購入行動や効用からではない。人が求めるのはむしろ自分たちの想像の中ですでに体験した愉しい夢を「現実のなかで」経験したいのである。ところが現実は、夢見たままの歓びを与えてくれることはまずないから、買うたびに幻滅し、つまり新奇の品を永久願望することになる。ここに、現代消費動向のまさに根幹となる、新製品と飽くことなき欲望、というディアレクティックがあるのだ。

C・キャンベルは「イマジネーションの快楽主義」を現代社会のどちらかというと内発的な特質と見なし、広告とかある種の社会的競争のような個々の制度的装置とは別だとしているようだ（Campbell 1987: 88-95）。この点にかんしては、一般論として疑わしい。観光にかんしてはとくに疑わしい。広告とメディアを通して、あるいはあの手この手の資力を駆使しての種々の社会集団間の競争を通して、人々のイマジネーションの中にそういう消費者行動がどう形成されていくかという問題に目をつむっては、現代の観光の本質に迫ることはほとんどできないだろう（Selwyn 1996 の観光イメージ論参照）。現代の消費動向にはイマジネーションの快楽探求が内在しているというC・キャンベルの説が正しいとすれば、観光など、まさにその模範的ケースになってしまう。観光は、ふつうの日常生活で通常遭遇するものと別の、新しい体験にたいする夢とか期待感が必然的に内包されているからである。しかし、この夢は自律的なものではないのだ。広告やその他のメディア発信の記号群あっての作用である。しかもその多くはのちに述べる社会的な競争の複雑なプロセスとかかわっているのである。

C・キャンベルの分析理論には、もう一つ、せっかく有効なのに問題があるものがある。現代の消費者動向をあたかも歴史的に普遍なことのように扱っている点である。消費の質における変化と、これとあわせて生じているはずの資本主義生産の性質における変容を扱い損ねている（消費というのはここでは「購買」という狭義の意味で使用している。家庭経済における「生産」の欠落という意味ではない）。だが、多くの研究家は現代社会の中で急激な変貌が生じつつあることを論じているのだ。組織化された資本主義から非組織的資本主義へのシフトの発生がそれである（Lash and Urry 1987, 1994）。また、これをフォーディズムから脱フォーディズムへの移行と特徴づけ、とりわけ大量消費からより個人的な消費パターンへ動いているという特徴づけをしてきている（Piore and Sabel 1984; Harvey 1989; Poon 1989, 1993）。

しかし、この消費側からの分析は、多くの議論での「生産性主義」的なバイアスを指摘してはいるがまだ不十分な部分がある。そこで、フォーディズム型大量消費と脱フォーディズム型個別化消費の二つの理念を整理してみたい。

〈大量消費〉　大量生産という条件下で生産された商品の購買。消費物資にたいする支出率の高度成長。各生産者がそれぞれの産業マーケットを支配しようとする傾向。消費者に比して生産者の優位。好尚や季節やマーケット層による商品の差別化の少なさ。どちらかというと狭い選択幅――これらに見られる共通の傾向は、民間であれ公的であれ生産者側の利害が主導するということだ。こういう制度はトーマス・クックに始まる。歴史的にみると、これはフォーディズムというよりいわば〈クック方式〉とでもいう大量消費による観光の大衆化である。トーマス・クックは「マス・ツーリズム」は、〝社会的〟かつ〝実質的〟に考案されて、生産側の専門的知識によって制度化されることが必要だということに気づいていた。種々の制度の変革の結果、クックは、高価で危険で何が起こるかわからないような無駄な時間の多い個人旅行を、専門的知識を基にした大衆のための高度に組織化した計画的な社会的活動に変えていった。クックの当初の新機軸というのは発券方式、ガイド、添乗、一括予約、鉄道クーポン、旅行鞄の集配サーヴィスなどである（Brendon 1991）。

〈脱フォーディズム消費〉 生産よりも消費のほうが優位に立つ。それは消費支出が国民所得に比例して伸びていくからである。新しい信用形態も、相当な借金状態を生み出しながらも消費者の支出上昇をたすけている。きわめて多くの面で社会生活が商品化されている。異なったマーケットごとの違いがあって、購買のパターンが以前よりはるかに差異化している。以前よりはるかに個人的になっている消費者の好み。消費者運動と消費の「政治化」の成長。「大衆《マス》」の一部であることへの消費者の反発と生産者側の、より消費者サイドにたった感覚の必要性、とくにサーヴィス業部門での。以前より製品の数は多くなっているが、その一つひとつのサイクルは短くなっている。なにかに特化し非大量生産の形態をとっている新しい種類の品のようなもの（たとえば「自然」製品）。さらに記号価値と〝ブランド価値〟への関心。

もちろん、消費パターンの中にはこの二つに横断的なものもあるが、概して、西欧社会は前者の理念型から後者に移動しつつある。こういう変化は現代観光の質の変化にも反映している（Poon 1993; Urry 1995a 参照）。たとえば、英国の滞在行楽施設はまさしくフォーディズム型であった。脱フォーディズムへの切り替わりで、そういう滞在施設は「…センター」とか「…ホリデーワールド」に看板を代えて、いまでは「選ぶ」とか「一人のため」とか「自由に」とかのイメージを打ち出している。のちの章で、現代の行楽に起こっている広い意味での「脱フォーディズム」的な変化がどのぐらい多いことかということも述べる。そういう変化はA・プーンによると、「古い観光」からの変化であり、この「古い」というのは、パッケージ化とか規格化された旅行のことで、「新しい観光」は、セグメントに対応した、融通の利く、オーダーメイド的なものだ（Poon 1993）。そういう変化はまた観光とそれ以外の文化的実践との〝あいだ〟の関係も変えつつある。第五章で、「ポストモダン」について考察するが、その大きな特質は遊戯、快楽、テーマの重要性なのだ。この章でも後ほどふれるが、観光地の生産と消費の変容に、「グローバル化」が相当な影響を及ぼしている。とくに、国境を超えた〈ブランド〉とかインターネットの〈Web 2.0〉革命だ〔ネットの世界で、従来の機能をWeb 1.0とし、以降に生まれてきた質的に異なるさまざまな新たな潮流を総称する名称。「次世代Web」〕。

まず、脱産業の生産・消費にかんする今日の二つの有力な理論について検討してみたい。〈体験経済〉（Pine and Gilmore 1999）と〈ディズニー化〉（Bryman 2004）である。二つともそのコンセプトは、脱フォーディズム消費経済の中では非日常の個人化された体験がおおきなカギとなることを考察の中心においている。

「体験経済」の主たる特徴は、サーヴィスというのがいわゆる「サーヴィス」以上のなにかを求めるという点である。ふつうのサーヴィスは、刺激をますます求めるようになっている消費者にとっては物足らないと感じられるように思えるからだ。サーヴィスは、いくらかは快適で思い出に残るようなことが求められている。つまりサーヴィスは受けた側の「体験」として「長期間にわたって続くもの」となるはずのものなのだ。B・J・パインとH・J・ギルモアは一九九九年に〈体験経済〉という語を造り、サーヴィス経済は体験経済に移行しつつあると述べた。収益がどこからあがるかというと、演出・上演のもと、印象深く興味津々たる参加型の体験をしてもらうことからで、いままでのように要望に応じて、できるだけ安く提供するサーヴィスからではなくなってきている。消費者がふつうでないサーヴィスを要求すると思われるという点からいって、消費者主導への大きなシフトといえる。脱フォーディズム経済では、企業は、自ら消費者と交わるために演技するアーティストとしてのスタッフがいる「劇場」と認識すべきだという（Pine and Gilmore 1999: 104）。サーヴィスが対応する現場は、その雰囲気や行なわれる内容が感動的なものとしてイメージ化され演出されたもの、そこに印象に残る体験が「時を超えて甦って」くるものが求められるのだ。サーヴィスを作るものはこのように振舞い、演じ、芝居をし、舞台化することを学び取らなくてはならない。舞台上の俳優と変わるところないのだ。サーヴィスというのは、もはや便益を供与するものでなく感動の舞台を提供するものなのだ。

B・J・パインとH・J・ギルモアは経営や企画における劇場のメタファーのおもしろいケースを紹介し、同時に一般の企業経済も、体験が常にその要となっているウォルト・ディズニーやその他の娯楽産業に学ぶべきであることを論じている（Pine and Gilmore 1999: 98）。体験経済が十全に働くと、消費者は飛行機に乗っても、食事をしても、買い物をしても、宿をとるときにもたんに基本的な要望とか機能に副うサーヴィスをその時その場で受けるというだけでなく、そういうサーヴィスが個人の中でいつまでも記憶に残る忘れがたい体験になっていくようになる、という（Pine and Gilmore 1999: 99）。

B・J・パインとH・J・ギルモアの着想は、政策や商業分野で発展しつつある新しい「文化経済」へと、以前より広い関心対象として急激に広がってきた（Löfgren 2003; Gibson and Kong 2005; O'Dell and Billing 2005）。政策立案、都市計画、建築などに携わる人たちは、たとえば老朽化した劇場や博物館のような文化施設を活性化し商業化しておもしろい「体験の場」に変えようと工夫している（Hayes and MacLeod 2007）。観光や客商売を仕切る人たちもB・J・パインとH・J・ギルモアの着想を応用し、サーヴィス演出の革新的な取り組みを進めようとしている（Landry 2006; Bell 2007）。

ディズニー化という概念は体験経済と共通点があるが、それは、ディズニーのテーマパークが体験経済の概念にあてはまったメタファーであり見本的モデルだからだ。A・ブライマンによれば「ディズニー化は、多種多様と選択という、消費者が圧倒的優位に立つ脱フォーディズム世界に結びついている」のである（Bryman 2004: 5）。ディズニーというのは、消費する対象が多種多様取り揃えてあって、〈サーヴィス風景〉が劇場的に「テーマ化」され、サーヴィス対応そのものもイヴェント化して提供されるような、そういう経済なのだ。その現場では演技者としての労働者が顧客を「王様」として面白がらせてもてなす。ディズニー化は、商品とサーヴィスを個別固有の体験へと変えて、「魔法のように」日常を非日常にすることで、商品・サーヴィスの価値を上げようとする企業の一つの戦略である。

ディズニー化の概念はG・リッツァーのマクドナルド化理論とは異なる（Ritzer 2008）。この理論のかなめは、いかに世界中で消費が均一化し標準化しているかという点だ。すなわちフォーディズムである。マクドナルド化がいわんとすることは、観光者は、前もってわかっている、他と違わない、突飛なことも起こらない予測可能な体験やサーヴィスを渇望しているというのである。A・ブライマンによれば「ディズニー化が追求するのは、多様さと変化で、一方、マクドナルド化がもたらすものは類似と相似である。マクドナルド化は、よく起こるかわった体験でも、均一化した月並みの面白味のない消費体験に置き換えていくということだ」（Bryman 2004: 4; ディズニー・パークについて述べた本書第四章を参照）。

ただし、A・ブライマンはある種のサーヴィスとか余暇空間はマクドナルド化とディズニー化の両面をもっているとも述べている。観光地の多く、たとえば全費用込み滞在《オール・インクルーシヴ・リゾート》〔宿泊、飲食、スポーツ、遊戯施設などの全料金が含まれた休暇保養地。〕（Edensor 1998）、パッケージ・ツアー（Haldrup and Larsen 2010）、クルーズ（Weaver 2005）、テーマパーク（Lukas 2008）は、その人だけの体験的なものとありきたりの標準化されたものとが融合している。さらに、もっと広い意味での社会におけるマクドナルド化のせいで、さすがマクドナルド化された観光という需要は少なくなっている。そこで、もし食事を標準化するということについて考えてみるなら、

昔の旅行催行者は顧客に問題のない食事を提供しなくてはならなかった。理由は、どこの観光地でも提供してくる食事といえば、まるで独特の予想もつかない料理で、そのことを誇示したいかのようなものだった。当然ながらたいていの観光者の口には合わない。ところが、今日の観光者なら、たいていの場所で自由行動をしても安心なのだ。というのも、無難な食事を望む人たちのほとんどは、まずまちがいなくその土地のマクドナルドとかファストフード・レストランの世界的なチェーン店で食事にありつけるからだ（Ritzer and Liska 1997: 98）。

グローバル化

前章で述べたイギリスの海浜リゾートは一九六〇年代半ばに、以前と比較するなら、衰退を見せてきた。大衆旅行がどこの国でも——少なくともヨーロッパで——行なわれるようになった時と軌を一にしている。この観光の国際化が意味することは、ある特定の社会での観光のパターンも、自国以外の多くの国でおこった変転をしっかり吟味しなくては、明らかにならないということだ。世界と通じるということで、自国にある観光地と外国のとの比較がとくにインターネットを通して可能にもなっている。そこで、自国内のどこかへ行くとすると、それは結果として、この人が外国のどこかへ出かけるということを選択しなかったということとなる。観光のまなざしの潜在的対象は、すべて一つの尺度にのせられ、

いまやテレビやインターネットを通してある意味瞬時に互いに比較される。

このようなグローバル化の結果、異なる国あるいは一国内でも異なる場所同士、まなざしの対象として独自のものを提供するべく特殊化がなされるようなことも起こってくる。観光地の国際的分業がこの二、三〇年のあいだに起こってきているのだ。英国は歴史や遺産観光に専一するようになり、その結果、これが海外からの客がやはり観たいもの、英国の住民も、国内でなら行楽の対象にしたいとおもうものとなってきている。この国際化は他の国より英国で比較的進んでいる。その理由の一つは英国ではパッケージ旅行というか丸抱え旅行が昔から格段に発達していたことがあり、もう一つはすでに歴史的史跡が数多くあり、海外から相当数の来訪者を集められていたことがある。英国経済がひろく開放経済であるのと同様、観光もそうなっている。

英国内の旅行業者はパッケージ旅行というか丸抱え旅行を、他のヨーロッパ諸国より安く売ってきた。一九八〇年代には、スペイン、ポルトガル、ギリシャのたいていのホテルは、英国発の旅行催行業者がいちばん安い価格で提供している。英国で営業するこういう会社は、単位原価を下げ、英国発の外国旅行の巨大市場をうまく育てあげた。今日では、一年に約一九〇〇万のパッケージ休暇旅行が売られている(一九八三年は八〇〇万)(www.telegraph.co.uk/travel/budgettravel/5130485/Return-of-the-package-holiday.html; アクセス日:2010.03.31)。全費用込みの行楽旅行というのは英国ではこのような影響力をもってきた。昔から、旅行催行業者という総合会社が、一九六〇年代以降、先進的な技術だったジェット機運航とその発券システムをコンピュータ化することに結びつけてきた。

欧州に単一市場が生まれて以来、ヨーロッパの旅行業者はだんだん主要国のいずれかだけに拠点を構えて活動をするようになってきた。これが競争を増やし、一方一国内に限る業態も減らした。と同時に国境を超えた企業買収や合併も増えていった。このことで、また垂直統合の程度も増えていった。旅行業者が旅行代理店やホテルや航空会社をも所有するようにもなったのだ（Chandler 2000: D5-9）。

余暇時間が増えるにしたがって人々、とくに若者はますます定型パッケージ離れをしてきて、自由に旅行するとか、もっと違ったかたちの余暇活動を求めるようにもなってきた（Desforges 1998）。航空券購入だけというのも著しく増えている。もっと自由にという要望や、海外で別荘などの不動産を所有することが増えていることが理由だろう（ただし、二〇〇八年の金融危機までである。いわゆるリーマンショックでは、観光そのものは減少し、パッケージ休暇がやや上昇したと見られている）。全費用込みの観光は、海外から英国への観光者でみるかぎり、一〇パーセント程度でしかない。

F・バレットはこういうことを言っている。自由旅行への転換は「ある意味、パッケージ旅行の〈かっこ悪さ〉への反動であり」、それは、じっさいには一九八〇年代でも、もうかっこいいとも気が利いているとも見なされなくなっていたのである（Barrett 1989b）。二〇〇三年から二〇〇七年の間に、自由旅行として予約された余暇旅行は二一七〇万から二七二〇万に増えたが、パッケージ旅行は一九〇〇万辺りで限界となり伸び悩んでいる（www.telegraph.co.uk/travel/budgettravel/5130485/Return-of-the-package-holiday.html; アクセス日：2010.03.31）。このことは、いままでなかったビジネスモデル（のちに取り上げる）で運営されている〈ライアンエアー〉や〈イージージェット〉のような格安航空会社の人気などでさらに加速してきている。

これに加えて、新しい技術、とくにIT（情報通信技術）はきわめて重要な問題だ。それは、遠隔地同士での活動を策定・調整することにかかわる膨大な情報・通信がそこにあるからだ。ここでインターネットが観光経済、とりわけ、いわゆる〈Web 2.0〉に与えた大きな影響関係を考えてみたい。インターネットの初期段階から、観光産業、旅行代理店、旅行催行業者、航空会社は、社内むけに経営、企画、後方支援、通信を、一方、外向けには発券、旅行対象地振興、しかるべき観光のまなざしとウェブサイト上の土地神話醸成にと、インターネットを活用していた（Buhalis and Law 2008）。インターネット上の「ショッピング」が、書籍などの特殊な商品を除いて、まだ全面普及していないときでも、ホテルや航空券予約はあたりまえのようにオンラインで行なわれていた（Pan and Fesenmaier 2006; Xiang and Gretzel 2009）。二〇〇八年の調査によると、デンマーク人は半数以上が、かならず航空券とホテルの客室（一緒にかどちらか一方）の予約購入をオンラインでしている（www.dst.dk/nytudg/14530; アクセス日：2010.05.04）。

D・シュマレッガーとD・カーソンは、インターネットが、販売促進、物流、情報、管理、調査という面で観光にとっていかに重要な意味を持つかということに焦点を当てた研究をしている（Schmallegger and Carson 2008）。概して言えば、インターネットは「ネットワーク経済」を可能にするということで、ここでは観光事業者は以前より簡便に世界的な規模での展開ができるようになり、旧来の旅行代理店、催行業者、チェックイン・カウンター窓口などのような仲介業者への依存度も軽くなったぶん、観光「商品」をもっと個々人向けに工夫をして、柔軟なかたちで展開をすることができる。

格安航空会社の異様なまでの成長というのは、こういう背景を如実に示すものだ。こういう会社は自社のウェブサイト上で航空券をオンライン販売し、つまり乗客に直売りをして代理店経費をなくして運航コストをカットしている。低価格航空はオンラインで自分の手でもって予約手続きする人には割引サーヴィスをし、紙での発券はしない（現今ではほとんどの航空会社もそうなっている）。以前、〈イージージェット〉航空は、〈ブリティッシュ・エアウェイズ〉の「世界が愛好する航空会社」という標語をもじって「ウェブが愛好する航空会社」と称した。〈ライアンエアー〉航空の予約は、二〇〇一年には七五パーセントが同社のサイト上で扱われたが、今日では九七パーセントの旅客はオンラインで予約購入し、七五パーセントはネット上でチェックインする。二〇〇九年一〇月には空港のチェックインのカウンターも全廃した（http://news.bbc.co.uk/2/hi/business/7903656.stm; アクセス日：2010.03.31）。空港では観光者はますます顔の見えない「インターネット画面」と交流することが多くなり、観光関係の人の顔らしいものにも接することが少なくなってきている。ほとんどのサーヴィス供与というのはますます、「向き合って《フェイス・トゥ・フェイス》」ではなく私たちの用語でいうなら「顔と相互接続《フェイス・トゥ・インターフェイス》」間となりつつある。

さらに観光経済のネットワーク傾向を示すものとして、インターネット上の国際的な予約サイトの隆盛がある。たとえばホテルズ・コム（Hotels.com）、エクスペディア・コム（Expedia.com）、チープフライト・コム（Cheapflights.com）などである。これらはインターネットで世界の安い航空券とかホテルを探していればすぐ目に飛び込んでくる。このような「検索エンジンは強力な相互接続となり、旅行関係の情報の〝出入口〟のような役目をはたし、同時に、重要なマーケッティングのルートともなる。このルートから、観光地側も観光企業も潜在的な客を見つけ出し、旅商品を勧めることができるのである」（Xiang and Gretzel 2009: 179）。ホテルズ・コムというサイトはアメリカに本社のある〈ホテル予約ネットワーク会社〉（HRN）のもので、世界の主要都市のホテルの客室を割引価格で提供している。エクスペディア・コムでは、世界中ほとんどの都市での航空券、ホテル、レンタカー、クルーズ、パッケージ旅行、娯楽施設などの価格比較ができる。エクスペディア・コムはこう書いている。

> 〈エクスペディア〉はお客様の旅について、あらゆることを調べ、計画を立てることから予約購入することまでのすべてをいたします。当社は、ヨーロッパ全土とアジアの強力なサイトと連携をし、北

米のウェブサイトを通して、多種の旅行商品とサーヴィスを提供する世界でも有数の企業です。〈エクスペディア〉は、それぞれ異なるお客様——夏休みを過ごしたいご家族から、ちょっと週末に、という個人のお客様——のご希望に幅広くお応えしてお客様のどのようなご要望にもぴったりの旅を探し、プランを立て、予約手続きをいたします。エクスペディア商標のウェブサイトで、航空券、ホテル予約、レンタカー、クルーズ、その他多くの観光先での多種の提携サーヴィスをお選びいただけます（www.expedia.com/default.asp; アクセス日：2010.05.02）。

ホテルズ・コムやエクスペディア・コムはその旅行商品を直接ウェブサイトで購入し、その商品の提供者とは実際には接することはない。チープフライト・コムでは、同社のサイトは、購入者を旅行商品提供者のサイトそのものに再接続するようになっている。

観光産業は伝統的な媒体から離れ、こういうヴァーチャルな予約ネットワークの力と存在感が増して、ホテルや航空会社もこういう接続拠点とつなげなくてはどうしようもなくなってきている。ここに、蔓延してきた新規の技術媒体というかシステムへの全面的依存度がみられ、これはそれ自体がグローバルなインターネット商品といえる。

消費者はこういうサイトに惹かれる。まず第一に、仕事についている人にとっては時間の節約になる。客としては、グーグル検索をしてあちこちのサイトを探すよりも、そこの「サイト」（ハブ）を見るだけですませられるからだ。次に、ヴァーチャル世界の中で、透明な情報、比較、説明付きで多種多様な選択の可能性を構築していることもある。このことはインターネットが始まったときからの特質だったものだ。ある旅行商品（たとえばある週末のワルシャワのどこかのホテル）を探すと、宿泊可能なホテルの一覧と共に、それぞれの設備などの状況が写真付きで示され、宿泊料金の詳細、「伝統的な評価」と口コミ投稿《カスタマー・レヴュー》による星の数が明示される。三つ目には、このおかげで以前より柔軟で個性的な旅のパターンが可能になる。インターネットに依拠するシステムというのはおのずと、顧客が自分の手で「セルフサーヴィス」でもって航空券やそのほかの標準化された商品の購入をすることになる。消費者はさらに自由なパッケージを組み立てることもできる。休暇の行楽は、異種なものをうまく組み合わせて楽しむある種の「ミクスンマッチ」あるいは業界でいう〈フィッツ〉すなわち「自由独行旅行」になる。エキスパート・システム〔専門業の情報・知見・方法をコンピュータに移し替えたシステム〕の発達で、旅行に行こうかな、と思っている者に、明確なある指標を与えることが可能となり、コンピュータはそれにかんするその消費者向きの旅行商品を創り出させるようなシステムが作れる。

　最近までは観光産業は情報の流れを全面的に支配していた。観光者はその情報に接触できなかった、というか、その内容自体にも関われなかった。これが〈Web 2.0〉で変化した。インターネットがある意味、より開放的、協同的、参加型になってきたからだ。オープンなオンライン参加文化の利用可能性を開き、接続した個人はネットを見るだけでなく、書き込み、更新し、ブログ執筆し、リミックスし、発信し、応答し、ファイルを共用し、展示し、目印タグを付ける等々でいろいろなことができるようになったのだ。〈Web 2.0〉で明瞭にわかるのは、いかに消費者が生産過程に関与をし始めたかという点だ。おそらく〈Web 2.0〉の特質を定義づけるカギとなるものは、ユーザーが、目印のタグをつけ、ブログで語り、投稿し、ファイル共用をすることで、オンラインの内容に書き込みをし、読み出しをして、生産と消費の過程に組み込まれていくという点であろう。ここで見えてきたことは、「消費者」が製品の「生産」にさらに積極的に関与してきたことである。じっさい、自己紹介《プロフィール》の欄に書き込まれているありふれた個人情報やネット上でつながっている「友人」というのが〈Web 2.0〉にとってまさに意味のあるものなのだ。この自己紹介欄こそが日常生活の情報資料であって、これが人をネットワークに引き込み、「友人」を作るように煽るのだ（Beer and Burrows 2007: 3.3）。

〈Web 2.0〉はさらに観光業や観光者にたいしてその旅をどう計画するかということについて強い影響を与えている。彼らは「旅の物語」を、ユーザー発信のソーシアル・ネットワーク（たとえば〈フェイスブック〉とか〈マイスペース〉）や写真共有サイト（たとえば〈フリッカー〉や〈フォトバケット〉）や旅行コミュニティサイト（たとえば〈ヴァーチャルツーリスト〉や〈トリップアドヴァイザー〉）で、自分以外の大勢の他人だけでなく、「関係のない人」にまで向けて「書き込み」をしている。ユーザーはウェブのコンテンツを作りかつそれを消費していく。〈Web 2.0〉は観光者が自分たちでレヴュー、コメント、写真を（〈ホテルズ・コム〉とか〈エクスペディア〉の）予約サイトや（〈トリップアドヴァイザー・コム〉とか〈ヴァーチャルツーリスト〉の）旅行サイトに、自分以外の観光者に向けて書き入れる機会を提供している。観光者は、必ずしも観光業者のカタログとかホームページを閲覧しなくても、そうやって自分の旅行計画をたてることができるのだ。

こういう旅行コミュニティのウェブサイトはユーザーからの旅行のレヴューでできていて、観光産業の作るおなじみの豪華パンフレットとかホームページよりはるかに率直なものだと考えられている。〈トリップアドヴァイザー・コム〉は「三〇〇〇万人以上の信頼のおける旅行者のレヴューと意見」を受けていると言っている。こういう「レヴューと意見」はどこかのホテルのサーヴィスを受けた経験をもつさまざまな観光者からのもので、四ツ星とか五ツ星の高級ホテルの正体を厳しく暴露したり、三ツ星とか二ツ星のもっと安いホテルの格をあげたりすることができるのだ。観光サーヴィスが、一日何百万というサイト訪問者によってヴァーチャルな舞台でたえず「低評価」を受けたり「推奨」されたりする新しい経済活動なのだ。口コミの推奨というのは、かつても、どこの観光地へ行こうかというときのきっかけになる大きな要素ではあったが、それは伝統的にみれば友人とか家族とか同僚とかの小さな世界の中に限られたものだった。「電子口コミ」は、このような枠など関係ない。世界がその領域だからだ（ただし、世界は高度に不均質であるが）。観光者は、旅行情報を見つけて、比較するにあたって、そのような検索エンジンに頼るようになっているということなので、当たり前といえばそうなのだが、好ましいと言われたおススメ、というか口コミは商売上プラスに働き、一方、悪い口コミは致命的な影響をもたらす――とりわけ弱小というか無名の会社や品名であればなおさら――ということは調査研究でもはっきりしている（Litvin et al. 2008）。

かくして、この種の「旅コミュニティ」のサイトは、たとえばある都市の表向きの著名さとか、あるホテルの公的な星の数にたいして同感するとか批判するとかとは別の次元で、称賛であれ非難であれ、その行為は、ある意味で「権力的」なのだ（Pan et al. 2007; Ek et al. 2008 参照）。場所をブランド化するとか星の数を定めるのは、もはや観光産業側の手中にはない。観光者はいまでは行く先の設定や旅行体験の評価の一端を担っている。それは、ちょっとでも悪いサーヴィスが一度でもあると、そこへ行こうとするどの観光者にとっても、そこが悪評のまといついた場所になってしまうのだ、ということを意味する。

ユーザーが生み出すネタが真面目なものだということは観光関係の側でもわかっている。たとえば、英国旅行・観光の公式サイト〈ヴィジット・ブリテン〉は観光者にたいして、レヴュー、写真、ビデオのアップロードを求めて「これはあなたが英国をどう観たかを世界の人々と共有するよい機会なのです。あなた以外の旅行者がイングランド、ロンドン、スコットランドあるいはウェールズでの観光にどのような思い出をもったのか、どうぞレヴュー欄を読んでみてください。そして写真、ビデオ、コメントをチェックしてみてください」と記している（www.visitorreview.com/visitbritain; アクセス日：2010. 03.31）。そこで、ユーザーから発信するコンテンツは、観光企業の経営者に問題意識を惹起するというだけではない。それは、利用者との直接のやりとりが行えるという今までになかった方法であり、観光地やサーヴィスの販売促進を、安い費用で個別に行えるものであり、また、自分のところだけでなく競争相手のサーヴィスなどの格付けにまで踏み込んだ見識が得られるものなのだ（Schmallegger and Carson 2008）。これが観光のまなざしを拡張して「民主化」しているのだ。

次節では、ホストとゲストという社会関係の側面の検討を通して、観光産業の構造をより一般的に考えてみる。

社会関係

第一章では、観光者と、観光者がまなざしを向ける先での地元の人とのあいだには、いかに複雑な関係があるのか、ということを見てきた。こういう〝ホスト〟と〝ゲスト〟との〝あいだ〟の社会関係には種々の決定因がある。これはV・スミスその他の人が研究しているとおりである。その決定因は以下のように整理されて理論づけられる。

一、人の数。ホスト側の人口のサイズやまなざしを向けられる対象の規模との関係からみた、現地を訪れる観光者の数である。たとえば、ニュージーランドの地理的サイズだと（気象変動を別として）環境を損なうことなく、あるいは社会的悪影響を与えることなく、もっと観光者を受け入れられるだろう。これにたいして、シンガポールは地理的に狭く、これ以上の観光者をかんたんに受け入れられる施設もない。ホテルの増設でも進めば別だが、それも観光のまなざしの目玉でもあるわずかに残る中華ショップハウス〔一階の道路側の一部が軒廊になっている昔ながらの商店つき住宅〕でも取り壊さない限り無理だ。同様なことがクロアチアの中世都市ドゥブロヴニクにもいえる。城壁があり、その内側に現今四〇〇〇人以上が居住している。

壁と人口による絶対的収容能力の問題がある。

二、観光対象。観光のまなざしの特別な対象になるものというのは、風景、街並みの景観、民族、生活スタイル、伝統的な生活用具や建物、あるいは単純に砂浜、太陽、海である。モノとしての対象を観るという観光行為は、ヒト——個人であれ、集団であれ——を観ることをともなう場合に比べれば、それほど外部から侵入してくる感じを与えるものでない。もっというと、後者での、ホスト集団の私生活を観察することがいちばん社会的な軋轢を生む。その例として、エスキモーとかマサイ族がある。彼らはまなざしに応ずるかたちで、小屋へ入る客に「車一台の客あたり一ポンド」を求める。これにたいしてまなざしを向けられるものが公開された儀式だったりするところでは、摩擦はあまり問題にならず、むしろもっと積極的に歓迎されるだろう。バリ島のいろいろな儀式などがそうである（Smith 1989：第七章参照。また本書第八章も参照）。

三、まなざしの質。来訪者のそこでのまなざしと、それがもたらす空間と時間の「密度」である。たとえば、まなざしは、ほぼ瞬時に把握されるような何ものかでもありえる（ニュージーランドの最高峰マウント・クックを観る、写真を撮る）、あるいは、逆に長時間まなざしにさらされる必要があるものもある（パリの「ロマンティック」な雰囲気を観る、経験する）のだ。前者にあたるケースでは、日本人観光者ならほんの二、三時間ていどの見学のためにでも飛行機に乗ってやってくることがありえる。だが、パリのロマンティック探訪となると、もっと長く「深く」浸ることが必要になってくる。

四、仕組み。大量のまなざしに対処するために開発されてきた観光産業の仕組みが、個人的であるか、公的に財政支援を受けた公営機関であるか、一地域のものなのか、外国にまでそうとう広がった利害関係とつながるものであるか、資本の規模が圧倒的に小さいか、大きいか、あるいは地元住民と進出してきた観光業者とのあいだに紛争があるかどうか、という点である。この対立はさまざまな局面で生じる可能性がある。商業開発にたいする保存、地域に雇用がうまれ賃金が落ちるのか、地元以外から労働力が雇用されているのか、地元の伝統や家族生活へ及ぼす開発の影響で、地場工芸品の、いわゆる「安物みやげ品化《トリンケタイゼーション》」がないか、季節変動労働の補てん方法など。さらにホスト側も均質な集団ではないという点。ヴェネツィアの町の住人にみられるように、観光から経済的利益を得ている者たちは、得ていないものに比べて、ゲストにたいしての厳しさは少ない（Quinn 2007）。

五、既存の農業・産業活動。これらに及ぼす観光産業の影響である。影響は既存産業活動の破壊というケース（ギリシャのケルキラ島）から、労働や資本が観光産業へ移行していくに従い、ゆるやかに損なわれていくケース（スペインの多く）など幅がある。さらに、保存に向かうというケース（イングランド東岸のノーフォーク・ブローズにある牧畜と放牧見学観光）もある。既存の活動を救済し新たなまなざしの対象にしようとする努力である。

六、差異。ゲストにたいして大多数のホストとのあいだにある経済的、社会的、民族的な差異である。北ヨーロッパや北アメリカ同士では、観光はあまり社会的摩擦とならない。多数のホストは時と所を違えると自分自身がゲストとなっているからである。ただ、差異という意味では、観光が「国際理解」というか全世界的な振舞いとして発展する道筋はどうやらまだ先が見えないと言えそうだ(Szerszynski and Urry 2002, 2006; Verstraete 2010)。多くの場所ではゲスト側と地元民とのあいだに、ふつうはそうとうな不均衡があるからだ。自分自身が観光者となれるような金や暇など、夢にも持てないという人たちが大勢いるからだ。この不均衡は、来訪側が外国からのビジネス客だったりするとさらに顕著になる(Beaverstock et al. 2010)。このような相違はほとんどの発展途上国でも、観光開発のやりかたによってはさらに大きくなる。そのことは、インド、中国、シンガポール、北アフリカのいちじるしく豪華で高度に資本主義的なホテルやリゾートなどで見られる現象だ。理由として、外来者は、ホスト側の大衆の中に放置されてしまうと、その中では自分たち向きの宿泊施設や食事処などが見いだせないからだ。

七、標準的な施設とサーヴィス。大衆的な来訪者は、どの程度きちんと標準的な宿泊設備とかサーヴィスを要求するのかということ。つまり、ゲストは、ホスト社会のさまざまな状況から庇護してもらえるきちんとした環境の保護膜の中にいられるのか、という要求だ(Edensor 1998; 本書第六章参照)。この要望というのは、外国ビジネス客や団体ツアー客にいちばん特徴的で、西洋基準のホテルと食事だけでなく、言葉のできるスタッフや万端整ったお膳立てを要求するのである。多くの観光者は西洋式観光の保護膜からまず出ようとはせず、ある点では、まるで観光関係業者に扶養されている「子ども」として扱われるのだ(Smith 1989: 10-11; Edensor 1998)。場合によっては、そこの文化というのが、ほんとうに危険、ということもある。大都市の中とか、広範なスラム街とか、武装勢力紛争地とか、テロのある地区だ。ところが、冒険「旅行者」、つまり何度も来ている人とか学生のように金のない者、さらには「難儀」、「危険」も「体験」の一つだと嘯くような者にはそういう要望はほとんどない

（Edensor 1998 のバックパッカー観光について、ならびに Freire-Medeiros 2011 の貧民街観光についてを参照）。

八、ホスト側へのまなざし。観光者がホスト住民へどの程度まなざしを投入してよいのか。観光者はどの程度ホスト住民の日常生活空間を使用したり通り抜けたりじろじろ眺めたり、接近して、あるいは遠くからそっと撮影したりしてよいのか。アメリカの民族グループのある研究によると、七五パーセントの地元民は観光者の撮影に「負の影響」を受けていると感じている（Chhabra 2010: 10）。ホストへのまなざしは、いつも見られている、いつも観光者のまなざしに晒されている、そして観光の名所のど真ん中で生活しているという感情を作り出す（Maoz 2006; Quinn 2007; 本書第八章参照）。F・ジョーダンとC・アチソンは、いかに女性の観光者（とくに一人旅の）も地元の男の性的な圧迫的まなざしの対象となるかということを論じている（Jordan and Aitchison 2008）。身体それ自身もとくにまなざしの対象になり、とりわけそこに目立つ人種のあるいは性の差別があるばあいはとくになりやすい。A・マクリントックは、かつて、英帝国の「処女地」へ入り込んだ旅行の歴史の中では、植民地支配の機能と女性的肉体の二つが男性的権力と異常なまでに結びついていると論じている（McClintock 1995）。

九、国家。当該国が積極的に観光を推進しているか妨げようとしているか。前者については枚挙にいとまがないほどの例があり、そこでは多くの観光者が「風景」の一部とさえなっている（Smith 1989）。逆に、いくつかの産油国は宗教的、社会的理由で明確に観光を制限している（サウジアラビア）。ただ、ドバイ首長国は極めつけの観光地と姿を変えてきている。石油がここ二、三〇年で尽き始めたからだ（Elliott and Urry 2010; 本書第九章参照）。一九六〇年代後半に始まった中国の文化大革命の最中には政府は観光が増えないようにしていた。一九七〇年代半ばに状況が変わったとき、西洋からの来訪者が珍しかったのでまるで著名人を迎えるように喝采した。二〇二〇年までに中国は世界でも有数の観光地となりまた観光振興国となると予想されている。

一〇、観光者がどう位置づけられ、スケープゴートにされているか。観光者は経済、社会、文化の発展に好ましくない存在だと名指しされ、犠牲の山羊とされることがどの程度あるのか。このことは、観光者が、経済的、文化的、民族的にいくつかの面でホスト側の人々とはっきり異なるような場合にはよくおこることだ（Saldanha 2002 における、インドのゴアの町で、地元民と「ゴア・トランスという熱狂状態になる欧米の観光者」とのあいだに起こる摩擦についての記述を参照）。また、ホスト側の人々が経済や社会の急速な変化を経験する場合にもよく起こる。さらに、観光者数が多少でも現地の人口を凌駕し、人々の日常空間に侵入してくる場合にもよく起こる。ヴェネツィア市民は観光者が公共交通機関にあふれ、日常生活での移動を遅滞させ、物価やサーヴィス料金を高騰させ、ごみ・し尿を増やし、等々と不満をならす（Quinn 2007: 467-9）。しかし、こういう変化はかならずしも単純に「観光」のせいとは言えない。ただ、地元の経済的、社会的不平等の問題を「名前のない、顔の見えないよそ者」の責任にする方が簡単なのだ（Smith 1989）。さらに、観光への異議の一部は「現代的なもの」自体への異議なのだ。移動することとか変化すること、つまり新しい人間関係のかたちとか家庭や伝統の役割減少とか今までと違った文化形態への反発だ（「観光のための世界倫理規定」参照。www.tourismparters.org/globalcode.html; アクセス日：2010.03.22）。

一一、ホストとゲストの相関的まなざし。観光のまなざしは「相互的」で、ゲストとホストの視線は交差する。それはたとえ短時間であっても観光のまなざしが機能する都度に生じる（第八章参照）。ほとんどの研究では、ホスト側を風景（珍奇なもの）として捉え、現地を「自分勝手に」解釈するゲスト側の力というのが強調されているが、じつは、ホスト側も権力を行使していて、「地元のまなざし」

を通して相手を対象化しているのである（Maoz 2006; また Cheong and Miller 2000; Chan 2006 も参照）。

観光行為の社会的影響というのは、このようにして数多い状況の重なり合い如何で決まってくる。本書では、ホストとゲストの差というのはこの移動社会のなかでますます流動的になってきているということを終始述べることになる。仕事や遊びのための旅が多い移動社会というのは、場所々々も、いたる所に通じ、文化的・社会的・経済的ネットワークで世界とつながっている。観光地は、外からの影響力に晒された単独で閉鎖的で固定した孤島ではない。関係性でその存在を現す場なのだ。その場は、移動し国を超え、たえず他の場へと人間、技術、対象、リスク、イメージを繋いだり解いていったりするネットワークの中で浮遊しているのである（Urry 2007: 42）。D・マッセイはこう言う。その場に特徴を与えるのは一定の歴史の長さではなく「当該の位置に結集した関係の布置」から構成されるのだ（Massey 1994: 217）。

では、簡単にすこしそのような場を検討して、いかにこういうプロセスが相交わっているのかということを示してみたい。まず、地中海世界だ。ここでは観光の成長が、いままで最も高い経済・社会成長を示してきた場だ。観光が戦後の復興のめざましいシンボルとなり、そこに一年間の外国からの来訪者のほぼ三〇パーセント、二億七五〇〇万人という数の、観光者を世界中から集める世界有数の大きな観光地を生み出した（www.planbleu.org/publications/SoED2009_EN.pdf p.100; アクセス日：2010.03.19; Pons et al. 2008 参照）。戦後、西ドイツ、フランス、スカンディナヴィア諸国、ベネルックス諸国、イギリスでは収入が上がるにつれて、それを上回って海外旅行への要望が増大していった。それに応えるように南ヨーロッパで観光産業がとてつもなく発展した。そしてそれらの産業はとくに費用効率の良いものであったので、その結果、海外旅行の実勢費用も安くなり、これがさらなる拡大をよんだのだ。スペインは最初の、そして最大の地中海観光地となり、それは今に至る。その他の主な観光地としてはフランス（観光者世界一の国）、イタリア、ギリシャ、ポルトガル、マルタ、キプロス、トルコである。全体としてみると観光は北ヨーロッパの富を南ヨーロッパへ分配する役割を結果として果たしたのである。

これらの国々の地中海地域での観光の及ぼす広範な影響というのは周知のものだ。それは膨大な数の観光者とその特定の季節に集中するサーヴィス需要から生じているもので、その害悪をもたらす社会影響は、とくに、性差別的な労働、来訪者の地域的な集中、対応政策の調整不足、ホストとゲストの文化的差異、一部の来訪者の高級な〈環境の保護膜〉に守られたいという志向などが原因だ。

観光者の「過剰」地だと言われている場としてフィレンツェ市がある。ここは住民ほぼ四〇万人で、一年に七〇〇万人の来訪者を受け入れていることになる。このために、一八七〇年に市の教育、商業、産業の機能を中心地から移動させ、フィレンツェを全面的に観光に明け渡す計画が実施された。これは批判者によれば「フィレンツェのディズニーランド化」ということになるだろう（Vulliamy 1988: 25）。

イギリスの詩人で古典学者のロバート・グレイヴスは、受け入れ能力を超えていると一般に言われるマヨルカ島の観光変容を次のように描いている。

パルマの旧市街は存在を失ってしまって久しい。中心街はレストラン、バー、土産物店、旅行代理店などなどで食いつぶされている（…）。巨大な広域都市が海岸線を連ねて湧きあがったのだ（…）。オリーブの木の主な用途は（…）観光土産用のサラダボールとか箱に化けてしまったようだ。しかしマヨルカ島の剽軽者が言ったことは、オリーブの木を一度伐ってしまったら、あとでバスの窓から観る観光者向けにプラスチック製のを立てておかなくてはなあ、ということだった（Graves 1965: 51; いかに「保養逗留」の可能性を観光が毀損しているか、ということについてはHeidegger 2005: 56参照）。

トルコが人気観光地として発展してきたのは比較的新しい。トルコでの地元の投資家にとっていちばん手っ取り早いものは、外貨両替のかたちでの収入だ。トルコの観光はそれまでは、ボドルム半島の町、マルマラ島、アランヤという町などにある醜悪で無計画な巨大ホテル群と休暇滞在施設の建設という強気一点張りのブームだった。実際取り壊されて当然のような代物だ。一九八八年になって、ある旅行企画の専門会社〈シンプリー・ターキー〉が、ボドルム半島にあるガンベットの町の観光販売から撤退した。理由は「もうこの町は小さな綺麗な町ではなく、無計画に広がるビル街の騒音とホコリにまみれ、海辺も、来訪者の急速な成長に応えられるほどの広さがない」（Whitaker 1988: 15から引用）。急速な観光の成長はとくに批判を受けている。理由は、トルコの南西部は以前から古代遺跡を探し求めに来る相当数の個人「旅行者」には人気だったからだ。トルコは、そこで、マス・ツーリズムと、社会的にいうなら上質な観光との相反する利害のあいだ、つまり、観光の集合的まなざしとロマン主義的まなざしとのせめぎあいにあるというのが現状だ（Haldrup and Larsen 2010における、デンマーク人観光者、トルコの町アランヤ侵襲についての記述を参照）。

多くの人が問題にしていることであるが、地中海地域、とくに海岸地帯には非常に深刻な観光危機がある。人口が集まっているその地域に観光者の大半が訪れるという点だ。しかもその数も増えている。地中海への来訪者数は、一九八〇年代でおよそ一億人だったのが、二〇二五年には六億三七〇〇万にまで増えそうだと言われている（www.watermonitoringalliance.net/index.php?id=2052&L=2%2F% 2Finclude; アクセス日：

2010.03.19)。これは食、水、人材にたいする甚大な負荷となり、また環境に与える影響にも由々しきものがある。「砂漠化」が徐々に進行して、ギリシャの三割、ポルトガルの六割は緩慢な危機に直面している。もし、この気象変動が続くと、長期的にはサハラ砂漠が北上して地中海地域に迫る可能性があると考えているものもいる。

二つ目のもっとも重要な観光地域は北アメリカである。発展の様子がヨーロッパと大きく違うのは、車、ハイウェー、フロントガラスからの景色、道路沿いの店舗群が中心になっていることだ。J・ジェイクルは、戦後、都市や郊外がどこでもいかに「ハイウェー的秩序一色」で仕立て直されたかということを述べている(Jäkle 1985: ch. 9)。道路システムの質は急速に向上し、交通量もより増加した。戦後のアメリカでは、ところどころの風景が、ある種のまなざしをつくりだすぐらい大きく変貌した。すなわち「ドライバーの目を〝楽しませる〟べく造られた高速公園道路《パークウェイ》から眺めると、目を惹く〝絵〟になる」ように変貌した(Wilson 1988 1992: 35. 〝〟は引用者)。A・ウイルソンによれば、自然を「孤立したドライバーの目に応えるような」なにものかに国が変えてしまったのだ(Wilson 1992: 37)。車のフロントガラスからの景色が意味するものは「車は速く走らせれば走らすほど、大地がのっぺらぼうに見えてくる」ということだ(Wilson 1992: 33)。

すこし一般化して、ボードリヤールがこういうことを言っている。アメリカ合衆国の荒野は、終わりなき未来と過去の抹殺と刹那の勝利のメタファーだと(Baudrillard 1988: 6)。荒野をドライブするというのは、自分の過去をすててひたすら走り去るという感じで、フロントガラスの形に切り抜かれた、絶え間なく飛び去る空虚を見るという作業だ(Kaplan 1996: 68-85)。この荒野の空虚な風景は走行距離が長いように感じられ、それは喪失していく未来への「飛行線」のような旅となる。道路は車に便利なように建設されてきたのであって、そこから生み出されるべき人間生活の様式にあわせたものではない。ラジオやCDプレーヤーからは場所を問わず音が流れてくるし、一定ていどのアメリカの車にはエアコンがあって、移動する観光者のフロントガラスを通して外をちらちら見る以外は、ドライバーは環境のほとんどの様相と没交渉だ（Larsen 2001; Urry 2007）。そして、この景色も、べつに何が見えているわけでもない。町の様子も、道路沿いの郊外店舗群だけで、優れて際立った場というのはほぼ抹殺されていて、画一的な景観がただそこに広がるだけだ。J・ジェイクルはこれを「場の没個性」の産出と名付けている（Jäkle 1985）。またM・オージェは「どこでもない場所」と呼ぶ（Augé 1995）。沿道の郊外店群も、ふつうなら場の面白さをだすような曖昧さとか複雑さを欠いてしまっているのだ。これは「単一機能の風景」であり、とくに大規模な企業が標準化された、似たようなチェーン店が展開されていけば、外見でもなおさら均一なものになってしまう（〈マクドナルド〉、〈ハワード・ジョンソン〉、〈KFC〉、〈ホリデーイン〉など）。自動車旅行は戦後のアメリカの象徴ともなり、ジャック・ケルアックの小説『路上』（一九五七年）、また映画『イージーライダー』（一九六二年）によく表れている。小説『ロリータ』（一九六二年）での、主人公ハンバート・ハンバートの結論は「どこにでも行ってみた。なんにもなかった」（Jäkle 1985; 198 から引用）だ。

　北米の代表的な観光地の一つにナイアガラの滝がある。滝の印象はいつも崇高《サブライム》の言説に縁どられた最上級形で語られてきた（Shields 1990 参照）。瀑布を見た人は言葉を失ったというような報告をした。この滝はこの世ならぬ驚異だったのだ。途方もないアウラがそこに漂っていたのだ。このように一八世紀にはこの滝は強烈な自然アウラの対象としてあった。一九世紀になると、愛するカップルによってまなざしを向けられ体験される「境界閾《リミナル・ゾーン》」としての機能を果たした。しかし、二〇世紀も後半になるとここはてみられているだけだ。

別の「場」になっている。あちこちを巡る旅行者のはずせない名所となり、滝へのまなざしはスペクタクル、セックス、商業主義の代名詞となっている。ナイアガラの滝でだれもが言うのは、ひたすら舞台装置、つまり新婚用スイートとかハート型をした〈愛の湯船〉のことである。滝はいまやキッチュ、セックス、商業的な見世物なのだ。滝はもう本来の姿としてはそこにないかのようで、ただ見世物としてみられているだけだ。

これに関連するのがいわゆる「セックス観光」の成長であり。東南アジアの社会や世界中いたる所の大都市で見られる、観光のまなざしの対象としての身体である（Oppermann 1999）。セックス産業が盛んな国にフィリピンとタイがある。フィリピンでは国が観光での「接客婦」の使用を奨励しているし、種々の売春宿が観光省の推薦を受けている（Mitter 1986: 65）。あるマニラの旅行代理店のパッケージ旅行にはこの「接客婦」があらかじめ組み込まれている。そこで稼いだ金の内のほぼ七、八パーセントしか性労働をする女性自身の手には渡らない。こういう社会慣習は、父権制慣習の異様に強い社会にある。そこでは女を「聖母・処女」しからずんば「売女」という型にはめてしまう。富める国からの人々の中には、有色人種の女は手に入りやすく従順でみずから身を売るという思い込み、さらにいくらかのこういう社会の中では近親相姦や、父・夫から受ける家庭内暴力の率が高いこと、田舎での過疎が原因で、人々が町へどんな仕事であってもいいから求めてやって来ることなどがあげられる。そのうえ男の「セックスツアー」のグループ旅行をしやすくしている「専門」ツアー業者の増大やウェブサイトがある（Enloe 1989 の売春婦を守るために女性によって組織された試みを参照；Leheny 1995; Clift and Carter 1999）。一九九〇年代半ばからタイ政府はセックス産業を抑制することを試み、これ以外の観光形態を奨めようとしてきた。これは一部にはエイズの脅威が増大してきたことがある。また一つには、女性や若い家族向けの新しい観光の興隆が、こういう性的なまなざしや性としての身体にたいする観光の抑止効果として働いているということもある(Leheny 1995)。

しかし、買売春以上にセックス観光では考えるべきことがある。

第一には、観光産業は長いあいだその市場開拓で「セックス」を利用してきたことがある(Cohen 1995; Dann 1996b; Pritchard and Morgan 2000a, 2000b, Morgan, N. and Pritchard, A. 2000c)。理想化され魅惑的に振る舞う女性の体がパンフレットや絵はがきで執拗に露出されている。次にあげたのは、〈ジャマイカ観光局〉がカリブ海のネグリルの町を、女性を求める白人男性の〈エデンの園〉として描きだしている例である。

> 岩だらけの絶壁と白砂の浜辺、そこには艶めかしさと純潔がロマンティックに混ざり合っています。焼けるような日差しはいかにも罪深い。太陽が静かなカリブの海に溶けて消えていくと、夕焼けがまるで誘惑するかのように広がり、ときあたかも、シナモン色した肌の女の子たちがバタフライビキニを身につけ浜辺を歩きます。ここはあなたの楽園です。ネグリルへようこそ(Pritchard and Morgan 2000(b): 127より引用)。

このように性的なイメージで「場の神話」がつくられ、とくに、太陽が主役であるような場所にこれが書き込まれていく。

第二には、性的願望は〝おおいに〟観光に活気を与えるということだ。I・リットルウッドは、貴族の〈グランド・ツアー〉には表にできない話があって、じつは次から次へと繰り出される性体験談なのだと書いている。もちろん、「故国への手紙には、訪れた教会などが語られ、淫売宿のことはないが」

(Littlewood 2001: 4)。I・リットルウッドはまた性的な放埒はこういうような「文化」観光に不可欠な要素で、本来の旅と異常にかけ離れているものでない(Littlewood 2001; Ryan and Hall 2001も見よ)。I・リトルウッドによれば、焼けるような日差しと性的快楽は密接に関係しあっている(Littlewood 2001: 1-7)。北の国々でのイメージでは、(半)裸体と焼けつくような天候とは性的欲望や性行為を刺激する。快楽主義の王者ともいえるオスカー・ワイルドはこう言っていた。「ぼくは太陽以外のものをもう信奉する気にならない。諸君、ご存じかな、太陽は思索というものが大嫌いなのだよ」(Littlewood 2001: 190から引用)。白人の観光者がプールとか浜辺とかの「境界閾」で服を脱ぐとき、同時に日常の自我も脱ぎ捨て、ほかの観光者のまなざしの対象になるような振舞いをするのである。さらに日焼けは、ある種の「野性的」な性的魅力を身体に刻み込むのだ。焼けた身体はさらに強力な性的記号となり、性的能力と「焼けた肌」をしている階級ということは同義だという西欧社会の伝統がここに反映している。I・リットルウッドが言いたいこと、それは、裸体の汗をかいている自分の肌に〝触れる〟という陽光の官能的な体験は、それ自体で「太陽と性的関係を持つ」という肉感的なものだということだ(Littlewood 2001: 194)。

第三に、さらにまた見逃せないのが性的空間としてのホテルである。

ホテルは西洋社会のイメージのなかではなまめかしい場所で、いろいろな意味でホテルはセックス、情事、火遊びと同義である。これは密偵や愛人たちの密会や、結婚初夜、新婚旅行、不倫の、あるいは束の間の忍び会いというような大衆文化とも連接している(Pritchard and Morgan 2006: 765)。

赤線地区というのが、ざっと言えばそこにホテルがあって、観光者に「奉仕する《サーヴィス》」外国人売笑婦やストリッパーがいる地域であることは偶然でない。そして訪れる人に多いのが金融業の仕事《サーヴィス》をしている連中だ（Elliot and Urry 2010: ch. 6）。

ここから、さらに観光業と観光体験が、階級、ジェンダー、民族によって異なる点についていくつか検討してみる。第二章で、社会階層の差の重要性について注目してきた。すなわち観光の開発は場所を違えると、どのように違う姿で成立してくるのかという仕組みを明らかにしてきた。その結果の含意は、違いから生じるリゾート地それぞれの社会的色調とそれぞれの土地所有の形態とであった。すなわち、ある場所を姿よく構築することと貴族階級との関連性の大きさ、中産階級家族の増大と海辺にふさわしい建物としての海浜別荘の開発、「ロマン主義的」まなざしの意味と、絶対的に重要な位置づけをされた商品としての自然の構築、「集合的」まなざしの特質とある場所の誘因力を構成するにあたっての自分に似た他者の役割である。そして第五章では、サーヴィス階級〔訳注1〕の増加していく文化資本、郊外や産業遺産、そしてさらにポストモダンが人の心を動かす力の大きさについて検討する。

しかし、また、まなざしを向けるということはジェンダーや民族の区分けによってもバイアスがかかってくる。ジェンダーや民族の相互関係性は、ある社会集団が開発したい滞在先がどこなのかという好みのようなものを形づくるのに際しても、また、その訪れた現地の住民に与える影響にも、観光地の高級感を構築するのに重要な要素となる。ここにはカギとなる二つの着目点がある。観光者同士の社会的構成と観光者が訪れる現地に住む人たちの社会構成である。これが重要なのは、ほとんどの観光行為はさまざまな公共スペースへ行く、通り抜ける、ということで成り立っているからだ。テーマパーク、ショッピングモール、浜辺、レストラン、ホテル、温泉地の宴会広間、遊歩道、空港、プール、広場などだ。こういう場では人々はまなざしを向け、同時に他人から向けられもする（そして写真を撮られ、また他人を撮る)。このとき、よそ者としての社会グループが行った先の、行くなら見たいと思い、写真を撮りたいと思うそれらしい他者の範囲についての複雑な選択のやりかたができあがってくる。また一方で、自分にまなざしを向けてくれるのにふさわしい他者はどの人間なのかという別の思いも、よそ者としての社会グループによって懐かれる。ある意味、観光というのは自分なりの主題をもった体験を買うということで、それは他者の姿の明確な構図によって決まり、体験はこの他者と共有されるのである(第八章参照)。

東南アジアでのジェンダーと民族の従属関係は底辺で通じあっていて、これが若いアジアの女性を、他の社会から来る男性来訪者(しかも民族的に支配者)むきの観光＝性的まなざしの対象として形成してきた。いままで見てきたとおり、観光のかたちはジェンダーと人種の従属関係と切り離しては分析できないのである(Hall 1994; Kinnaird and Hall 1994)。

ジェンダーの不平等問題はべつの面でも見ることができる。大半の社会では男は、女に比べて高い生活水準と「余暇の自由」を享受している。これは余暇時間の発達とおおいに関係している。一九世紀までは旅行をするというのは男の領分だった。しかし、このことは、一九世紀後半「ヴィクトリア朝婦人旅行者」の出現でわずかだが変化した。一部の旅行者は当時、「未開」とか、とくに女性には「未踏」だと思われていた国へも行ったりはしていた(Enloe 1989: ch. 2)。しかし、一般の女性たちはトーマス・クックのツアーを利用した。ある女性が書いているが「クック氏のようなガイド兼ボディガードに護ら

訳注1――公務員、企業経営者、管理職、技術者、専門職などをさす、西欧、とりわけ英国の社会階層分類用語。日本語では「サーヴィス」はサーヴィス業や企業のサーヴィス部門などを想起させるが、日本社会にあてはめるなら「ホワイトカラーの中の総合職中級程度から上あたりの階層」となろうか。この階級そのものの議論は第五章参照。

れればどんな旅でも敢行できそう」（Enloe 1989: 29より引用）なのだ。これ以降、行楽旅行への出かけやすさはほかの余暇に比べると男女の不公平さは減った。

じっさい、初期の大衆団体旅行のかたちの基本は男女の組であったのだ。一九世紀を通して行楽の単位は、男女の組に加えてその子どもたちという構成にますますなっていった（数多くの写真の記録でわかるが、そのことは第七章をみよ）。そして、両大戦間には、ヨーロッパの大半では、家族の休暇旅行というのが、さらに、子ども中心へと移っていく。これを後押ししたのが、一九三〇年代の休暇滞在施設の発達である。そこは、子ども向きの遊びを中心に据えていた。このころから、大半の観光は、異郷にでかけてマイホーム的家庭生活を遂行するということを中心にして展開してきた。観光は（新規の）場所を実体験し消費するということだけでなく、日常の場からはなれて、親密な友だちや家族と一緒にすごすという親睦の〈感情の地理学〉[訳注2]ともなることがらである（Larsen 2008b）。

ほとんどの行楽旅行の広告宣伝には、現実に夫婦（子どもあり・なし）であるとか将来一緒になるカップルの写真を付けて「男女カップル必須」のようになっている。旅行業者が作るパンフレットは圧倒的に次の三つのイメージで構成されていることが多い。まず、二人か三人の学齢期の子どもがいる夫婦の「家族の旅行」。次に「ロマンティックな旅」、すなわち夕日（じっさい、日没は〝ロマンティック〟のシニフィアンである）にまなざしを向けている二人だけのカップル。もう一つが、「遊びの旅」、すなわち、男のグループ、女のグループが、「遊び半分」で互いのグループのなかに相手を求めるというものだ。ここには、すでに述べたように、男にとっては「セックス旅行」もある。この三つの視覚的カテゴリーのどれにも当てはまらない社会集団だと観光産業にあまり相手にされない。一人旅、片親の家族旅行、障碍者の旅、そして最近まで同性愛者のカップル・グループの旅がいかに難しいかという批判は多くなされてきた。しかし、近年になって、同じ「ゲイの観光」が「国際旅行産業では急成長しているニッチな市場」の一つだと言われている（Casey 2009: 158）。英国では、たとえば〈ヴィジット・ブリテン観光局〉が海外のゲイやレズビアン観光者をターゲットにしたキャンペーンをしたことがある。

ふつうでいう観光旅行や広告宣伝の素材として排除されがちな、もう一つの社会集団は有色人種の集団で、たとえば国籍は英国人でも有色な人だ。行楽旅行会社が作った広告素材では、観光者は白人だ。まず黒人の顔は観光者の中に入っていない。実際、もし、写真の中に非白人の顔が一つでもあると、この人は「外国人」だと思われ、むしろまなざしの対象にされてしまう。こういうことは、外国人観光者の多い英国の観光地でなら、現実に起こってもおかしくないだろう。もし、黒人やアジア人がそこにいたら、その人たちは海外からの観光者あるいは雇われて仕事している人だと見なされ、まさかこの人もイギリス居住者で、ちょうど行楽旅行中なのだとはみなされない。田園地帯はとりわけ「白人」で構成されていて、J・テイラーはそれが典型的に支配的な写真イメージについて述べている（Taylor 1994; またアジアでの日焼けした体について、Winter et al. 2009 参照）。

興味あるのは、イギリスの民族的マイノリティが西洋式休暇旅行をするのかどうかという問題だ。西洋人の休暇旅行のかたちは、どこかへ、陽光、ホテル、景色などを求めて旅をするものだが、それは少なくとも最近のイギリスへの移民にとっては特異な文化的行為なのだ（Ahmed 2000 の日焼けの両義性についての記述を参照）。移民のなかで少なくともあるものは、旅はそういうものよりもっと切実な目的がある

訳注2――人の感情と社会空間との関係性を扱う新しい研究分野。場所の感情的な意味、たとえば、祝祭、葬礼、競技、転居、移民、地域紛争など種々の場と感情の相関を考究する。

べきだと考えるだろう。たとえば、職を探しにとか、離れて住んでいる家族に会いに行くとか、親戚の家への訪問とか、あるいは民族離散で移動するとかである。

もうすこし広くみると、最近はこういう〈知人・親族訪問旅行《ヴィジティング・フレンズ・アンド・レラティヴズ》（ＶＦＲ）〉が伸びてきている。二〇〇七年のイギリスへの来訪者では、従来の観光旅行者数とほぼ同数の〈知人・親族訪問旅行〉があった（www.statistics.gov.uk/STATBASE/Product.asp?vlnk=139; アクセス日：2006.10.10）。このＶＦＲ旅行の増加はＤ・ボーデンとＨ・モロトゥクが「近接欲動」と名付けたものから発している。これは、そうとう不便な旅であっても他者と身体的に〈共‐存〉したいという願望のことだ（Boden and Molotch 1994）。

種々の研究で、いかに複雑に、移民と観光が相互に重なっているかということが示されている（Larsen et al. 2006）。「移民という一連の行動はどうやら帰郷、つまり出郷点へ戻る旅が必要なようだ」（Goulborne 1999: 193）。このことはとくに民族離散した人たちには当てはまる。伝統的にいうなら、移民は恒久的な帰郷への願望を随伴しているのにたいして、今日の移民は、折々の帰郷をすることで、故郷とか伝統を感じ、自分たちの近接欲動を満たすことができる。Ｊ・メーソンは、パキスタン人の先祖を持つイギリス人が、近親者と〈共‐存〉し、一族のネットワークを〝健在化〟させ、子どもたちに自分たちの〝出自〟を教えるために、いかに定期的にパキスタンを訪れるかということを指摘している（Mason 2004）。

さらに、おおくの文化圏にとっては、おおかたの旅行は国境を越えることをともなう。途上国では家族は、収入が増えるにしたがって広範に移動する度合が増している。増えゆく「グローバル・ディアスポラ」が遠く離れた家族や家庭を目指してのあらゆるかたちの旅の、その範囲、広がり、重要度を拡大しつつある。カリブ海のトリニダード・トバゴ共和国では、海外に行かないうちは「トリニ」人とはいえないとまで言われている。核家族のほぼ六〇パーセントでは、すくなくとも一人は海外に住んでいる

(Miller and Slater 2000: 12, 36)。A・オングとD・ノニニも大量の中国人ディアスポラ（華僑）の国境移動の大きさを明らかにしている。その規模、二五〇〇万人から四五〇〇万人のあいだと考えられている(Ong and Nonini 1997)。J・クリフォードはその様式を簡単にこう述べている。

世界に散っている人々も、いったんは、広大な海洋や政治的障壁を隔て家庭から切り離されても、故郷のすぐ隣にいるような感じを最近ではもつようになってきている。それは、交通、情報などの現代技術や労働移民制度によって往来が可能になったおかげでもある。航空機、電話、カセットテープ、ビデオ、移動可能な労働市場のおかげで、世界の位置間が縮まり双方向の情報交換（合法、非合法）が容易になっているのだ（Clifford 1997: 247)。

こういうディアスポラ型旅行は、また逐次的であるという意味では終わりの制約がない。ふつうの観光が〈本拠《ホーム》〉と〈外《アウェイ》〉の期間の長さに明確な差があるのにたいして、ディアスポラの旅をする者は、時間の境界域がはっきりしていないことが多い。つまり、S・クワーナーが、ロンドンにかなり断続的な住み方をしているブラジル人の例で紹介しているように、ある所での活動が別の場所へとなんとなく移っていくような傾向があるのだ（Cwerner 2001)。

とはいえ、多くの観光の開発でも、民族グループのおおかたは、たとえば第六章で扱う遺産産業のようなところでは取り上げられることがないだろう。このような遺産施設にいるのは白人ばかりだということに気づくだろう。じつは、民族グループは英国の観光産業では重要であって、ある意味、カギともなる存在なのだが。彼らは、来訪者の対応にかかわるような企業で雇われ、それはとくに大都市では多い。この問題は次の章で再論してみたい。

また、ある民族グループは、ある場所の〝見もの〟とか〝テーマ〟のようなものとして構築されてきた。これがもっとも多いのはアジア人の場合である。この現象がマンチェスターではある狭い地区内に密集する中華料理屋群で見られた。それは、戦後のイギリス人の料理嗜好が国際化したことからも生じたものだった（Frieden and Sagalyn 1989: 199-201）。一九八〇年代の都市計画担当者たちは新しい発想の「チャイナタウン」を、ということで工夫をし、いまや観光のまなざしの魅力ある対象として再興され保全もされている。これをより深く分析するには、異国的な対象として構築されてきたアジア出身の人たちに与えた社会的影響を探ることが必要だろうし、またこれが経済や政治の移り変わりの姿を歪曲させたとみるかどうかも考究しなくてはならない。さらに、自分たちにはそれほど脅威ともならないし、下に見るほどでもないこのアジア出身の人たちは、異国的で、妙に自分たちと異なった、そして豊かで、ある意味魅力的な文化をもっていると感じている白人にたいする影響も考察することは興味あることだ。こういう議論は、自分たちとはちがった異国文化というコンテクストをめぐって行なわれているが、それは、この種の文化が世界中でテーマ化され、写真を撮られ、展示されていく状況に沿うかたちで行われるのだ。

戦略としての観光

観光の影響関係は複雑で相矛盾するものがある。いままでも、いわゆる発展途上社会における経済発展を企図した戦略としての観光の是非については、論争が相当行なわれてきた。これは種々の難しい問題を惹起しているのだ。

発展途上国の観光の成長、たとえばケニアの「狩猟観光」、メキシコの「民族観光」、マカオの賭博などはその社会の内的経緯だけによってできるものではない。これらの成長は外的な変化に起因するものなのだ。技術上の変化、たとえば格安航空券、インターネットでの予約システム、資本の開拓、世界を網羅するホテル・グループ（ラマダ・ホテル）や旅行会社（トーマス・クック）、クレジットカード（アメリカン・エクスプレス）のような個人金融会社、広範にひろがった「ロマン主義的」まなざし。そこでは多くの人が大衆団体旅行の既存のパターンから自分だけは別になりたいという願望をいだく。また自分のところより進んでいない地域の文化に憧れる先進国側の夢の増加、表層だけにまなざしを向け、経験したとして場を「収集」してまわる観光者の増加、観光こそ大規模な発展可能性を持つのだという見通しを推し進めようとする強力な関心の誕生などである。これらのうちで、最後のは、中国ではっきりと見られる現象だ。中国ではこの三〇年、国内移動と観光が厳重に制限されていたのが、今世紀になって、ある意味、世界でもっとも大きなグローバル観光の中心となりつつあるのだ（Nyíri 2010 参照）。

しかしながら、観光からの利益は予想を下回ることがよくある。ほとんどの観光投資は北米や西欧に基盤を置く巨大企業が行ない、観光者の出費の大部分はその多国籍企業の収益になってしまう。立地した国に残るのは、価格ベースでせいぜい二〇パーセントから六〇パーセントである。観光で得た為替利益のほとんども外地に基盤を置く会社に移されてしまう。この資金吸い上げは、産業の高度な水平統合がある貧困社会では、その傾向がいっそう著しい。

さらに、観光収入がその国民所得にとってきわめて大きな比率をしめるばあいにも問題は起こる。あるカリブ海の島国がこのことを体験している（Sheller 2003）。これが意味することは、もしなにか観光需要を低下させるようなことが生じれば国民所得におおきな損失が引き起こされるということだ。このことは一九八八年にフィジー島での軍事クーデターでも起こった（Lea 1988: 32-6 の消費者の信頼回復に要した宣伝キャンペーンについての記述を参照）。

以下のことも問われるべきだ。〝だれのための〟開発か。多くの施設（空港、ゴルフコース、豪華ホテルなど）は地元の人にはほとんど利益とならないだろう。同様、そこから生じる地元への富の還元も、きわめて不公平にしか分配されず、大部分のひとにはまず利得などないのだ。これはもちろんその地元での、人々の土地所有形態にもよるが。それから、観光関連の仕事から生まれる雇用の多くは比較的高い技術を要しないもので、かつての植民地体制の卑屈とでもいうような労働を彷彿とさせる。これを指してある者は「下僕下女養成」とまで言って批判している（Crick 1988: 46 より引用）。

とはいえ、また以下のことも問われるべきだ。途上国の多くが開発戦略として、観光と代替できる産業をもっているかどうか。並々ならぬ経済コストだけでなく社会コストがかかるのだが、ここではこの点も十分に考察してこなかった。実行可能な代替戦略が欠落した地域で、途上過程にあるその社会が、観光のまなざし、とくに北米、西欧、そしてさらにはアジアの一部、とくに中国の中産階級からの来訪者むけに彼らの土地の魅力を開発すること以外にも多くの選択肢がある、とは言い難いのだ。

第四章　労働とまなざし

はじめに

ここまでは観光のまなざしの種々の様相を分析し、まなざしというのは、多種のまなざしに対応して発展してきた観光関連産業のいろいろなかたちに応じて、やはり異なる形態をとるのだ、ということを述べてきた。本章では、観光サーヴィス供与に内在する二つの基本的な事項のあいだにある複雑な関係について詳細にわたって考察したい。まず、一方に、観光行為がある。この行為は、嗜好の区別をもとに高度に構造化されている。こういう慣習行動が人々を、ある場所に行って何か特定の対象を見たい、他の変わった生活様式の人々の中に立ち交じってみたい、と思わせる。もう一方には、こういう観光者のために種々のサーヴィスが、たいていは、最大利益原則で提供され執り行なわれる。前章で見てきたように、巨大な国際的観光企業が発達してきて、その結果サーヴィスのマーケットが、そうとう分業化された中で利潤維持ができる程度のコストで提供されるようになってきた。

観光行為と、そこにできた観光産業とのあいだには多様な矛盾が浮かび上がっているようだ。観光産業には、交通、ホテル、土地開発、飲食、遊興などがあるが、これらはすべて消費者〝サーヴィス〟にかかわるもので、ときに「接客」業とも言われることがある。このようなサーヴィス提供は、一般に極めて複雑である。買ってもらう当の商品が何なのかがしばしば不明瞭だという意味でもだが。さらに、観光のまなざしは、何が非日常的なのか、したがって何が観るに値するかという文化的にも特異な観念で構造化されているからだ。これが意味するところは、提供されるサーヴィスは、もちろん、まなざしにたまたま遭遇するものでも、まなざしの質と矛盾したり損ねたりしないようなかたちであること、欲を言えばまなざしの質を高めてくれるようなものであるべきだ、ということである。これは、一方で、これから論じることでもあるのだが、観光産業の運営には問題が山積しているということを示している。どちらかというと低賃金のサーヴィス労働者によって提供されることの多いサーヴィスが、憬れていた珍しい観光地に向けられた来訪者のほとんど神聖なまでに高められたまなざしとなじむようにしなければならないからだ。

このような観光関係のサーヴィスは、観光のまなざしの対象の中かあるいは少なくとも近辺で提供が行なわれることが必須となっている。サーヴィスの場を切り離すわけにはいかない。観光サーヴィスは特定の場で展開され、よそへの移行が不可能なのだ。つまり、ふつうは、特殊な〝固定空間〟があるのだ。さらに、サーヴィス商品の多くも、そのサーヴィスの生産者と消費者のあいだに空間的近接を持たざるをえないということだ。これは観光者に提供される多くのサーヴィス商品、たとえば食事、飲料、遊園地の乗物などの本質からくることなのだ。こういう消費者サーヴィスは必然的に、生産者と消費者のあいだのふれあいというか緊密性がともない、その行なわれたサーヴィスはそれを消費する観光者に胸躍る思い出となることが請け合えるほどの技を行使しなくてはならない。

サーヴィスを演ずる

ふつうの製品では、その製品の成分が何かということははっきりわかるものである（それが記号的価値と使用価値の両方をもつものでも）。サーヴィス産業ではほとんどこれが、そうは単純にはいかない（Baggulcy et al. 1990: ch. 3）。G・マースとM・ニコッドはこの供与されたサーヴィスの範囲策定の問題を次のように書いている。

私たちが「サーヴィス」という場合、人がふつう思う以上のある行為やモノを指している。長距離ドライバー用の簡易食堂でのサーヴィスの意味は、ソースの瓶を、笑みを浮かべて渡す行為以上のなにものでもない。しかし、ロンドンの高級ホテルのサヴォイでのそれは、よそにはない優雅さを提供する驚異的な工夫をこらすこと、あるいは、顧客の各自の好みあるいは自尊心を満足させることを意味しているのだ（…）。じっさい、サーヴィスに多くの対価を支払っている者ほど、より上質で自分にぴったりしたサーヴィスへの要求の度合いが厳しくなる（Mars and Nicod 1984: 28）。

労働支出はサーヴィス業務労働の中心課題であり、この労働が、たんにソースを手渡す行為なのか、あるいはもっと幅広い特殊な行為なのかは別として、観光に関連するサーヴィスはとりわけ労働集約的で、つまり、労働コストが総費用の内で大きな部分を占めているのだ。そのうえ、製造単価であるなら技術革新でおおきく落としていくことが可能だが、サーヴィスはどうしてもむしろ相対的に高くなっていく。だから種々のサーヴィス部門の雇用主は、それ以外の可能な部門を探し出し、コストを最小限にすることに努めることになる。

前述のとおり、労働は、さまざまな意味で多くの観光関連サーヴィスの供給というか実施と絡み合っている。サーヴィスといっても、それは必然的に〝社会的〟となる具体的な一連の作業の結果であって、その中に、一人（かそれ以上）の生産者と一人（かそれ以上）の消費者とのあいだの相互関係が発生するのだ。この社会的相互関係の質それ自身が、ある意味、購入したサーヴィスなのだ（Bryman 2004; Boon 2007）。サーヴィスを買うということはある種の社会的接触体験を買うということだ。W・サッサーとS・アーベイトがたとえば、以下のようなことを示唆している。「たとえハンバーガーの肉が上等でも、もし従業員が無愛想なら、客は二度と来ないだろう」（Sasser and Arbeit 1976: 63）。サーヴィスの多くはいわゆる高度接触体系をもち、この体系の中では、客もサーヴィスに大きく組み込まれることが多いということは、T・オデルが温泉での事例で報告している（O'Dell 2007）。結果として、サーヴィスの体系を合理化するのは難しいことのようだ（Pine 1987: 64-5）。

サーヴィスにおいては通常、その生産現場で生産者と消費者のあいだの社会的相互作用が必然的に生じる。サーヴィスが、モノでないものをいくらかでも含む限り、サーヴィスの生産者と消費者（一人か複数かはべつとして）のあいだには地理的または空間的近接性が生じているはずである。次に、二つの従業員グループができ、そこに区分ができているはずである。すなわち、サーヴィス消費者と最小限の接触しか持たない裏方の労働者と、観光者との対面の高度な接触を持つ表舞台に立つ労働者である（Boon 2007）。表舞台に立つ労働者は文字通り観光のまなざしのもとで仕事をする。これはのちに検討することだが、こういう表舞台の労働者はパフォーマンスを伴う仕事を遂行する。裏方については、雇用主は技術変革や労働の合理化強化を追求していけるだろうが、表舞台については、その従業員は人間関係の能力とか渉外の技術を基準にして採用され、訓練を受けることになる（Pine 1987: 65）。

しかし、こういう別々の方策をとるのには難しい点がある。この二グループの従業員間には生産的とはいえない感情的な離反がよくあるのだ。たとえば厨房と給仕のあいだのように。また、客が厳格に限られた空間だけに閉じ込められているわけではないホテルとか温泉のようなところでは、その二つのグループの区分を維持するのは難しいはずである。さらに、多種のサーヴィスにたいして多様な要求があるということから、そうとうな奨励給制度でも設定して、仕事を柔軟にこなしてもらわなくてはならないこともあって、そうすると、従業員のグループ間にあまり仕事の明確すぎる区分があると、そうとう面倒なことになる。

さらに、サーヴィス生産者の社会的成員、少なくとも前線で従事している者は、じっさい、あるいみ顧客に「売られて」いると言える。言い換えれば、「サーヴィス」は生産作業の一部でもあり、それは個々の社会的特質（性別、年齢、人種、学歴など）が融合した製品なのである。提供されるサーヴィスを買う場合、そこで購入されるものはそのサーヴィス生産者個々の社会的資質の総体なのである。場合によっては、購入されるのは自分以外の〝消費者〟たちの社会的資質の総体というサーヴィスであることもある。この例は、観光・交通やリゾート地に見られる。ここでは人は、他の消費者とかなりの時間、相当至近距離でサーヴィスを共有し、消費するわけだが、その場合、本人が購入しているものは、自分以外の他の消費者の社会的・具体的特質でもあるのだ（会員制高級レジャー会社の〈クラブ・クラス〉や富裕層向けクルーズの売りはここにある）。

ここからサーヴィス供与にかんしての「演技的労働《パフォーマティヴ》」の意味を検討してみよう。労働それ自体、サーヴィス品の一部であるが、これは労務管理上独特な問題を発生させている。その問題がとくに重要なのは、サーヴィス提供に時間をかけるほど、そのサーヴィスは親密なものになり、消費者にとっては、サーヴィスの「質」が格段に向上することになる。ある場合には、従業員の口の利き方、外見、人柄が、経営側からの介入、管理の主たる領域として扱われることになる。

Y・ガブリエルは、ロンドンにある殿方用のクラブで供されるサーヴィスについて分析をしている(Gabriel 1988: ch. 4)。相手がここのメンバーであれば、クラブでは伝統的な英国料理以上のすばらしいものを出してくれる。

> そのクラブは、さらに、ありとあらゆる〝無形の製品〟を出してくれるのだ。そこでは、数々の人的交流ができ、客はもてなしを受けられ、情報も交換でき、ある種の儀礼が維持されていて、それが日常的に行なわれている、そういう場所なのだ。このクラブのまさに時代錯誤的な本質こそが人を惹きつけているのだ。古さの効能だ(Gabriel 1988: 141)。

Y・ガブリエルは、一歩進んでこう言う。サーヴィスの成功が評価される方法はただ一つ、「合理化などができないような、厨房の利器などにもかかわりがないような〝無形の〟サーヴィスの提供」を通してなのだ、と(Gabriel 1988: 141)。そこの従業員は、レストランが合理化しては失われるかもしれない無形の雰囲気を提供しているのである。

こういうサーヴィスに求められるのは、いわゆる感情《エモーショナル》労働(Hochschild 1983)あるいは、顕美《エスセティック》労働(Warhurst et al. 2000)あるいは演技的《パフォーマティヴ》労働(Bryman 2004)である。この概念に共通するのは、サーヴィスを行なうというのは人を喜ばせる、人を惹きこむ、あるいは人を楽しませる身体的パフォーマンス、それも視覚的に、ということが必要な演技的な〝営為〟になっている、という点である。いままでにあげた論者はすべて、サーヴィスの表舞台での対応には劇場的性格があるのだということを論じている。そして「良い」サーヴィスには、経営的にその〝演技〞の台本と技が作られること、かつその台本にしたがいつつも当意即妙にされる演技が必要なのだという。

A・ホックシールドは、客室乗務員についての有名な研究で「感情労働」という用語を初めて使ったのだが、この用語で「サーヴィス商品は感情で供するが、このこと自体がサーヴィスそのものの一部となる製品で、他方、壁紙製造工場の労働者なら壁紙が好きか嫌いかには関係なく壁紙を作っている」（Hochschild 1983: 5-6）と述べている。アーヴィング・ゴフマンの「印象の操作」をふまえて、A・ホックシールドは、サーヴィス関連労働は「外に見えている顔や肉体の表示というものを創出するための感情の操作」（Hochschild 1983: 7）だと考える。よい客室乗務員に求められるのは前向きの感情を見せる感情の操作で、それはひどい客やストレスのかかる状況に直面したときにでもある。乗務員は機嫌よく思われ、とくに外見からそう〝見える〞よう心掛けなくてはならない。機嫌がよいという意味は、消費者にたいして愉快そうに、親しそうに、そして親身になって微笑むということである。たえず〝微笑み〞をもって、その裏で自分自身の感情を操作し、抑え、偽装できなくてはいけない。そして、その微笑みをそっと自然に浮かべなくてはならない。「客室乗務員にとっては、笑みは一つの仕事であり、その仕事で必要なのは、それが自然に見えるように彼女が自己と感情をうまく調和させることなのだ」（Hochschild 1983: 8）。消費者サーヴィスの多くで問題なのはこの「感情労働」の、皆に知られ、それとわかってしまう点なのだ。客室乗務員の例でいうなら、特殊な教育が行なわれ、人間的感情の商業化ということができあがってしまうことだ。客室乗務員は笑い方を教えられ、乗客のまなざしにさらされているときはいつもそうするように訓練されている。

A・ホックシールドはこういう考察をする。この感情労働は客室乗務員にとって以前より困難になった。それは一九七〇年代半ば以降のネオリベラリズムでの規制撤廃で〈アメリカン航空〉での労働強化が行なわれたことに始まる。「労働者はスピードアップに応えるのに手抜き《スローダウン》をもってしている。ゆとりをもった笑顔は減ったし、その笑みもすぐ消えるし、目は死んでいる。こうして、会社のメッセージもぼんやりとしてしまった。これでは神経戦ならぬ笑顔戦だ」(Hochschild 1983: 127)。客室乗務員がこれ以上もう乗客の期待するような完璧なサーヴィスができない、ということを経営側は充分に承知してはいるのだが、こういう質の低下は管理、指導にあたる側にとってはきわめて厳しい現実だ。

しかし、〈KLMオランダ航空〉の乗務員内では、もっと複雑な図が浮かび上がっている(Wouters 1989)。最近起こっていると思われることは、会社側からの性、年齢、体重、装身具、化粧、靴、笑顔、品行などにかんする要求がむしろ緩くなってきたことである。とくにそれは当時の航空機旅行者が多種多様になってきたことによるようだ。C・ヴォウタースは次のように説明している。

> 航空機はいまや、国籍だけでなく社会階級の坩堝となってきている。客室乗務員と乗客の接触も、それによって画一性や標準化をゆるめて、多様で柔軟にならざるをえなくなっている。(…)接触する場合に、個々の乗客の感情処理のかたちに合わせて自分の振舞いを調整する必要があるのだ(Wouters 1989: 113)。

「演出された笑み」は、いつも微笑んでいる「微笑み製造所」であるところのディズニーランドの象徴である(Van Maanen 1991; Bryman 2004)。〈ディズニー学院〉〔フロリダのディズニー・ワールドが経営する一般企業向けの人材研修機関〕が従業員に教えるのは「ゲストに接した最初と最後は、直接目と目を合わせコミュニケーションをとりなさい」という。

ウォルト・ディズニーは社員につねに「微笑むこと」と「どんな扱いにくい相手にでも、だれにでも平静を保っていなさい」と語っていた。ディズニーの社員の一人のことばを引くと「客からの叱責は毎日受けるが、とにかく微笑み続けていなさい。私たちは、ひとりひとり、すべての人と目を合わせ、八時間ぶっとうしで挨拶をし続けるのだと思われているのです。そうしなければ文句を言われるのです」(Bryman 2004: 108, 109での引用)。感情労働をしている微笑む身体は、じつは、無抵抗で無感動な(少なくとも顔面《フェイス・バリュー》だけの)顔《フェイス》なのだ。だから「微笑む従業員」は観光者や時にはもしかしたら上役などのまなざしの対象にもなっていることを自覚している。笑みや積極的なボディーランゲージの主たる役割は、観光のまなざしの力を、接客サーヴィスを仕立てあげて、もっとあからさまに顕示することにある。それに加えて、ディズニーの従業員はつねづね「友好的な表現」をせよ、客と冗談を交えて会話せよ、場にふさわしい振舞いを見せよ、と言われている。「微笑む身体」は、訓練され、〝笑顔戦〟の戦場で、客の満足のために戦う従順なる肉体だ。「笑顔の力は顧客と共同制作で初めて可能になる。それには客の満足が必要だからだ」(Veijola and Valtonen 2007: 19)。

ディズニーのテーマパーク(もうすこし広く体験経済)では「感情労働」はどうしても演技的になり、言説的になり、空間的に構成されたものになる。それはあたかもゴフマン流劇場で上演されているようにである(アーヴィング・ゴフマンの考察については第八章を参照)。

「演技的労働《パーフォマティヴ・レイバー》」という言葉で私が意味するのは単純で、劇場的な演技に類するものにされた、経営側と従業員による労働ということだ。ディズニーのテーマパークでは劇場式演技のメタファーは、そこで使用されている独特な用語、「キャスト」、「オーディション」、「舞台」、「舞台裏」などをみれば一目瞭然だ（Bryman 2004: 103)。

ディズニー用語では、客といわずゲスト、従業員の代わりにキャスト、前線の従業員はホスト・ホステスといい、表に見せている部分を表舞台《オン・ステージ》、客が立ち入りできない部分を楽屋裏《バックステージ》、従業員採用のことを配役《キャスティング》、仕事のことを役《ロール》、制服のことを衣装《コスチューム》、採用試験のことをオーディション、入場者を観客《オーディエンス》、入場順番待ちのことを観覧待機場《プレ・エンターテイメント・エリア》といい、アトラクション企画者を〈イメージつくり人〉と呼ぶなどしている（Bryman 2004: 11)。観光経済（そして広くはサーヴィス経済）の生産者側はますます劇場型で演技的になっている。本物の劇場に似てきている。労働者は「キャストの一員」で衣装を身にまとい、劇場的な主題のある環境に合うように台本や役柄を演じるように練習させられる。

こういう感情労働あるいは演技的労働だからといって、どれもが周到な事前の台本に沿って反復されていくものではない。〈ディズニー学院〉でも、その「笑う、挨拶する、感謝の意を表すというのは、それはそれでいいのだが、その行為が手順通りでおわっていたり、機械的な言動だったりすれば、その効果は致命的に小さくなってしまう」と認識している（Bryman 2004: 108より引用）微笑みというのは、力量のあるサーヴィス演技者が本心から笑みを浮かべることで本物だと見えることが必要なのだ。ここで要請されていることは、自分の「企業ブランド」を意識しているものは相手を当意即妙に「魅惑する」方法と楽しませる方法を知悉しているということ、また、自分が客の「目下」であることを甘受できるということで、ゲストの顔はぜったいにつぶさないという技をもつことでもある。彼らにはS・ヴェイヨラとA・ヴァルトネンのいうところの「従属的経済」的な意味での、相手を喜ばせる意思を展開することが求められるのだ（Veijola and Valtonen 2007: 17)。サーヴィスの対応が権力関係にしたがって脚本化されているとしたら、私たちは同時に、サーヴィスに従事する者は、それにいかに対処するか、自律とか批判精神とでもいうものを復権させるためにこの「台本」からどう身をかわすかという点について探求していく必要がある。

　感情労働でも、経営者がほとんどマニュアル台本をつくらない場合もある。事実、生産者と消費者とのあいだの感性的関係における不自然だったり人工的だったりするものより「ほんもの」関係の確立がはるかに大切だということもあるのだ（「ちいさな」食堂などでのように）(James 1989)。あるレストランでは「店員たちは、勝手に客に笑顔を向けたり、冗談を言い合ったり、また時間があるなら、いかようにでもおしゃべりをしたりする〝給仕〟がいいのだといつもいわれていたものだ」(Marshall 1986: 41)。ツアー旅行での添乗員の「感情労働」もやはり筋書もなければだれかの監督下にあるわけでもない。「添乗員はかなり自律的でよい。添乗員は、客を迎えた空港からのバス乗車中に自分自身のセリフを台本化すればよく、指示されているのは〝顔合わせの挨拶《ウエルカム・ミーティング》〟で言わなくてはならない一般的なガイドラインだけである。リゾート先で管理されることも限られていて、たまに来る直属の上司の視察ぐらいだ」(Guerrier and Adib 2003: 1405; Wong and Wang 2009)。とはいえ、感情労働は、直接の管理を受けずにとり行なわれている場合でも、ホストとゲストのあいだのサーヴィス対応の「暗黙の」というか目に見えない文化的コード、規範、言動の作法によって動かされているものである。サーヴィス実践には決して「初めて」ということはない。下稽古、他の演技者の模倣、規範や期待値との調整が必要だからだ。

　さらに、どんな状況でもきっちりしたやり方で扱われるとは限らない。G・マースとM・ニコッドがやや一般論的に、日常業務と非常事態との違いについて記している(Mars and Nicod 1984: 34-5)。どんな種類のサーヴィス供給（たとえば焼き過ぎステーキ）も非常事態だとみなす受け手と、一方に、ハプニングがあっても完璧に日常業務として扱うことを身につけていなければならないサーヴィス提供者があって、その両者間には慢性的なストレスが存在するというのだ。このストレスは一流高級ホテルでいちばん顕著だ。ここでは顧客は、非常に高度な自分だけへのサーヴィスに金を払い、またそれを期待している。そうなると右のような問題はたんなる日常業務としてすまされなくなるのだ。それと対照的なのが、さほど高級でない安ホテルでは、従業員は、実際にはこなさなくてはならない仕事が過酷なため「ふつうに」非常事態が発生しているのだが、何事もなかったと思わせるような技にみがきをかけなくてはならないのだ。

　ここまでみてきたように、観光での演出をともなう労働は、軽く微笑む技、ちょっとした表現能力、演技的技、ストレスとか非常事態に対処する能力、そして適切な社会的行動についての規範に副えるおおよその暗黙知と心構えが要求されるのだ。しかし、こういう技も、いわゆる「身体資本」がないと高度なものとはなりにくいのだ。身体資本というのは、外見、動作、「サーヴィスに従事する肉体」のかもす雰囲気で、適役はどうしても女性になりがちだ。これはC・ウォーハースト等のいう「顕美労働」概念とも結びついていて、それが上演されている個々の舞台にふさわしい方法で、見目《みめ》良く会話をし、振舞いをする技術という意味だ（Warhurst et al. 2000）。微笑みも、それを発している身体があまり高齢だったり、肥満だったり、異形だったり、むさくるしかったり、冴えなかったり、不細工だったり、少数民族の人だったり、流行おくれだったり、言葉つきがおかしかったりすると十分なものとはいえないことがよくある。A・ホックシールドが年齢ということでこう言っている。「〝微笑みの皺〔法令線〕〟はその人の人柄が積み重なった結果とみられるわけではない。むしろ職業病であり、好ましくない老化の徴候で、職務によって起こり、そのひとを年齢より老けてみせる」（Hochschild 1983: 22）。

「傷がある肉体」ではサーヴィス経済の表舞台では職を得られることはまずない。とくに、サーヴィス業に関わる職種（例、旅行添乗員とか飛行機の客室乗務員）やある種の「かっこうよさ」とか「艶《えん》な魅力」の雰囲気が漂う商売（最先端のバーなど）では。にもかかわらず、この種の仕事は低賃金なことが多い。観光とか接客産業では、いざ風采とか立ち居振舞いということになると、顧客が好みそうな体つき、容姿のよさという水準に合わせて人が選ばれる。たしかに、これとちがう余暇・観光の局面では明らかにそれなりにその場にふさわしい、あるいは好ましいと思われる、仕事にふさわしい顕美的身体が存在しているとも言える（たとえば、上流階級向きの昔風のカントリー・ホテルやカッコイイ都会的カフェ）。けれども、一般的な傾向は、若くて美しくて明朗に見える肉体を選んで前面におくということで、そうでない肉体は舞台裏か、労働供給の環境によっては排除されてしまう。

パフォーマンスを伴う労働のほとんどは女性、若者、そして最近増えている外国人（合法もあるが非合法も）によって行なわれる。その労働力供給のおおくは比較的下位に属する労働者によって行なわれ、かつ（少なくとも比較的）低賃金であり、会社全体とのつながりやかかわりもほとんどない。そして接客する相手との権力関係でも常に対等になれない。従属的な立場の方から優越者への暗黙の約束のようなものがあり、それは、後者をいかにも恭しく尊敬すべき人として遇するという約束だ。これ以外は、「筋道」としてまちがっている、とされる（Dillard et al. 2000）。そしてオプショナル・ツアーとかサーヴィスにたいしてのチップや手当がたいていのサーヴィス業務にはきわめて重要部分を占めるので「尊敬の念を失すること」は損失につながる。こういう比較的下位に属する労働者はふつうは女性で、ある種の労働関係では暗黙裡に顧客とか、じつは経営者側への「性的」なサーヴィスがそこにある（Adkins 1995; Baum 2007; Veijola and Valtonen 2007）。この相互関係をおおきく覆うものとして、「サーヴィス」にはそれにふさわしい振舞いと肉体表現のジェンダー固有の姿という前提と観念があるのだ。まさにその「サーヴィス」は「男のまなざし」によって決められているのだ。感情労働と顕美労働にはいずれも、サーヴィスに従事することとはすなわち好ましい姿を見せるのだというような女性らしさ（と思われているもの）が刻みつけられている。

J・デスモンドはやはりこう記している。その場でのパフォーマンスや身体をみせることは観光ではきわめてふつうのことだと（Desmond 1999）。動く体はまなざしを向けられるものとなることがよくあるが「見せる肉体」がますます世界の観光の特質になりつつあるのと軌を一にする。舞踊で演じられる肉体はもうふつうのことになっている。マオリ族の戦《いくさ》の舞、バリ島の舞踊儀式、ブラジルのサンバ、ハワイのフラダンスなどだが、こういう例はD・マッカネルが名付けた「再構築された民族文化」であり「舞台化された本物らしさ」だ（MacCannell 1973）。場合によっては、こういう舞踊は強い意味作用をもち、その演技がそこの文化一番の意味を表わすものとなってしまうことがある。マオリ族とかハワイの文化は、その舞踊がそこの文化となって、その他のすべての意味作用を抹殺し、世界でそう認識されるまでにいたる。J・デスモンドは、前世紀の初頭から現在にいたるまでの、女性のフラダンサーというものでつくられてきた人種差別的、ジェンダー的歴史の概要を描いている。いまでは年間六〇〇万人の来訪者が「自然のままの」女性のフラダンサーの身体の露呈によって意味化された自然イメージの楽園に惹きつけられてやってくる。この場所イメージは世界中で認知され永久循環をしていく（Desmond 1999: part 1）。

サーヴィス業務の大半は、難しいし、注文も厳しいし、過小評価されがちで、しかも比較的報われることが少ないと言われているのも当然だ。自分の本当の感情や自分らしさから疎外される感情労働にたいしては自分の気持ちに高い犠牲を払うということが起こり得る（Hochschild 1983; Veijola and Valtonen 2007）。

添乗員の研究で、調査対象者の一人がこう述べている。

私たちは、旅行中ずっと明るく、楽しそうに、熱心に、がんばっている風に装うのです。そしてほとんどの場合こういう感情は本当に湧いているわけではありません。さらに、私たちは怒り、憎しみあるいは軽蔑の感情を押え込みもします、困った奴が相手でも。私たちはそれに不安げな様子とか心配を表にあらわしてはいけないとされます、本当に厳しいトラブルに直面していても。私は自分の能力にたいするみんなからの信頼を失いたくないのです。（カレン、女性、三二歳。ツアー添乗のリーダー、経歴七年）（Wong and Wang 2009: 255）。

とはいえ、サーヴィス業務はかならず人間疎外につながると考えるのは一面的すぎる。かつてウェイターとして仕事をしていた経験を思い返して、P・クラングがこう述べる。「わたしは自分の感情、やり方、手すきの時間の行動などが自分のものでないと感じたことは一度もない。わたしは常に〝わたし〟がそこにあったと感じていた。わたしはチップをくれる人が心から好きだった。わたしは心から人の役に立ちたかった。わたしは心から楽しかった」（Crang 1994: 698）。そのほかにもいろいろな研究で、サーヴィス業務の楽しさの一つに仕事と手すきの時間のあいだの境界がはっきりしないということがあげられている（Weaver 2005: 10）。この境界がぼんやりしている点はツアー添乗員にかんしてとくに明らかである。仕事としては観光者の消費空間で楽しく盛り上がる必要がある。しかし「添乗員は、自分たちが本気で楽しんでしまっている姿を見せて、観光旅行者を楽しませるというのでは、仕事として失敗である」（Guerrier and Adib 2003: 1402）。また、あるサーヴィス業務やサーヴィス現場は「カッコイイ」と思われているのに、別のものは「カッコワル」くて、そのため見下され低く評価されていることがある。

他の業種にもみられることだが、この二極化が観光業務にもある。しかし、その差の基準となっているのは、じつは仕事の技術的な面や専門職としての社会的評価よりも、その仕事のブランド的評価やイメージに関係している。「カッコイイ」仕事は、優雅さ、流行そしてブランド商品と同等視されていて（バー、ナイトクラブ、しゃれたデザインホテル、創造的な催し会場）、一方「カッコワルイ」のはその職場の部署として単調で退屈な仕事（清掃・洗濯とか大衆相手のサーヴィス業務）とか、また魅力的という評価も過去のものとなった客室乗務員、とくに一部の新規の格安航空の乗務員である（Baum 2007: 1396）。

私たちが考察してきたのは、おおかたの消費者にとって、サーヴィスとして現実に消費されているものは、比較的低い水準のサーヴィス提供者による、実はある瞬間のサーヴィスなのである。つまり客室乗務員のちょっとした笑みとかウェイトレスの気持ちの良い振舞いとかツアー添乗員の親しげな眼などである。経営側からすると問題はそういう瞬間がどのようによいタイミングで機能するかということ、一方では、だれからも歓迎されない煩わしい（ということは嫌われている）管理・経営のコストを最小限に抑えつつ、報酬のよい者、多くは男や事務方との摩擦を減らすことだ（Whyte 1948 の古典的研究を参照）。〈SASスカンディナヴィア航空〉の元会長ヤン・はカールソンは、どんな企業にとっても、瞬間のサーヴィスというのは「真実の瞬間」だとよんでいる（Carlzon 1987）。彼は次のようにいう。SASには、年間およそ五〇〇〇万回真実の瞬間があり、その一つひとつは一五秒間続き、その間、顧客が従業員のだれかと接触をしている。SASの命運はその真実の瞬間にかかっている。アーヴィング・ゴフマンはかつてこう述べた。「生きていくことはそれほど大した賭けではないかもしれない。ただ、相互行為は賭けだ」(Goffman 1959: 243)。つまり「真実の瞬間」は賭けなのだ。ちょっとした不始末でも気づかれ、相互関係レベルの障害となることがあるからだ。カールソンが述べるのは、このような瞬間の重要性からいって、企業が顧客にたいする第一の目標としてのサーヴィスにたいして再考が行なわれるべきだということだ。すなわち、「前線」の作戦行動について知悉している、会社の「歩兵」たる現実のサーヴィス供与にあたっている者には、顧客の要求一つひとつにたいして効果的に、迅速に、礼儀正しく対応するためにも、責任をもっと与えるべきだと言う。言い換えれば、前線従業員の努力はもっと高く評価されるべきだということである。この人たちが「真実の瞬間」の供与者であるからには、その動機づけや参加意欲が決定的になるのだ。そこで、カールソンは、こういうサーヴィス志向企業では、各自の決定は責任現場で行なわれるべきで、組織の上層へ上がるべきではないと論ずる。サーヴィス供与者は、各自が「幹部」であって、もっと消費者へ顔を向けるべきである。

これはホテル経営にかんする論文でも例が見られる。同じホテルに客を何度も何度も宿泊させる方法は何だろう(Greene 1982)。これはホテルの物的な条件とはほとんど関係なく、むしろ、従業員と宿泊客とのあいだの双方の顔なじみ度からくるらしい。M・グリーンはこう論ずる。ホテルに足を踏み入れ、そこになつかしい顔を見つけ、すると、向こうから部屋番号でなく、名前で呼ばれて挨拶されることほど嬉しいことはないのだ。M・グリーンはいくつかの技を提案しているが、それによると、ホテル従業員は客の名前を覚え、これを時々の「真実の瞬間」に利用するとよいという。この戦略はポーターハウス・レストラン・グループ社によってかなり実践に移されている。従業員にできるかぎり多くの顧客の名前を覚える意欲をもってもらう策を案出しているのだ。一〇〇人以上を覚えられた者は「百人会」の会員になれ、二五〇人以上が「二五〇人会」の会員に、と以下同様になっているのだ。ある女性管理職は、驚くべきことに二〇〇〇人の顧客を識別できるというイギリス記録をつくったのだ（Lunn 1989）。

名前でもって顧客を覚えていて挨拶することの重要さはやはりアーヴィング・ゴフマンにヒントを得た研究でも見られる。それはリッツ・カールトンホテルでの印象操作の能力についてだ（Dillard et al. 2000）。この高級ホテルでは、表舞台に立つ演劇術的訓練を教え込まれる。そのことでよい印象を培いホテル側がめざす品性を保ってもらうためだ。この「マニュアル台本作り」の中の一つは「サーヴィスの三段階。（a）あたたかく誠実な挨拶。可能な限りいつでも客の名前を用いる。（b）客の要求を予測しそれにきちんと応じる。（c）心こもった別れの言葉。客にあたたかくさようならを、できれば名前をつけて言う」である（Dillard et al. 2000: 408）。したがって、一つの「真実の瞬間」は、前線にいる係の者が客の名前でもって挨拶をするとかあるいは客ひとりひとりの要望や好みを覚えているという〝個人にまつわる〟サーヴィスを行なえるかどうかなのだ。「ステーキはどこででも食することができる。しかしあなたの好みのワインのあるあなたの食卓、そしてあなたのお気に入りのサーヴィスが何であれ、たとえば大いにおしゃべりをするサーヴィスであるか、目に見えないサーヴィスであるか、こういうサーヴィスにたいして、マーケット分類でいうと、ビジネスマンにあたるあなたが金を払いたくなるか、そのサーヴィスは簡単には手に入らないと思うか、というようなサーヴィスなのだ」（Dillard et al. 2000: 408）。そのほか、「真実の瞬間」は、従業員が客のクセのある要望、とくに芝居がかったような変事が起こった場合、をきちんと遂行することができているか、「どうしようもないような出来事に深く陳謝」できるかどうかなのだ。

総括すれば、こういうサーヴィスについて四つの点が指摘される。

第一は、おおくのサーヴィスの産出は〝状況《コンテクスト》〟依存であるということ。それがうまくいくためには、サーヴィスが行なわれる社会的、物的設定の状況に依存しなくてはならない。たとえば旅行会社の社風に合った装飾調度の様式でも、航空機の安全そうに見える内装でも、田園地帯にある貴族の屋敷風ホテルの古びた家具でも、イビサ島名物の種々の〈クラブ〉での音楽や照明の質でも、リゾート地の歴史的に興味を惹くような建物群でも、テーマパークやレストランやパブやショッピングモールのコンセプトにあった環境づくりでもその例にあげられる。言い換えると、ほとんどのサーヴィス供与は、体験経済内にある構築された環境の様相、とりわけ企画とかブランドの形成の特質と絡み合って成り立っている(第六章参照)。ある場合には、サーヴィスは、それに合致しない物的・社会的文脈《コンテクスト》では受容されない。すくなくとも「サーヴィス」の一部、消費されるものの一部は、じっさいコンテクストそのものなのだ(Urry 1995a)。

第二は、いろいろな消費者グループによって懐かれる期待には非常に多くのバリエーションがあるということである。たとえば、G・マースとM・ニコッドはこう言う。比較的安いホテルではサーヴィスの迅速さは求められるが、その内容全般についてはとくにあまり気にとめられていないということだ(Mars and Nicod 1984: 37)。トップクラスの高級ホテルでは、顧客はどんなことにも特殊な要求がすんなり聞き入れられることを期待する。じっさい、従業員は言われる前にそういう要望を察知できるのである。G・マースとM・ニコッドがそこで示しているのは、むしろ中程度の観光施設でやっかいな問題が生じているという。提供すべきサーヴィスの水準やかたちが比較的不明確でどっちつかずだからだ。社会が異なるとそのサーヴィスの質の認識にはそうとうな違いがあるということだ。

第三は、サーヴィスの質は現代社会では〝やっかい〟な問題だということ。いくつかの理由があろう。サーヴィスはますます種々雑多な人々のモノに即して、あるいは気持ちのうえでの要求に直面するということ、また、消費行為は、まとめて一気にでなく、時間の流れにそうので、一般に相当な時間を消費するということにもなるということ、さらに、消費者運動の影響で、受けるべきサーヴィスの質に人は批判的になり関心もつよくなっているということ、また消費者の好みはますますうるさくなり、多方面にひろがり、移り変わりも激しくなっていることなどだ。このために、サーヴィス提供者は現代社会のどうしても形の定めがたい種の「サーヴィス」に取り組む際にはあらゆる困難に直面してしまう。

第四に、サーヴィス商品は圧倒的に〝無形〟であること。そこにいくらかは有形なものがあったとしても、たとえば飲食とか旅程とかだが、中枢部分は無形である。このことは小さな田舎ホテル研究でも示されている。「サーヴィスは製品そのものに係わるものではない。サーヴィスはそれが作られ扱われるその方法に係わることであり、サーヴィスを提供する人の振舞い、知識、態度に係わることであり、またそれが提供される環境に係わるものなのである（…）もっと一般的に言うなら、その質は明らかに数値化できるようなものでないのだ」（Callan 1989: 245）。サーヴィス商品がこのように無形であるのは、その消費されるものには演技的労働すなわち感情であり顕美労働を通じてもたらされる接客のパフォーマンスがあるからだ。サーヴィス実務は教えられ、学習され、ルール化されても、サーヴィス対応は必ずしも前もって決ったものそのままというわけにはいかないし、同じことが起こるとも限らない。つねに個々の「真実の瞬間」の予測からはずれた流動的な要素がある。V・カットヒルはこう述べる。「サーヴィス文化は流動的で、動いているものだ。客層によっても、また日、週、年によって行なうことは変化し変更されていく。基本軸となるサーヴィス文化は創られているのだが、その時のサーヴィスの実施に応じて一瞬で変容する（Cuthill 2007: 68. 温泉でのサーヴィスについてはO'Dell 2007参照）。以上のサーヴィスについての一般的問題については、観光に必須の個々のサーヴィス行使にも適応されるだろう、とくに飲食については。

飲食提供と顧客

飲食産業の歴史的変化には長くて複雑な経緯がある。飲食は、今日では開かれた場でできるようになっている。レストラン、バー、喫茶店は現代社会では〝公共の場〟の一つである。これが、たとえばロンドンでいうと、一九世紀に至ってもまったく逆だったのだ。当時、食事をするいちばん良い場所というのはすべて内輪かあるいは半ば内輪な場だったからだ（Mennell 1985: ch. 6）。この場合、二つの形があった。一つはロンドンの会員制クラブ。これは一八二〇年以降に増加していった。もう一つは一見《いちげん》の客は泊めないプライベート・ホテル。ここの自分専用の特別部屋で食事が出され、いわゆる「公共の食堂」というものはなかった。これが変化しはじめたのは、鉄道によって起こった人の移動の増加で大ホテルが数多く造られた一八八〇年代から九〇年代にかけてのことである。新しいホテルは最早内輪のものではなかった。公共《パブリック》の食堂が、少なくとも裕福な「公衆《パブリック》」には開かれ、それは急速に上流社会のものともなっていった。その選り抜きの人々の場というのは、特定の社交サークルの内輪な交友関係でそうなったのではなく、むしろ金がかかったからそうなったのだ。こういうホテルはだんだん男性専用というわけにはいかなくなっていった。開かれたもの、あるいはおそらくは半ば開かれたもので、そこで裕福な男女が、逢い、互いに顔を合わせ、独特のきどった振舞いでもって世間に登場する場となった

(Finkelstein 1989)。

この新しいホテルは営業形態の革新を引き起こした。とくに新しい顧客層はより迅速な調理を要求したからである。厨房の合理化のカギとなる人物は、飲食業労働の改革をもたらしたフランスのシェフ、オーギュスト・エスコフィエであった。伝統的には、厨房はいくつかのセクションにはっきり分かれていた。そして料理種別ごとに責任者としてシェフが一人いて、そこで各シェフは他のセクションとは関係なく仕事をしていた。エスコフィエは、これと逆に、作る料理別ではなく、行なわれる作業別に厨房を五つのセクションに分けたのである(たとえば、焼く、炒める、揚げるは〝ロティスール〟組、ソース作りは〝ソーシエ〟組等々である)。この組同士は完全に相互に連携していて、どんな料理でも、異なる組ごとにいるシェフたちが分担して一つの料理を作り上げるようになった。この改革の結果、伝統的な職人的作業の垣根は取り壊され、新方式の専門化と新たな相互連携作業にもとづく新しくてもっと複合的な分業が創出されていくのである(Mennell 1985: 155-9)。

飲食にかんして、これとは別の状況も展開してきている。一つは〝臨機応変《アドホック》〟な労務管理。飲食サーヴィスへの要求水準はきわめて不安定でしかも予測不可能なため、労務施策も、いきおい多様な要望や予想外の難事に応えていくのに、〝臨機応変〟にならざるをえないことだ。この予測しがたいことに対処するため、経営者は団体労働協約を結ぶことを避けて個別契約を好むということだ。各被雇用人は個別に経営者側と仕事上の話し合いをすることになる。こういう従業員にとっていちばん重要なのが総合的報酬制度である。これは基本給だけでなく、衣食住の供与のような正規手当てとか、チップのような準正規収入とか、役得やちょろまかしなどのイレギュラー収入などを含んでいる(Mars and Nicod 1984)。またその労働者には中心的と周縁的の二種があること。前者は、イレギュラーな報酬制度からいちばん利益を得ている。

以上の状況は、少なくとも一部は、W・F・ホワイトの古典的研究で、レストランの特質のカギになる部分だと確認されたところから導かれるものである。すなわち、生産即サーヴィスという連動である（Whyte 1948: 17）。この意味で、レストランというのは工場とはちがうのである。工場は生産だけである。また店舗ともちがう。店舗はサーヴィス供与のみである。

レストラン事業者は、自分の建物の中で製品を作るわけだが、それは作りたてが命なので、その現場で売られる。こういう商売で繁盛するには、需要にあわせた供給の微妙なあんばいと、製造とサーヴィスの巧みな連携が求められる。（…）この状況では人事の巧みな扱いがなにより求められるところとなる。（…）レストランは、そこで労働をする人に満足のいく生活方途を与えなくてはならない。でないと顧客の求める満足を与えることもおぼつかない（Whyte 1948: 17-18）。

ここに、いかにレストランが製造とサーヴィスの二つを内包しているかということがみられるのである。というのは、従業員は、そこで食する品を扱い、仕事の運びはきわめて変化に富んでいるし、仕事を進めるリズムをつくり出すのも困難であるし、かつ連携作業にも困難なことが多いからだ（Whyte 1948: 18-19）。レストランで働く者には二人の上司がいる。現場責任者（雇用主であることも）と〝顧客〟である。全体の報酬は、この双方との満足いく関係しだいなのだ。さらに、ウェイターとかウェイトレスのような低い地位の従業員も自分たちより上位のシェフとかコックに「急いで」と要求するのは可能ではあるが、時にシェフ側からの憤りや、優位さを誇示するかのように無視をくらう場合もある。

G・マースとM・ニコッドがこのようなことを言っている。こういう摩擦は、両者が質への配慮を了解し、また時間も急がされることの少ない非常に高級なホテルやレストランでは問題になることが少ないようだと（Mars and Nicod 1984: 43-7）。ただし、テレビの料理番組で活躍しているイギリスの著名なシェフのゴードン・ラムゼイの経営する最高級レストランでは、このケースに当てはまらない〔訳注1〕。W・F・ホワイトは、問題を克服するための種々の方途について論じている。言い換えると、対面の相互関係を制限すると摩擦が起きる可能性が生じる厨房とウェイター間のコミュニケーションを保つ方法についてだ。

さらに飲食業では別の問題がある。従業員と顧客が接する場には労働と余暇の複雑な絡み合いがあるということである。G・マーシャルはこう論じている。もしW・F・ホワイトが「従業員・顧客関係の探究をその調子で徹底的に進めていたなら、彼のいわゆるレストラン店員の文化は、ある意味〝労働の場〟の文化だけでしかないことが判ったはずだ」と（Marshall 1986: 34）。G・マーシャルが考察するのは、レストランの劣悪な労働条件と、そのことにたいする労働現場からの恨みが無いことの矛盾なのである。賃金は安いし、労働時間は異常に長いし、どの従業員も仕事をこのうえなく従順にこなさなくてはならなかった。それでいて、仕事にも、オーナーの裕福さにたいしてもほとんど不満がなかったのである。他のほとんどの産業で見られる組合組織もまずなかった（Mars and Nicod 1984: 109）。また、むしろ異例と言えるほど、離職も少なかったのだ。

G・マーシャルはこう推論した。総合的報酬制度がもつ物的、象徴的意義とあいまって、雇用者の家族主義《パターナリズム》があって、これがこの労働者の忠実度を、表向きであれ、十分に説明できるのではないかと。しかし、参与観察をやってみると、じつは「従業員には、自分たちが給料袋を求めて、本気で〝労働している〟という意識がまったくない」という結論に至ったのだ（Marshall 1986: 40）。従業員たちは労働という観念をほとんど持っていなかった。彼らは「働きに出かける」とか「職場から戻った」という表現も使用していなかった。彼らの仕事は、要するに余暇の面を合わせ持っていたのである。従業員にとっては、顧客の多くは知己、縁者なのであって、少なくとも、閑散時間帯には、話をしたり、場合によっては、一緒にそこいらへ遊びに出掛けることさえ奨められていたのである。時間厳守などはほとんど無視されていたし、従業員には自分の仕事の手順は自分で案配する自由が与えられていた。さらに、閑な時間のほとんどを、事実、そのレストランのカウンターの中で飲んで過ごしていたのである。このように、労働と余暇の境界という記号のほとんどが事実上機能していなかったのである。一日の活動のサイクル(すなわち、建前としての「労働」と建前としての「余暇」)も、どちらかというと一つの暮らしのようなものだった。他の職場でもほぼ似たような様子があるのではないだろうか。とくに、レジャーや観光関連のサーヴィスを提供する職場では(ただし、ファストフード店にはこういう特質はない)。

料理人の労働文化と状況についての様相をみると、コックやシェフの中に活発な職能組合組織化とか階級意識があるとは思えない。シェフやコック、とくに個人経営のホテルやレストランのは、典型的なサーヴィス業意識指向をもっている。職人堅気なのだ。それは自分たちのしていることは熟練作業で、興味ある仕事であり、自分たちの技能職的能力を表現する大きな可能性をもった領域だという信念があるからだ。「シェフ」と「コック」のあいだにはステータスの違いがある。前者は自分たちを「高級」な場で上流の客層に料理を出すエリートと見ている。歴史的に深い根を持つこのステータスの違いはそ

訳注1――ラムゼイの店は、超高級店で極めて高価でありながら、いくつかの店では、BGMあり、喧噪ありで、卓上のタブレットから飲み物を注文できるようになっていたりして、大衆的な印象がある。

もそも同じような「職業」なのに、そのとらえ方に問題を生み出す要因となっている。これがコックの中に、自分たちは昇進できるかもしれない、自分自身の店も持てるようになれるのだという明確な出世構造の感覚をつくってきたのだ。

一九七〇年代にはそういうシェフとコックの中にも、大きな技術変化が起こってきた。その原因の一つに多種の電気器具の導入がある。これがルーティンの手作業に置き換わってきたのだ。しかし、大きいのは多種多様の「即席食品」の発達である。冷凍食品を用いる料理場を調査したY・ガブリエルによると、厨房が製造ライン化している場合もあり得ると言う。ある従業員が「ここは調理場じゃない。これは流れ作業工場だ。しかし私たちは製造して金をもらいたくない」と言っている (Gabriel 1988: 57)。しかし、調理にかんして言うと、その熟練技術とはじっさいどの範囲までカバーしているものなのか、にわかには決めがたいところがあるのだ。と言うのは、きちんとした見習い訓練でも学べない、いわく言いがたい技術がそこにはよくあるからである。つまり、判断力とか知性、感性とか個性などだ。それが今日では有名、無名を問わずシェフたちが出演するどこにでもあるテレビ料理番組で白日のもとにさらされている (ときには彼らが映っていないところでも!)。

一九八〇年代から九〇年代にかけてファストフード産業やT・レヴィットが「サーヴィスの産業化」といっているようなモノへの投資が隆盛になったことがあった (Levitt 1981; Ritzer 2008 の〈マクドナルド化〉の項)。このような「産業化」された食料は予測のもとに計算され、ルーティン化され標準化された環境で製造される。これはフランチャイズ店にも及ぶ。こういうファストフード会社は世界中でほとんど「はずれ」なしにネットワークを広げてきた。アフリカのマクドナルドもアメリカのマクドナルドとまったく同様に「おいしい」ということになる。この管理のネットワークでは、資力の大部分が、組織、ブランド設定、宣伝、品質管理、従業員教育、企業イメージの国際化などに当てられている。

マクドナルドは新しい「食」を作ってきた。〈ビッグマック〉とかチキンもどき〈チキンマックナゲット〉などだが、これらは人々の食習慣を変え、世界中で新しい社会習慣を育んできた。たとえばテークアウトのレストランから買ってきた標準化されたファストフードを食べるというような。このことで、気軽に食に接することや、自由にほぼいつでも消費するということが普及してきている（〝放牧状態《グレイジング》〟）。ファストフードは定まった食事時間とか厳格な一日の区分――とくに旅行先や外出先などで――の旧来の時間支配の専制ぶりを打ち破った。

さらに、マクドナルド化は新しい種の、熟練を要さない標準化作業を創出している。とくに自分自身も種々の〈マックジョブ〉〔低賃金で将来性のないつまらない仕事のこと〕を経て世界を旅してきただろう若者むけに。雇用効果でいうと、二一歳以下の飲食現場の労働力でその比率を増加させている。ファストフードの店で働くのは、イギリスではふつう生まれて初めて就く仕事になっている。あるファストフード店の店長が求人方針を「雇うならなんと言っても若者じゃないとね。理由は仕事のペース。年長者はペースが維持できない（…）この仕事は、清潔で躍動的なイメージで若者にアピールしているのだから」と説明している（Gabriel 1988: 97 より引用）。

こういうレストランでは、若い店員は、決められた筋書きにそって顧客に自己表現する方法を学ぶことになっている。客への声のかけ方は紋切型で、これが場合によってはメニューの裏に印刷されていることもある。従業員は愛想笑いもできなくてはならない。しかし、あるファストフードの店員は「全部作り物。笑顔を浮かべて親しげにサーヴィスをしているふりをして、実際は、だれもそういう気はないのさ。ぼくたちもそれは知っているし、経営側も知っている。お客だって知っているよ。でもふりをし続けている」と説明している(Ritzer 2008)。ところが、ファストフード界では、ほとんどがマニュアルで縛られているとしても、そういうマニュアルは破られることもある。それは注文をさばくため一日のなかでも繁忙時間でとか、労働の単調さを紛らわすときである。経営者側は、従業員がほどほどの自律的な仕事をしたり、仕事にメリハリをつけたりしているのをある程度見て見ぬふりをしている。でないと仕事は単調に感じるものだからだ。

ここまでで、想定できるのは、同様な現象がどの国にも適応されるだろうということだ。ところが、S・メネルは、フランスとイギリスでの違いを明らかにしている。イギリスには昔から「管理」職に優位性があった。とりわけ大ホテルではそうだ。またそこからシェフやコックという職業にたいする軽視が最近まであった(Mennell 1985: 195。いまはおもしろいことに人気シェフが登場してきている)。フランスはそれと対照的に、シェフは専門職として発達してきた。〝シェフ・パトロン〟はフランスではきわめて高い社会的地位を享受している。S・メネルの示唆によれば、イギリスでの地位の低さが、フランスと比べた場合、厨房での熟練技術の大幅な合理化につながったようだ。

P・クラングは、ケンブリッジ市のある「テーマ」レストラン〔ややショー化した祝宴形式のディナーを提供する店〕研究で、先ほどの形式とか格式から自由に振る舞う問題について分析を進めている(Crang 1994, 1997)。そこでサーヴィス対応がいかにむしろ複合的な〝演技的〟性格をもっているかということにふれている。その労働現場は、心理的、手練的、感性的労働の混合体が随伴している舞台だと考えることができる。従業員が選ばれるのは適切な文化資本や顕美資本を有していること、また形式張らず、若くて、親しみがあること、また毎夜のディナーコースのあいだ適切な身体と技能とをもってそれにふさわしい感性あふれるパフォーマンスが行なえることだ。ここでは自分というのがカギとなる。それは演技が〝本当に〟心底楽しい様子で、くだけた愛想のよいものである必要があるからだ。

従業員は、自分たちのパフォーマンスを広範な顧客層に合わせつつ、文化的読み取りと相互作用を通して、さまざまな「社会的・感性的」手練の業を開陳する。ある意味、店員たちは素人社会科学者でなくてはならない。ディナーでのそれぞれのグループを「読み解き」、客がどういう「体験」を期待しているか予想をつけていくからだ。レストランは従業員によって「感性」の場として描かれ、夕刻がせまると「気分を盛り上げる」会話をして、感性があふれ出るように備える。従業員、とくに若い女性のウェイトレスはもちろん客のまなざしのもとで作業し、ジェンダー特有の観念に応じて演ずるよう期待されてしまう（Adkins 1995 参照）。そこでP・クラングは、その祝宴形式のディナーを提供するレストランがいかに食事をとる観客を前にして、マニュアル化されていると同時に独創性が発揮された意図的な言動でもって執り行なわれているかということを示している。訓練とその場の給仕に応じた自分たちでつくる細かいマニュアル台本を微妙に組み合わせる一方で、指針に示されたひとりひとりの即興の手練があって初めて、アーヴィング・ゴフマン風の愉悦と親密さの熱い宇宙がここに最高に演じられるのである。

M・ハルドロプとJ・ラースンがトルコのアランヤという町の「観光レストラン風景」の民族誌《エスノグラフィー》を報告している。アランヤはスカンディナヴィアからのパッケージ旅行者やセカンドハウス所有者向けの巨大な大衆的観光地である（Haldrup and Larsen 2010: ch. 6）。この「観光レストラン」は、大きな写真付きの多言語で書かれたメニュー、世界の料理とトルコ料理の混在、派手な色彩、食卓上の国旗、壁面いっぱいの世界中のサッカーチームのTシャツ、流れているのは世界中のポップミュージック、広々とした戸外のテラス席、テレビの大画面でのサッカーの国際試合、町にあふれるトルコ人ウェイターたちの執拗る。

な客引き、大通りや観光的な横道などに必ずあって、観光者ばかりで、現地の人たちはいない、というような風景だ。このアランヤのレストラン風景は見た目でもはっきり地元と分断されているし、地元の人が食事する所には観光者はまずいない。飲み食いする観光者はひたすら同じ観光者と交わるだけである

アランヤのこういうレストランには「平俗なナショナリズム」があふれている。たとえば建物正面は世界の国旗で覆われ、レストランの名前も〈サンセット・コペンハーゲン〉だとか〈スカンディナヴィア〉とか〈ヴァイキング〉（オランダ語の複数形でVikingenと表記されている）である。観光者は、客引きに「どちらからいらっしゃいました？」という口上で誘われるたびに、自分の出自というか国籍を想起させられるのだ。観光者が国籍を（たとえばデンマークだと）明らかにすれば、ウェイターはさっそくデンマーク語で取り入りはじめ、この店がいかにデンマークの客の人気店であるかをまくし立て、さっそく冷えたデンマークのビール〈カールスバーグ〉が出され、デンマークのサッカーの最新の試合を見せられ、あるいは、壁面に飾られたデンマークチームのユニフォームを指さして示される。ひとたび、レストランに入ってしまうと、自分の国の旗がテーブルの上に置かれる。サッカーのジャージが、デンマークのナショナルチームのであれクラブチームのであれ、あちこちのバーやレストランの壁という壁にぶら下げられる。これが国のアイデンティティの徴《しるし》として機能するのだ。たとえば、レストラン〈サンセット・コペンハーゲン〉では、デンマークのジャージが展示してある。一方〈オスカーズ・スカンディナヴィアン・レストラン〉は通りに向かいあって店を出ているのだが、ライバルのノルウェーチームのジャージで飾られている。この両レストランは、街頭でデンマーク対ノルウェーの試合を放映していると宣伝し、アランヤの町のいずれのレストランやバーと同様、室内の真ん中にテレビの大画面

を備え、街頭で「見逃したら損」と宣伝しているサッカーの試合や他のスポーツ・イヴェントを見せている。国際衛星放送のおかげでデンマーク人は自分たち地元チームのサッカーチームを国外でも見られるのである。

一つの興味ある調査結果として、こういう「スカンディナヴィア」レストランのオーナーや従業員はトルコ出身のデンマーク人とか夏のシーズン以外はデンマークに在住するトルコ人であることが多いということである。デンマークらしさがとりわけ舞台化され演じられるのは、こういう「デンマーク系トルコ人」で営業されるレストランである。従業員にかんしては、次に接客労働の弾力性ということを検討してみよう。

弾力性と流動性

労働の弾力的な使用を用いる雇用の再編成はある意味、多くの観光関連サーヴィスを特徴づけてきたものの一つであり、また、これらのサーヴィスを理解するということは、必然的にこの業界での性差問題の変容の細かい検証につながる。とりわけ、労働の弾力性のうちでもある種のものは労働力の性差を前提にしているからである。J・アトキンソンは弾力性を四つに分類している（Atkinson 1984）。第一は〝数的弾力性〟。これは企業が、産出量の水準の変化に合わせて労働投下の水準を変更するものだ。パートタイム、一時雇い、短期雇いなどの契約や臨時雇いなどがそれにあたるだろう。第二は〝職能弾力性〟。経営方針で、作業負荷の変化に応じて、従業員を異なった職場へ配置転換するものだ。第三は〝切り離し〟戦略。これには社内の雇用関係を、下請けやこれに類似する調整を通して、取引市場関係に移してしまうことである。第四は〝賃金弾力性〟。これによって、たとえば、「多職能熟練者」のように職能的に弾力的な従業員となった者に、使用者が報奨を出そうとするものだ。これらの経営戦略は、その効果として企業内の雇用を「中心的」労働者と「周縁的」労働者とに再編成できるようになる。

この弾力性理論は、一九八〇年代の工業産業界の再編にかんしてとくに論じられてきたものだ。ところがサーヴィス産業は、実はもっと長年にわたってこの弾力性の諸形態が際立っていた分野なのだ。観光関連サーヴィスでの賃金の弾力性について触れたが、これは、大ホテルを含めての組合組織率の低水準とも関係しているし、また労働争議が比較的少ないこととも関係している（Johnson and Mignot 1982; Baum 2007）。さらに、職能弾力性も数的弾力性もともに、一九六〇年代以降のホテル、飲食業界では経営上のはっきりした到達点でもあったのだ。

また、こういう弾力的労働慣行の形や規模には明白な男女差が存在している（Bagguley 1991; Baum 2007）。女性と比べて、男性は職能弾力性がらみの仕事につくのがはるかに一般的だった。「現場作業職」、たとえば給仕、バーテン、厨房の下働き、対内的スタッフ、清掃人などはほとんど女性が担っている。ただし、現業でもシェフは例外だ。さらに、こういう女性従業員はじつはパートタイムである傾向が見られるのもこの現場だ。「数的弾力性」の典型でもある。この数的弾力労働者は一般的に言ってまず職能弾力であることがない。ほとんどのパートタイマー（大部分が女性）は、どちらかというと男性が占めているフルタイムの職能弾力労働者に入り込むための多様な技術や経験のスキルアップをする機会すら持てないのである。このように、従業員の男女差でもってどちらの弾力労働が採られるかを決定してしまっているのである。

雇用の弾力的形態が進んできたのにはさまざまな要因がある。観光関連のサーヴィスのほとんどは、観光のまなざしが現前する「夏のシーズン」に供給され、これが臨時雇い、パートタイム、そして職能弾力のある労働者の使用の増加をみるということにつながる。T・バウムはこう述べている。イギリスの大都市やその他の町での観光従事者のほぼ半数は学生であると（Baum 2007: 1390）。観光関連サーヴィスにはおどろくほど多種の職種があり、調理、レストラン、接待、宿泊、バーなどそれぞれに合わせた職能が求められる。このことで弾力労働の仕事の機会は頻繁に生じるのである。これらの事業の労使関係の風土は十分に考慮に入れておく必要がある。職業グループに基盤を置く組合結成や従業員組織がいまひとつなのは新しい作業現場にたいしても、表立った抵抗がないということを意味する。

以上、要するに弾力的な労働慣行は、観光関連産業のこれまでの様相のカギとなっていたということだ。こういう従業員の転職率の高さを見ていると、きちんとした技術水準を維持し、それなりの研修計画を開発していくことがおそらく難しいと思える。企業側は多くは「数的弾力性」を用い、中心となる従業員たちの多角的な能力の養成をしたりはしない。事実、もっと一般的には、観光関連サーヴィス業には昇進の道が乏しいという感じがする。例外は管理部門とシェフだけだ。H・メトカーフが、接客産業での働き手の状況をこう簡潔に述べている。「昇進につながる職種はほとんど見当たらない（…）。ほとんどの仕事は、若者の職という特徴があり、そこには昇進も高い地位への転職もない。離職者はあれこれの未熟練職へとまた移っていくだけだ（…）」（Metcalf 1988: 89）。

男女差の問題以外に、人種のことや移動労働という問題もある。観光業の多くは文化的にも多様な労働現場である。多国籍あり、他所者ありだ。とくに「グローバル」な大都市、といってもその周縁地区にあるホテルやレストランは出稼ぎや渡り労働者をおおいに利用している（Duncan et al. 2009）。一例をあげれば、アイルランドの観光業、接客業では労働力の二五パーセントは非アイルランド人である（Baum

2007)。こういう渡り歩く観光労働者は他所からの人間である。一方においては簡単に雇われて、ホテルやレストランで掃除、洗濯、賄いなどの裏方部分での仕事を低賃金で担う移民や難民がいる。彼らはほかに選択肢もないためこのような仕事に甘んじる。そしてこのグループに加えてよいと思われるのが、ストリップクラブ、売春宿、半裸体で踊るラップダンスクラブ、カジノや街角で不当・不法に働かされている事実上売り買いされた多くの女性である。一例をあげれば、デンマークのコペンハーゲン市の赤線地帯には、地元のギャル・ギャル男、ホテル、観光者、ポルノショップ、麻薬常習者、売春婦などがひしめき合っている。性産業は観光業と深く絡まりあっているが、それを構成しているのは主に東欧やアフリカからある意味売買されてきた女性である。人身売買や移動してくるセックス労働者というのは接客労働、もっと広く言えば観光業の浮動性を示す決定的な部分といえる。これは世界中の多くの貧しく若い女性に苦痛と危険をもたらす観光の(身体化された)まなざしの裏の面でもある(Jeffreys 1999)。

他方、移動をするサーヴィス労働者には別のグループがある。それは若い観光者(多くは「バックパッカー」)だ。この若者は自分たちの旅行体験の一つとして臨時雇いでサーヴィス業に就く(Bianchi 2000; Duncan et al. 2009)。そして、この種の「接客業における移動労働」から帰結することの一つは、ホストとゲストの違いも相互的で流動的になっているということだ。観光者は、同じ観光者(たぶん明日には旅立ってしまう)店員つまりゲスト側の接客を受けるというようなことが多くなっている。だから、ホテルやレストランやリゾート地がその国とかその地域を表すと同時に多文化主義的になっているのは観光者がいろいろな地域からくるという理由だけからではないのだ。より一般的には、ホストとゲストというカテゴリー自体がこの分野では時に成立しにくくなっているということだ。J・ジャーマン・モルツとS・ギブソンは総括して、実に多くの研究者が「ホスト・ゲストを多元的で不均等なカテゴリーとして精密化することで、ホスト・ゲスト理論の二項対立に挑戦してきた」とのべている（Germann Molz and Gibson 2007a: 7; Bell 2007 参照）。

むすび

私たちはいわゆる「接客産業」の様相を多面的にみてきた。事実、大量の移住・移動や過度の商業化や搾取のようなもののある世界での「接客」をするという概念には多義性や異常な様態があるということをみてきた（Germann Molz and Gibson 2007b）。接客というのは種々の経済、政治、民族的背景があり、観光のまなざしは世界にひろがっているので、ホストとゲストのあいだの熱い結びつきに無数の社会関係を抱き込んでいくのだ。このような関係は、接客《ホスピタリティ》と敵対《ホスティリティ》の奇妙な結びつきをきわめてよく表している。もともと他人に無償の接客を行うという純粋な行為として私たちが尊重してきたことがらを、世界で最大の産業である観光が徹底的に産業化し商業化しマニュアル化してきたのだ（より一般的には Derrida 2000 参照）。

サーヴィス労働の人的パフォーマンスを検討してきたが、最後に動物も、見世物化する社会変容の一環として、観光のまなざしのもとで働くことを記しておきたい。動物園は従来から観光の見世物であった。そこでは、動物は柵の向こうの文字通り理性なき存在で、舞台上で生活し、常に見られて、時に調教され、A・フランクリンが「動物園的まなざし」と呼び（Franklin 1999）、A・ベアーズワースとA・ブライマンが「動物園のディズニー化」と言う（Beardsworth and Bryman 2001）ところの「自然」の本能でパフォーマンスするすがたに人間の喝采を受ける。J・デスモンドは、動物がいかに劇場的演技としての

「野生フィクション」を演ずることを要求されているかと述べこう言う。「たとえばシャチの力強いジャンプ力のすごさに圧倒されるというようなことがあるが、一方で、そのショーが、その瞬間だけの芸だという枠組みを忘れている。躍動するシャチの曲芸は、訓練による強制の成果とはみなされなくて、野生とダイナミックという表象になってしまっている」(Desmond 1999: 151; Cloke and Perkins 2005)。

ここから、それでは、まなざしのもとで執り行なわれる労働に影響を与えている観光文化の変容について幅広く検討をしてみたい。

第五章　観光文化の変容

はじめに

　ここまでは観光のまなざしを、日常の社会活動とはっきり区別されるもの、そしてある特有の場、ある特定の時に発生することがらとして概念化してきた。この基本点を観光の顕著な特質として、第三章、第四章での分析を通して理論固めをしてきた。もっとも何が観光産業の特質で、何はそうでないかという線引きは難しいが、あえて一定程度肯ける定式化をした。たとえば、第四章で、いわゆる接客や体験経済と言われるものにおけるサーヴィス勤務の特質を論じてみたわけである。この章では、このわずか二、三〇年のあいだに、とくに西洋社会における性格自体の変化が、こういう概念枠をいかに突き崩してきたかということをめぐって考察してみたい。検討するのは、いわゆる構造的差異化の長期にわたるなし崩し現象についてである。差異化とは、比較的はっきり区分された社会制度のもとでの個々の職能あるいは機能の専門化を指すが、これの崩壊現象の一つに、記号の経済としての「文化」があって、それが現代社会でますます中心的な位置を占めるようになってきたことをあげたい。境界の溶融は今日でもまだ続いている。高級文化と大衆文化の差というようなものだけでなく、文化の様態そのものの差、たとえば観光、芸術、教育、写真、テレビ、音楽、スポーツ、買物、建築などの差異までを溶融してしまった。さらに、マスコミというものが観光のまなざしを変容させ、観光はいよいよ他のあらゆる社会的、文化的営為と密に結びついていき、区別がつかないところも出てきている。そのことは、「観光」それ自体の〝種《ペルセ》〟としての特性《しゅ》が失われるにつれて、観光のまなざしの一般化が生じているということだ。人は、そうしたいのか、それに気づいているのかは別として、ほとんどいつでも「観光者」となっている。観光のまなざしはほんとうの意味で現代の生活経験の一つとなっているが、このまなざしから生まれる観光行為は急速で大きな変容を経験しつつある。この変容は、もっと広範におよぶ現代社会の構造的、文化的変化と分かちがたく結びついているのだ。

モダンとポストモダン

一九八〇年代、九〇年代に、文化におけるモダンとポストモダンの差を通してこういう変容を理解するということは常識となってきた。この差についてこの章で述べることにしよう。

このモダンとは「構造的差異化」という意味で、つまり種々の制度や規範世界、それは経済、家族、国家、科学、倫理、それから審美的領域などだが、これが個別に発展してきたことを指す。それぞれが自律していたのだ(Lash 1990: 8-9)。各々の領域は独自の慣行や価値様式を発展させていく。その文化領域内での価値は、文化的対象がその領域の規範にどれほど適切に沿っているかで決まっていく。これが「水平分化」である。

しかし、もう一つの様相を考えなくてはならない。「垂直分化」だ。各領域が水平的に分化していくにつれて、他方、垂直の差異化も進展していった。一つの文化領域内も、数多くの区分で成り立つようになる。たとえば、文化と生活という区分、ハイ・カルチャーとロー・カルチャーの区分、学術的あるいはアウラ的芸術と大衆芸能の区分、選良的消費と大衆的消費の形態区分などである。建物設計でも、〝建築《アーキテクチャー》〟（もちろん多種な様式がある）と多様な民家の建物との区別が存在する。モダンは、したがって、差異化の姿として捉えることが可能だ。とくにいま見てきたように、種々の文化領域の中での水平、垂直あわせての分化だ。

ポストモダンは、これと対照的に、脱分化である（Lash 1990: ch. 1）。相互に織り合わされた種々の様相がここにはある。まず諸活動での、とくに文化面での様相の一つひとつの差異性が機能しなくなっていることだ。それぞれがお互いの中に混入していて、それも多くは視覚に訴えるモノ・コトでそうなっている。これがよく見えているのはいわゆるマルチメディアでの事象だが、多くの文化的制作物、とりわけテレビとか、あるいは現在ならインターネットがはたしている中心的役割を、特定の領域に分類したり位置づけたりすることはどうしても困難になっている。

もう一言いうと、こういう文化領域はいまや、ヴァルター・ベンヤミンの用語でいう「アウラ的」なものではなくなっている（Benjamin 1973）。文化現象がかつてアウラを持っていたというのは、これが社会性から完全に切断され、独創性、唯一性、単一性を言表していた、ということであり、また、形式にのっとった系統的統一性と芸術的創造性の言説に支えられていた、ということでもある。これにたいして、ポストモダン文化はアンチ・アウラなのである。この文化様式は唯一性などを表明することなく、機械的に、電子的に、デジタル的に複製され配信されるものだ。ここには社会生活的なものから審美的なものを切り分けることにたいする否定とか、芸術は生活次元とは異なるものだという主張への否定がある。芸術作品の「唯一性」に置かれていた価値は、パスティシュ、コラージュ、アレゴリー等々へ主眼が移動してくることで、挑戦を受けているのだ。ポストモダンの文化形態は精神を集中する状態（たとえばクラシック音楽のコンサートでのように）で消費されるものではない。ポストモダン文化は、直《じか》に受け手に迫ってくるのである。それは個人へのインパクトを通して、また快感とか効果という枠を通してであり、芸術のしかるべき素材を使用した正式の姿を通してではないのだ。そして、これが、既成の領域（絵画、音楽、文学）についての審美眼を備えた知的選良によって享受されていたいわゆるハイ・カルチャーと、もう一つの大衆のポピュラー・カルチャーとかロー・カルチャーといわれるものあいだにあった強固な区分をすべて壊していくのに一役かっているのだ。

また、そこには「文化経済」における脱分化もある。その一つは、文化の対象になるモノ・コトとこれらの受け手とのあいだの差がなし崩しになってきていることに見られる。受け手参加の積極的な働きかけがむしろあるのである。とくにＳＭＳ投票などである〔ショートメールをつかって行なわれる人気投票など〕。例として、「リアリティ劇場」〔たとえば参加者を一軒家などに隔離しその言動を演出なしに日々放映するなど〕、テレビのクイズ番組あるいは視聴者参加トーク番組で、ここではだれでもが一五分間は有名人になれるのである。もう一つの面は、芸術制作と宣伝との境界の溶融である。これは、ＣＤの売上のための「無料」のプロモーションビデオとか、曲の「ダウンロード」とコンサートのチケット、ＣＭの中で使われてから売り出される歌とか、ＣＭの制作に使用される大物の芸能人とかスポンサー付きで製品を売るための「芸術」の使用などで展開されている。商売と文化はポストモダンでは解きがたく絡まりあっている。

また、ここでは「表象」と「実態」の区分に疑問符がつく。意味作用がますます図像的または視覚的になり、したがって、意味作用には、言葉あるいは音楽（映画、テレビ、ビデオ、音楽ビデオなどは別として）を通して行なわれている場合より、ぐっと表象と実態のあいだの緊密でより親密な関係が存在するのである。さらに、意味の指示対象、つまり「実態」の度合いが増加し、これがそれ自体で表象になっているのである。あるいはジャン・ボードリヤールの有名な所説のように、私たちが消費しているのは、ますます記号あるいは表象になっているのである（Baudrillard 1983, 1985）。社会的アイデンティティは記号＝価値の交換を通して構成されていく。しかし、その記号＝価値は、光景として受け入れられているのだ。人々は知っているのだ。たとえばメディアは（世界の）なぞり《シミュレーション》だが、自分たちもそのメディアをなぞ《シミュレート》っているのだ、と。記号と視覚性の世界は、本当の意味でのどんなオリジナリティもない世界で、あるものと言えば、ウンベルト・エーコが名付けた「ハイパー・リアリティへの旅」の世界なのだ（Eco 1986）。一切が複製、あるいはテクストの重ね書きで、偽物が本物よりもっと本物らしく見えるのだ。これは深さのない世界、あるいは「新現実の薄片」だ（Lash 1990: 15）。この論をまとめたかたちで、スコット・ラッシュはこう言う。「モダンは表象を疑わしいと問題視し、一方ポストモダンは実態を問題視する」（Lash 1990: 13）。

しかし、おもしろいことに、多くの観光地や観光行為は、過去においても、ポストモダン的特徴を先取りしていた。リゾート地は互いに競って、来訪者にたいして、いちばん壮大な舞踏室とか、いちばん長い観光海浜埠頭だとか、いちばん高い塔だとか、いちばん近代的な遊園地だとか、いちばん高級な休暇滞在地だとか、いちばん豪華な電光飾だとか、いちばん壮麗な庭園だとか、いちばん優美な遊歩道だとかを提供しようとした。視覚性つまり、まなざしの重要性から、観光はつねに見もの・見せ場と文化的実践形態とに関わってきたのである。しかもこの両者は互いに一部はまじりあっている。多くの観光活動はいままでも完全にアンチ・アウラであった。機械的、電子的再生が底流にはあったのだった

（〈覗き絵〉カラクリから始まって壮観な照明、〈音と光のショー〉《ソン・エ・リュミエール》そしてレーザー・ショーに至るまで）。つねに大衆的な娯楽が基本にあって、社会生活と芸術があまり切り離されていないという意味では反選良主義でもあった。そこには、概して思弁的なものは含まれなく、観衆の参加度も高かった。そしてそこではパスティーシュ（キッチュと呼ぶ人もいるだろう）にはるかに価値が置かれてきたのだ。

いままで述べてきたことは、観光の集合的まなざしとかメディア化されたまなざしの特質の一部でもある。しかし、前章では、「ロマン主義的まなざし」のことも論じた。ロマン主義的まなざしの方は、美麗な風景にたいする選良主義的（そして孤高な）見方という意味で、つまりかなりの文化資本が求められる見方で、とくに、もしその対象がある文学作品にも表されているなら（たとえば英国の〈湖水地方〉の詩人の）たしかにかなりアウラ的なものになるのだ。けれど、そのロマン主義的まなざしには脱分化という側面もあると言える。歴史的に言うと、「ロマン主義的まなざし」は一八世紀後半の英国での絵画的風景を求めての旅の成立とともに発達してきた。優れた美術鑑賞眼とクロード鏡〔小型の凸面曇りガラス鏡。一七世紀の風景画の巨匠クロード・ロランの画風を再現するためイギリスの貴人たちが旅にこれを携帯し、鏡に映る風景を鑑賞した。第七章参照〕という奇妙な合体によって、著作物や絵画作品に類似した風景の様相から楽しみが引き出されたのだ。遊山に来る人たちは何を求め何に価値を見いだすのかというと「絵にしたらよさそうな、そういう種類の美しさ」なのだ（Ousby 1990: 154）。北ヨーロッパの観光者はイタリア・フランス方面から移入した風景イメージに重ねて自国の場所を消費し描いていた。つまり自然と芸術の区別が溶け合って循環していたのだ。風景は、風景そのものを飛び越して、絵画の複製品となった。絵画的遊山のよく表れた例が、イエズス会の僧で著述家のトーマス・ウエストが著した〈湖水地方〉ガイドブックにみられる。同書は一八世紀後半にはきわめて影響力が強かったものだ。

この道筋の脇では、湖は、さらに目を楽しませてくれかつイメージを喚起する気持ちの良い秩序ある世界のなかに横たわっている。〝悦ばしき〟ものから驚くべきものまで、繊細で優美な〝クロード〟筆致から〝プッサン〟の高雅な情景まで、そしてこういう情景から〝サルヴァトール・ローザ〟のびっくりするような夢想の世界まで景色が変転していくのだ（Andrews 1989: 159 より引用）。

トーマス・ウェストがこよなく愛した〈湖水地方〉とは、クロード・ロラン、ニコラ・プッサン、サルヴァトール・ローザという画家の描くイタリア式風景画を模したものだった。こういうことをすることで、トーマス・ウェストは「この地の特性を翻案し、本歌取りをする行為でもって、ここをヨーロッパでの観光地めぐりの一つにすることに貢献したのだった」（Duncan 1999: 155）。〈湖水地方〉の風景は移動という行為によって生まれてきたものだ。初めて訪れた人は「移入された」風景モデルを通して崇高なる自然を「発見」したのである。あきらかに〝他所の〟観光地と分かちがたく結びついていたのだ。観光のまなざしが意味するのは、それがロマン主義的まなざしであっても、観光者は風景を観ているときには、テクスト、イメージそして表象の技術の世界に包み込まれているということである（Larsen 2006b 参照。同様の研究で、ボーンホルムというデンマーク領の島の成立を扱っている）。

ひとが愛好する場所や事柄の多くはその実態が直に経験されたわけではなく、表象からなのである。とくに、写真メディアを通してだ（Taylor 1994）。人が「まなざしを向ける」対象は、その画像の理念的な表象で、これを人が種々変転する表象から内面化したものなのだ。そして実際にはその自然のおもしろいものを「観る」ことができない場合でも、それを心の中で感じとって観ることができる。そして、対象がその表象どおりになっていなかった場合でも、本人が本当に「観た」と思ったものとして心に残り続けるのはやはり表象のほうである（Crawshaw and Urry 1997; また本書第七章も参照）。

このように脱分化の文化的パラダイムが存在するのだが、さまざまな観光地や観光行為も歴史的に見ると昔からこのパラダイムを先取りしていたのだ（建築についてのこれにかんする考察は第六章を参照）。ただし、観光のほとんどはある意味モダンの概念枠にあったということには重要な意味がある。その意味というのは「大衆＝集団観光《マス・ツーリズム》」という用語にみてとれる。それは、つい最近までの観光行為がいかほど構造化されてきたかということを示すものでもある。第三章で述べたように、歴史的にみるなら、大衆をすべて同一の方式で扱い、同じ休暇施設、ホテル、レストランで消費してもらい、彼らの間にちがいがないように努めるというのが当時の状況だったのだ。モダンの概念の要は、公衆を均一な集団としてみること、さらに、大衆を同一視することに使われた価値観の枠組みがあるということだ。観光で言えば、モダンの概念は、大衆を、社会的には差異化された場にいても、似たような好みや性格、それもサーヴィスの提供側によって決定づけられるのだが、これらを持つ互いに似通った集団としてひと括りに扱おうとする傾向を反映したものである。

次に、ポストモダンのある鍵概念、たとえば〈脱フォーディズム〉というのは、じつは大衆が非差異化されたまとまり《マス》として扱われることへの拒絶意識だということを考察してみよう。ある意味、ポストモダンの反権威主義というのは多くの人が感じていたひと括りに扱われることへの反発だ。大衆はもっと差異化されたやり方で扱われることを望み始め、そのことで広告業界によるライフスタイル調査がつぎつぎ行なわれるようになり、観光者のカテゴリーがかつてないほど細かく区分けされ、究められてきたのだ（Poon 1993）。

いままで、相異なる文化的パラダイムが存在することについて述べてきたが、その背景にある社会的な力については触れなかった。じつは、労働者階級の、集団としての力が弱まり、サーヴィス階級やそのほかの中産階級の力が興隆してきて、これが新しい文化形態の幅広い担い手となり、とりわけ「ポスト・ツーリズム」とよばれるものの担い手となった。

ここからの議論は、ピエール・ブルデューのよく知られた論著『ディスタンクション』（一九八四年）に大枠でもとづいているものである。その中身の主たる部分は、とくにある階級の文化行為が他の階級に及ぼす影響力の分析に係わるものだ。ブルデューは、社会階級間の力（そのなかには他の社会的動因も含まれる）が、経済的あるいは政治的であるのと同様に象徴的《シンボリック》なものでもあるということを指摘しているのである。この象徴財は、卓越した〔差異化された〕経済、すなわち「文化経済」の影響下にあり、その特質は、競争、独占、インフレ、種々の形態の資本すなわち文化資本がそこにあることだ。社会階級間には不断の闘争が続いているが、それは自分たちが、他の階級に対抗して、所有している資本の量を増やそうとし、また自分たちがたまたま所有している資本のその形態に付けられた価値を増やそうとするものである。各社会階級はそれぞれ〈ハビトゥス〉を保持している。ハビトゥスというのは、個人の意識下で作動する類別体系のことであり、人々の行動指標の中に刻み込まれる身体化した性向や好き嫌いの感覚体系である。競合関係にある各階級は、互いに自分の類別体系を他の階級に強要して優位に立とうとする。こういう闘争では、教養の制度、とりわけ教育とメディアが中心的な役割を担っている。文化の領域には、独自の論理、通貨、そして経済資本との交換レートがある。文化資本はたんに抽象的で頭だけの知識というようなものではなく、「芸術」作品でも「反芸術」作品でも「場」でさえをも評価するのに必須の象徴競争の力となるのだ。芸術消費の手段を、他の階級と差をつけて取得することは、自分の階級の再生産のためにも、また階級闘争や、より広い意味で社会闘争の対処にもいちばん要になるものなのだ。この差異的な文化消費は、一つは階級制度からの結果であり、と同時にこれらの階級や他の社会勢力が、ある社会の中で優位性を確立しようとする正にそのメカニズムそのものなのだ（Bourdieu 1984; Devine et al. 2005）。

とりわけサーヴィス階級というのがここでは問題となる。これは労働の社会区分の中で、資本家でもなく、大地主でもなく、爵位などもないような人が占めている階層で、ざっというなら資本に「サーヴィス」をする社会的制度に深く係る階級で、かつ上級の仕事をし、上質のマーケットでの居場所を享受している人々で、自分のいる組織内に、あるいは組織間にそういう職位規程がある。そして、その地位へ就くのは学歴・学閥の格差によって決められている。これらは、サーヴィス階級を、すこしひろいホワイトカラーと区別する点で、結果、文化資本や嗜好の差異化〔卓越化〕がそこに作り出されることになる（Butler and Savage 1995; Savage et al. 1992）。

サーヴィス階級をピエール・ブルデューも考察している。彼は「知識人」を語る際に、「ブルジョワ」層の嗜好が豪華インテリアであるのにたいして、この層の嗜好は「審美的・禁欲的」インテリアだと言う。このことはモダン様式のインテリアを「知識人」が好むということとつながる。余暇の様式でも、ブルデューは「審美的な性向を持ったきわめて禁欲的な形と、文化的に最もまっとうでかつ経済的にいちばん安い行動、たとえば、美術館へ行く、あるいはスポーツでも、山登りとかハイキングをすることが、経済資本からいえば（比較的ではあるが）諸階層のなかではもっとも質素なかたちで行なわれる傾向がとくに強いようだ」と述べている（Bourdieu 1984: 267）。興味あるのは、ブルデューが、ブルジョワ世界の慣習を、知識人が「これ見よがしの質素さ」を誇示することで象徴的に転倒させている、と述べている点である。これは、たとえば、職場でもカジュアルな服を着るとか、白木《しらき》のインテリアを愛好するとか、山登り、ハイキング、散歩などを好むとかいう傾向を映し出していて、いずれも知識人の「そのままの、手つかずの自然」への趣向を表している（Bourdieu 1984: 220）。「ロマン主義的まなざし」の例をいちばん体現しているは、知識人である。ブルジョワ階級の人は、それと対照的に「きちんと案内板の整備された自然」を好むと言われている（Bourdieu 1984: 220; Savage, Barlow, Dickens and Fielding 1992; 観光関係では Munt 1994 参照）。

　私たちがサーヴィス階級やそのほかホワイトカラー労働者として述べた対象には、おそらく、圧倒的に表象に係わる仕事をしている人々が含まれるだろう。両者の仕事の多くは表象なのである。メディア、新メディア〔インターネットなど、双方向性をもつデジタル媒体〕、広告、企画の中で文化の媒介者としての仕事である。こういうグループはつまり、流行に敏速で遊び感覚にあふれた様式《スタイル》の変容に関与している度合いがきわめて大きい（Featherstone 1987: 27 参照 ; Lash and Urry 1994）。このグループはかならずしも知識人や旧来の文化資本の支配者集団からは受け入れられていない。したがって、ここには支配的文化とかハイ・カルチャーにたいする異議申し立てがあり、同時に、一方では、有名知識人が出現したりして、文化資本の伝統的な基盤のベールが剝がされてきた。「この階層の入れ替わり、というか、新しい大衆的な流行にたいする知識人の変わり身の早さ、そして〈新しいもの〉の市場性、これらが創出しているのは、様式が次から次へと前衛から大衆性へ、大衆性から前衛へ、大衆から超金持ち族へと、素早く移動していく世界なのだ」（Featherstone 1987: 27; Savage et al. 1992）。

　結果として、新と旧、懐古的と未来的、「自然」と「人工」、若者と熟年、ハイ・カルチャーとロー・カルチャー、モダンとポストモダンと言うような、様式上の一種の坩堝状態が発生するようになる。この中産階級のグループが、既存の文化形式をいかにして転倒させたかをB・マーティンが、次のようにまとめている。「現代文化の市場は、エリートのも低俗のも、昨日の衝撃《ショック》も今日の冗談《ジョーク》も、輝かしくも平俗なる〝つぎはぎ〟にして、ごった煮にしている。流行が全てで、しかもなんでも流行に成りうるのだ（Martin 1982: 236-7）。

さらに、ピエール・ブルデューは、これらのグループは、また遊びにたいする態度もきわめて違ってきているということも論じている。昔の〝プチブル〟は、生活基盤が道徳性と義務にあり、「遊びにたいする恐れがあって（…）身体がすでに〝控えめ〟〝謙虚〟〝抑制〟でできあがっていて、禁じられた欲動を満たそうとしても罪の意識に結びついてしまう」（Bourdieu 1984: 367）。これと対照的に、新階級の中産階級が駆り立てられるのは、

義務としての遊びの精神だ。この主義は「楽しめなかった」という不全感、強迫観念を人に与えてしまう（…）。遊びは許されているというだけでなく、要請されているのだ、倫理的にも科学的背景からも。充分に遊んでいない、という恐れは（…）自己表現や「身体的表現」の欲求、さらには他者とのコミュニケーション願望とに結びついたものなのだ（Bourdieu 1984: 367; Elliott and Urry 2010 の「義務としての遊び」参照）。

この最後の論はいささか説明がいるだろう。資本主義社会は、いつもロマン主義的倫理を支えにした消費に相当な重点をおくという特徴をもってきた。C・キャンベルはこういうことを論じている。すなわち、活力に満ちた消費活動に不可欠な、かの「レクリエーション」哲学を促したのはロマン主義で、そこで、遊びを求めるのは、本来的にも望ましいことだと見なされているのであると（Campbell 1987:

201)。ロマン主義は、新規なものにたいする嗜好を拡大し、これを生み出してきた。それが、絶えず変化していく消費形態を倫理的に支える根拠となっていたのである。中産階級のいくつもの集団群は、その位置づけが変化していく状況にあり、社会全体にも大きな影響を及ぼしていた。この集団群は表象にかんする仕事の重要性を示してきたのだ。すなわち、メディアと、流行や嗜好を形成するその現代的役割の重要度や、その両方がきわめて高まっていることや、また新しい文化様式を案出していくこの集団群の自由度と活力の増大や、尊敬からではなく流行を作り出しているからということで高まるこの中産階級の社会的地位や、この集団群にとっての文化資本の重要度や、さらにこれを絶えず増大しようという要請や、一方、経済資本の保全という階級的願望の減少、ということなのだ（Lash and Urry 1994）。種々の貧困地区を「ポストモダン」風の景観に高級化したり、スラム街をアートっぽい街並みに建て替えしたりするのを見れば、その高級化に化粧直しされた地区のデザインから、この階級グループの文化資本の内実がよくわかる（Zukin 1991）。

これらのどの変化においても、メディア（新旧問わず）の存在によって、いままでの別々に孤立した情報や遊びのシステムの重要性は大いに縮小してしまった。社会的グループが異なる人でも、情報システムをよりひろく手に入れやすくなっているし、どのグループの人もいまや他の社会的グループの私的な領域の表象を見ることができる（Meyrowitz 1985）。メディアが他人の生活について伝播流布する量が膨大に増えている。選良層のも「有名人」のでも（Richards et al. 1999; Rojek 2004 参照）。この覗き見の制度化で、多くの人が、自分以外の社会グループの様式を取り入れることも可能になった。ふつう、異なる社会グループ間では、ハイ・カルチャーとか、ロー・カルチャーとか、芸術的とか、上品で風雅とか、下品無粋とかいう、それぞれの価値体系を内面化していると思われているが、この境界も無化されてしまうのだ。メディアも、本来公表しないと思われていたもの、プライバシーとして保護されるべきもの、公表してもよいもののけじめを全部ぐずぐずにしてしまった（とくにテレビの視聴者告白番組や交流サイト）。ピエール・ブルデューが新興〝プチブル〟と呼んでいる階層は利那的に生きているという。「集合記憶や集合期待像などから解き放たれ、そこから受ける束縛とか抑制で制約されない」からだという（Bourdieu 1984: 317）。この層の人は自分たちが中産階級だということにうしろめたさを感じているのだという。その理由は、「彼らは自分たちを、階層分類不可能で、〝ハズレもの〟で（…）何らかの階級とか、社会的空間の特定の場に類別されたり当てはめられたりするのでなく（…）家族という単位によって押しつけられる世俗的構造からも解き放されて、自分自身の生涯設計や長期的な計画（場合によっては数世代にわたる）を持ち、またマーケットからの圧力に対抗する集合的防衛力などを持っている何者かだと見なしている」からだ（Bourdieu 1984: 370-1）。

B・マーティンも同様な分析をし、中産階級の若者（とくに一九六〇年代以降のことだが）の脱構造化された〈ハビトゥス〉について語っている（Martin 1982）。これは、B・マーティンによると、父権の低落と、子どもでも大人でもない時期の長期化から生じる極端に拡大した境界閾が理由だと言う。境界閾の時期の長期化は、とりわけ新中産階級で著しく、この層では、若者だけでなく、多くの職業、とくにメディア界で、脱構造化されたハビトゥスを持っている（Wittel 2001）。同様、F・ジェイムソンは、本来の歴史的現実の指示対象にたいするパロディよりむしろパスティシュの増大現象を分析している。「パスティシュは、時間を一連の「絶え間ない〝今〟」に断片化していくのだ（Jameson 1985: 118）。「パスティシュとノスタルジアの新時代」の人々の生活は、断片化された出来事の継起として体験されるものだ（Edgar 1987）。個々の断片単位では抜け目なく合理性が働いているが、全体像は首尾一貫していない。

中産階級の一部から広がっているのは「抜け目ない享楽主義」と言われている（Featherstone 1987）。K・フランプトンによると、歴史感覚というものはもう失われてしまった。「私たちはパラドックスの時代に生きている。いまは、おそらくかつてないほど歴史にたいする強迫観念を懐きながら、それと同時に、ある種の歴史的な道、あるいはある者にとっては、歴史そのものが終わりを迎えつつあるという感じを懐いている」（Frampton 1988: 51）。この問題は次章で詳しく論ずる予定だが、それはテーマ化された空間や「遺産産業」についての種々の考察を扱う箇所との関連で行ないたい。

この歴史感覚の喪失はやはり現代メディアの特質とも結びついてきた。すなわち私たちはますます三分間文化に生きているということだ。テレビの視聴者は、どの話題にもテーマにも数分と集中できず、チャンネルからチャンネルへとボタンを切替え続ける。インターネットの瞬間サーチ文化だとこれがさらに三秒間文化にまでなっている。文化的保守主義者は、人々が、もはや自分たちが、両親の子どもで、その両親はまたその両親の子どもで……という意識で作り上げられたアイデンティティを通して生きているわけではないと言う。それだけでなく、いずれの世代にも、貯蓄からではなくクレジットカード（いまはオンラインでも）で購入する即消費の陶酔感があり、このことは、ちょうど結婚というような終生の企てが、いまや結婚・離婚の連続、言い換えると「逐次一夫一婦制」あるいは情事というものになってしまっていることと重なる（Lawson and Samson 1988; Giddens 1992; Beck and Beck-Gernsheim: 1995; Bauman 2003）。

次の節では観光に戻り、以上のようなさまざまな文化的変容ならびにサーヴィスと中産階級の広がりがどのように観光に深くかかわってきたかということを示したい。

じっさい、この広範な文化変容の分析を通してこそ、はじめて観光固有の展開状況が理解できるのである。まずサーヴィス階級の嗜好ならびに、これが海浜リゾートに与えた影響関係について概説してみよう。

その嗜好には、「自然」あるいは「自然の要求」を形成するのに、正に「文化」が重大な位置を占めているという含意があるのである。ピエール・ブルデューはこのことをうまく表現して「自然というものは（これに対抗してそこに文化が形成されているのだが）実は、〃大衆的〃で〃低級〃で〃通俗〃で〃凡庸〃以外の何物でもなく（…）、存在論的上昇として体験されている〃社会的上昇〃、〃文明〃への過程（…）、自然から文化への飛翔、動物から人間への飛翔、こういうもの以外の何物でもない」と述べている（Bourdieu 1984: 251）。

イギリスの海浜リゾート地は自然を独特なかたちで具象化したものである。文明の影響から遠い、飾りのない、本能に近いものとして、文明開化に対抗的につくられた。こういう見方は、社会主義的な批評家の中にも見られるのである。ジョージ・オーウェルは、サミュエル・コールリッジの詩作品『クビライ・カン』に描かれる遊園洞窟を現代版にしたてた企画を述べているが、そこは、休暇行楽施設のようになっていて、空調付きの小屋が、ムーア式だとかコーカサス式とかハワイ式の岩屋風庵室に改装されて並んでいるのだ。聖なる川は、人工的な温水プールに変えられ、「怖いあること、すなわち考えること、をし始めないように」とBGMが流されている（Hebdige 1988: 51 より引用）。同様に、リチャード・ホガートも安手のロマンティック小説のパロディを、彼が名付けた〃お気楽《コウジ》休暇行楽施設〃に場面設定し、そこには「太陽が一杯の野趣」や「精神の立ち腐れ」や「綿菓子《キャンディフロス》ワールド」が設定されていた（Hebdige 1988: 52）。良い嗜好を持っているということは、こういう場所を軽蔑することで、こういうものを（オーウェル風にあるいはホガート風に）覗き見する程度で通過をして、決して立ち止まらないことなのだ。未開風に仕立てられたリゾートを真正面から受け取ってはいけない。せいぜいが、それを（それと）遊ぶぐらいだ。

同時に、自然の代用品構築もサーヴィス階級のハビトゥスだと言える。自然的なもののある姿に、明示的に文化的な力点が置かれるのだ。先に、ブルデュー理論にふれ、知識層が、清貧、機能主義、禁欲的倫理でもってブルジョワ階級の秩序を転倒するということを紹介した（Bourdieu 1984: 287）。この類型は、意外なほど広範に現代の文化的表象と行為に反映している。たとえば、健康食品、本物のビール、本物のパン、菜食主義、ヌーヴェル・キュイジーヌ、伝統的・非西洋科学・医学、自然分娩、「人造」繊維より毛織物、レース織、コットン地、「人工的」複製品より骨董品、再生した古民家・倉庫、ジョギング、ヨガ、サイクリング、山登り、与えられた人為的なレジャーより山歩きなどだ。中産階級の「自然的」というものにたいする相反感情がC・キャンベルの記述でよく表現されている。それは、釣りをすることは「スポーツマン」〔日本語で理解されている意味でなく、魚釣りや狩猟などを利得を無視して、自然の環境ですることを好む人〕という自然主義的神話からいかに影響を受けているかというくだりである（Campbell 1989; Macnaghten and Urry 2000b）。

観光分野での、実物《リアル》とか自然ということからの影響にたとえば「本物《リアル》の行楽キャンペーン」がある。これは一九八〇年代の終わりごろに英国のサーヴィス階級向けの主要新聞の一つ『インデペンデント』紙が唱えたものだ。このキャンペーンから新規旅行ガイドブック『自 立《インデペンデント》海外本物《リアル》休暇旅行案内』が出版されたのだ（Barrett 1989a）。これを編んだ人は「本物の休暇旅行」をするのはますます難しくなっていると述べ、その理由は「パッケージ旅行の台頭につぐ台頭で、大量生産が、ちょうどビールやパンやアイスクリームその他の多くの物に及ぼしてきたのと同じ問題を、旅行にたいして起こしてきたからである」という（Barrett 1989a）。「本物の休暇旅行」らしきものには、二つの主要な特徴がある。第一は、大衆が大挙して訪れそうな所から十分に離れた所へ行くこと。本物の休暇旅行の含意は、このような意味でロマン主義的な観光のまなざしで、これがじつはほとんど世界の隅々までを〈遊びの周縁地帯〉として取り込んでしまうことになるのだ。第二は、本物の休暇旅行をする人は、目的地へ行くに際して、小さな専門旅行代理店・業者を利用するということ。この『旅行案内』は、英国人が行う海外旅行の四分の三は、五大旅行会社の販売したものであるという事実を嘆いている。『旅行案内』は、そこで、「旅行者マーケット」で独自の分野の専門業者となってきた小さめの会社の業務のほうをひいき目でみている。同書は「デリカテッセン」スタイルの旅行業者の展開について述べ、これは「違いのわかる、自立心のある顧客」向けの独自な添乗員を推奨してくれる専門代理店なのだ、という（Barrett 1989a: 4; 1989b）。

既存の企業も、この「本物の」休暇旅行や、「観光」というよりむしろ「旅」、集団的まなざしよりむしろロマン主義的まなざし、大量生産・大量消費業者よりむしろ狭い隙間をねらう専門業者、というようなトレンドを認識するのに遅れをとっていたわけではない。トーマス・クック社も、「これは、観光者向けの旅行ではなく、旅人のための発見の旅で（…）パッケージ観光では一切ありません（…）トーマス・クック社はあなたをたんなる個人としてではなく、VIPとしてお世話いたします（…）トーマス・クック社は貴方だけに、しかも世界で通用するサーヴィスを致します。これは、真のアラカルトの旅です」。と謳っている（〈トーマス・クック付き添い《エスコート》旅行〉一九八九年一月〜一二月）。各休暇滞在や観光旅行の内容記述にあわせて、その該当する国についての参考図書リストがついている。ここに見られる種々の特質について記しておく必要があるだろう。それは、観光よりむしろ旅という点、個人の選択という点、パッケージ型休暇旅行者を排除している点、教養ある旅行者でなくてはならない点、一人ひとりの世話や面倒が見られる世界規模の旅行業務を遂行するという点などである。

サーヴィス階級の「本物」好み、「自然」好みは、田舎へ行くこととその田舎を保護すること、この両方への傾倒が増大したことにも見られる。このことはもちろん目新しいことではない（Williams 1973; Macnaghten and Urry 1998）。このイギリスの田舎のイメージ、つまり「整った、安堵を与える、穏やかな、なによりも恭《うやうや》しき過去という牧歌的イメージ」はもともと、作り上げられたもので、歴史的に決してそういう総体で存在したことのない部分の寄せ集めで成り立っているのだ（Thrift 1989: 26）。今日の田舎はもう「かの古《いにしえ》の英吉利《イギリス》の田園」とはほど遠いものだし、一八世紀の詩人トーマス・グレイが、〈湖水地方〉のグラスミアー村について述べた「ふと立ち現われるこの小さな楽園、そこでは一切が平穏、純朴、清貧である」とは似つかない所なのだ（とくに、田舎は、機械化農園で飼育され病気にかかった動物の隔離場所だということからみれば）。

ところが、近代農業の変化にともない、田園生活も本質的に変容しつつある、そういうときこそ、田舎のイメージが観光のまなざしの魅力的な対象となるのである。その人気の増大は、田舎を守ろう、田舎へ気楽に行こう、というような数々の団体の会員の増加数によく表れている。現在の会員数でいえば、〈ナショナル・トラスト（イングランド・ウェールズ）〉の会員は三五〇万人、〈王立野鳥保護協会〉は一〇〇万人である。これと関連して、〝新伝統主義〟の雑誌も盛んに創刊されてきて、急速に消えゆく田舎、という意味ありげな表象を構築する一助となっている。たとえば、『田舎家とインテリア』『田舎生活』『田舎家』などだ（Thrift 1989: 28）。N・スリフトが展開するのは、田舎や文化遺産の伝統にいちばん敏感だと思われる社会集団は、サーヴィス階級だという論だ（Thrift 1989: 31）。この階級が田舎へ行こう運動を先導してきたし、じっさい歴史的にも地主階級に田園地帯を開放させる運動をリードしてきた（この階級闘争についてはUrry 1995b参照）。N・スリフトは「いたるところ芝生が丹念に刈り込まれた田舎という場所つくりをしたサーヴィス階級の特質」について述べている（Thrift 1989: 34; Cloke et al. 1995; Urry 1995b）。これが荒廃してきた田舎の畑や家、とりわけ廃墟になった農家を買い取ることで田園を中産階級化する現象を引き起こした。また同時に、新規に開発された土地にも郷土建築風の、あるいは田舎風の家が建ちならび、こういうのをこの階級の人は「村《ヴィレッジ》」と呼びならわした（Cloke, Phillips and Thrift 1995）。

スカンディナヴィア諸国では、田舎志向によって、夏向けの別荘の「カッコよさ」が見直されるようになった（Baerenholdt et al. 2004）。ここから大衆もサーヴィス階級のマネをして「心に描く村」を手に入れようとし、田舎という場に立地した消費を進めていくことになる。この勢いで、専門管理職の人はおそらく肉体労働者の二倍は田舎へ行くようで、もしかするとそれ以上に頻繁に訪れていそうなぐらいなのだ（Urry 1995b: 211-12）。しかし、どちらかというと公的部門で仕事をしていると言えるような人は、田舎に「自然」を求める場合、散策、山登り、キャンプなどをやり、民間部門での管理職は田舎では、狩猟、釣り、ヨット、ゴルフなどをするという違いも認められる（Urry 1995b: 212-13; Savage et al. 1992）。さらに、ポストモダンと、今日みられる田舎への強迫観念とのあいだには、関係がある。田舎志向は、モダンにたいする幻滅から発しているところがあるのだ。とくに、戦後の大規模な都市再開発の結果としてもたらされてきたものにたいする失望だ。田舎は次のような様相を多かれ少なかれ具現していると〝思われて〟いるのである。すなわち、計画化や統制に無縁であること、地元の古風で趣のある建造物、くねくねした小道、迷路のような道路、伝統の力、社会的介入のないことだ。言うまでもないことだが、たいていの国では実態として田園地帯は広範な近代化の波を被ってきたわけで、たとえば、大規模農法とか土地利用計画の数知れない施策とか私企業の大規模な田園開発などがあったのである。さらにこれから参入しようとする人には、魅力と映るような田舎は、ほんのわずかしか残っていない、とくに、「風景」の理念に適うような田舎は。D・コスグローヴはこう言う。

本来利用目的だった自然の共同体的所有をつき崩していく過程で、観念としての風景が力をえた。風景は個人の見る行為の内部に閉じ込められ、（…）この見る行為は主体と客体を分離してしまい、見る者ひとりの眼だけに支配権を与えるのだ。このなかで、風景観念は共同体的体験を否定し（…）あるいはこれを特定の場所の持つ超越的な特質の魅力として神秘化するのである（Cosgrove 1984: 262; Schama 1995）。

このように、「風景」とは、教養ある目や巧みな手法や表象する技でもって、モノとしての環境を視覚的に構成する〝人間的〟な方法なのだ。だから、「風景とは、文化が生み出す心象《イメージ》であり、環境を表象し、構造化し、あるいは象徴化する画像的な方法でもあるのだ」（Cosgrove 1984: 1）。「風景」とは、人間がどのように「自然」を支配し、所有し、そこから愉悦を得るかということがらに係わるものだ。これは実在に心象と表象が融合した「自然」とつながろうという一種の様式だ。これは場の外見と様相についてであり、かつ、場をモノとして観ないようにしてしまう様式でもある。

風景はこのような分離と個人の観察がそこに含意される（Williams 1973: 120）。風景は「見る人が土地から選び取ったもので、〝よい光景〟となる条件について、伝統として確立された観念に沿って編集され修正されたものだ」。これは、「一つの額縁内、または一目見渡して人間の眼がその幅と深さを認知できる程度に」整えられ、まとめ上げられた「土地」なのである（Andrews 1989: 4）。言い換えると〈風景〉は、自然の上に働きかける目と心でもって作り上げられた、熟達した技と学習で獲得された姿なのである。自然はその結果おとなしくなり、人間に従属的な存在となる。この風景からどういう光景が現れるかは、そこにあるモノとかとりたてて特徴もない土木とか建築とかの技術で決まり、つまりは、そのことは「自然と人工とか、田舎と都会とか、主体と客体（らしきもの）という単純な二分法」も意味をなくしてしまうということだ（Macnaghten and Urry 2000c: 2）。「風景」は文化的に構成されるとはいえ、モノとしての現実なくしては存在しない。風景は変化をしていく文化的な対象の中で流布していく。風景はある環境の中に打ちたてられ、具象化した風景の振舞いがそこに現れ、それがまた風景に影響を与える。風景の社会的構築には「最小限、紙媒体と身体とそしてその他多くの素材の流通《サーキュレーション》が必要となる」（Michael 2000: 50）。風景の表象は場を移動する客体となり、それはコトであると同時にモノでもある。「この意味で、風景の表象は時空を超え、〝場所〟の流通のための躍動的な媒体となるのだ（…）、ブリュノ・ラトゥールの科学の世界の〈参照の循環《サーキュレーション》〉〔訳注1〕のように、風景対象は〝世界を箱の中に詰めこむ〟〔訳注2〕ことを可能にしてくれ、いたる所を動きまわることを可能にし、そのことで、世界そのものの知見の形成に寄与する」（della Dora 2007: 293; 2009）。

この「田舎の風景」からはふつう、機械類、耕作労働者、トラクター、電線、コンクリート造りの農家、高速道路、放置農地、汚水、原子力発電所、病気の動物や死骸などが消去されてしまっている。人々が見ているものは、したがって、きわめて選択的なもので、人々の手に入れるものは要するに、限定的なまなざしなのである。田舎は、そこではまなざしを向けられるべきもので、理念的に言うなら、人などにまなざしを向けてはいけないのだ。たとえ、それが、農作業者であろうと観光者であろうとも。新左翼評論家のレイモンド・ウイリアムズは「人が労働している田園はまず風景とは言えない。風景は本来、切断された位置で他人事として見るものだ」と言っている（Williams 1973: 120）。サーヴィス階級と「ロマン主義的まなざし」こそが、「風景」としての田舎の図柄、というものを作り出し、今日にまでそれを到らせた先導者だ。しかし、田舎の幻影が大衆文化、とりわけ宣伝行為の主流となるにつれて、むしろ複雑で遊戯的になってきたのがこれまたまなざしなのだ。

ポストモダン的な視点からいうと、風景は、再生羊皮紙《パリンプセスト》よりもディスプレー上の光点テクストに似ている。前者は、その「本来の」あるいは「正統な」意味が、然るべき技術とか理論とかイデオロギーをもってすればいささかは復元しうる。（…）一方、後者はその意味を創出したり、拡張したり、更新したり、推敲したりはできるが、結局スイッチひとつで消えてしまうものだ（Daniels and Cosgrove 1988: 8; Macnaghten and Urry 1998: ch. 6）。

そこに「風景《ランドスケープ》」というか「土地《ランド》」の扱いに従来の扱いと異なる点がある。風景＝土地はモノであり、

訳注1——〈参照の循環〉は、フランスの社会学者のブリュノ・ラトゥールが『パンドラの希望』（*L'espoir de Pandore*）で提起した概念用語。科学の世界には参照、定義／再定義、イメージ、構想などのサイクルがあり、そのなかで、何かを理解したりあるいは解読したりするために、意図するかしないかは別として、どれかを採用するということをしている。このことは対象についての本来の理解（あるいは本来でなくてもどんな理解でも）を完全に変えてしまうことになる、という。

訳注2——ラトゥールの『パンドラの希望』には、「どうやって世界を言葉に詰め込むか？」という表現がある

触知できる対象で、耕され、種を播かれ、放牧され、人の手ではじめて成り立っているものだ。身体での接触や環境への参加、またはその環境「に住まう」ことが含まれているはずだ（Milton 1993; Ingold and Kurttila 2000; この問題は第八章で論ずる）。英国では両大戦間に、とくに北部の都市労働者階級に、遠足とか、散歩とか、サイクリングとかを目的として、田舎の高原・荒野で余暇をすごす企てが実施された。この運動のねらいには、昔から立入りを制限していた土地所有者にたいする階級闘争という側面があった。最も有名な立入り要求運動は、中北部のピーク・ディストリクト地帯にあるキンダー・スカウト高原で、一九三二年に行なわれたものだ。トム・スティーブンソンなどの主催者の当初の意図は「風景を〝見る〟ことではなく、まして体で風景を実感することでもなく、ただ歩き、登り、あるいは自転車を乗り回すことだった」（Cosgrove 1984: 268）。それが、「風景画」へと進み、身体的に、感覚的に、そして思い入れたっぷりに環境世界を意味として読み取るまでになった。これは今日の、山野の冒険観光とかなり似通っている。モノとしての自然が、積極的に動き回り何でも受け入れる肉体をとおして体験されるからだ。「自然は、多くの観光消費者にとっては、かつての観るものから、いまや、飛び跳ねるところ、ボートを突進させるところ、あるいは天地がひっくり返る飛翔の空間、つまり崇高《サブライム》の転倒の場だ！　そういうモノへと進展してしまっている」（Bell and Lyall 2002: 27）。

R・サミュエルは一九三〇年代の北ヨーロッパで田舎道をぶらぶら歩く若者についてこう述べる。「田舎は活力の源だと見られていた。若者の意図は経験としての風景を観るということにはなかった。五感を通して田舎に触れることだった」（Samuel 1998: 146）。多方面の感覚を用いるこのような新しい行為は、田舎に現としてある農事作業を無視してしまうことになる。両大戦間時代の村々は視覚的に魅惑的な場として見なされることなく「田舎の中にある貧困な区域で、湿気が立ち込め、雨漏りのする屋根、小さい窓、薄汚い家具がある場所」だった（Samuel 1998: 146）。散策したり山歩きしたりサイクリングしたり、キャンピングしたりする人は、その田舎で起居し労働をしている人の暮らしぶりや生活環境は看過している。

現代の田舎を自分のものにするという行為は、田舎を見る対象あるいは「テーマパーク」みたいにしていることで、その限りで言うなら、これはポストモダンの態度であり、田舎を「使用」目的にし、あるいは生活圏にするという見方とは対照的だ（Macnaghten and Urry 1998）。前者の態度に対応し、田園地帯にすむ多くの人は、パッケージ化されテーマ化された環境を作ろうとする。そうしてどちらかというと健康的な田舎生活の表象がそこに設計され、構築され、外から来る人に見せられる。

ただ無責任に景色を観に来る者のためのすばらしい風景保存用の工程作成をするのは、そこに住んで、働き、積極的にそのなかで生産に携わっている者に地域作りの権限移譲をするより、はるかにかんたんなことだと思える（…）。こういう保存風景は、実際は国土の商品化で、旅行産業によって広告され、海外に売られてしまうのだ（Cosgrove 1984: 269）。

観光者の階層は、田舎一帯では比較的恵まれた層だ。そういうステータスを手に入れられるのは、ふつう、白人で、車があって、しかるべき宿泊施設（ホテル、キャラバン、公認キャンプ場）を予約したり、購入したりできる程度に裕福である必要がある。また、もし団体で出掛ける場合には、観光バスとか列車のような、しかるべき交通手段を使う必要があり、車やバイクを連ねたり、〈ヒッピー部隊〉〔田園地帯で行なわれる野外コンサートや平和集会などにバイクやワゴン車などで押し寄せる集団移動者。新世代旅行者ともいう〕みたいな旅行者はだめである（「新世代旅行者」については

Hetherington 2000b 参照)。もう一つ必要なのは、それにまごうことなく相応しいと見られる一定の行動をまちがいなくすることである(英国では、〈田園生活の手引〉として知られている)。

とくに、エコツーリズムの発展も一定程度あった。これは交通やエネルギーや農工業方式などにたいするある立場からの近代への拒否から生まれたものだ。とりわけ広大な森を針葉樹でもって「近代的」植林をしたことは敵視された。とくに〈林野庁〉だけでなく、地主たちがこの主体だったからだ。針葉樹林は、環境上も、社会的にも有害な影響をもたらすと主張するのだ。たとえば、固有種の猛禽類など特殊な野生動物が絶滅するとか、観光によって支えられていたはずの雇用水準が低下するとか、自然状態の手つかずの「ロマン主義的」原野と称するような魅力で捉えられている場所を無くしてしまうなどだ。たしかに、観光者によるそうとう大きな影響があったからこそ、次から次へと整然と植えられていく針葉樹の近代的植林に対抗して、手つかずの原野が守られるということもおそらくあったはずだ(Shoard 1987: 223-5 参照;Macnaghten and Urry 2000a の「森を歩く」を参照)。このように、田園観光の大きな特質には、この二、三〇年の環境政策の展開の拡大からくるものや、ある地域、場所を「近代化」する大規模な企画にたいする反発からくるものがある。

ここまでで概略述べたことの中身に遊戯性というのがある。M・ファイファーが、「ポスト・ツーリズム」概念を述べる際にこの議論を展開している(Feifer 1985)。彼女は三つの点に注目している。第一は、「ポスト・ツーリスト」にとっては、観光のまなざしの典型的な対象は、その大半がそれを〝観る〟ために外へ出る必要はないということ。テレビやビデオやインターネットがあれば、どんな種類の場所にもまなざしを向けたり、比べたり、状況設定したり、なんどでもまなざしを向けることができるのだ。自分だけで「本当に」そこにいるかのように想像することが可能で、夕日や山並みやトルコブルーの海を見られるのだ。典型的な観光の体験というのは、いずれにしても、〝有名な〟景色を、ある〝枠〟を通してみることで、枠というのは、ホテルの窓とか自動車のフロントガラスとかバスの窓だ。しかし、これがいまや、お茶の間で、スイッチひとつで体験できるのだ。しかも何度でも繰り返すこともできる。もうほとんど、本物という意味も、一生に一度のまなざしという感覚もないどころか、あるのはスイッチひとつ、クリック一回で枠の中に無際限のまなざしを手にいれられるという事実だ。「観光のまなざし」の卓越性などは、このまなざしがポストモダンの大衆文化の一部となって混交していけば失われていく。結果として「観光の終焉」を語ることになるかもしれない。それは「文字通り移動していようと、あるいは多種多様な記号や電子映像のとてつもない流動性をとおして模擬的な移動を体験しているだけであろうと、人はほとんどいつでも観光者」だからだ（Lash and Urry 1994: 259）。第九章で、このことを気候変動のリスクとか他の場所を「仮想」で旅行し消費することとの限界とからめて論ずる。

第二は、ポスト・ツーリストは変化に敏感で、選択の数の多さに喜びを見いだす。「いまや人は何か聖なるものを見たいと思っている。いまや、自分が大きくなれるような情報、いまや、自分を高め自分を輝かせてくれるような美しいもの、いまや、退屈だという理由からただ変わったもの、そういうものを求めているのだ」（Feifer 1985: 265）。ポスト・ツーリストは「ハイ・カルチャー」の束縛から解放されている一方、「快楽原理」の野放図なのめり込みからも自由になっているのだ。一つのモノから別のモノへと軽々動けるし、事実、その二つの違いそのものからも楽しみを見いだすこともできるのだ。世界は、一つの舞台で、ポスト・ツーリストは、多様なゲームを遊び、それに大喜びすることができる。エッフェル塔のミニチュアを購入すれば、キッチュとしても幾何学の相似形の実例としても、また世間でお定まりの土産物としても同時に喜べるのである（Feifer 1985: 270）。これを、実態を把握できない迷妄的崇拝などという必要はまったくない。ポスト・ツーリストはそのキッチュ、相似形、土産の三つと戯れて楽しめるからだ。

第三に、これがいちばん重要だが、このポスト・ツーリストは、自分たちが観光者であり、観光はゲームの連続だということ、観光は多種多様なテクストをともなっていて、唯一とか正統な観光体験など一切ないということを知っているということだ。ポスト・ツーリストは、したがって何度も行列をしなくてはならないとか、高級仕上げのパンフレットは一片のポップ・カルチャーだとか、一見正統らしく見える郷土芸能もエスニック酒場などと同様、社会的に考案されたものだとか、いわゆる趣のある伝統的な漁師町が観光からの収入なしには生き残れないとかいうことを知ってしまっている。このポスト・ツーリストは自分が「どこかの史跡に行く場合でも、時間の旅人などとは思っていないし、熱帯の海岸に滞在している場合でも、高潔なる即席原始人〔未開人は純粋で誇り高いという「原始主義」の思い込み〕だとも思っていないし、原住民の居住地を訪れるときでも、姿の見えない観察者などとも思っていないのである。とことん「醒めて」いて、アウトサイダーとしての状況からは出られないのだ」（Feifer 1985: 271）。

観光者によって演じられるゲームとして「子ども扱い」がある。これはガイド付きの観光バス旅行でとくによくみられる。どこへ行くのか、どれだけ時間がかかるのか、いつ食事をとるのか、トイレ休憩はどれだけあるか等々が教えられるのだ。その団体（あるいは学級）には意味もないような質問をしてもらい、そのやりとりのほとんどは、さまざまな所から来ている人々同士に仮想の対抗意識をかき立てるようになっている。それでも、こういうツアーは、「観光者ごっこをしているのだ」ということがわかっている者からも好まれているのだ。さらに、こういうゲームのなかでもとくに愛好されるのが「子どもごっこ」なのだ。

ポスト・ツーリズムに意味があるからには、これが、従来の観光行為にも影響を与えているということになるはずだ。観光の愉しみは生産と消費の両面が複合したところから生じている。ここまででも、観光のまなざしの特質は社会的に構成されるということや、また、観光の生産と消費の両方は社会的に構成され、そのまなざしは、一定の対象あるいは状況に必ず向けられているのだ、またその対象は、非日常でかつ他の場所・風光とは際立っているものだということを力説してきた。ふつう、場が際立つという場合、何か物的な特性があるわけである。もっとも特性と言っても、人工的に創られたものでかついは文芸の事象そのままで、しかもそこが非日常的になっている場合もある。しかし、時には、歴史的、あるそこの特性が何であるか教わらなくてはならないもののことが多いが。ダイアナ妃が亡くなったパリのトンネルとか作家のブロンテ姉妹が住んでいたヨークシャー州のハウワース村にある牧師館などだ。

ポスト・ツーリズムの発展は、観光のまなざしが生産され消費される一連の過程を変えてきている。たとえば、C・マーサーは、大衆の愉しみで「求められているのは文化的な出来事、形象、テクストへの自己意識を捨てた全面的な関わりだ」と記している（Mercer 1983: 84）。観光の愉しみでとくに重要なのは、消費の種々の形態にまつわる軽いタブーを、力強く破ることにある。タブーというのは、暴飲暴食とか、後先考えずの散財とか、奇妙な衣服を身につけるとか、でたらめな時間に行動するとか等々である。これはG・トンプソンのいう「人々は、規範の〝秩序解体〟によって、はじめて〈許容範囲内〉ではあるが消費にむいていく」ということだ（Thompson 1983: 129）。ところがポスト・ツーリストは遊戯性や変化が大切で、自己意識が、そういう社会的に許容されているなまぬるい掟破りなどに、素直に喜びを見いだせなくなってしまっているのである。このポスト・ツーリストはなによりも自己意識家であり、醒めていて、役割からも距離をおいている。愉しみも、したがって、以前とはちがった方法で参加や体験がなされるようになるのである。ここに数多くの変化が生まれてきているのだ。

先進西欧社会では手びろく手に入れられるものといえば視覚優先のメディアだが、それが「日常」的なものとあわせて「非日常」と人が感じるものの水準を大幅に押し上げる結果を導いた。さらに、〈三分間文化〉を生み出したのもメディアであるということが真実だという意味でいうと、やはり人々が愉しむ方法や場所をころころ変えることになんらかの影響を与えていたということもあり得る。人々が、というか、とくにその家庭生活では、いままで通りのことを続けていても、あまり満足を感じられなくなっているということはまず間違いない。そこで行楽においては、家族や近隣の人たちとの集合記憶や絆の深化との関係が希薄になり、刹那の愉悦との関係が強まってきているのだ。その結果、人々は、並外れたなにか新しいものを追い続けるようになる。いかなる対象にも、ポストモダニズム的観光対象を設定することがほんとうに絶対可能かということを問うてみるのも面白い。ただ、C・マーサーは、この白けた遊戯性あふれる方法で悦楽を経験してしまうと、ぎゃくにどんな愉しみにも満足を感じなくなってしまうと言っている。だから、とりわけ、たとえばかつての海浜リゾートで見られたような「単純な」楽しみを享受するのはますます難しくなってくる。

とはいえ、「ポスト・ツーリズム」というこの日常と観光的なまなざし行為とのあいだの脱分化は、かならずしもある場を直接かつ身体的に観たいという欲動の代わりとなるわけではない。べつの面があるからだ。それは体験と場所という媒体だ。メディア文化は観光願望を創出し、これは新規の観光地や表象で作られた新しいまなざしの形態だ。それは、第一章で私たちが「メディア化されたまなざしの向け方」と呼んだものだが。種々の仮想上のあるいは想像世界の旅というものと身体をともなう実際の旅とのあいだには複雑な横断関係があり、その関係はますます脱分化をしている。観光のまなざしはますますメディアに媒介されている。ポストモダンでは、観光者は、ある場所で、そこにまなざしを向けるとき、たえずテクストとイメージの世界に組み込まれて観ている。その世界は書籍、雑誌、絵画、絵はがき、広告、テレビドラマ、映画、ビデオゲーム、音楽ビデオなどだ。観光のまなざしの広範な世界化で、たいていの場所は、イメージの回路を通じて「動いていて」「つながっている」。遠隔の地も「世界で富める北半球」に住まう人の日常空間の中に――を通って――どんどん回遊している（Urry 2007; Haldrup and Larsen: 2010)。人がいままで「画像・書物知識の中で」一度も旅したことのないような場所へは、実際にも行くことは不可能なのだ。ニューヨークを舞台にした『NYPDブルー』、『スピンシティ』、『となりのサインフェルド』、『フレンズ』、『セックス・アンド・ザ・シティ』などのテレビドラマによって、またウッディ・アレンなどのニューヨークを描いた映画人の眼を通して、とりわけ九・一一のテロ攻撃事件そのものを通して、まず、だれでもニューヨークへ行ったことがあり、だからこそ実際のニューヨーク旅行が可能になるのだ。ニューヨークの街を歩けば、数知れぬメディアがいままで流布したイメージの思い出が想起されるのだ（Larsen 2005; Mazierska and Walton 2006)。

表象の作用を通して、おおかたの観光地は特殊な「心象地理」として長年描きこまれ、その地勢は書籍、パンフレット、絵はがき、写真集の中に（を通して）具現化して集積されてきたものだ。観光地は所与のものでなく固定的に存在するものでもない。それらは出現し消えていくもので、その意味と性格を変え、メディア文化の中でどのように演出され複製されるかによって転々と姿を変えるものだ(Shields 1990; Coleman and Crang 2002b; Baerenholdt et al. 2004)。文学研究者エドワード・サイードはこう言う。「人、場所、経験は常に書物によって描かれることがあり、それが数多いため、描いている事実以上の多大な権威を、また効用を獲得してしまっている」（Said 1995: 93）。

観光の〝標識〟は今日では到る所にあるように思われる。人が身体的に旅をするかあるいは日々のメディア文化が作り上げてくる信じがたいほど広範な世界中の図像を通して単にイメージの中だけで旅するかは別として、そこでは観光のまなざしとメディアのまなざしがオーバーラップして互いに大いに強化しあっている。有名な映画やテレビドラマが上映され、ほとんどだれも足を踏み入れなかったそのロケ現場が明らかになると、そこに観光者の流れが起ることがよくある（Tooke and Baker 1996; Riley et al. 1998; Beeton 2005; Couldry 2005; Tzanelli 2008; Mordue 2009）。メディア研究者のN・クッドリーによると、「メディア巡礼」の急激な盛り上がりがあったことがある。これは「空間の中の現実の旅行でもあり、同時にまた〝日常世界〟と〝メディア世界〟のあいだの構成された〝隔たり〟という空間に行ってみるということでもある」（Couldry 2005: 72）。映画やドラマの中にあったモノを現実に探し求めるメディア巡礼は、ポストモダンのハイパー・リアリティ（Eco 1986）という形式での旅だ。そこでは虚像と現実が一つの世界にないまぜになっていて、この世界に入っても生の現実があるわけではない。ここで、私たちは、映画の風景は現実の風景と一致しているが同時にまた表象しているという問題に直面しているのだ。したがって、観光地もある意味〝ファンタジー・ランド〟あるいは〝メディア・ワールド〟なのである。

T・モーデューがテレビ番組『ハートビート』に関して述べている。この番組は、一九六〇年代イギリスのゴースランド村での田舎警察官の日常生活をテーマにした話が展開するものだ。「〈ハートビート〉観光をねらった舞台設定の意図は、〝伝統的〟な田舎の村としてのアイデンティティをもつ実在のゴースランド村と、テレビ上のメディア・アイデンティティとしての〈アイデンスフィールド村〉とを視覚的に完全にないまぜにするということだった（…）。仮想としての村の隅々のどこにでも何かしら思い当るところがあり、案内標識とか記憶を通して、自分はまさに〈ハートビート〉のその場にいるのだと思わせる」(Mordue 2009: 336)。このシリーズの人気は田舎生活へのノスタルジアを表象し、この番組が大人気になると、この地域への来訪者の数は二〇万から一二〇万に増加したという(Mordue 2009: 332)。

同時に、映画撮影所も「観光地」となってきた。事実、世界の観光関係機関は、人気のある映画の「地理」の潜在力にいち早く着目してきた。映画の場面は新たな観光地を創出し、あるいは昔の観光地が、新しい心象地理あるいは場の神話学を創作することを可能にしてくれる。一九九六年、英国観光局(BTA)は『映画地図』と〈映画地図サイト〉を立ち上げた。英国の映画がらみの地理を観光地理として振興するためである。その新しい標語は〈ロケ地で休暇を《ヴァケーション・オン・ロケーション》〉だ(www.visitbritain.com/corporate/links/visitbritain/campaigns.htm; アクセス日：2010.03.10)。この映画地図は「好きな映画やテレビ番組に出ていたロケ地を求めてますます多くの人が英国へやってくる」という現象をうつし出している。あるキャンペーンがイギリスの『ハリー・ポッター』の空前絶後のヒットに便乗するかたちで、英国の魔法、その「魔法と神秘の魅惑」を発見する天眼鏡としてこの作品を利用した(Edensor 2002; Larsen 2005)。民族的ブランドを促進する試みとしては、スコットランド観光局がハリウッド大ヒット作映画『ブレイブハート』〔一三世紀、イングランドの圧制に反抗して立ち上がるスコットランドの英雄と民衆をテーマとした物語〕に肩入れした(Edensor 2002)。

たとえばある映画の評論で、『コレリ大尉のマンドリン』について、「観光宣伝としてはすばらしい、映画としてはイマイチ」(イギリス4チャンネル)などとコメントされようとも、旅行会社はこの映画の表に現れた部分を利用して、舞台となったギリシャのケファロニア島を売ろうとするのは想定できる。観光旅行会社〈トンプソン社〉の宣伝文を引用するなら、「隠れ里ケファロニア島、あのコレリ大尉で評判の島」となる（Crang and Travlou 2009: 86）。

また、小説『指輪物語』はイギリスの小説家J・R・R・トールキンの作で、ニュージーランドとはとくに何の関係もない。しかしながらその映画化作品『ロード・オブ・ザ・リング』はニュージーランドのピーター・ジャクソン監督のもとニュージーランドで撮影された。このことでニュージーランドの多くの観光業者は世界的な人気に便乗した。じっさい、たいていの場面は「実際の」風景、セット、デジタル処理の寄せ集めであったが、ニュージーランド観光局はこれを「〈中つ国〉〔物語が展開する架空の世界の名前〕のふるさと」と銘打ったのである。数多くの企業が映画の主な場面をめぐるツアーを長短おりまぜて催行した。ただし、じつはその撮影の跡形もいまはないのだが、人はこの創作の仮想環境の中を〈『ロード・オブ・ザ・リング』ロケ地ガイドブック〉を手にして旅ができるのだ。この〈ロード・オブ・ザ・リング〉（LOTR）産業では、その「場」と「文化」はとくに地理的な位置と対応していないだけでなく、創作としても仮想空間としてもつながりがないのだ。R・ツァネリによれば「仮想観光」は単に「場」と「文化」をなぞるものではなく、LOTR記号産業の「本筋の観光者」は、創作映画の言説それ自体を観光対象としているのだ（Tzanelli 2008: ch. 3）。

むすび

本章では現代文化の大きな変容を考察した。これをモダンからポストモダンへの移行という概念で説明してきた。私たちがとくに説明してきたのはさまざまな分野における脱分化であり、勃興してきた中産階級の嗜好戦争であり、観光のメディア化という種々の姿である。この検討の大部分を、田舎や自然という誘因力や魅惑との関係で説明してきた。総じていうなら、経済がますます記号の経済となるに従い、「文化」が観光にとってより重要なものになってきたということだ。さいごに「ポスト・ツーリスト」の概念についての考察を展開してきた。日常と観光のあいだの分化が溶融してしまっている状況だ。総体的に、メディア文化もまた、観光旅行や新規の観光地や「メディア化したまなざし」の新しい向け方への欲動を創出していることも論じた。

観光経験への影響の問題は、しかしながら、一部、明確にされないまま残された。そこで、次章では、いままで挙げた文化的な変容が、場所、建物、そのデザインに及ぼした影響を吟味していくことにする。多様な観光のまなざしは、場所や種々の新旧ふくめた建物やそのデザイン、そして現実に「まなざし用」デザイン変更にも影響を与えてきたのだろうか。記号はたんなる記号だけではない。それはモノへ実際の影響を与え得るものでもあるのだからとあえて言っておこう。

第六章　場と建造物とデザイン

場

大半の観光に関して〝書かれたもの〟では、その主題になっているのは、観光者とその行動にあり、また何が観光者をある場所に、ある時節に出かけさせるのかということである。人間が主体になっているのだ。しかし本書では場というものに注目したい。場は、そういう観光者の種々のまなざしのかたちによって作られ、作り直されたものなのだ。事実、私たちに興味あるのは、場における、また場にかんする発現力を（他の場との比較から）生み出し再構築していくシステムを通じて、いかにして場所と人とが関与しあうのかという点である。『観光の場を演出する』という研究書で共著した私たちは、観光の場を「砂の城」のメタファーとして分析した（Baerenholdt et al. 2004; Coleman and Crang 2002a; 第八章参照）。モノとしての特別な環境それだけで観光地となるわけではない。砂をきちんと形づくって積み重ねても、それが城にまでならないと砂は砂のままだ。構築物、人づき合い、家族生活、友愛、思い出なども、そうなるようなデザインが必要なのだ。場は、期待、実際の現れ方、思い出の円環の中に描きこまれてはじめて「観光の場」として姿を現す。場は、資本、人間、モノ、記号、情報の網目状の運動を通して経済的、政治的、文化的に生産される。そして愉しめる場としてある場が組み立てられていくのはこういう複雑な運動の結果なのだ。場は固定的でも所与のものでもなく、また単純に定まるものでもない。明らかに他と差別化できるようないくつもの場の中に、あるいはそれらの場を通して、またはそれらの場を超えて枝を延ばしていく多種の観光のまなざしとの関係のなかで、その場も「戯れて」いるのだ。

そこで、本章では、「観光者」を切り離して、多様な場を生み出したり発現させたりする網目や言説へと中心をずらした観光論を展開していきたい。場はこのように、観光的な発現力を通して生産され、あるいは再生産される。その発現力は、企業や機関、機械装置や乗り物そしてとくに構築物との網目状になった関係性を通して可能になる。場は、この「回遊する」道の只中にあり、期待どおりの意匠をほどこされ記憶と結びつく構築物でもってある意味成り立つ。というわけで、本章で考察するのは、観光者がまなざしを投げかける建造物とそのデザインと場の諸関係である。

次の節ではデザインと建造物の変容を扱う。観光は、まなざしにとって面白く関心を持てるある種の場を見いだすことで、必然的にそういう場所にある建造物のデザインに目がとまることになる。まずその場のデザインやデザイン変更の問題から始めよう。次に簡単にテーマ施設やモール街のデザイン化と効用を述べる。そこから文化遺産、とりわけ歴史遺産建造物の外観へと進む。最後に美術・博物館の性格の変貌、とくにポストモダンの美術・博物館の建築デザインと効用を検討したい。

まなざしのためにデザインする

観光消費が視覚と関係があること、また構築物はまなざしの向けられる対象として重要であるということを前提にするると、そういう構築物が纏《まと》っているデザイン、様式、形式、主題を考察することは絶対不可欠である。ここで体験経済、舞台化、ディズニー化、とくにポストモダンの構築物に立ちかえり、そのような文化的パラダイムを証明するのに最適だということに異論がないと思える空間の考察をすることにする。

まず、現代建築にも多種あるということを検討する。モダンの「後《あと》」という建築、プレモダンへの「回帰」という建築、そしてモダンにたいして「アンチ」な建築がある。その建築様式は相互に連関していることをかんたんに述べる。

モダンの「後」とは、「消費主義的ポストモダン」である。これは建築家ロバート・ヴェンチューリの「ラスヴェガスに学べ」という掛け声に端を発する（Venturi 1972; Jencks 1977; Frampton 1988; Ibelings 1998）。こういう消費主義的ポストモダンはポスト・フォーディズムの様式として典型的なものだ。最近でいうと「体験経済」とでもいう様式だ。ラスヴェガスやディズニーランドにある〈ルクソール・ラスヴェガス〉とか〈シザース・パレス〉とか〈ベラジオ〉とか〈ザ・ヴェネツィアン〉というようなホテルは、商業主義とポストモダンの「テーマ化」礼賛の象徴だ（Harris and Lipman 1986: 844-5; Klingmann 2007: 194-205）（図6・1参照）。芸術と生活は融合し、あるいはパスティシュになってしまっている。装飾様式の冗談ともつかない恥も外聞もない借用だ（図6・2、あるいはジョン・ジャードの設計を参照）。昔のハイ・カルチャーの基本要素が大衆的に大々的に用いられて、もはや唯一性などどこにもない。これは、表面的で、見てくれだけで、ふざけていて、パスティシュとなっている建築だ。マニエリスム〔内面的な芸術性より技巧上の新奇さだけを追い求める技法〕なのだ。建築上のあらゆる歴史的な様式や約束事が際限なく引用され並置されこれでもかといわんばかりに描かれているようなのだ。過去は「尽きることのない形式、〝様式〟の一覧表でだれでもがその気

図 6.1　ラスヴェガスの「ヴェネツィア体験」

になれば再利用できるかのようだ」（Ibelings 1998: 21）。ラスヴェガスの光景から見て取れるのは、近代建築の正統な姿の生気のなさから、ここがいかに自由になっているかという点だ。

ラスヴェガスの極端なまでの象徴性から作り上げられているのは、絵空事の奇想的風景だ。この記号と様式でできた建築はほとんど脱・空間的で、建物の機能を消し去ることがテーマであるようにすらに思える。これは物語的内実をもつ建築であり、視覚上は何も語りかけてこないはずのこの建築を「見かけによる仮想世界」に変容させることで、その沈黙から解放してくれるのだ。ラスヴェガスから見えてくることは、娯楽ゾーンの構築物が、人を仮想的な役割に巻き込む力のある物語的な構造を必ず持っていることだ（Venturi 1972: 53）。これは、ある意味、視覚依存の集合的まなざしを視野に入れた建築といえる。

ジョン・ジャードの設計した、モール街にあるようなこの建築は、いまでは「体験経済」にとってはきわめて重要なものだ。A・クリングマンは体験経済と建築を結びつけて「建築にとって、体験経済のなかでは、デザインの成功は多かれ少なかれ、消費者がそれに感じる感興、すなわちその面白さ、それから引き起こされる悦びによって決まる」（Klingmann 2007: 19）。それにくらべると、モダンの建築は基本的にはその形と機能に係わるものだったので、A・クリングマンが述べるのは、「体験経済」では、建築デザインは体験が主たる主題となって情動的な感興を生むという点だ。構築物の品質を決定するのはきちんとしたデザインではもはやなくなっている。むしろ感情的に、身体的に、心理的に使用者の感覚に響き、使用者とつながっていけるような力なのだ。そのカギはこの構築物がどうなのかでなく、どう働くのかという点に移っている（Klingmann 2007: 317）。その定めなき形状と発現力がもっとも重要なのだ。そして建築家は自らを躍動的なテーマと状況の振付師だと自認するようになるのだ（Klingmann 2007: 214）。

これと対照的なのがプレモダンへの〝回帰〟というものだ。そこでもてはやされるのは古典派様式、高級建築、ロマン主義的まなざしである。建築家レオン・クリエはその人気をこう述べる。「古典的な様式に異議を申したてたという人はいままでいなかったのだ（…）建築というものは古典派の原理と秩序のもとで可能な限り最高の様式に到達していたのだ（…）それは自然や宇宙そのものを支配している原理と同様、尽きることのない可能性を秘めている」（Krier 1984: 87, 119）。

古典主義の再興は、自分たちは秀でた洞察力をもち、優れた建造物のもつアウラへと回帰できると信じる人から発祥している。こうした古典主義は、人々が選ぶ場合に「現代建築」に眩まされてさえいなければ、みんなもほんとうに求めるだろうという信念と結びついている。

この現代の古典主義的な建造物が英国のジョージ王朝〔一八世紀初頭から一九世紀前半〕風の建造物を模しているということでいうなら、これは観光のまなざしにとって人気ある対象となるかもしれない。すくなくとも英国の観光者なら、まなざしを向けたい家の様式を一つだけ問えば、それは古典的なジョージ王朝風の田園地帯にある貴族の屋敷となる（Hewison 1987: ch. 3）。ジョージ王朝風の建造物のほとんどはイギリスの町々で保存されている。ジョージ王朝風の景観でもっとも圧倒的なのはバースの町で、家屋群そのものが〈位置財〉（第九章を参照）となっている。そこの住人の多くはあたかも博物館に住んでいる、と同時に博物館群に囲まれている、とでも言えよう。町がよい趣味と環境にあるということは異存がない。そこでは、住民によって保有されている文化資本は、そういう住居とそれを保全するに必要な技術と同時に、一方、それを保存していることを見せるというような知識である。バースの文化復興は、最近の冗談めいたテーマパークあるいはショッピングモールと同様、（プレモダン感覚への回帰という意味での）ポストモダンの重要な象徴といえる。

三つ目の変種はモダンにたいして「アンチ」なものだ。これは、K・フランプトンの「批判的地域主義」(Frampton 1988) という考え方に見られる。H・フォスターは、モダニズム批判を、ヨーロッパ中心主義と男根中心的言説の一環と定義づける (Hebdige 1986-7: 8-9 参照)。モダニズム (プレモダンの古典主義も同様) は、大都市の、地方町村にたいする特権意識、西洋芸術形態の「東」と「南」にたいする特権意識、男性芸術の女性芸術にたいする特権意識、専門家の大衆にたいする特権意識等々であるという議論が行われている。この種の議論には、今までの支配的言説に挑むような考えが含まれる。それは空間を局所化し、独自の文脈に依存した独特な性質をもったものとして見るという姿勢である。モダンの空間意識と逆なのである。モダンは絶対普遍で、文脈からも切り離されるからだ (Harvey 1989)。

先のレオン・クリエは「人間的尊厳の在りどころ」の創出の必要性を語っている (Krier 1984: 87)。局地性が第一なのだ。現代社会にはおおいなる不満があり、そのことが地域の郷土的建築にたいして、すくなくとも都心圏より外にたいしての人気を呼んだ。人々には、どこか特徴のある場所に住んで、建物を保存したり改良したりしたいという明らかな願望がある。少なくとも、独自の場所に住んで、自分の住む場所の地域性を表しているような建物、とりわけ公共的な空間を保存、改良したいという願望がある。こういう古い建造物には数多くの特徴があると思われる。戦争、荒廃、開発業者、都市計画などを生き抜いてきた不易。過去の世代と現在のあいだの紐帯を与えてくれる連続性。年月と伝統こそが価値でありまたは保存にあたいするという意義づけ。いまでは見向きもされないプレモダンの技術と材料だけを主に使用して建てたという職人技 (Lowenthal 1985: 52-63)。この代表的な例をあげるとロンドンのテート・モダン・ギャラリー美術館がある。これはテムズ川の南岸にあった元発電所を改造したもので、開館初年度だけで五〇〇万人の来館者があった。

観光のまなざしのグローバル化によって、あらゆる種類の場所（というより場所を問わず）が観光のまなざしの対象となって成立するようになってしまった。つまり、生産拠点あるいは権力の象徴としてだけでなく、愉悦の場所となったのだ。ひとたび人が大都市や繁華街などの外へ出かけ、そこで面白いと思うのは、その場所らしい、他では見られないような構築物なのだ。現代建築への大きな反発は、その画一性や没場所性で、潜在的観光者を惹きつけられるような他と違う構築物が多くありそうに思えないということだ。もちろん例外もある。それは大都市にある、たとえばリチャード・ロジャースとレンゾ・ピアノ設計の先端技術のパリの総合文化施設ポンピドゥー・センターだ。ここはいまではルーブル美術・博物館より入館者が多い。あるいはスペインのビルバオ市にあるフランク・ゲーリー設計のグッゲンハイム美術館分館だ。これはおそらく世界の中で、新建築物としてはぬきんでてもっとも知られた建物だろう。大都市の外では、観光のまなざしのせいで、多くの地域では独自の歴史を担うその土地の郷土様式の再発見を利用して、その違いを強化するようになってきている。K・リンチが「この場所は何時《いつ》ですか」という問いを発するように（Lynch 1973）、言い換えるなら、場所が、ある特定の時間あるいは歴史を示し、そのことで、郷土式ポストモダンが大きな意味をもってくるのだ。P・ライトは「ふつうであること、古いことの、理念的かつ人工的な審美化」と言っているが、もちろん、各地はおのおのが、きわめて異なった「古い」時を象徴しているのだ（Wright 1985: 230）。

さらにいうなら、各地は、見られている視点もさらに多種多様だろう、ということだ。一つの場所でも、外からの者と地元の人は、「見る」ものに差があるだろうし、旧住民と新住民の視点のあいだにも違いはあるだろう。P・ライトは「同じ地域に住んでいても、人々は異なった世界で生活しているのだ。たった一つの共同体とか町内とかいうものはない。ある人にとっての心地よい古さも、別の人には古ぼけて破損したものである」(Wright 1985: 237. 傍点は原文のまま)。

ここまで、さまざまな種類の建築について述べてきた。また、建築が、地元住民と来訪者の双方のいわゆるまなざしと、どのように一致するのか、しないのかを見てきた。ここでかんたんに、種々の観光地の開発にあたっての、建築家と開発業者の相互影響関係を考察しよう。アメリカでは中小都市で建築家が大量に職を得ていたことがある。それは、その町の中産階級が高い収入を得ていて、環境への関心と建築デザインへのこだわりをもっていて、自分たちの地域性ということを盛り立てていこうとしていたからだ(Knox 1987; Blau 1988)。地元に拠点を置くこういう建築家たちから影響を受けることもあって、いっそう参加意欲と活動意欲をもり立てられた企画がいくつかの場所で進められた。「再開発計画を止める目的だけでなく、周辺の生活世界の保全と強化に狙いをつけたものだった」(Knox 1988: 5)。その効果は、もちろん開きがあるし、ある地域の保全を要望していたのが、違った結果になってしまったということもある。ロンドンの青物市場だったコヴェント・ガーデンの改装は、市場機能が停止し閉鎖されたあと、この建物保存に関心のある運動家たちの影響を受けて計画決定したのだが、その結果、大変な一大観光地になってしまった(その結果、人込み、物価高、ポイ捨てのゴミの山)。

テーマ空間

ここから現代建築の二つの特異な様相に着目してみたい。それはテーマ化とモール化である。テーマ化は「たとえば西部《ウェスタン》といった包括的テーマを用いることによって、総合的かつ統一的な空間構成をすることだ」（Lukas 2008: 67）。それは意味作用であり、ある地理上の表象や意味づけが選択的に創出され、加工され、借用され、自己完結的余暇装置としてあるいは観光空間として具現化され、象徴化されたデザインがそこに加えられる（Hollinshead 2009）。まず考察したいのは最近のテーマパークで、そのあとで現代のショッピングモールとリゾートホテルのテーマ化という特質を述べる。この節では消費主義的建築とディズニー化との類似点を考察しよう。テーマ化の多くは観光のまなざしを廻ってのものだということをまず言いたい。テーマ化された場面は、その光景だけでなく、期待に反しないよく知られた記号を通して基本的には視覚に働きかけるものだからだ。テーマパークは過剰なまで感覚に訴える体験というものに依拠し、そのなかでも視覚は、ある枠内で統一された外観の連続だけになってしまうと、実際以上に誇張されて、ついには視覚以外の他の感覚を抑え込むようにすらなる。不快な匂いも排除され、ついには軽やかな無臭の風となる。観光的テーマ化は他所からの、しかも過去からの象徴的な観光地を移入することで生まれるということもよくある。

テーマ化は場の移入であり、他所への仮想の旅の誘いである。テーマ化された空間は、実在と不在、こちらとあちらという混交のパラドックスを表象している。またこれが象徴しているのは、高度な資本投下、私的所有、国際的な「ブランド」そして監視ということだ。そのことは、公共の場であるべき所がだんだん私有化され商品化され管理の対象になってきているということを意味する。

「テーマ」の種類として一つ目は、新しい地名をつけて新しい空間の区分けをするという意味での国分けである。イギリスの北部には〈夏の名残の葡萄酒郷《ラスト・オヴ・ザ・サマー・ワイン・カントリー》〉とか〈エマー谷農園郷〉とか〈ジェイムズ・ヘリオット郷〉とか〈ロビンフッド郷〉とか〈キャサリン・クックソン郷〉とか〈ブロンテ郷〉などがある（一部、現在閉園）。空間が、あるテーマを意味する記号で区分されているのである。ただ、そのテーマ名は、必ずしも歴史的・地理的な由来とは関係していない。カナダでは、一九二〇年代以降発展してきた「海洋関係」のテーマがあり、それは州や企業が、ノヴァスコシア地方に新たな観光を開発しようとした結果である。I・マッケイがこれを「エビ捕り籠、ゴマ塩頭の漁師、波止場、帆船というような奇妙なプチブル的な文飾で（…）、いまや経済を観光に依存するようになってしまった地方の〈黄金時代〉神話物語」と描写している（McKay 1988: 30）。とくにペギーズコーヴ村は年を追うごとに極めつけのシミュラークル〔実体から乖離している似姿や、そもそも実体のない幻影〕、つまり実在したことなどない繁栄した静かな漁村のコピー、となってきている。

英国でのテーマ施設としては、ヨーク市の〈ジョーヴィック・センター〉、ランカシャー州の〈キャメロット〉テーマパーク、ピーク・ディストリクト国立公園にある〈アメリカン・アドベンチャー〉、〈オックスフォード物語〉、ウィンチェスター市にある〈十字軍体験〉（「甦った歴史」と称する）、カンタベリー市の〈巡礼の道〉などがある。この最後のは、宣伝資料には「過去への巡礼」と書かれている。しかし、歴史感覚はきわめて歪曲されたものだ。というのは「テレビの子ども番組の中に出ているある男をモデルにして人形をつくり、それを中世の宗教詩の中の実在もしない一場面に、添え物のように置いている。しかもその詩の文句も、何を言っているのかさっぱりわからない」からだ（Faulks 1988）。もう一つのおもしろい例が、ウェールズ地方のランドリンドッド・ウェルズ市に見られる。一年に一度だが、市民のほとんどが二〇世紀初頭のエドワード王時代の衣装で盛装するのだ。しかし、〝年中〟その服装でもいいのではないかということまで言われたことがあるのである。こうして町こぞっての恒久的エドワード王朝テーマタウンへと変貌していくかもしれないのである。スウェーデンの、バルト海のヴィスビュ島では「中世週間」が実施され、この時はみんなが中世の衣裳をまとい、中世の「テーマ」を実演するのである。アメリカほどテーマが横溢している国はない。一九八〇年代半ばですでに国内いたるところ七〇〇か所あった（アメリカの例は Hollinshead 2009 ならびに以下の記述参照）。

「テーマ」というのは、ギー・ドゥボールの用語でいうと「スペクタクルの社会」の構成要素である（Debord 1983）。前記の〈ジョーヴィック・センター〉とか〈オックスフォード物語〉の開発は、体験に真正性を持たせようとしたものだ。こういうテーマ地区では、見学してもらう対象物は本物で確かなものに見えるよう、視覚や聴覚のシミュレーションはもとより匂いも利用しているのだ。場面は、ある意味、元のものよりリアルで、つまり言い換えればハイパー・リアルなのだ。少なくとも、直観的にぱっと把握される外見は本物より本物なのだ。D・ローウェンタールは「レプリカで見慣れていると、昔のモノも瑕疵のない〝新品〟の様相をしているはずだとついつい思ってしまう」と記している（Lowenthal 1985: 293）。こうやって、展示物は私たちの実物にたいする期待に、つまり実物を見せてもらえると期待して懐く記号にいっそうぴったりと寄り添ってくるのである。「ディズニーランドは、作り物の自然のほうが夢の要望にうまく応えているということを教えてくれている（…）。ディズニーランドは、人工のほうが自然よりも巧みに本物を与えられるのだということも教えてくれている」（Eco 1986: 44; Lukas 2007, 2008）。

元のものより本物らしく見える新しいテーマを創出するこの技術的能力は、はるか広く伝播してきた。最近のラスヴェガスのいくつかの巨大ホテルの建築で象徴的に見られるのは、他所にある憧れの観光地を手本にしたテーマ性の驚くほどのレベルの高さだ。〈ルクソール・ラスヴェガス・ホテル〉は時を超えた偶像、廃墟、ラクダ、ピラミッドなどの「エジプト観光」のポストモダン風オリエンタル趣味のシミュラークルとしてテーマ設定されている。このテーマ化方式は、J・カスによれば、「筋肉増強剤を投与したエジプト」を表象しているという（Cass 2004）。「イタリア」もラスヴェガスにはある。巨大ホテルの〈シーザー・パレス〉、〈ベラジオ〉、〈ザ・ヴェネツィアン〉がそうである。これらはいずれも典型的な「イタリア」建築、美術、名所のまがい物の風景をもとにテーマ化されている（Raento and Flusty 2006）（図6・1参照）。

インド、トルコ、ケニアのような非西洋の国にある西洋人観光者向けの宿泊・食事代など一切込みの巨大ホテルでも、多かれ少なかれやはり建築様式でも演出効果でも異国情緒たっぷりの外国を感じさせる「テーマ」が採用されている。ただ、それは環境管理のもとで行なわれ、外部に潜んでいる危険とか不快さが感じられそうな地理から遮断されているのだ。発展途上国のそういった飛び領土的な場には植民地主義的な匂いがする。それも、インドのようなところは昔の植民地時代の雰囲気そのままだ。T・エンザーは、こういう贅沢な「キャンプ地」は観光者が外的環境から遮断されている飛び領土だとして、こう分析する。「なにより観光の飛び領土はまなざしをねらったデザインがほどこされている」。そこには異国風の内装、夜のショー、演技する給仕人がいる。こういう施設環境は〈環境の保護膜〉のなかにあり、観光者は不快な臭いや味や景色から遮断されている（Edensor 1998: 51; Edensor and Kothari 2004）。そうやって違和感のない場所となり、観光者は家《ホーム》から離れても気楽に《アト・ホーム》いられるなのだ。観光者はたがいが似た者同士で、国際規格の内装や設備、西洋式食事、英語を喋る従業員などに囲まれるのだ。

地中海の飛び領土的な大衆観光地のテーマはM・ビリッグが言うところの〝平俗なナショナリズム〟と結びついている（Billig 1997）。国別にテーマ化されたバーとかレストランは、地元本来の店よりも数が多いのだ。つまり観光者にとっては自分たちの国の食材を飲み食いできる場なのである。周りにいるのは同胞で、しかも国旗やそのほかの故国のシンボルに囲まれている（Jacobsen 2003; Haldrup and Larsen 2010）。貸切り団体飛行で実施されるスペインのマヨルカ島観光におけるイギリスらしさに関する最近の民族誌研究はこういうことを紹介している。

たとえば、地名はイギリスと響きあうような具合になっていて、カフェバーも〈ザ・ブリタニア〉、〈ザ・ウィロウズ〉、〈ザ・レッド・ライオン〉となり、その他もイギリスの大衆文化を思わせるようなものになっている。たとえばテレビタレント名の〈ベニー・ヒル〉とかテレビ、舞台でおなじみの〈イーストエンダーズ〉だ。これに加えて英語はここでの主たる言語で、イギリスのスポーツ行事、ニュースほかテレビ番組が衛星放送で放映されたりビデオで流されたりしている。食事はしっかり英国風で、イギリス風のパン、ミルク、ベーコン、ソーセージとなっている。そういう食材もいくつかは輸入されていて、そこで宣伝され販売されている（Andrews 2005: 252; West 2006 も参照）。

現在ではショッピングモールもそれ自体が多く観光施設化し、テーマ化による非常な脱分化を表象している。カナダにある〈ウエスト・エドモントン・モール〉を見てみよう。

ディズニーランド、マリブー・ビーチ、バーボン・ストリート、サンディエゴ動物園、ビヴァリーヒルズのロデオドライヴ通り、オーストラリアのグレート・バリア・リーフを（…）一度の週末で、しかも一つの建物内で訪れられることを思ってもみてください。（…）この種の複合ショッピング街として世界最大とも言われる当モール街は一一〇エーカー、八二八軒の店舗、一一〇のレストラン、一九館の劇場が入り（…）五エーカーの親水公園があり、そこには一九階建てのガラスのドームがあります（…）。モール街の中にある室内湖をご覧ください。四隻の潜水艦が配備され、艦内からはサメ、タコ、熱帯海洋生物、グレート・バリア・リーフのレプリカが見られます。（…）ファンタジーランド・ホテルではテーマ別のお部屋を用意しています。クラシックでロマンティックなお部屋のフロアーとか、「千一夜」のアラビアのお部屋とか、そのほかポリネシア風のお部屋です（…）。（『アルバータ州の旅』〔刊行日不詳〕）

このモール街は大成功を収めた。一九八七年には九〇〇万人の来訪者を数えた。これは何を表しているかというと、常識で理解されている世界地理では文化的な中心地がいくつかあって、その意味でいうとカナダのエドモントン市は世界の周縁部分に位置づけられるが、そういう地理感覚の破壊の象徴なのだ。ここに込められているのは、距離や場という地理的な境界を超えた新しい場所の集合体感覚なのだ。地球上の現実空間の関係性は、ここでは仮想的空間関係に取って代られている（Shields 1989: 153）。

これが可能だったのは、観光の表象の広がり、つまり写真や映像の急速な普及があったからこそだ。テーマのパスティシュの構築を可能にしているのはこの記号のやり取りである。そのどれもが元のものより本物らしく見え、とりわけ、それはショッピングモールが、一般には新しさやキレイさを売り物にしていることにもあるのだ。「スペインの大型帆船がアメリカのルート六六号線を遡上して、イギリスの〈マークス・アンド・スペンサー〉百貨店を過ぎ、南部の〈ニューオーリンズ〉店で停泊すると、そこは何もかもがひっそりとしていて、幸せな買物客は微笑むイルカと戯れる、そんな世界なのだ、ここは」（Shields 1989: 154）。

イギリスの北東、ゲイツヘッドの町にあるショッピングセンターの〈メトロセンター〉も英国人やヨーロッパ人の生活感からいうと周縁の地にあると思われていた場所にある。このテーマは「古代の村」で、古代ローマ人が憩うような姿勢でゆったり座れる〈フォロ・ロマーノ〉広場、イタリア、ギリシャ、レバノンの各レストランが曲がりくねった妙な地中海通りに並んでいる〈地中海村〉がある。買物は、ここではモール街の人集めの一端でしかない。それだけ、ここは余暇とか観光と結びついているのである。ここに買い物をする人と観光者とのまなざしの脱分化がみられる。二、三分歩くだけで、多くの観光テーマやサーヴィスを消費できるし、まるで「行楽に来ている」ように遊歩もできるし、まなざしを向け、向けられることもできる。

マンチェスター市近郊の〈トラフォード・センター〉は古代ローマの建物とインドのタージ・マハルとを混ぜ合わせたような建物だ。入口は列柱のある、花崗岩と石でできた広場になっていて、そこに彫像や調度品や装飾の施されたベンチが置いてある。いったん「港」の中へはいると、棕櫚の木と観光客船が「大いなる観光の逃避」に出かけませんかとばかり来訪者を迎える。あらゆる観光偶像のなかでも、棕櫚の木はもっとも意味ありげで、意味付与的な楽園、境界様態、〝別天地〟、贅沢三昧、そして身体的悦楽なのだ（Osborne 2000: 107）。〈トラフォード〉の観光客船は「実際」の観光船の貧相な模造品ではない。救命ボートも救命胴衣も舷窓もプールも、さらには、その白い船体には、何年も洋上にいたかのように見える赤茶けた汚れまでつけてあるのだ。メイン・デッキには一六〇〇もの座席のある飲食コーナーがあり、そこで客は生のショーや「トラフォード・テレビ」を楽しんだり、他の船客を眺めたりするのだ。航行を空の視覚的効果で見せ、来訪者を、昼間から夜へと、また戻って暮色から暁へと、一時間ごとにいざなうのだ。

来訪者はかんたんに別の世界へも移動できる。中国、イタリア、ニューヨーク、ニューオーリンズへと。ニューオーリンズの〈フレンチ・クオーター〉では、笑みを浮かべた四人の黒人トランペット奏者の彫像とテラス式のレストランが迎えてくれる。洗濯物が窓の外に干してあってバルコニーは花と飾りでいっぱいである（図6・2参照）。ニューオーリンズがひとたび消費されたら（その光景の中にはハリケーンは来ない！）〔実際のニューオーリンズは二〇〇五年にハリケーンにより未曾有の被害を受けた〕、旅はさらに続き、ショッピング通りへと向かう。〈リージェント・クレセント〉〔ロンドンにある円弧を描く（クレセント）リージェント通りに沿った街並み〕にはネオクラシックにヒントを得たような飾りのある古代ローマや古代ギリシャの雰囲気があり、一方、〈縁日村《フェスティバル・ビレッジ》〉では伝統的なイギリスの市場がテーマ化されている。

〈トラフォード・センター〉はラスヴェガスやディズニーから学んでいる。第一に、トラフォード・センターは表面的な効果、イメージ、装飾、置物などを除いてしまうと事実上何もない。つまりここはまことしやかな視覚の饗宴であり、目の恍惚感を惹起するだけなのだ。第二に、歴史上の様式を引用し、代用品でなぞっている。しかしながら古典の偉大さは、ここでは（一種の物語としての）懐旧趣味とユーモアという手法で呼び起されている。これは芸術としての建築ではなく、大衆的な物語で、それも「観光者にとっておいしいもの」以外のなにものでもない世界の物語だ（Bauman 1993: 241）。このような視覚的モールが与えてくれるものは、舞台化された情景とテーマのある体験であり、さらには、それは消費財でしかない。この意味では、テーマ施設は自らのデザインを刷新し、モール街のデザインというのは体験経済の中心的推進者となったともいえよう。A・クリングマンの言葉を借りて言えば、「一世代もたたないうちに、ショッピングモールは機能的な買い物装置としての施設から高度に実体験型の環

図 6.2　マンチェスター市〈トラフォード・センター〉の“ニューオーリンズ”

境となり、そこでは、照明、音楽、そして慎重に選ばれたモノが、商品展示をそれらしくするだけでなく、それにふさわしい雰囲気世界を演出するようになってきたのだ」(Klingmann 2007: 36)。ポストモダン様式をねらったデザインの意図には、モダンのもつ「インターナショナル様式」は、もっと個別のコンテクストやアイデンティティに敏感であるべきだとした批判という一面もあったのだ。差異的で、他にはない風景を前面に出すべきだというのだ。しかしながら、トラフォード・センターは、その位置するマンチェスターの町や現在の北西イングランドとの歴史的な関係においても、建築様式あるいは文化像においても、何のアイデンティティを表すものとなっていないのだ。

このことが明確に示しているのは、ポストモダニズム式テーマ化は、もはやローカルの〈記号世界《セミオティックス》〉や様式を相手にしていないということで、むしろ「グローバル」になってしまっていて、これはスペインの社会学者マヌエル・カステルが言うところの「〝フローの空間〟〔地理的属性をもつ本来の空間にたいして、高度情報技術の発達で劇的にその概念を変容した新空間〕の建築」なのだ。その意味するところを「端的に言ってしまえば、新しい支配イデオロギー、すなわちイデオロギーの終焉である。歴史の終焉であり、フローの空間における場の廃絶である。なぜなら、私たちが歴史の終焉にいるなら、私たちのいままで知ってきた一切を突き交ぜることができるからだ。なぜなら、私たちは、もはやいかなる場にも、いかなる文化にも属していないからだ。ポストモダンの究極形態は、何かが打ちたてられようとするいかなる場所のコードも破壊するというコードを強いるものだからである」(Castells 1996: 419)。さらに、〈トラフォード・センター〉の読み取りを続けていうなら、そこにはあたたかく、すべてがあるというデザインが与えられているのだ。広報担当者がこう言う。

だれもがそこで見守られている、その仲間であるという気持ちになれるあたたかい構築物を創り出すことに努めました。現代であるとか近代であるとか時代をつめたく突き放すというのでない建築デザインです。建物全体は堂々たる大きな家庭として建てられました。建築細部はネオクラシックのデザインに還りまして、これがあたたかな感じを出しています(…)これがすばらしい環境、すばらしい雰囲気を醸しています。

これが大部分のポストモダンの建築が成就しようと努力を傾けてきた雰囲気なのだ。広報担当者は、モダニズム様式の建築家は人間疎外的で冷たいとする流布された軽侮観をなぞっているのだ。モダニズム建築の選良主義にたいして、ポストモダンの建築は大衆の視線に副ったものなのである。〈トラフォード・センター〉は「生身」の人のための「すべてがそこにある」建築だと言われている(Jencks

1977: 8)。

テーマパーク、テーマモール、テーマ保養地は消費者共同体の仲間意識を表象するものだ。「商品の展示場」に参列することは現代社会の市民、すなわち消費者として認められることだ。ところがいっぽうで、最近のマーケッティング哲学では「多様性、マーケットの細分化」の状況が進んでいる。こういうことが進むということは、現代社会の公共空間の性格が変わってきていることを表している。重要な役割として増えてきているのが、自分だけが占有し、自在にできる消費空間だ。〈トラフォード・センター〉のように、あるいはモスクワの赤の広場に接してある〈グム・ショッピング・アーケード〉のようにである。そういう施設は監視も高レベルで、そこではある種の行動、服装、振舞いが暗黙に求められている。たとえば床に座り込まないなど。モール街の入口と通路は、施設のセキュリティ担当会社によって「監視」されている（空港のそれと同じように）。そして、ホームレスのような「好ましくない」人たちは排除される。

消費者のちょっとした動きもすべてを録画する監視カメラの視線から逃れることはできない。まなざしを向けに来ている入館者が常時隠しカメラで視線を向けられているのだ。ショッピングモールはしばしばこう豪語する。ここは英国で買い物をするのにいちばん安全な場所だと。一方、リゾートホテルは建前上危険で汚く騒がしい外界から観光者を守っている。ジェレミ・ベンサムの唱えた「一望監視《パノプティコン》監獄」と、こういうテーマ施設空間での電子監視システムとにはいささか類似点がある。テーマ化された空間にかんするミシェル・フーコー式見解からいうと、私たちは「円形劇場にいるのでもなければ舞台の上に立っているのでもなく、パノプティコンの仕掛けの中にいるのだ」(Foucault 1979: 217; Hollinshead 1999)。トラフォード・センタの広報担当者の言うように「あなた方は監視から逃れることはできない」

のだ（Larsen 2000: 54）。テーマ化された空間は、またきれいさと新しさという点でも際立っている。ゴミの散乱、老朽化したもの、劣化したもの、壊れたものは一切ない（iske 1989: 39-42; Larsen 2000）。

さらにテーマ施設環境の企画設定の一つとして、世界博覧会がある。これらは、巨大な国際観光の目玉となる。たとえば、一日あたり五〇万以上の来訪者が、セビリャ市で一九九二年に開催された万博には入場した（Harvey 1996: 155）。サラゴサ市での万博二〇〇八には一〇〇か国以上が参加した。中国上海万博には、約七〇〇〇万人から一億人（主に中国人だが）が、六か月にわたる開催期間中に訪れるとされていた。世界博覧会の成長と人気は、レジャー、観光、買い物、文化、教育、食事などの脱分化のあらたな例でもある。

万博はさまざまな国の展示館が中心となって構成されている（Harvey 1996: ch. 3）。国についての固定イメージ、たとえば英国のパブ、アメリカのスポーツ競技記録、ドイツのビアガーデン、南洋の国の異国風踊などにもとづく多くのテーマ化された環境が数多く設定されている。自国に特有であると思われている文化的な活動について国の誇りを示すようなテーマが設定されるのだ。通常、この誇りは、各国の伝統や文化遺産の体裁を変えて見せられるか、または各国が達成した最新のテクノロジーを誇示するかたちで示されている。

国をそうやって展示する際には、人、モノ、記号そして、本来動かせないような呼び物までの移動がおこる。コペンハーゲンの観光のまなざしの象徴的目玉は〈人魚姫〉だが、これがコペンハーゲン港の岩から引きはがされ上海万博のデンマーク館の人造池に設置された。これはポストモダンの複製品でなく現物のまま、小説家ハンス・クリスチャン・アンデルセンによって人気者になり、その象徴的な像として認知してくれている中国へと旅をしたのだ。デンマーク館の建築家のビヤーケ・イングレスが言うように「デンマークの政治家たちだれもが、中国人全員が実際に教育の中でこの人魚姫のことを習って育っているということを知って、人魚姫を六か月間中国へ送るということは、これはすばらしい儀礼行為にもなるだろうと、考えたのだ」。除幕式の夜に上海の副知事がこれは「博覧会場の輝けるスタートになるだろう」と述べた（http://news.bbc.co.uk/2/hi/asia-pacific/8644013.stm; 2010.11.18 アクセス）。デンマークの箔付けを中国に向けてするのにこれ以上に効果あるものはないだろう。中国はまもなく最大のアウトバウンドを世界に生み出していく国だから（図6・3と第九章参照）。

万博や世界博などで伝えようとするものには自国の優位宣伝的でないものは一つもない。それらは世界観光の一種のミニ版である。観光者は、種々の記号を体験し、まなざしを向けるためには、世界中を旅しなくてはならないのにたいして、万博では簡単に一つの場所でひっくるめてそれが行なえるのだから。D・ハーヴェイが一般論としてこう言っている。「世界地理を、シミュラークルとして、代替物で体験することがいまや可能になったのだ」（Harvey 1989: 300）。これは、こういう世界博などで催される娯楽芸能からも判る。一九八六年のヴァンクーヴァー万博では、施設内で八万人の芸人が四万三〇〇〇回の無料実演をしたのである（Ley and Olds 1988: 203）。もちろん、この中には四万人の聴衆の前でのスカラ座の上演などの〝ハイ・カルチャー〟もあったが、ほとんどは大衆・民衆的なもので、概してポストモダンの文化的パスティシュだった。ちょうど今では世界のほとんどの町で、世界各地の料理が食べられるのにも似ている（Phillsbury 1990）。実演披露の多くは、どこの国のものかが判るものだったし、その内容も観光者向きの民族的な芸能で、その国へ行くと見られるような種類のものだった。ここで違う点は、客が天幕や実演場所をちょっと移動するだけで別の国を象徴する別の文化行事が見られるという点だった。

訳注1――アーリ独自の用語で、スケープは、交通、通信、情報伝達などに必要な交通機関、通信回線、人工衛星、ラジオ、テレビ、コンピュータなどのインフラで、「動かないもの」。これにたいして、フローは、スケープに乗って動く、ヒト、イメージ、情報、通貨、消費など、不可避的に国境を越えて流動してしまう「動くもの」。先のカステルの「フローの空間」を発展させたもの。

こういう博覧会は、自国文化イメージの、実際には、自国「ブランド」の物語を伝えようとする国家像の総合技術として機能している（Harvey 1996: ch. 3）。力強いイメージ、シンボル、象徴を用いて、国民＝国家が、不変、永続、絶対そして調和の集約されている場であるかのように表象されている。しかしながら、セビリャ万博は同時に国際的な資本の場でもあったのだ。国別のさまざまな展示物にも、万博全体にも、その展示場にも資金が提供されてきたのだ。とくに、国の枠組みを超えて出てくる通信・情報関係の積極攻勢があった。こういう展示で強調されていたのは消費者の願望、一人ひとりの選択、世界、そして国境を超えた自由市場だ（国境を超える観光者は、万博でパスポートにスタンプを集めている人でもある）。万博はこのようにグローバルな〈スケープ〉と〈フロー〉〔訳注1〕、さらにこういう移動性を行使する企業を支援している場となるのだ。国の役割は、主に、見せたいモノと記号としての銘柄を立ち上げることであり、万博はこれをまとめ上げ盛り立てるのだ（McCrone et al. 1995 の「ブランド・スコットランド」についての記述を参照）。

万博の展示の多くは教育的だと一応称している。じっさい、学齢期の子どもたちの入場数は大きい。これは文化的領域の脱分化のもう一つの姿だ。教育と娯楽は融合してきて、これには視覚メディアとか電子メディア双方の大きな役割の増加も背景にある。じっさいテーマ化された空間は〈教《エデュ》・楽《テイメント》〉を内包している。行楽はこのように、昔のようにかならずしもそれほど、教育や学習とは対照的でもない。

図 6.3　上海万博での人魚姫

いろいろな場面で、多くの観光は学習と融合し、ある意味では〈グランド・ツアー〉に戻っている。以下では、美術・博物館の人気、とりわけ工場労働者生活への憧憬、そしてハイパー・リアルな歴史的再現《リ・クリエーション》の人気について考察する。現代観光にとっての遺産産業の重要性や美術・博物館の重要性という問題を検討してみよう。

遺産

歴史的なもの、あるいは、歴史遺産とみなされるものへまなざしを向けることにかんしては、いままでも多くの考察がなされてきている。キューバの様相一変した「植民地様式建築《コロニアル》」のハバナの街並み（図6・4参照）（Lasanky 2004）、ランカシャー州の〈ウィガン埠頭遺産センター〉（二〇〇七年閉鎖）、またアメリカの初めての工業都市であるマサチューセッツ州のローウェルの町の復元された工場などは、すべて遺産の例である。英国のこの種の現象を、数で言うなら、五〇万の指定建造物、一万七〇〇〇の保存記念建造物、五五〇〇の保護地区があげられる。新しい博物館がイギリスでは二週間に一館開設されていると言われ、鉄道関係博物館は七八あり、さらに、一八〇の製粉場・製作所（水車利用と風車利用）が公開されている（Samuel 1994: part 2）。一九八七年にあった一七五〇の美術・博物館のうち、半数は一九七一年以降に開館したものだ。イギリスには数多くの歴史遺産関係施設があり、それには、テルフォード市近郊の〈鉄橋《アイアンブリッジ》峡谷館〉、〈ウィガン市埠頭遺産センター〉、ダドリー市近郊の〈煤煙地帯《ブラック・カントリー》・ワールド〉、ニューカースル市近郊の〈ビーミッシュ村野外博物館〉、ヨーク市にある〈ジョーヴィックク・ヴァイキング・センター〉などがある。ロンダ渓谷地帯には、博物館と歴史遺産公園が昔のルイ・

図6.4　“植民地（コロニアル）様式建築”のハバナの街並み復元

マーシル炭鉱跡に設立された（Dicks 2000）。ほとんどいたる所で、過去の何でもが保存されているという感じだ。ランカシャー州では、旧〈英国石炭公社〉が撤去しようとしたイギリスで最大のぼた山の保存を環境主義者たちが試みたこともある。ロンドン科学博物館の元館長が遺産のこの増加について「どんな増加率で遺産化企画が広がっていくのか予想もつかないが、果ては国全体が一つの巨大な野外博物館になるどころでないことになる。ヒースロー空港に到着したところからもう博物館だよ」と述べたことがあった（Hewison 1987: 24）。一七世紀のノスタルジア病が現代の流行病になったかのようだ。

D・ローウェンタールがアメリカについてこう言っている「歴史を飾りたてることで全国花盛りだ」（Lowenthal 1985: xv）。〈アメリカ合衆国国家歴史登録財〉にリストアップされた件数は一九六八年の一二〇〇件から一九八五年の三万七〇〇〇件に増加している（Frieden and Sagalyn 1989: 201）。同様に、観光振興をしている多くの国でも、すでに存在している環境を「遺産」に再興しようとしてきている。キューバでのまさに「植民地様式建築」なども、これが現在、彼らが否定したい時代のものであるにもかかわらずだ。

ほかに、歴史遺産の目的地（いまではグローバル観光の構成要素）としては、種々、「負の観光」遺産地がある。これらは、ポーランドの〈アウシュビッツ・ビルケナウ〉、チャネル諸島のナチの〈オルダニー強制収容所〉、南ドイツのダッハウの〈ユダヤ人強制収容所〉、南アフリカ共和国のロベン島〈アパルトヘイト収容所〉、サンフランシスコ湾のアルカトラズ島の〈連邦収容所〉、サラエボの〈大虐殺跡〉、ニューヨークの〈グラウンド・ゼロ〉、米国の〈米国ホロコースト記念博物館〉などがある（図6・5参照）。そのような負の観光地は、死、厄災、異様事件の遺産地である（Lennon and Foley 2000; Strange and Kempla 2003; Lisle 2004）。そして、一九八九年の東ヨーロッパでの共産主義政権の崩壊で、西側の資本主義の対立国にあったこの「もう一つの」の政治、経済、社会体制やその「建築」を体験するために、西側の多くの人々が、「共産主義にまなざしを向けてみる」ために旅行をしている（Hoffman and Musil 1999; Light 2001）。過去の共産主義の具体的な痕跡を求めて来るそのような「共産主義の遺産観光者」は、相手にジレンマを起こさせている。この観光者は大きな収益のもとではあるが、共産主義の過去を探し求める観光者というのは、旧共産主義国の人々が脱共産主義の新たなアイデンティティを造ろうと模索していることと、矛盾してしまうからだ（Light 2001）。

最近のこういう開発は、民営の歴史遺産・博物館産業の増大に起因する。一九八〇年代に開設された美術・博物館の内の五六パーセントは私企業によるものである（Hewison 1987: 1, ch. 4）。民営の企画の多くには地域活動家や熱心な参加者が一緒になって、過去を商品化する目新しい方式をとった歴史の新しい展示方法への取り組みがみられた。膨大な数の人々が美術・博物館や遺産関係施設を訪れた。一年間で、

図6.5　米国ホロコースト記念博物館。ワシントン

美術・博物館や遺産関係施設へ行くサーヴィス階級の人の比率は、肉体労働者・現場労働者のそれの三倍にのぼっている。こういう施設への来訪はイギリスでは人種的にも差がある。「白人」は「黒人」や「アジア人」より歴史的建造物や美術・博物館に行く度合が多いようだ。白人は、「イギリス」の歴史遺産だけを体験したいのでなく、いろいろな遺産の体験をしてみたいという。一方でイギリスの歴史遺産関係の場所の維持を支援する運動も広まっている。四分の三の人は、自分たちが遺産施設を訪れられる機会を得られるように支援しておけば、人生もより豊かなものになるのだ、と信じている。一〇人に九人は歴史遺産を保護するために公的資金を使うことに賛成している。

J・ラバンは、「イングランド村」の遺産を独自の印象で見せようとする人々の意欲についてこう語る。「アフリカを別とすれば（…）〝伝統的〟衣裳を身に着け、来訪者をもてなして喜ばせることを、これほどまでにしようとする人種はいなかった（…）。このことは国家的事業になってしまっていた。年々、まるで絵に描いたようにますます悦ばしき《メリ》イングランド〔中世のイギリス人の描いた理想郷〕にされつつあった」（Raban 1986: 194-5）。こういうものの中には、現に、遺産の保護にあたる主務機関である〈イングランド遺産委員会〉が主催する「衣裳劇」がある。田園地帯にある貴族の大荘園へ行きたがる傾向もあいかわらずきわめて盛んで、〈ナショナル・トラスト〉の家屋を訪れた人は一二〇〇万人いた。田舎を展示する博物館も八〇〇以上ある。そのなかには、車大工、鍛冶屋、馬飼い、蹄鉄工などとあわせて「農家ごっこ」として描出されているものもある。

じっさい、工場・炭鉱労働者の〈生《なま》の生活〉に会いに行こうというコンセプトも目覚ましいほど増加してきた。D・マッカネルが指摘しているのは次のような変化の皮肉な結果だ。「現代人は自分の仕事場、隣近所、町、家族への愛着を失っている。かつてはその語の前に〝私の〟を付けていたものだが。

その分、他者の〝生《なま》の生活〟への関心を深めるようになってきている」(MacCannell 1999: 91)。この現象は、とりわけ重工業のほとんどが集っていた北イングランドで顕著である。来訪者の興味をいちばん惹くのがこういう産業で、とりわけ、ここでの労働が、炭鉱や鉄鋼の仕事で、格好のよい仕事に見えるからだ。他人の仕事にたいするあこがれは、ポストモダンの境界解体と密接なつながりがある。とくに生活の表舞台と楽屋との境界の解体だ。この展開も、また、ほとんど何でも入館者の好奇心の対象となりうるというポストモダンの美術・博物館文化の一部である(次節参照)。

英国の一九八〇年代、一九九〇年代のきわめて急速な脱工業化は深い喪失感を生みだした。一つは、ある種の技術(蒸気機関、溶鉱炉、炭鉱作業)、もう一つは、こういう技術を中心に発展してきた社会生活の喪失感だ。こういう変化の速さはとりわけイングランド北部、サウス・ウェールズ、スコットランド中央部に集中していた。もう一つは、歴史的に言うと、この時代の会社の多くは、町の中心にあるヴィクトリア朝の敷地・建物を社屋とし、そのまた多くは後に、そのまま別の用途に使用可能なものだった。このような建物はそのままでもたいへん人を惹きつける力を持っている(たとえば、リヴァプール市の〈アルバート船渠《ドック》〉)。あるいは、住居、事務所、美術・博物館、レストラン用に改装して、遺産風にもできる。こういう遺産風というのは、ふつう、砂磨き壁に仕上げられ、「正統な伝統風」の窓に付け替えられ、街路にも魅力的な装飾(街燈・道路標識・ベンチなど)が施されて絵に描いたようになっている。この脱工業化の変化は、英国では、地方自治体の多くが、経済開発にかんし多種の戦略的な役割に乗り出し、観光に雇用の創出をかけていた時と符合する。広い意味での地域宣伝をして、そこから直接、間接に雇用を創出しようというのである。

そしてグローバル化でそれぞれの国が観光市場として、分野を違えて差別化をするようになってきた。

イギリスは、海外からの観光者を相手に歴史と古雅というコンセプトに特化した（北アメリカの人は英国というと、あの「優雅な国」とか「古い国」とか言う）。観光世界の分業という意味でのこの位置づけで、イギリスはより遺産というものに異常なまで力を入れてきた。だから、遺産はイギリス観光にとってはきわめて重要で他の場所のどこにもましてまなざしの目玉なのだ。

しかし、遺産とは何なのか、とくに歴史と本物という概念との関係では、遺産とはいったい何なのか（Uzzell 1989）。今日まで遺産の起因と帰結の意味を考察するテーマで活発な論争が行なわれてきた。この議論は遺産産業についてのR・ヒュイソンの著書に触発されたものだった。その副題は〝斜陽風土の英国〟（Hewison 1987）。彼は、冒頭で、英国は年々、モノをつくらず、遺産を製造しつつある、と述べる。これは英国がある意味で斜陽のどん詰まりまで来ているという認識から生じていることだ。そして、歴史遺産の開発は、反民主的な価値の復元をそこに含んでいるだけでなく、現在の文化の居場所を奪い、斜陽をいっそう加速してしまうものだ。いま求められるのは、歴史認識にもとづく批判的文化であって、こういう一連の遺産幻影ではないのだ、というものだ。

R・ヒュイソンの関心はノスタルジアが発生する状況を分析するところにある。彼の考察は、ノスタルジアが最も強く感じられるのは、不満、不安、失望の時代だというものだ。しかも、私たちがいちばんノスタルジアを感じる昔の時代、それ自体もじつは相当不穏な時代だったのだ。さらに、ノスタルジア的想起というのは、完全な過去の復元とはまったく異なったものだ。ノスタルジアは社会的に編制された構成物なのだ。

R・ヒュイソンは、現代のノスタルジアは〝産業〟の過去にいかに擦り寄ったものかということを言っている。英国の〈産業考古学協会〉が一九七三年に設立され、一九八〇年代までに産業博物館がイギリスの北半分のほとんどいたる場所に創られた。R・ヒュイソンは、ビーミッシュ村の産業遺産博物館の開発と、他方、そこから一〇マイルと離れていないコンセット町の製鉄所閉鎖でほぼ同時期に起こったその破綻の惨状ぶり、この二つの対比に着目している。過去の保存ということは現在の破綻状況の隠蔽を意味する。本当の歴史（これは継続し、したがって危うい）と歴史遺産（これは過去で、死に絶えていて安全）の二者の区別がそこにはあるのだ。後者は、かんたんに言えば社会や場所の不均衡を隠蔽し、浅薄な商業主義と消費主義を糊塗してしまう。さらに一応保存されていると思われている構築物または文化遺物でも、そのどこかの部分を破壊してしまっている可能性もある。R・ヒュイソンはこう述べる。「もし私たちが本当に自分たちの歴史に関心があるのなら、保存主義者からこそ、歴史を守らなくてはならない」（Hewison 1987: 98）。小説家のトム・ウォルフは、英国民総掛かりで、外国人観光者用に国をディズニーランドにして提供すればよい、と提案している。そして、この種の夢想はジュリアン・バーンズの小説『イングランド・イングランド』にもみられる。イギリスでいちばん大きいワイト島全体をテーマパークにしようというものだ。そこはどうやら〈イングランド・ランド〉という名前らしく、イギリスの有名な歴史的建造物のミニアチュアが島中に満ちているというのだ（Barnes 1999）。

しかし、これらの、かたちは種々違いがあるとはいえ遺産産業批判は、いわゆる大衆社会批判とかなり類似点がある。じっさい、社会科学者たちはある種のノスタルジア、すなわち、大衆がいびつな新文化などに呑み込まれていなかった〈黄金時代〉〔ギリシャの詩人ヘシオドスの述べた豊かで安定した理想郷の時代〕にたいするノスタルジアへ傾きがちなようである（Stauth and Turner 1988）。いうまでもなく、そのようなよい時代はあったことはない。R・ヒュイソンは、さらにこの保存運動の底流にあるたいへん大きな大衆的基盤を無視しているのだ。たとえば、彼は（英国の）〈ナショナル・トラスト〉を、古い上流階級が自分たちの大邸宅を維持するために、外へ向けた大々的な救命措置の制度だと見なしている。しかし、それでは、この保存運動にたいする広範な支援活動を見ていないことになる。ナショナル・トラストは、三五〇万人のメンバーがいる英国では最大の大衆組織なのだ（McCrone et al. 1995 でのスコットランドの同様の例参照）。さらに、初期の保存運動のほとんどは、その性格から言っても庶民のもので、たとえば、鉄道保存、産業考古学、蒸気機関車大会やその他一九六〇年代のこれに類するものは、英国で経済斜陽の指標がはっきりしてきた時代よりはるか以前から庶民のものであった。すでにふれた、ロンドンの中心にある〈コヴェント・ガーデン〉は、「歴史遺産遊園地」などという批判を受けているが、ここでさえ、地元の住民による保存運動のお蔭で、観光地としてやっと改修されたのである（Januszczak 1987; Samuel 1994）。同様に、ウェールズ地方のあるいくつかの廃坑の保存は地元の炭坑夫とその家族のグループの圧力で実現したものである。「自分たちの歴史」というところに熱心に固執したからだ。事実、たとえば、サウス・ウェールズ地方にある〈大炭坑《ビッグ・ピット》〉を訪れる人は、ここが観光者向けに「綺麗」に仕立ててないのを喜ぶということだ（Urry 1996）。

遺産産業批判は、もうすこし広く言うと、保存への圧力が広範な環境政策、文化政策の展開と結びついていることを見逃している点にもある。だから、スコットランドの〈ナショナル・トラスト〉の会員への調査で、スコットランドの遺産は文化的ナショナリズムの展開上の大きな要素だということが明らかになっている（McCrone et al. 1995）。遺産は血の繋がりや先祖から受け継いできたものという強い意識が働いていると見なされているのだ。つまり、遺産にはアイデンティティに立ち返るという位置づけがあるのだ。回答者の多くが、スコットランドの遺産を保存する行為はなにより熱いものだと言っている。D・マックローン、A・モーリス、R・カイリーの三人はスコットランドの〈ナショナル・トラスト〉

の会員についてこう書く。

そこには、地元の活動グループの豊かなネットワークがあり、旅行に出かけたり、自発的な労力提供を通して行なう熱心な遺産保護活動がみられる。終身会員にとって得難いのは、参加をすることで得られるその組織活動の生活文化なのだ。(…)すなわち「伝統的な価値を維持していくための永続する組織」なのだ(McCrone, Morris and Kiely 1995: 155)。

R・ヒュイソンには、さらに、かなり単純なモデルを想定し、そこから、過ぎ去った時間にたいするなつかしさのような、遺産地についてのある種の意味が、何の多義性ももたされることなく、そこへ行く人にまで適応されてしまっている点がある。しかし、観光者はさまざまで、同じような対象へまなざしを向け、それを読み解き、行動を起こしても、みんな違うやりかたをするという、その複雑さへの意識がほとんど欠如している(Urry 1996; Franklin 2003 参照)。じっさい、遺産地は来訪者に画一的に理解されているわけでも、ぼんやり受け止められているわけでもない。S・マクドナルドは、ロンドンの〈科学博物館〉のある展示で、来館者というのは、その企画者には想定外の、思いもよらない方法で、いかに自由に見て解釈をしているか、ということを示している(Macdonald 1995: 21)。こういう来館者は、本来つながりのない展示物同士を結びつけたりして、展示品の本来の意図がそうでなくても、それを初めからあたかもそうであったかのように読む。そして、彼らは、大部分、企画者が陳列品をそう表現されるはずだと意図した方法では彼らは解釈しない(さらに Shaw et al. 2000: 276 参照)。

リヴァプールの〈アルバート船渠〉での調査でも、人々は想起の源として、つまり「経済的に苦しく、搾取されていた労働も共同体や隣近所や助け合いで救われたあの時の自分自身の生き方を思い出す縁《よすが》として」そこを能動的に利用している、ということが示されている（Mellor 1991: 100）。「想起するということ」はほんとうにそういう場の大事な「行為」なのだ。そして、想起には「パフォーマンス」がともなっている。一つは記憶を甦らせるためにそこにいる「現実の」作業担当者によるそれで、もう一つは自分たちの記憶を創出するために他人と協働することもある来訪者によるそれだ。想起することは、個人的な視覚上の消費という消極的な行為とは限らないところがあるのだ。ある意味で、これは観光地で生じている種々の空間での行動と類似している。歩いたり、喋ったり、座ったり、写真を撮ったりと、一般に他人、とくに家族や友だちがいて成り立つ行動と類似しているのだ（Edensor 1988 参照、第八章の「パフォーマンス」参照）。

R・ヒュイソンの見方にはある種の高いところから決めつけているようなところがある。つまり、こういう遺産の表象は、違った解釈も違った反応もありえない、あるいは、楽しい体験だとすると、それでは教育的にはならないというのだ。では、エイブラハム・リンカーンが一八三〇年代に生活したニューセイラムの町についての事例でみてみよう。この場が伝えようとしている意義は、歴史の既定事実でもあるいは絶対的なものでもない（Bruner 1994: 410-411）。観光者はその時代設定と戯れつつ、代用品の実体を経験するのだ。現地では、過去の意味を、そういう旧跡ならいかにもというような強烈な娯楽性と遊戯性をもって構築しているからだ。E・ブルナーは「観光者の多くは、現場で観ているものを、自分なりに人生にちゃんと重ね合わせている」と総括している（Bruner 1994: 410. また第一章と第八章の「パフォーマンス」参照）。

R・ヒュイソンは、北西イングランドにある〈ウィガン埠頭遺産センター〉（二〇〇七年閉鎖）を、歴史を遺産化してしまった転回点の象徴として集中的に論じている。しかし、その非難は、一部公正なものとはいえないところがある。というのは、この施設は、学術的でもあり教育的でもあるだからだ。あちこちに民衆のたいへんな苦闘の歴史を表しているものがあるからだ。これこそは炭坑事故で非難されるべきは経営者たちだとあるいみ認定している場所なのだ。これこそ選良でない民衆の文化を讃えるものだ。そしてこれは昔の「雄々しい労働」を記憶しておくという議会の基本方針で創られた施設でもあるのだ。おおかたの人の歴史理解に照らし合わせてみても、〈ウィガン・センター〉は、その歴史の中にある社会的な変遷を映し出す歴史的一コマである。もちろん、その歴史を将来どう扱っていくかということは難しいことではあるが。じっさい、おおかたの人々がどのような歴史理解を持つかということは、どうやってしても明確にすることができるものではない。しかし、遺産の施設化なくて、どうやって過去が、人々にふつうに理解されることがあるだろうか（Lowenthal 1985: 411 参照）。多くの人にとっては、歴史は、伝記とか歴史小説とかテレビの歴史ドラマを観て、そこを通して手に入れるのがせいぜいのところだろう。遺産の産業化の根拠は迷妄であると言うことはそう明確に言えることではないのだ。けれども大切な点は、遺産の歴史にも問題があるということである。それはその視覚化の問題だ。来場者は、ずらっとならんだ当時の品、それから構築物（それが「本物」であろうと「作り物」であろうと）を〝観る〟のだ。さらにはその見えているモノの周辺で起こっただろう当時の生活の様子をどうしても思い浮かべたくなる（Bruner 1994 参照）。「モノ化された」歴史では、種々の〝社会〟体験、たとえば、戦争、搾取、飢餓、病、法律など、そのままでは見えないものが事実上看過されるか、矮小化されてしまうのだ。

先にその土地のシンボルとして構築物を保全する支援が地方や地域には相当あるということを述べた。

しかし、保存組織も、場所によってかなり違っている。たとえば、一九八〇年に、イギリス全体で一〇〇〇人あたり「アメニティ関係」組織の会員が五・一人いたが、ハンプシャー州では一〇〇〇人あたり二〇人以上で、ロンドン周辺の州のほとんどとデヴォン州、北ヨークシャー州、カンブリア州では一〇〇〇人あたり一〇人以上である（Lowe and Goyder 1983: 28-30）。明らかにそういう組織の設立根拠は、ある意味で、地域性のいわゆる「特質」を毀損するような新しい開発を防ぐというところにある。そういう組織内でのサーヴィス階級や中産階級の役割は活動を左右する。大規模な財源となってくれるからだ。その財源によって、魅力ある村にある荘園のような位置財を所有している人たちは自分たちの優位な便宜をそのままに保持しようとする。しかしながら、おおくの保存運動はもっとひろい目的があり得る。ただ単に、開発を阻止するのでなく、いまある構築物を修復していくことや、そしてもっと広く、村の風景や街並みの景観のカギとなる部分の様相を保護し展開していくこともある。さらには、運動の目的が観光とは関係がないものだったとしても、その土地の魅力が観光者のまなざしにとって増大するという効果につながることはあるだろう。

イギリスの保存運動を盛んにさせた要因の一つは、すくなくともサーヴィス階級の男子の地理的移動の率が低かったことにあろう（Savage 1988 参照）。結果として、こういう人は土地への執着が増大していく可能性がある。つまり、「サーヴィス階級の地域化」と呼ぶことができるし、これは、アメニティ関係の組織を立ち上げ、保存にかんして影響力をもってくる（Bagguley et al. 1989: 151-2）。このような組織がうまくいったとするなら、来訪者（が来るとすれば）にとって視覚的に魅力な場所として映るように創られることになることだろう。こうして、中産階級の集団的な行動による古風な趣のある村の風景や街並みの景観保存は、まちがいなく観光者の数を増やし、そこで引き起こされる混雑状態が住民に及ぶということにもなる。

前に述べたことだが、いたる所が、ますます差異を選ぶ傾向のある〈ポスト・ツーリスト〉を惹きつけようと、競争をすすめ、それにしたがって、いかに観光市場の競争が激化してきたことか。一般の商品と同様、この市場もはるかに差別化され、それぞれの場所は〈観光反射機能〉にもとづく観光戦略の開発に努めてきた。この〈観光反射機能〉には、地域の設備を見直し、行動計画を開拓し、そこならではの市場の隙間を狙ったそれ専用の調査をしていくことなどがあった。あるケースではこれに地方自治体がからみ、ほとんどスタートラインから観光産業を引っ張ってきた。ブラッドフォード市がそうである（Williams 1998）。地方の関係当局も重要な役割を演じた。観光の町での所有権の複雑な問題があったからだ。所有権が細分化されることが多くて、町全体としてのしかるべき行動を起こすにあたって地元資本を獲得するのが困難になったからだ。地元議会が、新しい施設（海岸堤防、会議場、港湾施設など）への投資をするとかあるいはそういう施設にあるべき一種の便宜（演芸娯楽、美術・博物館、プールなど）を与えるための権能をもつ唯一のところであることが多いからだ。地方議会はいままでも積極的に観光振興に努めてきた。それは中央政府の財政引き締め時期に、企画を自発的に行なえる資金源があった領域の一つがが観光だったからだ。こういう施設計画は住民に利益をもたらしもした（とくに一九九〇年代の末の英国宝くじ基金によって）。さらに、こういう施設は、労働者、事業主になるような人材を呼び寄せ、安住してもらえる可能性があるという意味で意義が大きかった。

歴史にまなざしを向けることにかんする以上のような要素は、チェシャー州のスタイアル村の〈クワリー・バンク・ミル〉産業博物館（サミュエル・グレッグが一七八四年に建設）に見られる。この紡績《ミル》工場の周辺はすべて製造所共同体の建物群である。チャペルが二棟、学校、店舗、工場労働者用の住まい、見習い工員の住まい、それらすべてはしっかり残っていてよく保存もされている。博物館は一九七六年に設立され「工場全体をみせる博物館」とされ、労働の役割、グレッグ家の人々、繊維産業における産業革命当初の状況などにも光をあてるものだった。博物館に展示されたのは数多くの繊維加工や動力としての水車の装置である。説明役のうちでもそれらしい服装をしたのが、来訪者に、多軸紡績機での綿糸の紡ぎ方や手織りや梳綿機の操作やミュール《ミル》精紡機の動きなど、それから工場内の日常家事、たとえば子ども労働者のための給食、掃除、洗濯などを見せていく。歴史専門家が相当な調査を行ない、来場者に見せる目的、売る目的での展示や、これを裏打ちする膨大な資料の演出方法を担当した（Rose 1978）。技術担当者も、ほとんど廃棄状態にあった機械類を再稼働させるなど、博物館開発には重要な役割をはたした。

この博物館は来場者の助けになるような資料をあれこれ創案した。「資料パック」などである。一〇〇人にものぼるガイドが採用され、来場者に工場の作業の様子を説明した。そのほかにも博物館側は学習活動を数多く用意した。工場が用意した教科課程は、機織り、紡糸、パッチワークとキルティング、刺繡とレース、試作繊維、ファッションと衣類、繊維製品デザイン、染色、染付、編み物である。同館は、とくに展示に遊びの要素を増やすことによって「日ごろ博物館に行かない層」を取り込むべく精一杯の努力をした。これは、人を使って手順や過程をくわしく見せたり、ロールプレーイング方式で来場者相互につながりを感じてもらったりして、かなりうまくいった。さらに、いろいろなイヴェント特集を組んだりしたことが、成功の背景にはある。たとえば、〈喜びの主日〉昼食会、教会のボランティア活動、〈聖ジョージの祝日〉の祭り、〈お化け屋敷〉、〈見習い工クリスマス会〉など。

工場は、本物という問題にも向き合う必要があった。工場の建物は「昔のまま」で、とくにリニューアルされることはなかったとはいえ、そこにある機械類は一八世紀からのものではなかった。若干のものは一九世紀、あるいは二〇世紀はじめから工場にあったが、巨大な水車などかなりのものは、廃工場などを含めて、べつの工業地帯の工場施設から移設されたのである。機器の稼働は、「伝統」技術で行なうのだが、これは、とくに訓練を要した。工場は、その本物性を表にだすことに努めた。ただ、これはそう単純なことではない。というのは、本物であると考えられるものは、どの時代をそれとみなすかによってちがうからだ。さらに、いうまでもなく現実の「本物」の工場にすら、異なる時期の機械類が設置されている。〈クワリー・バンク・ミル〉が示していることは、結局、歴史の単純な「本物」の再興などないということで、あるのは便宜的解釈や解釈のし直しということに尽きる。

さいごに言うなら、この紡績工場《ミル》施設は、労働者階級の生活をなにもかも美化して見せているわけではないという点だ。不健康とか産業労働の苛酷さもわかるようにしている。ただし、工場での展示の文脈からみると、スタイアル村のような地方の工場コミュニティの環境は、巨大な産業都市、たとえば近隣のマンチェスター市とソルフォード市の環境よりはましだったというような当時の人の理解があり、その点には一定程度の注目をしてもよい。おそらく、工場での問題は程度として少なかっただろう。しかし、これは地域ならではの監視や管理の形態に関係していたかもしれない。また、工場生活のあまりに重苦しい様子を来館者に展示してしまうと、もう二度とやってこなくなるかもしれない、という意味のことを学芸員が述べている。とはいえ、〈クワリー・バンク・ミル〉産業博物館は、工場技術を美化して見せる場所などにはなっていない。どちらかと言えば、紡織機は音がうるさくて危険で汚いという印象を来館者はもつような場所になっている。

ここで、いかに〝民族《ネーション》〟が遺産観光を促進しようとしているかという点について論じたい。それから、より広い意味で、国民の聖地や構築物への遺産観光や旅行が、文化、宗教、民族にとって意味を持つかという点も論じたい。いかなる文化にいても、旅がそこにある。「文化振興・文化持続の旅」はいろいろなちがった形をとり得る。文化的聖地への旅、書物や画像で注目の場所への旅、大きな催物がある場所への旅、とくに著名な人とかまたは文献で知るその人の足跡を見に行く旅、自分の文化への愛着をいっそう深めるために地元と違った文化を観に行く旅など。これは、〈グラウンド・ゼロ〉の旅に見られる。「劇的な」九・一一のテロ攻撃の直後から、何百万ものアメリカ人や世界中からの〝記録的〟な人が、あえてニューヨークへやってきて、グラウンド・ゼロにまなざしを向けた。そこで民族的なそして民族を超えての、死者への連帯を表明し、だれもがテレビで見たツイン・タワーの崩壊の「現実」を確認した。グラウンド・ゼロは新しい観光地となって、写真を撮る観光者と記念の土産物であふれた(Lisle 2004)。

事実、国民が自分の国のことを内外問わずに知ってもらう一つの方法は国内、国際観光を通じてである。T・エンザーはこういう。

> 観光が世界で最大の産業になるにつれて、国の観光戦略は世界市場の中で自国の他とは違う魅力を宣伝することに努める。「黄金軍団《ゴールデン・ホード》」〔一三世紀にヨーロッパに侵攻した蒙古軍になぞらえて、大挙して押し寄せ金を落とす観光者〕を惹きつけるような独自の隙間《ニッチ》を狙って掘り下げていく。これは広くそこの風景と観光的魅力を宣伝すること、ここそは、という象徴的な場所と催しを推進することの二つにかかっている。観光者を呼び込み、観光者から、行先として選んで忘れがたい経験をした、損はしなかったと思ってもらえるのに欠かせないこの戦略には、国民の参画が必要になってくる(Edensor 2002: 85)。

重要なのは、国民が自らを物語ることなのだ。国民のそれぞれの歴史は、ある物語を語り、歴史をくぐり抜けてきた人々の歴史を語り、それは時間の薄靄の中に萌《きざ》した物語を語ることでもある（Bhabha 1990）。伝統や英雄の歴史の多くは「創作」されたものである。一九世紀末のヨーロッパは国民のこの種の夥しい遺産創作の時期だった。フランスでジャンヌ・ダルクがカトリック教会によって暗闇から引き上げられたのは一八七〇年代のことだった（McCrone 1998: 45-6）。〈ラ・マルセイエーズ〉が国歌となったのは一八七九年、フランス革命記念日が創られたのは一八八〇年で、この年に七月一四日が国民の祝日となった。すこし一般化していうなら、「フランス」という理念は「情報輸送手段（道路、鉄道、とりわけ新聞）をとおした植民地主義と類縁性をもつ手立てで拡大されたのだ」。この点では種々の移動の結果として「一九世紀の終わりまでには大衆も上層階級もその文化は一体となっていくのだ」（McCrone 1998: 46）。このことでカギとなるのは、国の公共的な記念建造物の大量設置である。とくに都市改造がすんだパリ市での記念碑にはそこへ詣でる旅が行なわれ、観られ、語られ、それは絵画、写真、映画、さらにはヨーロッパ観光産業によってさらに伝播されていく。

集団的な参加とかさらに広く国家が牽引役になる旅というのは、一八五一年ロンドンで開催された〈水晶宮博覧会〉に始まる。はじめての国家的な観光的催しだった。当時イギリスの人口は一八〇〇万人だったが、博覧会には六〇〇万人の来場者があり、多くは、登場したての鉄道を使って生まれてはじめて自国の首都を訪れた。一九世紀の後半に似たような巨大な催しがヨーロッパ中で行なわれ、おおよそ三〇〇〇万人にもおよぶ人が訪れた（Roche 2000）。オーストラリアでは一八八八年メルボルンで入植一〇〇周年記念博覧会が開催され、オーストラリア人の三分の二が訪れたとされている（Spillman 1997:

51)。内外からの来訪者はオーストラリアの成し遂げたことや特質をそこで確認したのである。
さらにひろく、一九世紀以降、名所や、作品で書かれたことのある場所や、展覧会・博覧会、構築物、風景、レストラン、社会的に成就されたものなどを観る旅は、国民性という文化的感覚を育成してきた。とくにこのことで重要なのは国立美術・博物館の設立、国民的な文化遺産、芸術家、建築家、音楽家、戯曲家、小説家、歴史家、考古学者の隆盛、拡大がある（McCrone 1998: 53-5; Kirshenblatt-Gimblett 1998; また第七章参照）。最近は国際的な公共の場ができてきて、そこでは、あらゆる国、民族が登場し、競い、自らを曝してそれを見ものとし、多数の来訪者を惹きつけることが行なわれている。この曝す行為はとりわけオリンピック、ワールドカップ、万博で発揮されている（Harvey 1996）。この一〇年間の中国（北京オリンピック、上海万博）や、その先一〇年間のブラジル（ワールドカップ、オリンピック）はグローバル観光の催しを展開している「国民」で、自分たちが世界の檜舞台に昇れたことをそこで喧伝しているのだ。こういう国際的な催しは大量集団観光と世界意識があってこそのもので、このことは、国民の遺産はこういう舞台でこそ位置づけを行なうという考えの高まりを意味する。世界規模の巨大な催しを目指して旅行すること、とくに「オリンピック、万博など〝世界文化の成長〟」を促進しているのは、この舞台あってのことなのである（Roche 2000）。

しかし、その象徴的意味はいつも問題視されている。国民の選民意識が、たとえば一九八八年のオーストラリアの入植二〇〇年祭にはそうとう物議をかもした（Spillman 1997: ch. 4）。オーストラリアの遺産文化礼賛にたいして先住民族（アボリジニ）側からの強い反対があった。〈オーストラリアの日〉という大々的な観光的催しを、先住民族側は「侵略の日」とした。

そして非営利団体が「みずからの固有の歴史と文化遺産」の保護を求めてしばしば地域密着型のさま

ざまな運動を広げていった。イギリスでは、R・サミュエルが、民主的で、家族的で、労働者側の、フェミニズム側の、消費者側の、そして自国むけの新しい遺産というものの存在を収集記録している。これはさまざまな団体が守ってきたもので、それを展示し、訪問者に見て、触れて、聴いて、思い出にしてもらう努力をしてきた遺産なのだ（Samuel 1994; Macdonald 1997 の「スコットランドのスカイ島〈アロス・ゲール語地区センター〉についての記述参照）。前に述べたように、ウェールズ地方の旧炭鉱共同体社会は、郷土遺産の〝体験〟観光地の大切さを示している例だ。さまざまな今までにないような遺産観光もある。例えば〈黒人大西洋《ブラック・アトランティック》〉旅行というのは、大西洋をまたぐ奴隷貿易に関係する地点を巡るものだ。このように、遺産と歴史の役割がおおきな問題となってきたのだ。遺産問題によって「歴史」が既知の文化の中心に据えなおされ、そこから、遺産というものが、多くの観光地、記念祭、催し物などと結びついて、「歴史の記憶に仕立てる技術」と切っても切り離せない関係にあるということを証明している（Arellano 2004 参照）。

バルセロナ市のエル・ラヴァル地区は、以前は場末の荒廃した所だった。ここが改修されたのだが、ここに永年すんでいる人々にはある意味で疑問とするような方法でだった。そこにあったのは、深刻な〈感覚風景〉のおかしさ、審美意識の決定的な違和感、そして地元同士の対立だった（Degen 2008）。M・ディージェンは、バルセロナの一般市民感覚と対立する放縦でなんでもありのこの地区が、どのように変化したのかを描いている。一九八〇年代にエル・ラヴァル地区に入り込めば、だれでもそこの住民と目を合わすことをはばかっただろうという。住人は社会から見捨てられた貧民、老人、売春婦、麻薬中毒者が多く、外から入った人は淀んだ空気を呼吸しながら、家族経営の食糧雑貨店や作業場の点在するところをさまようことになるだろう。エル・ラヴァル地区は近隣同士がつながって成長した街で、ここの「感覚風景」は退廃を映し出すものだった。喪失の場所、ある種の「第三世界」の町であって、もうすこしいうならカタロニア人の町バルセロナがかつてのフランコ政権時代に置き去りにされた証のような所でもあった（Degen 2008: 139）。しかし、一九七六年のスペインの民主化でもって、バルセロナがカタロニア人の首都として一九八九年に復権した。そして、一九八六年に一九九二年オリンピックの主催都市として認定されたときに、変化は起こった。M・ディージェンは、バルセロナを一新させ新たなイメージを与えたこの一九九二年のオリンピックの重要性についてこう論ずる。

たくさんのヒーローを生み出す試合があったが、だれもが異論のないところは、オリンピックの大勝利者はバルセロナの町自身だったことだ。世界が注目するなかで、オリンピックは都市景観の変身を町中に広げて見せただけでなく（景観はスポーツの祭典の背景として設営された）、カタロニア人の誇りとアイデンティティをより明確に打ち出した。一九九二年のオリンピックは、バルセロナを世界という舞台へと、また世界の都市観光というネットワークの真ん中に押し出したのだ。五年もしないうちにこの町は疲弊した産業都市からヨーロッパのもっとも憧れの観光地にと変身した（Degen 2004: 131）。

新しい美術《ミュージアム》・博物館

場の遺産化が行われた所では、多くはどこでも美術・博物館がめざましく増加した。これは現在と未来に比べて、過去がより価値があるようになってきたという背景からきているところもある。ひとは、年をとるほど美術・博物館へ行きたくなる。したがって、世界の人口の「シルバー化」にともない美術・博物館の数が増え、質が高くなる。

一般の人々に公開する美術・博物館は一九世紀のはじめごろから広がりはじめた。それはパリのルーブル美術・博物館、マドリッドのプラド美術館、ベルリンの旧博物館《アルテス・ムゼウム》あたりから始まった。とくに『ミシュラン・ガイドブック』が出版されるようになってから、とくに高い「文化資本」をもつ観光者にとっては、美術・博物館は観光体験の第一のものとなってきた。D・ホーンは、最近の観光者を、ガイドブックをまるで聖典のように携えて行く現代版巡礼という(Horne 1984)。D・ホーンが言うには、この人たちにとって大事なことは、他人から、あの人は何を観ているのか、と評されることだ。観るモノが有名かどうかに意味があるのだ。こうして形式的なリストができ、それによって何を見るべきか、さらにはまなざしを向けるべき順番までが決まってくる。美術・博物館にはアウラの特殊な意味感覚が基底に据えられている。D・ホーンは、典型的な観光の体験、その体験の中でも美術・博物館というのは、国家権力、学者の博識、芸術家の天才というメタファーとして機能するのだという。

> 絵についてほとんど、あるいはまったく知識のない観光者は、聖なる対象にたいして、絵はさておき、その名声、高い値段、本物だということにひたすら尊崇の念を払っていればいいのだ。「芸術作品」と観光者との距離は避けられないものである以上、絵画の価値もその本質によるものでなく、それをまことそうだと認めた社会によって決まることもやむをえない。「芸術」と観光者自身の世界とのギャップはやはり埋まることがない(Horne 1984: 16)。

美術・博物館はこうして、お墨付きの歴史的作品というアウラに支えられ、そして、不世出の創作者

（ミケランジェロ）の天賦の才（とおもわれているもの）とか作品を生み出した文化（ギリシャの）による、とりわけ希少な作品であるというようなことをよりどころに支えられている。

しかしながら、私たちは、人々が美術・博物館でまなざしを向ける方法はおおきく変わってきているということを考察してみたい。アウラの意味は、「ポストモダン風美術・博物館」などではもうどうでもよくなっている。さまざまな見方、使用方法がそこにあるからだ。まず、保存されるに値すると見なされる対象がはるかに拡大してしまったことがある。前節でみたように、既定の聖域のごとき国家のつくる歴史の力（その例が国立博物館だが）が弱まるとともに、歴史観も変わってきている。それにかわって出てきたのが、伝統から外れた歴史、郷土の歴史などだ。社会、経済、民衆、女性、民族、産業の歴史だ。そこには複数化があり、じっさいには歴史の「現代化」がある。〈英国ナショナル・トラスト〉の調査によると、イギリスには一九八〇年代にすでに一万二〇〇〇の美術・博物館タイプの施設があった。美術・博物館は歴史の「表象」にかかわるが、表象される価値があると思われる歴史の範囲がとてつもなく広がってきたのだ。そのいくつか、とくに田舎や産業を見せる博物館をすでに示してきた。それは昔の歴史的体験が劣悪であればあるほど展示の本物の度合いも面白さも大きいのだと言わんばかりである。はるか昔の歴史時代の偉大な芸術作品、あるいは民具などを観てただ面白いなどという来館者はもういなくなっている。人が惹かれるのは「ふつう」の表象であるようだ。つつましい民家とか平凡な労働の姿だ。ガラス吹き、動力操作、店員の仕事、蠟燭作り、綿紡績、塩製造、靴つくり、化学品製造、行楽、レース編み、家事、採炭など、どれもが現代の美術・博物館でなら展示され観られる価値があるのだ。「平俗」とか民衆ということに憧れがあり、それが〈モナリザ〉であっても、ランカシャー州の綿紡績労働者の家の古びた菓子缶であっても、何でもほとんど同じように面白いモノだとして扱う傾向がある。ポストモダンの反選良主義の反映としてのこの変化を「アウラからノスタルジアへ」という一言でいうことができる（Edgar 1987）。また、あらゆる種類の資料という資料がいまや美術・博物館に保存されている。たとえば、動画、ラジオ、テレビ、写真、映画、環境そのもの、テレビドラマのセットですらも保存されている（Lumley 1988）。

それからまた美術・博物館自体の性格にも著しい変化があった。もはや、来館者は展示品の前で畏敬の念をもって佇むなどということはしないのだ。展示品に入館者がじかに参加する度合いこそが関心の中心になりつつあるのだ。「死んだ」美術・博物館は「生きた」美術・博物館に取って代わられ、屋内の博物・美術展示場は屋外の展示場に取って代わられ、静寂で音なし鑑賞は、音声ありに取って代られ、入館者も展示品とガラスで隔てられることがなくなってきていて、展示の〈映像、活字、音楽などによる〉マルチメディア化がみられる。概していえば美術・博物館と他のメディアがますます脱分化してきている。かつて〈タイン・アンド・ウィア州博物館〉と呼ばれていた博物館の広告が、参加という傾向をよく表している。「私たちの博物館では、その中心は活動、参加、楽しさです。静謐と沈黙の中で延々と続く古いガラスケースをじっくりと観察するような、そういう鑑賞はもう古いのです。プロが企画した展示、一緒に遊べる動くモデル、ぶらっと観て回れる完全な時代再現スペース、映像とあいまった音響効果、これがいまのトレンドです」（White 1987: 10より引用）。もう一つの例が、ニューヨーク州のクーパーズタウンという町にある〈農民博物館〉だ。この再建された遺産村は素朴な農村の共同体生活を舞台化している。ここでは、「まじめに事実や図表を理解して受け入れてもらうというよりは、当時の平均的な日常生活に参加してもらいたいのです（…）。一人ひとりが舞台化された芝居で役者となり、自分の思い通りに、歴史上の出来事の再現に積極的に参加してほしいのです」（Klingmann 2007: 40）。

もう一つの例がデンマークのロスキレ市にある〈ヴァイキング船博物館〉で、ミシュランの三ツ星（最高点）観光施設だ。船は、単純さ、のびやかさ、軽さを象徴化したような現代建築スペースに展示されているが、隣接した空間には壮大な風景の中で愉しむ「風景行動《サイト・ドゥーイング》」が提供されている。新らしく建造された完全装備の再現ヴァイキング船に誘われるように、観光者は本式ヴァイキングの服装をしたうえで船上にあがっていく。〝たいしたことのない〟模造品にしか見えないものばかりで、子どもと若い家族向きというコンセプトなのだが、けっこうな大人たちがこのヴァイキングごっこに長い時間過ごし、写真を撮ったりしている。だれもが木材や帆を調べるようにしげしげ眺め、船に腰を下ろしたり周りを歩き回ったり、手で用具をつかんだりいろいろな武具で遊んだりしている。大人の大半はヴァイキングの衣裳を着けている（Baerenholdt and Haldrup 2004; Larsen 2004b）。

美術・博物館は入館者の多様性のことや来館したときの体験をどう「改良」するかということに、より配慮するようになっている。それは、入館者の人種・民族グループがさまざまである可能性があり、館員は自分たちが展示している来訪者にとっての異文化や歴史とその来訪者の受け取り方について、それなりの方法で、配慮をすべきことがでてくるからだ（Hooper-Greenhill 1988: 228-30; Baerenholdt and Haldrup 2004）。

美術・博物館の展示は、だんだん〈アウラ〉が薄いものになっている。それは、ある展示物がいままでは、いかに展示用に作られたか、そして、ある場合には、いかにそれが「本物」に見えるように作られていたかをオープンにするのは当たり前になっているからだ。役者が歴史上の役を演じ、来館者とかんで、歴史場面に参加してもらっている博物館もかなりある。たとえば、ビーミッシュ村野外博物館では、あちこちの店でいろんな役を演じる人たちがいるし、一方、ウィガン埠頭遺産センターでは、来場者が教室で模擬授業体験するように呼び込みをしている。そのほか、元の炭坑夫が、来訪者に石炭掘りを実演して見せたり、来訪者は、いまは、ただ機械が動くだけで、何も作り出すわけではない機械類を運転したりする。「稼動《ワーキング》していない工場の作業《ワーキング》だ」(White 1987: 11)。R・ラムレイは、こういう変容を考察し、美術・博物館が学術目的の収集機関だという考え方が、情報伝達の方途であるという考え方に取り代わっていく過程なのだと総括している (Lumley 1987: 15)。Z・バウマンのいうところの「お上の決めたモノ」から「こっちが解釈するもの」への変化だ (Bauman 1987)。そしてこれは視覚障碍者にも適応されることだ。美術・博物館はまだ目で見たり収集したりする場所ではあるが、視覚障碍者も視覚を用いないで美術・博物館を巡ることができる方法を見いだそうとしている。たとえば触覚をもちいて対象をふれるとかである (Hetherington 2000a)。

これに加えて、美術・博物館と考えられているものと、その他の社会的施設との関係にも変化がある。施設にもいまは博物館みたいになってきているものがある。たとえば、商店なども、いまや、高級商品の洗練されたディスプレーがあり、そこに、人は惹きつけられ、嘆賞し、まなざしを投げかけたくなるのである。例として、有名な建築家レム・コールハース設計のニューヨーク市にある〈プラダ・エピセンター〉店がある (Klingmann 2007: 126-7 参照)。〈北テート・ギャラリー〉や海運博物館やおしゃれな店がたくさんあるリヴァプールの〈アルバート船渠《ドック》〉遺産施設のような場所では、こういう店々と博物館とがどう違うのかを言うのはきわめて難しいのだ。というのは、人々は、店の中身を「展示品」として見ているようだからだ。〈ロンドン・デザイン博物館〉のスティーヴン・ベイリーは、こういうことを述べている。

> 古い一九世紀の博物・美術館はどこか店のようだった (…) そこへ行って、価値=値段や思想=アイ

ディアを見るのだ。それで、思うに、二〇世紀も終わりになって、買物が現実に大きな文化体験になりつつあるのではないかと（…）。両者が融合しつつある。そこで、美術・博物館はますます商店みたいになり、商店のほうはますます知性と文化を持つようになっている（Hewison 1987: 139）。

同時に、美術・博物館はますます商業活動の場のようになってきた。来館者は自分たちの体験を「消費がらみで受け止めている。買い物や観光と似たようなものとしてである」（Macdonald 1995: 25）。その結果、「目抜き通りの企業や商魂が博物館的世界に溶け込んできている。（…）包装は、企業のアイデンティティを確認する意味合いをもつ（…）。買物は、たんに購買行為ではなく、店舗の雰囲気、店員の容姿とかを体験する行為なのだ」（Pemberton; Lumley 1988: 20より引用）。これはとくに、商店とは異なる美術・博物館の独自性を創出することを試みようとする館員には頭の痛い問題だ。テーマパーク、ショッピングモール、遺産施設に、美術・博物館があおられて、よりマーケット志向がでてきて、そこで、はでな「ショップ」や「カフェ」を経営するだけでなく、たとえば、新しい〈カナダ文明博物館〉のように目を見張るような展示をするのである。ヨーク市にある〈ジョーヴィック・ヴァイキング・センター〉とか、カンタベリー市にある〈巡礼の道〉は、現存の博物館の競争相手であり、あたりまえともわれている「本物らしさ」の概念に挑むものとなっている。こういう歴史遺産は博物館や劇場と奇妙にごっちゃになっている感じがある。匂いひとつに到るまで、すべてが本物だといわんばかりで、それでいて、どれひとつとして、実はその時代のものではない。それはS・マクドナルドもスコットランドのスカイ島の〈アロス館〉にある〈アロス・ゲール語地区センター〉なるものについて書いていることだ（Macdonald 1997）。

この美術・博物館変容過程で「博物館ブランド」なるものが出てきた。〈ソロモン・R・グッゲンハイム財団美術館〉（フランク・ロイド・ライト設計）がニューヨークで一九三七年に開設された後の数十年間に、〈グッゲンハイム〉はヴェネツィア、ニューヨーク、ベルリン、ビルバオ、アブダビの諸都市で、目覚ましいグループ化展開をして世界有数の博物館のブランドとなった（Ostling 2007）。後の二館は著名建築家フランク・ゲーリーの設計で、彼自身もいわば世界的なブランドだ。彼の目をむくようなビルバオ・グッゲンハイム美術館は、ビルバオの町のイメージをガラッと変えるのに重要な役割を演じた（Ockman 2004; Klingmann 2007; Ostling 2007）。建築家で批評家であるジョーゼフ・ジオバンニーニは、ビルバオ・グッゲンハイム美術館の重要性に着目してこう述べている。

ビルバオ（スペイン）の町の歴史は中世にまでさかのぼる。しかし、この大西洋岸のバスク人の港が国際的に有名になったのは、チタニウムのうねるような巨大なリボンで飾られた外見をもつフランク・ゲーリー設計のグッゲンハイム美術館によってであった。ただし、この町の名声は鬼面人を驚かす独創的な設計のたまたまの副産物でなく、世界の檜舞台にビルバオ市を上げようとした市の有力者たちの意識的な運動の結果だったのだ。統合ヨーロッパやグローバル経済の土俵に選手の一人として登場をすることを象徴するためにも、斜陽炭鉱の町のような〝スペインのピッツバーグ〟は、エッフェル塔とかシドニーのオペラ・ハウスに相当する絵はがき風の絵柄が求められたのだ。つまり記念碑的建造物が必要だったのだ。構築物ひとつで（最終的には）一億一〇〇〇万ドルの費用、これで、ビルバオはいまや世界に通用する都市としての競争力をもったのだ。そして、第二、第三のビルバオをねらう世界の都市は、ゲーリー氏の建築事務所に依頼電話をし、あのようなシンデレラ的変身をねがったものだ（Klingmann 2007: 238から引用）。

ビルバオのグッゲンハイム美術館はたちどころに成功をみた。開館した初年度で一三〇万の入館者がこの建物の費用にたいして金を払ってくれたことになり、市は経済成長と新しい社会的知名度に活気づいた（Ostling 2007）。

このように王様消費者と大衆好みの風潮が美術・博物館の社会的役割を変容させている。いままでは大衆が除外されていたハイ・カルチャー一本やりの文化を具現化する場という意味合いが減ってきたのだ。一九八〇年代、九〇年代の美術・博物館がさらに近づきやすいものになってきた。とくにサーヴィス階級と中産階級にとって（Merriman 1989）。イギリスでは、リヴァプール市が興味ぶかい。どのようにして、特色ある「大衆的」文化遺産を資産化し、「ヨーロッパの文化都市」の一つとして認められるようになってきたかという点である。リヴァプール市はビートルズの故郷で、その〝ブランド力〟を使って〈ビートル・ランド〉として売り出している（飛行場名も〈リヴァプール・ジョン・レノン空港〉である）。観光的に力を入れて作られたのが、毎日行なわれている〈ビートルズ・マジカル・ヒストリー・ツアー〉だ。以前でいえばハイ・カルチャーと結びついていた美術・博物館へ行くことが、いまではむしろ大衆層がいろいろな種類の「美術・博物館」の「読み取り」や愉しむことを創り出していて、そういう文化資本の取得もできるようになったのだ。

むすび

構築物、テーマのデザイン、遺産施設の数々、これらはいままで見てきたことでわかるように、観光のまなざしにとって重要なものである。注目してきた点は、観光地やリゾート地のおおくがテーマ化されたものとして企画されているということだ。なにより視覚的に目を瞠らせるような別世界をつくることだ。こういう一つに絞ってテーマ化された空間はT・エンザーのいう「多種混在」観光空間と理論的には対照的であるように見える。後者では、観光者（とくにバックパッカー）や地元の人間が同じ空間を共有し、肩を触れあい、そこで感覚風景は多種混在になっていき、予測もできないものに変容する（Edensor 1998）。しかしながら、そういう多種混在観光空間にも実は〝テーマ化〟や〝平俗なナショナリズム〟がわりあい横溢してくることがあるのだ。

この章では観光研究の中心をずらして、いったん「観光者」から離れて、いろいろな場所をテーマ化させ、遺産化させ、実現、実働させるネットワークや言説というところに焦点をあわせてみた。場はこのように、ネットワーク化された企業・自治体などの組織体やモノやとくに構築物とのあいだの関係性を通して実現する「発現力」によって「創出され（修正され）」る。場というのは、この〝巡遊〟していく過程のまさに中心にあり、そこでは、ある意味、愉しみを期待されるような、デザインを凝らした、思い出に残る構築物こそがその大きな要素となるのだ。

この場とか構築物のことは次章でもさらに探究していきたい。場を表現する、構築物の写真の意味を分析するのだ。じっさい、現代の一新された遺産構築物の大部分は撮影され、また写真を通してのまなざしを意識してデザインが施されている。写真は伝統的メディア、ニュー・メディア、〈Web 2.0〉にのって世界中を駆け巡る。

第七章　見ることと写真

はじめに

視覚が観光体験の中心にあることはすでに論じた。しかし、この見るという力の編制については必ずしも必然とか当然というわけにはいかないのだ。事実、視覚性については、知覚のうちの他の感覚との混乱があって、その切り離しについて何世紀にもわたる紆余曲折があった。まず、視覚の歴史を検討することで、近代社会において、見るということ、ひいては見られると言うことがどういう意味を持つのか、さらには、いかにして視覚が近代社会で支配的感覚となって来たのかを確認しよう。とくに注意を払いたいのはおびただしい量の新しい視覚テクノロジーと都市空間の問題だ。

次に、視覚と観光のまなざしを、写真という媒体に関連づけて考えてみたい。写真は観光のまなざしを進展、拡大したいちばん重要な技術だったからだ。P・オズボーンは「観光という教養、経済、さらにはこういうものでできあがっていった数々の近代文化が（写真）媒体とどうしても切り離せない状態になっている」と述べている（Osborne 2000: 70）。いかに観光のまなざしが写真機と写真の発展と大衆化とに分かちがたく結びついているかを示したい。まなざしは、写真の画像と表現効果をとおして言説的にもモノとしても編成されていく。その逆順もあるが。私たちが分析するのは観光写真における〝契機《モメント》〟の重要性である。そこで、いかに写真は、錯綜した予測もつかない方法で、身体としての旅を増進し、組み立て、旅の代用品となっていくのか、とくに写真は、他者と行き交う観光者にとっては身体的にも意味が大きいのだから、その点を分析してみる。スーザン・ソンタグが言っているように、観光者は、手当たりしだいに目についた対象と自己とのあいだにカメラを介在させてしまうという感じを持っているのだ（Sontag 1979）。

研究の成果を参考に、写真が「画像上の移動」と「思い出旅行」の二つを活性化し、また観光者のまなざしを構成し、カメラの操作をしたてるものであることを示したい。写真はたんなる対象の再現以上のものがある。そして写真の〝画像〟は瞬間がとらえられるのにたいして、写真の〝対象〟そのものは持続した時空にある。写真はパフォーマンスの対象となり、情動を生み出すのだ。写真は「一握の時空」で人や場所や場合によっては写した対象をも超えてその効果をひろげる。

私たちは写真のパフォーマンス力、言いかえると振舞い、これが、どのように観光者が消費し記憶していく場を構築し、駆使し、まなざしを構成するのかという点についても検討したい。私たちは写真を、身体もなく、流れる時間もなく、固定されていて不活性というのでなく、むしろ身体があり、旅をし、歳もとるし感情も持つものとしてとらえたい。またそういう写真は客観的でもなければ無垢なものでもなく、非対称的な権力関係のなかでこそ生み出されるのだということ、また「観光の表象を政治的に位置づけ、写真が何を取り込み、あるいは排除し、だれの利害に役立っているのかを検討する」必要性、この二点を強調しておきたい（Mellinger 1994: 776）。観光の関係者も観光者も写真にはそうとうの労力を注いでいる。前者が観光者のまなざしの参加を喚起し、それを作り上げるためにいかに写真を用いてこれを駆使するかということも示したい。また、観光者の方は、旅の後でも、手で触れられる思い出としてよみがえり、大事にされ、消費されることを願って写真を撮る。観光者は写真によって、消えゆくまなざしの少しでも長く残るように奮闘するのだ。

さいごに、私たちは写真のデジタル化がこういう検討課題の一部に変容を与えたかどうかについても立ち入りたい。たくさんの個人的な写真映像がいまやカメラの中、コンピュータの中、そしてインターネット上でモノとしての実体もなく、仮想的、デジタル的生命をもつようになっている。Eメール、ブログ、交流サイトが写真による記憶を、いままでの固定化された実態ある家庭や写真帳などのモノから引きはがして移し替えをしたりする。写真はデスクトップやフォルダーやプリンターや写真プリンター用紙上や映像フレームや、場合によってはゴミ箱に仕分けされていく。こういう写真の大部分は、モノ化したり、非モノ化したり、再度モノ化されたりするに応じて複雑な経歴をもつ。写真は、あきれるほどの速度で旅をし、多種多様な物語や実用形態の一部として使われ、そのたびに、いろいろな形をとり、また別の形にされ、意義も異なるような場に置かれていく。

視覚性の歴史

観光のまなざしという概念は、何世紀ものあいだの学問の世界、政治場面、宗教的思考の中での論争から生まれてきたのである。フランスの歴史学者リュシアン・フェーヴルは、一六世紀のヨーロッパでは「その鋭敏な聴覚と鋭い嗅覚と同様、当時の人はまちがいなく視覚にも優れていた。しかし、だからといって、それ以上でもそれ以下でもなかった」と述べる（Febvre 1982: 437; Cooper 1997）。つまり、人々は不安定な世界にいたのだ。そこでは、モノがその形や大きさをいかようにも変えてしまい、モノとモノの境界も変化し、社会やモノの世界の筋道の立った安定性がどこにもない状態だったのだ（Cooper 1997）。

そのときから一八〇〇年までに多くの変化があった。中世的な宇宙観の先験的知識よりも、目で見る観察のほうが科学的な正統性の基礎になると見なされるようになった。これが、そのあと、主として視覚によって作られ保障される感覚知見に基礎を置く西洋社会の科学的方法のまさに基礎にまで発達してきたのだ。ミシェル・フーコーは『言葉と物』で、博物学というのは、見ることができる世界の観察可能な構造だけでできていて、視覚に伝わらない機能や関係性が排除されている、と述べている（Foucault 1970）。「見えるモノ」に支えられた種々の科学が、視覚による分類の学問を中心に、発達し組織的になっていった。とくにリンネの生物学的分類法がそれだ（Gregory 1994: 20）。この階層分類は、個としての主体、すなわち見る目という近代のエピステーメ、ならびに目で行なえる観察、区別、分類に根拠がおかれていたのだ（Foucault 1970）。

旅の記述も、したがって、以前の旅が、学術的なところに中心をおく、耳からの話題を集める機会としてとらえられていたのが、百聞は一見にしかず式に変化してきたのだ。さらに科学探検調査（初めてのは一七三五年という記録がある）（Pratt 1992: 1）が盛んになるにつれて、探検する人たちは、自分たちのたんなる観察などでは、学問そのものになりうることは期待できないということがわかってきた。旅は、学識を通してではなく、鑑識眼、すなわち「肥えた目」、を通して意味づけされるようになってきたのだ（Adler 1989: 22）。構築物、芸術作品、風景への鑑識眼が、とりわけ一八世紀に英国で、のちにヨーロッパ中で「景色めぐり」が行なわれるようになって、深まってきた。「景観を観る《サイトシーイング》ことがいっせいに爆発的ないきおいで、情熱的な活動となり、またより個人的な行為になっていった」（Adler 1989: 22）。

この鑑識眼には、新しいものの見方が随伴した。「じっと、しっかり、よく見る。みている範囲について、やや距離を置いて、かつ突き離すように、しずかに時間の間隔をとって見る」(Bryson 1983: 94; Taylor 1994: 13)。

一八世紀にさらに特殊な見る感覚が発展した。それは〈カメラ・オブスクラ〉〔小さな穴を通して外界を映し出す暗箱装置、ラテン語で"暗い部屋"という意味〕、前に触れた〈クロード鏡〉、ガイドブックの使用、道路知識の広がり、写生術、スケッチブックの手に入れやすさなどによるものだ(Ousby 1990)。この変化はスウェーデンでも、一七三〇年のリンネの花とか鉱石収集の科学探検と、一七八〇年の画家ヨーナス・リンネールイェルムの景色と情緒を求める旅にみられる。この画家は旅の性格の変化について「私が旅をしたのは見るためで、研究するためでない」と記す(Löfgren 1999: 17; Pratt 1992)。

〈クロード鏡〉はこの変化では、重要なものだ。フランスの風景画家クロード・ロランにちなんで名付けられたこの鏡は軽くて携帯できる凸面鏡で、ちょうど(男子服の)ポケットに入るぐらいで、ヨーロッパでは写真機以前の観光者のなかでは標準装備品として急速に流行した(Andrews 1989; Ousby 1990: 155; Löfgren 1999: 18)。鏡を覗くには、景色を背にして立ち、小さな鏡に映る風景を見る。風景はうまく枠で区切られ、目の動きに応じて構図が変わっていく。ある観光者はこう言った。「対象が大きく近いと、鏡が適度な距離に変えてくれる。そして対象を自然の柔らかな色彩に、また、目が認識できる、芸術が教えてくれる、あるいは科学が証明しているもっとも正しい遠近法に変えて見せてくれるのだ」(Ousby 1990: 155 より引用)。もう一人は「私の凸面鏡はどんな場面も絵画の枠取りに納めてくれる」(Batchen 1999: 73 より引用)。自然は、あたかも風景画、つまり秩序ある唯一の見る方法であるかのように、人間の目を使って統御され遠近法の中におかれたのだ。

クロード・ロラン風の特殊な光の効果は、またフィルターの使用で創り出されていた。そういう鏡は自然を完璧に仕上げてしまった。カメラの発明、あるいは普及の前に、見ると言うことは異種のものが混成された人工器具で媒介されてしまっていたのだ。補助手段なしの目では、対象を整え自分のものにするのにあれこれ苦労が必要なので、望む通りの絵のような、つまり「絵に似ている」景色を実現するために、写真時代以前の観光者はカメラ・オブスクラやとくにクロード鏡を用いたのだ（Andrews 1989; Ousby 1990）。

この見るという感覚が、（G・ジンメルが述べるように）距離をおいて対象や環境を所有することを可能にした（Frisby and Featherstone 1997: 116）。離間と統御が結びついて、「よそ」の世界を離れたところから自在にできるようになるのだ。距離を図ることではじめて日常の体験の喧騒を取り除いた適切な「眺望」が得られる（Pratt 1972 の〈支配の目〉についての記述を参照）。D・グレゴリーが述べているように、瞬時にそこへ没入できる効果的な観察地点と、すこし離れた位置に立つ、これが観光者に、あたかも自分たちが『アラビアン・ナイト』の世界にいるかのようなエジプトへのまなざしを可能にした。ある観光者はこう書いている。「離れてみると、この都は『アラビアン・ナイト』の中の本当の東方の暖かさが（…）描写されたような魅惑的な絵そのままなのだ（…）。（この）幻想、これは町から離れてみるからこそ得られたものなのだろう。そこにすこしでも近づいてしまうと効果は逆転してしまう。いったん町へ入ってしまうと魔法は解けてしまう」（Gregory 2001: 9 より引用）。期待いっぱいの劇的なエジプトは、とくに〝ダハビヤ〟（二枚帆の巨大な豪華屋形船）でナイル川を下るときなど、観る場所を少し高くし、開放的な視界を探し出した観光者によって作り出されたのである。

もとは崇高《サブライム》の畏怖の源泉ともなった荒れ果てた不毛の地が、批評家レイモンド・ウイリアムズのいう

「景観、風景、画像、新鮮な空気」つまり、「暗く極悪非道の工場」であふれる町や都会からはるばるやってくる人々の目の保養のための待望の場へと変容させたのである（Williams 1972: 160; Macnaghten and Urry 1998: 114-15）。一八世紀末の少し前には、それまで巨大で無愛想、醜怪、恐怖の山として見なされていたアルプスは「文明化」されてしまっていた。J・リングは、アルプスは「たんにアルプスではなく、たぐいまれな視覚的、文化的、地理的自然的現象で、これはヨーロッパの歴史と分かちがたく結びついている」（Ring 2000: 9）。絵画的《ピクチャレスク》観光は、アルプスと世界中の「山岳風景」を、目で楽しめる場所に変える要因になっただろう。O・レフグレンは、ノルウェーで観光者が「スイス的景色」という言い方をし、アメリカの山岳リゾートも「アメリカのスイス」となるべく、いかに努力をしてきたかについて書いている（Löfgren 1999: 34）。J・ラースンも、デンマークのボーンホルム島が、アルプスイメージに結びつくことで「デンマークのアルプス」として描かれるようになろうと努めてきた経緯を述べている（Larsen 2006b）。さらに一八世紀の終わりまでには「南洋の自然」というものも、景色を、まるで「絵のようだ」といい始めた旅行者によって、ロマン主義的な目で見られるようになったのだ（Sheller 2003）。

一九世紀には、自然という自然は何であれ、ひろく景観、景色、感覚の悦びとみなされるようになった。その理由の一端は「ロマン主義」にある。「自然は、余暇と娯楽、すなわち観光、物見遊山、新鮮な視覚とおおいに関係がある」のだ（Green 1990: 6,「一九世紀中葉のフランス」の項）。一八四四年にはウィリアム・ワーズワースが、風景観の発達は近年のものだと記していたが、彼は実際にもアルプスと〈湖水地方〉の両方を魅力ある風景として称揚していた。彼は、昔は、物置小屋や別棟は母屋の面前に建てられていたということを述べ、「こうしたものがなければ窓から見える景色がどれほど綺麗であろうかと思われても、そうしていたのだったのだ」と書いている（Wordsworth 1984: 188）。一九世紀半ばには、家は

「見晴らし」のことを配慮して建てられるようになっていった。あたかも家は、ある意味、カメラだと言わんばかりだ（Abercrombie and Longhurst 1998: 79）。

J・ラースンは、ボーンホルム島のホテルがやはり「カメラのように」建てられていると記述している（Larsen 2006b）。ホテルは、寝室からうまく額縁に収まったような景観を用意してくれているし、高い場所に据えられたポーチやバルコニーからは壮大なパノラマが見渡せる。ホテルの安楽椅子に安全快適に腰かけた来訪者のために一幅の風景画がそこに登場するようになっているのだ。砕石作業場があるのだが、それは、その景色を台無しにしないように塀で隠されている。デンマークの詩人・劇作家ホルガー・ドラックマンがある漁村の〝光景づくり〟をしている。

このスイス風の幻想の只中でまだ漁師たちの小屋が見えていた（…）。別荘は漁師たちを見おろす位置にあった。下にあるべきだった。そうでないと漁村らしくならない。絵にも別荘の点描が欠けることになる。別荘を描くには、掘立小屋、赤い帆船、豚小屋か半裸の一〇人ばかりの子どもたちが無くてはいけない。そういうものがないと別荘が引きたたない。文化はたえず村に入り込んできた。しかし、昔からの住民は完全には消えていてはいけない。海辺にほんとうに人が住んでいた証のためにも必要だった（Drachmann 1881: 62）。

ベンチや展望台、遊歩道や散歩道、それぞれには、休息中に、とこしえの風光がひらけ、ゆったりと歩くなかではゆっくり動く景色があり、という道具立てが確立していったのだ。このように、見る、記述する、夢想するという心象地理としてはじまったものは、その先で再構築され、それはすべてではないとしても、多くの場所でのモノとしての姿となっていったのだ（Larsen 2006b）。見ること、という概念はこのようにして自然を体験するというところに、独特の視覚的な構造を入れ込んできた（Green 1990: 88）。海辺の観光埠頭上の構築物、遊歩道、整備された海岸、こういうものが、本来なら荒れた、まだ馴致されていない「自然」の海にたいして、目の消費を可能にしてくれた（Corbin 1992）。「物見遊山」というのは受動的に見ることでも、どこから眺めてもいいということでもない。風景や街並みは、そのままで佳《よ》いと言うことはまずない。ちょうど枠取りされ距離をおいた絵画のように、ある視覚的、空間的秩序のなかにある必要があるのだ。

しかし、一九世紀にはまた別の様相が見られる。これは比較的新しい視覚認知の様式で、これが近代的体験の構成要素の一つになっていった。それは新しい都心、とくに最近に大きくなったような壮大な首都である。この新しい視覚体験の特質をM・バーマンが分析して、一九世紀半ばの第二帝政時代に行なわれたパリ市の改造は、近代人の持つ体験のもっとも精髄となる条件づくりをしたものとみている（Berman 1983 19: 第三節）。改造パリ、これはもっとも著名な観光のまなざしの一つとなった。

何が重要な点かといえば、都市空間の再編である。新しい見方、見られ方が始まったからだ。これは、当時、県知事だったジョルジュ＝ウジェーヌ・オスマンのパリ市大改造だったが、古い中世都市をぶちぬく新しい並木の大通りの壮大な道路網を拓いたのである。パリの改造で三五万人が立ち退きをさせられ、一八七〇年までにパリ中心部の街区の五分の一はオスマン知事が創設したものとなる。この改造の最盛期にはパリの労働者の五人に一人は建設に携わった（Clark 1984: 37）。

この建設計画下では並木の大通りが重要な役目をはたした。壮大な循環器システムでいえばちょうど動脈にあたる。そこはまた騎兵部隊を迅速に通らせるためでもあった。しかしながら、大通りは、見えるもの、まなざしを向けるものを再編もしたのだ。オスマンの計画で、市場の建物、橋、公演、オペラ座そのほか文化施設としての館《やかた》などの多くは、これらの大通りの終点に配置されることになった。こういう大通りは、まなざしを構造化するようになったのである。パリの人にとっても、そのあとの時代の来訪者たちにも。大都市で、はじめて人が遠くまでよく見えるようになり、じっさいに自分がどっちへ向かっているか、どっちから来たのかが見通せた。視界が大きく開けるような都市計画の結果、人は歩き進むたびに、劇的なクライマックスに導かれた。M・バーマンは「こういう特徴のおかげで、パリの街の光景は独特な魅力をもつようになり、視覚的、感覚的快楽となった（…）。それまでは、何世紀ものあいだ孤立した細胞の群れのような場所だった都市が、物理的にも人間的にも統一感のある空間となりつつあったのだ」という（Berman 1983: 151）。こういう目を惹くような光景の中のあるものは個々の地域にたいする「パリ」という実体のシニフィアンになっている。

この並木大通りができて、きわめて多くの人々が、どちらかというといままでと違うかたちで、大挙してやってくるようになった。通りの道筋にそって小さな事務所、商店、とくにカフェが並んだ。こういうものは世界中に〝パリの生活《ラ・ヴィ・パリジエンヌ》〟という記号として知られるようになる。それはとくに画家、作家、写真家世代がそのあたりで過ごした生活の型を表象して以来で、一八六〇年代の印象派などがその初めだろう（Berman 1983: 151; Clark 1984 参照）。一八六〇年代、七〇年代、近代的パリという日常を超えたうねりに夢中になった恋人たちは、きっと強烈に自分たちの情感を体験できたことだろう。人々や馬の行き来は、この近代らしい都会的環境のなかで人々の社会体験の姿を変えていった。都会生活は豊かであらゆる可能性を秘めていた。そして同時に危険で怖ろしいものでもあった。

こういう危険や混沌の真っただ中に一人でいることこそ、近代におけるロマン主義的な設定の理想形ともいえた。そこで何百万という来訪者が、パリの大通りやカフェにあるこの独特の雰囲気を追体験しようとやってきた。このロマン主義的な体験をとくに強く感じるのは、大通りを行き来する途絶えることのない外国人の列を前にしてであった。自分たちがまなざしを投げかけていたのはじつは、そういう外国人たちで、その外国人たちもまた外国人を眺めていたのだ。つまり、パリという新しい近代都市にあったこのまなざしはほとんど無数の通行人のもので、彼らも自分たちの恋人幻想を膨らませるかわりに、一方果てることない好奇心の幻想の源にもなっていたのだ。

オスマン知事のパリ改造にはもう一つの意味があった。それは労働者の大半はパリの中心街から排除されていったということだ。とくに新しく作られた並木大通りに並ぶ豪華なアパルトマンの家賃が恐ろしく高かったこともあった。都市改造は、したがって住宅地の棲み分けを起こし、貧困という最悪の象徴は、豊かなパリ住民やとくに外からの来訪者のまなざしから遠ざけられることになってしまった。

さらに、パリは悪徳と俗悪と飾り物の町（豪華ではなく見栄、高級趣味でなく安物装飾、商いでなく消費の町）だと言われた（Clark 1984: 46-7）。そこは〝フラヌール〟つまり遊歩者の町だった。群衆の中の匿名性は社会のはみだし者にとって隠れ蓑となり、観察し、観察されながら、行き交う人々と関係を結ぶこともなく、だれからも注目されずに動き回れたのである。〝フラヌール〟は近代の主役であって、旅をし、どこかに行きつき、まなざしを向け、立ち去り、匿名となって境界閾に居つづけることができたのだ（Benjamin 1973 参照；Wolff 1985; Tester 1994）。フラヌールはつねに男性だった。このため、一九世紀には女性が家庭に縛りつけられていたことが忘れられているが、他方、男とは違う社会的な場（とくに百貨店）に君臨しつつあったことも見逃されていた（Wolff 1985, 1993 参照）。そぞろ歩きをする〝フラヌール〟は、二〇世紀の観光者の先駆であり、また、写真を撮る行為の先駆でもある。つまり、見られること、記録されること、他者を見ること、記録することとである。スーザン・ソンタグは、〝フラヌール〟と写真とのつながりについて明快な説明をしている。

（写真は）まず、かつての中産階級〝フラヌール〟の眼の延長のようにしてその本領を発揮した（…）。写真を撮る者は、カメラという武器を手にした新種の孤独な散歩者であり、都市の地獄図を一つひとつ確認しながら、そっと忍び寄り、カモを漁る。また覗き見する放浪者で、街に遊蕩の極致なる風景を見つけ出していく。観察の快楽を熟知した、自己移入の達人である〝フラヌール〟はこの世を「絵のように」切り取っていく（Sontag 1979: 55）。

かつての中産階級の〝フラヌール〟が、都市の暗部に惹かれていたとするなら、二〇世紀の写真を撮る人は、ありとあらゆる場所、事物、出来事、人物に惹かれていると言える。同時に、写真を写す人も見られ、写真に撮られるのだ。一人の人が見る人であり、見られる人なのだ。

視覚へのこだわりが一九世紀ヨーロッパで、のちにアメリカの都市部で広がっていった。一八八〇年代のシカゴ市の摩天楼の開発は知覚をさらに分化させたが、建物の内側にいる人は展望窓を通して群衆を見おろし、見渡すのだが、そのとき、街の匂いや皮膚感覚からは遮断された状態におかれているのだ。とくに見ることだけが、触れること、臭うこと、聴くことから分離され、知覚の分化はさらに進んでいったのだ。まなざしの新しい装置が作られはじめ、また拡大していった。たとえば、絵はがき、ガイドブック、写真、日用品、アーケード、カフェ、ジオラマ、鏡、板ガラスの窓、それから「容赦ないまなざしの帝国」から生まれた拘禁の場、牢獄である（Foucault 1976: 39; Urry 1992）。

〝フラヌール〟が近代性の代表的な姿だとすると、列車の旅客、ドライバー、旅客機の乗客もそうである。こういう交通機関の登場は見ることとの性格を変えていく。観光のまなざしの「静態的」な形、たとえばバルコニーからのそれは、その人の前に二次元の形、色、景色の細部が横たわっていて、人は自分の目でその周りを見渡すという行為に焦点を合わせている（Pratt 1992: 222）。そういう静態的まなざしは範疇としてはカメラの静止画像ということになろう。それにたいして、W・シヴェルブシュが「視覚の移動性」という言い方をしているものがある。それは迅速に過ぎ去る全景、多次元に流れる激しい感覚、すなわち場所、人、転変するものの流れである（テレビや映画でよくある突進してくる映像と同じ）（Schivelbusch 1986: 66）。そこには種々の〝一瞥する観光〟というものがあり、走行中の列車の窓から、車のフロントガラスから、船の舷窓から、あるいはビデオカメラのファインダーからの景色を捉える行為がそれだ（Larsen 2001）。W・シヴェルブシュがこういうことを述べている。「旅人は、世界のどこへでも運んでくれる交通機関から（…）ものを見ている。交通機関が作り出している装置と運動が一緒になって、見るという感覚になっていく。だから彼は動いている最中《さなか》でしか見えないのだ」（Osborne 2000: 168 で引用）。

一九世紀の鉄道の発達はこの動くまなざしにとってきわめて大きい意味を持つ。鉄道の車両からの景色は、枠取られたパノラマがさっと過ぎ去る、その連続として見られるようになった。「展開する視覚《パノラミック》」である。もはやゆったり眺めたり、スケッチとか絵の対象にしたり、あるいはいずれにしても捕捉できるようなものではなくなった（Schivelbusch 1986）。ニーチェはいかに「だれもが、鉄道列車の窓からその土地と住民についての知識を得ようとする旅人に似ているか」と書いている（Thrift 1996: 286 より引用）。鉄道は、アメリカの開拓時代において、まだ最初期ともいえる観光の発達にたいして、とくに大きな影響を及ぼしてきた。旅行者たちは鉄道がいかに空間感覚を無くしたかと書いている。乗り心地の点ではかならずしも歓迎されていたわけではないぐらい猛烈な速度だったのだ。鉄道の旅は、駆け抜けるにつれて展開する景色の広大さ、巨大さ、圧倒的迫力というような、広大無辺とでもいう感覚を生み出した(Retzinger 1998: 221-4)。一八八八年当時、ある人が、鉄道の旅はまるで「森を抜け海を目指す一直線《エアライン》」だと言っている(Löfgren 1999: 3)。

似たようなことで、自動車のフロントガラスからの景色も「一瞥」という意味で大きな影響を与えたものだ。街の〝実感〟あるいは風景が通りすがりに評価されてしまうということになるのだ(Larsen 2001)。別の研究書で、J・アーリは自動車交通の歴史上の契機を詳しく論じ、あわせて、いかに両大戦間のヨーロッパで自動車運行が「行く先の生活と歴史を貫く旅」の一種になっていくかを述べている(Urry 2000: ch. 3)。だんだん家庭中心になっていく中産階級が、かつてないほど大挙してファミリーカーの〈モーリス・マイナー〉に心地よく安全に座り込んで「イングランドを駆け巡り、写真を撮りはじめた」(Taylor 1994: 122)。一方、戦後のアメリカでは、ある景色が根本的に姿を変えてしまった。それは、「ドライバーを〈楽しませる〉べく、〝大通り《パークウェー》から見ておもしろい〈絵〉になるよう〟な楽しめる風景を造ったことだ」(Wilson 1992: 35、〈 〉は引用者)。この状況からは、自然というものを、なにか「目だけで理解されるもの」に変えてしまったことが見てとれる(Wilson 1992: 37)。車の窓からの景色が何を意味するかというと、「スピードを増せばますほど、大地はのっぺらぼうになる」ということだ(Wilson 1992: 33)。もうすこし一般化してジャン・ボードリヤールはアメリカの荒野は、尽きることない未来と過去の抹消と刹那の勝利のメタファーになっている」という意味のことを述べている(Baudrillard 1988: 6)。荒野をぬけていく自動車は、自分の過去を後ろに置き去りにして、前へ前へと走り、このフロントガラスの形に切り取られた、つぎつぎと消えゆく空虚を見ているといえよう（Kaplan 1996: 68-85）。さて、いままで論じてきた絵のように構成するまなざしと近い類縁関係にある写真の前史から始めて写真の本質に進もう（以下の節についての詳細は Larsen 2004a 参照）。

永続希求と写真のはじまり

写真は一八四〇年代にヘンリー・フォックス・タルボットとルイ・ダゲール両名がほとんど同時に一方はネガ・ポジ処理方式、他方は銀板写真《ダゲレオタイプ》を発明した、と自らが発表したことに始まる。そのことはすでに述べた。ただ、画像を〝投影〟し〝留める〟化学的、物理的基礎はそれより早くからもう確立していた。カメラの光学的な原理は少なくとも二千年前から知られていて、ある種の化学物質が光に反応することも一七二七年には定説になっていた（Batchen 1999）。H・ゲルンシャイムは「写真術がもっと昔に発明されなかったことは、今もって写真史の中の最大のミステリーである」と述べている（Gernsheim 1982: 6）。

しかし、技術上の発明を生み出すものは、科学知識よりむしろ社会の切実な希求なのだ、ということがわかっていれば、これはミステリーでもなんでもないことだ。ミシェル・フーコーの『知の考古学』の方法を援用して、G・バッチェンが説明するのは、いまの感覚で「写真」と呼んでいるものを欲しいと思う感情が生まれ、それ自体が科学者、作家、画家、観光者になかで「ひろく認知された社会的要請」になったのは、やっと一八世紀の後半から一九世紀の初頭になってからなのだ（Batchen 1999: 36）。写真術がまだない時の観光者が、自分たちのカメラ・オブスクラやクロード鏡の映像が消え去り、捉まえがたいのを「なんとか」永続させられないかと希求しはじめたのだった。一七八二年に、牧師で文筆家のウイリアム・ギルピンがこういうことをいっている。

色鮮やかな絵が連続して目の前に流れている。まるで想像世界の中の幻想のようだ。あるいは夢の中の輝く光景だ。形と色がこのうえなく輝いて連続して我々の前を流れていく。もし、一瞬の一瞥が、万一にもそういう風景とぴったり一致させるようなことができたなら、その場面を定着させて、わがものにするためにいかなる対価をはらってもいい（Batchen 1999: 93-4 より引用、傍点は引用者）。

半世紀後に、イタリア旅行中のフォックス・タルボットの持参していたカメラ・オブスクラがうまく機能せず、このことから、自然美を紙の上に楽々と定着させるような機器がほしいという希求が生まれた。A・M・ペリッツァーリはこういう。「写真が生まれたのは、魅力的な外国の景色を目の前にしたフォックス・タルボットのその道としての達人としてもどかしい、と言う感覚があったからだ」（Pelizzari 2003: 55）。フォックス・タルボットは写真集『自然の鉛筆』のなかでこう書く。

一八三三年の一〇月の初めごろ、私はイタリアのコモ湖の美しい岸辺を楽しんでいた。ウォラストン式カメラ・ルシダ〔鏡、レンズ、プリズムなどをもちいて、対象物と画用紙面を重ねるように見て、これを鉛筆でなぞって描く、スケッチの補助装置で、ウィリアム・ウォラストンが一八〇七年に特許をとったのでその名前がある。ラテン語で〝明るい部屋〟という意味〕でスケッチをしていた。というよりむしろ、スケッチしようと奮闘していた。しかし、出来栄えはゼロに近かった（…）。あれこれ思っているうちに、そのアイディアが私に浮かんできたのだ（…）。もし、この自然の姿を紙の上に持続的に写し込み、留めることが可能になればどれほどすばらしいことか

（…）（Talbot 1844-46: ページなし）。

こういう永続希求がこんにち写真として私たちが知っているものを発明させる動機となっていたのだ。フォックス・タルボットは、『光反応式作画技術《フォトジェニック》について』で、「絵を描く技も知らない（不幸なことにあまりにも多すぎる）旅先にいる旅人にとって、この小さな発明は本当に役に立つものとなるだろう」と記している（Talbot 1839: 11）。旅人たちはこの発明を熱望していたのだ。あるフランスの雑誌の報告に「全旅行者のなかで、遠国への出発を遅らせた人をすくなくとも一人ならず知っている。それは、銀板写真《ダゲレオタイプ》の実演を待ち遠しく待つあまりにだ」（Schwartz 1996: 18 より引用）。フォックス・タルボットは自分の写真術の発明を次のように書いている。

> もののなかでも最もうつろいやすい光の影、万物ははかなく束の間である、というような箴言的表現もあるが、私たちの作った〝自然の魔術〟の呪文でもってこれを留めてしまうことができるようなのだ。ある位置での姿は、一瞬だけのものだと宿命づけられていたが、その位置で光と影が永久に定着することになるのだ（…）。以下が真実である。紙面にうつろいやすい光の影を受けてそこに留め、それもなん分もしないうちにそこに定着させ、しっかりと付着させるのでもう変質することはない（Talbot 1839: 12）。

この「自然の魔術」は一八四〇年に実現した。第一章で見たように、一八四〇年は、世界が動いて新しい関係性のかたちが確立したと思える画期的な瞬間の一つである。団体旅行という方式、旅への願望、写真現像技術という三者の奇妙な一致があるのだ。一八四〇年から以降、観光と写真は互いに結びついて一体となり、不可逆的なそして巨大な二重らせんとなり、そのなかで姿を変えていったのだ。このときから「観光のまなざし」というものが、移動する近代世界に参入しその世界を作ることになったと言いうるのだ（Macnaghten and Urry 1998: 180-5; Löfgren 1999）。

一八四〇年から、旅人は写真を撮り、写真は場所に変化を与え、遠隔地の姿がぞくぞく集まり、これがひろく人目に曝されてきた。圧倒的な曝され方で、これが観光的な好奇心で世界を観るという術を広めた。これが与えたのは、模擬移動する体験でもって、田舎、古代、異国情緒を近代の大都市に運び込んだあげくの、膨大な「イメージの繁殖」と予想もつかない「観る世界の地理的拡大」だった。

一九世紀の後半は、視覚のある種の狂乱状態に生きていた。これはもちろん画像の社会的増殖の効果で、挿絵入り新聞がいままでになく広範に売られ、出版ラッシュ、風刺画などがうまれた。その効果は、また、ある意味、見えるもの、表象されるものの分野の地理的拡大でもあった。それは旅行や探検や植民地化によって、世界が専有化されてきたのと時を同じくして、世界が見えるようになったのだ（Comolli 1980: 122-3）。

T・ミッチェルが論じているように、一九世紀後半は世界を「博覧会のように」理解し整理づけていた。この時代は「世界を絵画のように配置して（…）（そして）観てもらい、詮議してもらい、また体験してもらえるように見物人の前に展示物のように（並べていた）」（Mitchell 1989: 220）。いわゆる「本物」の世界が見世物的な展示会と思われるようになってきた。これは、T・ミッチェルがハイデッガーに拠って言っているのだが、ハイデッガーは近代というのは「世界画像の時代だ」と言っているというのだ（Heidegger 1993）。「展示会・画像＝近代世界」が意味することは、世界が展示されているということだけでなく世界があたかも絵であるかのごとく認識され把握されているということなのだ。見るという感覚の急速かつ洗練された技術化は、展示物＝世界を実現可能にし、さらに見るということが感覚の覇者となってきたのだ（Jay 1993: 65-6）。

世界を展示物のように対象化し、地球全体を観光のまなざしのためにお膳立てしていく写真の力はスーザン・ソンタグが強調している点だ。「（写真の）もたらした最大の影響は世界を百貨店、あるいは壁のない美術・博物館に変更していくことだった。そのなかでは、どんな主体も消費の対象に価値下落させられ、審美的評価の対象として宣伝販売される」（Sontag 1979: 110）。一八五九年にすでにアメリカの作家オリヴァー・ウェンデルは、写真がいかに世界の表情を「持ち運びが簡単で安っぽい」ものにしてしまったか、嘆いている。

> そこにあるのは〈コロセウム〉とか〈パンテオン〉一つだ。それなのにこれらが建てられて以来、何百万というネガを生み落としている。何億という写真の元だ。質量の大きなものはかならずしっかりしていてまた大切にされる。しかし、紙は安っぽいしどこへでも持って行かれる。私たちはいまや発明の果実を手にした。だから本質になどに煩わされる必要はない。およそ考えられる〝自然〟と〝芸術〟の対象すべては、やがて私たちにはそのおもて面《づら》だけで値踏みされるものとなるだろう。私たちは好奇心に誘われ、美しく偉大な対象を求める。南米で家畜を求めているのと同じだ。ただ、それは〝皮〟を求めてだ。そして中身は価値がないとして捨てられる（Wells 2001: 20 より引用）。

写真術以前には、場所が移動をするということはそうあることではなかった。画家はいつも自分の〝住まい〟に居たまま想像で独特の場所を描きだし、他所へ運ばれるのはそういう絵の中の場所だった。しかも、絵は制作するのに時間もかかり、運ぶのも不便だし、それ一枚の独自のものである。写真の増殖は一八八〇年代の中間諧調の網点版の導入で一気に広がった。これが写真を、新聞、雑誌、書籍、広告に機械的に複写印刷することを可能にしたのだ。写真術は消費者資本主義と一体化し、世界にはいまや「いままでならまったく用いられなかったか、せいぜい一人のお得意に向けて絵画のかたちで使われた画像、風景、出来事が果てしない分量で」流布しているのだ（Benjamin 1973: 163; Osborne 2000: 11）。世界が資本主義によって「百貨店のように」整序されていくにつれて、「表象の繁殖と流布は（…）目を見張るような、実質的にはそこから逃げることもかなわぬ世界規模の大きさになっていった」（Greenblatt 1991: 6）。徐々に写真は安価な大量生産品となり、世界は目で見え、美しく、好ましいと思われるようになった。体験は、安っぽいイメージ化で「民主化」された（Sontag 1979: 7; Tagg 1988: 55-6）。軽く、小さく、大量生産される写真は、場所の時空間流通のための機動力ある媒体となった（della Dora 2007: 293）。迅速に移動していく映像のおかげで、場所は実際にも動きだし、他の場所とつながり、距離をへだてても消費が可能になってくる。

この写真の移動運動は場所を壊すわけでなない。むしろ、関係の経済の中で、まなざしや場所を作り上げるのだ（Crang 2006: 54-5）。写真は、既存の世界を写すものであるとか歪めるものであるとみなす代わりに、世界を作りあげる技術として理解されることもできよう。「像《イメージ》というのは現実を超えて、あるいは現実に対抗的に現れてくる何かというのでなく、ひとが現実を確立するために作動させる行為の一端なのだ。鏡映を基底的なメタファーとして見るのでなく、見る技術が世界を摑み取る方法を形成しているのだととることだ」(Crang 1997: 362)。写真は、地理を鏡のように写し取るとか表象するとかいうのでなく、それを全部とはいわないが一部は文化的に、社会的に、モノとしても創出するのだ。写真は、エドワード・サイードが概念化したところの「心象地理」というものを創り出すのだ(Said 1995: 49-73)。「機械的に再現される」像への希求というのは、ヴァルター・ベンヤミンによれば、「モノを空間的にも人間的にももっと近くに引き寄せたいという現代大衆の願望があり、それはまさにあらゆる現実の唯一性を、その複製を容認することで、無化してしまいたいという傾向と同じく、熱烈なものである。この願望は日々増大し、強くなり、何かの似姿でもって、あるいは何か複製の形でもって、対象を間近でしっかり手中に収めてみたいと思うようになるのだ」(Benjamin 1973: 225)。旅をする方途ももたない、恵まれない大多数の人にとって、当時、写真は、実際ならひるんでしまうし金もかかる旅をすることなく、世界一周旅行券の代わりになってくれたのである。

> 家の炉辺で写真をゆっくり眺めていられるというのはいかにもお得なのである。なぜなら、私たちの満足と教養のために、重いやっかいな写真器具の入った荷物を担いで、野を越え、海を渡り、川や谷を渡って、岩や山を登って行く果敢で冒険的行動をする芸術家の方々の疲れも、不便も、危険もいっさい縁遠くいられるからだ。(アントワーヌ・クローデ)〔ルイ・ダゲールの弟子で、初期写真機制作と撮影に携わった〕(Gernsheim 1989: 66-7 より引用)。

一九世紀のある旅行写真家は、「これらの写真の忠実さは、情景を目のあたりしているかのような読者の場に立って、可能な限り至近距離から取り組んでいる」とその信念を覗かせている（Ryan 1997: 25より引用）。ロラン・バルトは写真の「存在論的なリアルな感覚」は「そこにいる」という感覚、文字通り写真に撮られた場面へと「戻」されると言う感覚を呼び起こすものだと論じている（Barthes 2000）。つまり、写真は画像上の旅への誘いをするのだ。とはいえ、「そこにいる」という感覚を喚起する力は、また文化的に構築されたもので、媒体のそうとうな現実感への信頼があって、初めて発動する。写真術は現実を転写する手段だと〝思われている〟。だが、出来上った写真は世界の表明だとは思われない。せいぜいのところが世界の断片か、むしろ現実の矮小化された薄片であって、構成された世界の中身やイデオロギー的な内実など明かすこともない。カメラはウソをつかないようにみえる。写真のリアリズムは、旅を本物で魅力的だと思わせていた。写真によっていろいろな場所を訪れるのは、時には、本当の旅行と同様すばらしいと思われていることもあった。写真は「ふつうの旅人なら完全な状態では知ることのできないような景色を私たちに紹介してくれる。写真なら、私たちを古代の建造物の跡の前に連れて行ってくれて、昔の失われた人たちの歴史記録、過ぎ去った時代の英知、趣向、力を画像でしめしてくれるし、そのおかげで私たちはそこを訪れたことがあるかのように親しみを持つようになる」（Schwartz 1996: 16, 傍点は引用者）。

この初期の段階では、写真による仮想旅行を、人々は「本物」の身体的な体験の代わりにして満足し、写真によって旅への願望が刺激されるというようなことではなかった（Schwartz 1996）。肘掛椅子に座って、身体に煩わされることなく目だけで見物に行けたのである。身体的な観光の問題点はその肉体であり、アラン・ド・ボトンによれば、「私たちは一か所に住むことができるのが最高だ、そこへ行かなくてはならないというような、よほどいらぬ課題にでも直面することでもなければ」となる（De Botton 2002: 23）。

ただ、より概括的にいうなら、観光地は遠い土地という神話でひとの気持を掻き立てるところがある。P・クラングがこう論じている。「観光は動と不動、在るモノと無いモノという相互作用として作動する。どういうことかと言うと、観光者というのはある場所に行きたいと思う一方で、私たちの調査では、じつはそういう場所にいても、そことは別の、つまりそこにない場所が気持ちの中に存在し続けている。空間と時間の中に放擲してきたはずの、遠い別のいろいろな場所がその観光地につきまとっているのだ」(Crang 2006: 45, 55)。ここには、観るという行為自体が、じつは観光者と一緒に旅して来ているのだという意味があるのだ。J・ダンカンは、一九世紀のイギリスの観光者がいかにスリランカの〈キャンディ高原《ハイランズ》〉を自分たちの故郷の光景との類似点から観ていたかということを論じている。ある観光者は故郷に宛ててこう書いている。「キャンディ高原ではついつい、心はイギリスの湖水地方に戻っていきます」(Duncan 1999: 156)。故郷から七〇〇〇マイルも離れて旅をしてきても、観光者は故郷の光景への思いに引っ張られているのだ。新しいものを観る衝撃も「故郷というフィルター」を通して見ることで馴致されてしまう。

旅行写真は本物の文化、原住民、古い伝統の「消失」を防ぐ観点から要請されることがよくあった(Albers and James 1993; Taylor 1994; Schwartz 1996; Gregory 2003; Cohen and Manspeizer 2009; Whittaker 2009)。写真は、時間を止め対象を保存するというこの懐旧的な要請に用いられることがある。写真は時を止めその瞬間を永遠の基とするからである。写真は「それがそこにあった」と証明する。写真は「見る時刻装置」みたいなものだ(Barthes 2000)。

ただ、「客観的な」カメラは「消えゆく」風景や「ちがったモノ」を捉えるための指針が求められていたのだ。写真を撮る人はある様相には見て見ぬふりをして、ちがった他者を美化してスポットをあてていた。逆説的に言うなら、カメラの目は人間の目なら適格に見、ほとんど見えないようなものでも把握している情景を、あえて見過ごすのだ。撮影時を表してしまうモノや今の人たちや外部との連関などを消し去って、西洋の旅行写真は、望ましい本物のオリエントを創り出すために、時など無視した往時の構築物や記念建造物の世界にだけオリエントを閉じ込めたのだ（Schwartz 1996; Osborne 2000）。想像の世界に現物をいったん固着してしまうと、彼らは違う現実に遭遇しても、その想像の世界を写真にしてしまうか、あるいは、望ましくない現代の形跡を写真原版から修正して消してしまったのだ（Jackson 1992: 95）。

一枚の写真はこのように積極的な意味化作用の作為の成果であり、写真を撮る人間は、撮影対象やその方法を選択、構築、形成しているのである。とくに写真に撮られるような対象を美化して、理想化されたイメージを構築しようと努力することがあるのだ。スーザン・ソンタグは端的に「写真の美化傾向のため、困窮を伝えようとするメディアが結局その苦しみを中和してしまう」（Sontag 1979: 109）。写真を撮るということは、ある意味、写される対象を自分だけに取り込んでしまう行為なのだ。ここには〈権力＝知〉関係がある。対象を視覚的に知るということは、そこに権力を及ぼすこととも言える、たとえ一瞬であれ。

写真はこのようにまなざしの対象を馴致する。最たるものの一つが自分にとって珍しい異文化である。アメリカでは鉄道会社が、とくに「絵になりそうな、古い」衣裳をまとった種族をわざわざ選び出してインディアン・ショーの撮影会を熱心に催したことがあった（Albers and James 1988: 151）。写真の美化術《レトリック》は、〝馴致〟する力であり、文化的メッセージや内包《コノテーション》を「自分の風土に移植」させてしまう力なのだ。職業写真家の写真は偏向と構成で成り立っているのだが、どうしても写真の絵柄はあたかも自然そのままを撮ったように見えてしまうのだ（Barthes 2000）。

こういう旅行写真は「本当」で「客観的」だと見ることもできるが、それは表現された場所の生活の複雑さそのままを写しているという意味からではなくて、この写真が、これらの世界を見ている西洋的な幻影の既成観念の投影であって、この幻影をさらに確固たるものにするものだという意味からだ。言い換えると、こういう旅行写真は独自の西洋的な見方としては「その通り」だったのだ。遠いところの姿は西洋式心象地理に変形されていったのだ。〝写真家〟は客観的写真機を文化帝国主義の技術として、自民族中心主義のフィルターを通して世界を描くため、あるいはまなざしを向けるための用具として使いたかったのだ（Albers and James 1983; Schwartz 1996: 30-1; McQuire 1998: 39）。

コダック化

観光者がみずから写真を撮るということをはじめて行ったのは、〈コダック社〉が使用者の立場にたった軽量で安価な〈ブローニー・カメラ〉を初めて発売した一八八〇年代後半のことだった。それまでは写真は消費されるもので、自分で産出するものでなかったからだ。〈トーマス・クック〉と観光との広い意味での関係と同様、コダック社も、写真術については、消費者向けのそれ専門の会社が必要だということに気づいていたのだ（Slater 1991, 1999）。同社は新興中産階級の家族と観光とにターゲットをしぼっていた。この二つは、「コダックすること」の権力＝知の関係が「コダック時間」と「コダック家族」を生み出す媒体や場になっていくだろうとみていたからだ。アメリカで、その後、大半のヨーロッパで、コダックは写真術を、余暇に遊ぶ家族中心のパフォーマンスそのものとして作り変え、新たなシナリオを作成していった。コダックは実際にも、モノと社会関係という新たな組み合わせを作り出し、新しい方法を開発することで、〝観光的〟写真を考案していったのだ。

一八九〇年にはすでにコダック社のカメラは、エジプト旅行をするヨーロッパ人観光者にとってはふつうのものとなっていた（Gregory 2003: 211）。一八九九年の『フォトグラフィック・ニュース』誌は「今月、バーミンガムの町から何千人という女の子たちがイギリスの観光リゾートへ散って行った。そしてそのうちのかなりがカメラを所持していた」と報告している（Coe and Gates 1977: 28より引用）。一九一〇年にはアメリカの家庭の三分の一にはコダック社製のカメラがあった（West 2000: 75）。コダック社はカメラとか写真を撮ることを「あたりまえ」のことにし、写真を撮ることを新たな「観光のハビトゥス」としていった。

その一つの段階は、写真を持ち運びが便利で扱いが簡単なモノにすることであった。現像はその場で行なわれなくてはならなかったので、初期の写真術ではかなりの知識が必要で「重い機材を担いでの旅」となった。コダックの創始者イーストマンは一八七七年にこう言っている。「当時は、写真機を〝手に持つ〟ことなど、そう簡単なことではなかった。機材一式完全装備で、写真機はその装備のただの一部だった（…）。私も完全装備してわかったことは、力持ちということだけでは十分でなく写真を撮るために、野外をいとわない人でなくてはならなかったことだ」（Ford and Steinorth 1988: 14で引用）。イーストマンは、写真技術など持たない大衆を取り込むためには、写真術を「軽快」なものにするほかないと予見した。コダック社はこの難点を「その場で一括処理する」ことで乗り越えたのだ。すなわち、「コダック・システム」は、軽くて携帯可能な手持ちのカメラに一〇〇コマ撮影できるロールフィルムをすでに装塡しておくというものだ。写したあと、カメラをコダック社に送ると、プリントしてくれ、それとともに新しいフィルムを装塡して戻してくれる。重装備なうえに技術も必要で煩雑なかつての写真術が、いまや単純明快、消費者優先の写真にすがたを変えたのだ。「コダック方式では、写真にまつわるたいそうな設備の必要はありません。その結果、勉強しなくても、経験がなくても、面倒くさいことも、暗室も化学薬品も必要なく、さらには指先を汚すこともなく、だれでもが写真を撮ることができるようになります」必要なのはただ「狙ってボタンを押すことができればよろしい」(West 2000: 49, 51より引用)。コダック社がスローガンにしていたのは「あなたは、ただボタンを押すだけ。あとはすべて当社にお任せください」だった。

コダック社はマーケッティングを通して、写真を写す人《アクター》の新しいネットワークの文化的意義ならびに社会的パフォーマンスの台本を書きあげたのだった(Slater 1991, 1999; West 2000)。「愛する家族や友人」ということと「観光」はコダックの狙い目とぴったり一致した。狙いとは、人々や家族たちに苦しい不快な体験を排除して、「ノスタルジアの対象となる体験や思い出だけがあること」を知ってもらうということだった(West 2000: 1; Hammond 2001)。不都合を看過し、忘れるという行為は、写真(の「別の面」だが)には不可欠のものとなり、ノスタルジアはこの文化的な視点の特質を決定することとなった(Taylor 1994参照)。コダックは、この新しい簡便化方式は写真術を簡単にし、かつ楽しいものにしたという点を強調したのだ。〈コダック・ガール〉はおおよそ八〇年のあいだコダックカメラの宣伝のマスコットだったが、その女性は車を運転し、あるいは列車に乗っていて、めずらしい景色や場所にまなざしを投げかけているが、この若い女性の姿は「写真を撮ることのさわやかな悦びと冒険(…)、小型カメラを扱う感激と、現像、焼き付けの苦労もなく、なにげない瞬間の被写体を捉えること、異国への旅の記録をとることを普及させたのだった」(West 2000: 13)。この女の子はカメラを旅行の標準装備として、また写真撮影を観光でのあたりまえの行為とすることを流布させた。このときの宣伝写真のキャプションの「〈コダック〉をいつもお手元に」、「出かけるときは〈コダック〉」、「休暇は〈コダック日和〉」、「外はコダックを呼んでいる」などはだれでも知っているものだった（West 2000: 同書の図版2、8、9、16）。コダックの「易しさ」のモットーは、自由、いつも行く旅、楽な写真を意味した。

コダック社の宣伝は家族の生活や思い出を中心に展開された（West 2000: 13）。新しい宣伝文句は「あなたの思いでの物語はコダックにおまかせ」で、これはコダックによる記録は、人の記憶のあいまいさをはるかに超えていると言わんばかりの言説を編制したものだった。

永遠に続く貴重な休暇旅行、それはコダックとともに過ごした休暇しかありません。（…）行楽旅行の思い出ほど楽しい思い出はそうはありません。でも、あなたはその思い出をいつのまにか忘れ去っています。思い出せることはわずかでしょう、そのいちばん幸せだった瞬間すら。今年の休暇旅行はもう忘れたくないですね。コダックを持って行きましょう。そして幸せな日々を大切にしましょう。幸せなシーン一つひとつをコダックでスナップ写真にしてください。その小さな写真で、あなたの休暇旅行が生き生きと蘇ります。写真はあなたを繰り返し陽光へと、自由な時へと、引き戻してくれます（Holland 2001: 145より引用）。

カメラは観光に不可欠の用具として宣伝されるようになったのだ。それは家族が自分たちの体験を「物語る」ということを可能にしたからだ。そうやって、彼らは、何度も何度も「陽光へと、自由な時へと」立ち戻っていくことができるのだ。もう一つの広告はこういうことを教えるものだった。「夏の日のコダック物語は歳月が過ぎ去るにつれて魅力を増していくのです。いつまでも興趣は尽きず、あなただけのもの、あなたの見たあの場所、あの人たち、あの出来事を語ってくれます。ちょうどあの時あなたが見たとおりに語ってくれます」（West 2000: 179より引用）。コダックは「家族」の画像はこの世に二つとなくアウラに満ちるであろうと確言するのだ。家族など、他の観光者と似たり寄ったりだとしてもだ。家族は自分たちの「愛するもの」と世界を自分たちの目を通して写真で見せているからなのだ。

コダックは、写真技術を「身近な」技術に作り直し、イメージを変えていくことに精力的だった。それは家族生活にとって重要なことだったからだ。コダックは「近代アメリカ人に、ものの見方、記憶の仕方、愛し方を教えたのだ」（West 2000: xv）。そして、R・チャルフンによると、このことが特殊な「コダック文化」を形づくったのだ。この文化で、個人の日常写真を撮るという慣習と意味が決まってしまったのだ（Chalfen 1987）。写真は、家族、消費主義、観光というネットワークを作り上げた。「この三つの事項を結びつけているのは、家庭の余暇という主題である。遊びの中にいる近代の家族は（…）、日常生活がわからなくなっている」（Slater 1991: 57-8）。ピエール・ブルデューが焦点を当てているのは、写真と「家族生活」との錯綜した関係である。「写真にかんする慣習行為が存在し、かつ存続していくとすれば、それは、おおよそのところ、その家族という機能によるものだ」（Bourdieu 1990: 14; Kuhn 1995; Rose 2003, 2004）。写真は家族生活の情感的〝見せ場〟を永遠に留め寿《ことほ》ぐものなのである。観光写真のおおかたは、家と行く先とのあいだの移動空間やめずらしい場所、そして家族の顔が被写体になる。観光写真と家族写真はこのように別々の世界でなく、観光空間の中でいつも両者のあいだの懸け橋となって行き来している（Haldrup and Larsen 2003; Larsen 2005）。

観光パンフレットによってそそられた憧れの気持ち、といっても感傷的で陳腐なものだが、これは、自分の旅行計画(人生そのものですら)がいかに単純極まりない、根拠もあやしい幸福のイメージに影響されているかということの見本であって、あるいは、棕櫚の木が南国のそよ風にかるく傾いている写真一枚だけで、この冗長で、べらぼうに高い旅行に人を参加させる気にさせるのかという見本でもある。わたしは西インド諸島のバルバドス島へ旅をすることに決めてしまったのだった(De Botton 2002: 8-9)。

商業写真の魅惑

この節では、いかに、商業写真が脱フォーディズムの消費者資本主義に関係した〝欲望生産的〟な〝権力=知〟の機構であるかという点を検討してみる。商業写真という知の権力術は技巧的イメージが必然的に内包されていて、写真に撮られた場所へ「おのれの身体を移動させたい」という願望に刺激を与える(代用になるわけではない)。仮想の移動は観光産業にとっては明らかにビジネスとしてまずいのだ。ミシェル・フーコーに倣ってさらに広げて言うなら、私たちは魅惑的なイメージと観光地の生成には、制度的な媒体があることがわかる。すなわち「それを専門とする人のまなざし」であって、その中に景観と監視が入り込み、権力=知の関係が展開されるのだ(Hollinshead 1999; Cheong and Miller 2000)。

私たちはここで「棕櫚の木が南国のそよ風にかるく傾いている写真」が「冗長で、べらぼうに高い旅行」を誘致してしまうのはどうしてなのかを考えてみたい。商業写真は観光業から二つの役割を担わされている。身体の旅への願望を作り出すこと、そして非日常の心象地理を持つ観光地を台本化し舞台に乗せることである。言い換えると、「観光地生成とは、要するに、場所像の構築と同時にその場の様式にそって体験する主体の形成にある」(Goss 1993: 663)。

消費者資本主義は、きまぐれな消費者の需要と、欲望する身体を創り出してくれる写真に「投資」する。この身体は、あえて言うなら、消費するように馴致されている(Berger 1972)。宣伝は消費を惹起する。宣伝はひとの不安と不満を露呈させ、そののち、束の間の逃避、息抜き、さらに消費や他所《よそ》の場所へのあこがれという改善策を与える。宣伝は人々に、消費は人を幸福にし、美しくし、充足感を与えると教える(Berger 1972: 133)。

美化したり、消去したり、誇張したり、紋切型にしたり、反復したりして、商業写真は、R・シールズが「場所の神話」と呼ぶ心象地理のようなものを創作する。ここでR・シールズは、ここには「さまざまなたがいに別個の意味があり、その意味は、現実の場所あるいは地域と結びついているが、それは現地の本当の特質とは関係がない。イメージは偏向し、過大に、あるいは過小に描かれることもあり、的確であることもあれば不正確なこともある。それは紋切型にされることからくるのだ」(Shields 1990: 60)。体験経済においては、写真は体験を目的とした場面に舞台を設定し脚本を作る。「観光パンフレットは演劇と類似してきている。パンフレットは舞台上の場面をイメージ化する。これを通して消費者は「心象観光景」のなかに入っていく。そして各自がひとりひとりその場所とつながりを持つ。各自の発想に応じてのパフォーマンスを発案しつつ、そこで消費者と製品がつながっていく」(Scarles 2004: 47; 2009)。商業観光写真は、ひとの目を驚かせ、魅惑する「舞台化された」地理によってひとの願望を覚醒させる。そういう写真はふつうの人間の目を通してみたものより美醜の点で説得力のある複製としての場面を造る。これは人間の視覚より勝って見えるのだ。本物を見るより、劇場的に設定され、光もうまく調節され、鮮明で色調もくっきりしているからだ。写真はある場所を見せているだけではなく、演出をし、思い出になるようにしているのだ。それだけでなく、その場所が、「絵はがき名所」のような美化された写真の再構成としてモノ化されて刻印されていくのだ。P・オズボーンによると、

観光者はだれでも、写真を撮るかどうかは別として、写真的な場所と体験を消費する。その場所は観られるため、とくに写真を撮られるために造られ、発展してきたかのようにだ（…）。こういう場所はもう三次元にモノ化された写真であるともいえる（Osborne 2000: 79）。

C・クローショーとJ・アーリやC・スカールズ（Crawshaw and Urry 1997; Scarles 2004）は、写真家たちが「造園技術」と風景を精選する術をつかって場所を見栄えよくするさまざまな方法について分析している（Feighery 2009. 写真資料のフーコー式解釈についての記述を参照）。将来の観光者がその場を、この世ならぬ場所だとでも思ってもらえれば幸いだ、という期待から、またその場所の神話を水増しするつもりで、写真家が削除しようとするのは「乗り物、自動車など年代がわかってしまうもの一切（…）。目障りになるもの、気になるもの一切。派手な服を着た人、ビニール袋などをもっている人（…）、枯れ木、有刺鉄線（…）、廃屋、足場、道路標識、ごみ箱、駐車場、群衆、交通渋滞、低空を飛ぶ飛行機、短パン」である（Crawshaw and Urry 1997: 187）。写真家は風景を、適切な光、枠、構成の下ではじめて舞台化する。根気がいちばん大切だ。写真家はその場面にある好ましくないモノ、ヒトを無視し、編集者の「コンピュータ技術」で、いまではデジタル処理を使ってその場の現実に大いに改変を加えることをしている。ふつうの画像の中の、一部分がそれとわからず削除され、位置を変えられ、強調され、並置され、ある

いは他の写真の部分と合成されたりする。「整形手術」と「メーキャップ」で、浜辺は眩いばかりに輝き、海と空は紺碧となり、人は日焼けをしてすらっとなる。楽園をダメにするような目障りなものはなにもない。こういう写真術の行為が示していることは、いかに環境は観られるべきものか、人間の支配下にあるか、つまり、人間の所有欲の支配下にあるかということだ（Taylor 1994: 38-9）。

この写真家のつくる観光のまなざしは多々の言説が作り出しているものなのだ。ロマン主義的まなざしは〈湖水地方〉の表象を形成するのに影響を与え、それは、絵のような《ピクチャレスク》とか崇高なる《サブライム》「時を超越した」景色というようにして、他の風景にも及んだが、このことが、モダンを表すようなモノには、見て見ぬ振りをするという要請ともなったのだ。同じことが歴史的街並みの景観設定にもみられる。観光産業と写真の「タイムマシーン」は、しばしば街並みの景観を牧歌的で手つかずの、感傷的で俗っぽい〝チョコレートの化粧箱〟感覚の中に凍結させ、そこではかりに時間が動くとしても緩慢にしか動かない（Waitt and Head 2002）。消去されるのはモダンを表わす物品とかその時代風のヒトである。場は生きた博物館として展示されているが、そこには当時の生活はまずないのだ。「地元の人」が舞台に登場するときのその役割は、そこが本物であるということを示すこと、ロマン主義的な感情を誘発すること、その場面にいかにもの生活感を持ち込ませることだ。絵のような街並みの景観を求めるということは、時間を遡って旅をしてみたいとか、ロマン主義に毒された現実逃避の「黄金時代」らしきところへ行きたいという、いま蔓延している願望に煽られているのだ（Taylor 1994; Larsen 2006a, 2006b）。

異国趣味とか人類学的なまなざしは、これもまた大衆的な色メガネで、これを通して商業的観光画像が神秘的な「別界」という非日常的観光地理を作り出していくのである。種々の研究で、宣伝促進の画像が、民族的「別界」を、前近代として、異国情緒として、そしていつでも視覚的に消費することのできるものとして「凍結」させて舞台化してしまうことが明らかになっている（Albers and James 1983; Hollinshead 1992; Goss 1993; Selwyn 1996; Dann 1996a; Adams 2004）。このような異国情緒としての「別界」は伝統的に裕福な白人のまなざしと比較的貧困状態にある黒人の身体という図柄によって作られ、また消費されてきた。

宣伝の画像はまた、集合的かつ家族的まなざしを使って観光地に魅惑的な舞台を設定してくる（Haldrup and Larsen 2003）。「イギリス人を相手にした代表的な夏季休暇旅行のパンフレット一一冊」の中の「観光パンフレットの人々」というG・ダンが行なった研究で、およそ四〇パーセントの写真は「観光者だけ」を写していた。多くは観光者専用地域とはっきりわかる区域内にいる。「こういう写真では、力点が置かれているのは観光者グループで、一緒に食事をしたり、一緒に砂浜にいたり、共同のプールサイドでゆったりとしたりしている姿で、まるで幸福な大家族のように楽しんでいる」（Dann 1996a: 72）。これにたいして、二四パーセントの写真は、人がいない場所を写して（景色や名所が主である）、地元の人の姿があるのはわずか七パーセントだった（おおくは観光のまなざしのもとで働く人、または地域性をあらわす文化指標になりそうな者にかぎられている）。

商業写真はふつうには見る人が画像に夢を感じられるように作られ、写真は見ている人の欲望と悦楽が成就することを狙って作られている。「典型的な例は、人気《ひとけ》のない浜辺。画面上、海岸線あるいは並木あるいは桟橋が斜めに横切っている。その線は、画像の中に観光者の高揚した期待、つまり快楽を求める激しい感情、その観光の情景とその快楽の中に入り込みたい、中に入れてもらいたいという一途な欲望を誘致するものだ」（Osborne 2000: 85; Scarles 2004）。これと別の例、それは観光者が中に写っているものだ。こういう写真は、パンフレットを読んでいる人の夢想を誘導して、その夢がいかにも叶いそうな気にさせる。この人は自分かもしれない！ これはさらにそこの文章がいつも「あなた」に焦点をあてていることからも理解できる (Scarles 2004: 46)。これは場合によっては歓喜の表情をみせる情愛に満ちた若いカップルの観光者でもいい。その肉体は均整がとれて日焼けして、ともに愛し合っている。これは、太陽の下での行楽が、疲弊した青白い肉体を褐色の魅力的な肉体に変えるということを表したものだ。

商業観光的な図柄は見る人の無意識を刺激することでその効果を表す。「写真は見る人にあたかも現地へ行ったかのような夢を見させる。その結果、見る人の願望、記憶、連想によってあたかも写真の主体であるかのように思えてくるのだ」(Osborne 2000: 77)。「写真は私たちを夢の世界、といっても実在していると思えるような世界へと運ぶ」(Osborne 2000: 88)。商業写真の権力は見る人の「観光地への一体化」心理で作動しているわけだが、一方、また欲望の経済と心象地理によっても作動している。人は誘われたがっているし、そういう画像は誘惑するため巧妙に構成されてもいる。現代の消費者の身体は誘いを受けるようになった身体で、また、たえず新しい刺激、体験、アイデンティティ、場を求めて誘いこまれることを〝願っている〟身体でもある (Bauman 1999: 83; Elliott and Urry 2010)。「欲望は満足することを欲望するのではない。そうではなく、欲望は欲望を欲望するのだ」(M・テイラー、E・サーリネン。Bauman 1999: 83より引用)。広告の画像は「空間のフィクション」でもって見る人の願望と夢を呼び起こし、刺激を与えることでもって構築され、そうやって作動をするのだ。商業写真はフィクションであり、これを見る人に、「あたかも」それが本物だと思って参加することを要請する。不信の思いは控え、かわりに、その写された極楽に、まるで劇場か映画館にいるときのように夢見ることを求める (Osborne 2000: 77)。誘いをかけるためには、夢とフィクションに入り込んでくれる大衆、これが「現実」だと思ってくれる大衆が必要なのだ。フィクションそのものは、本物、現実があってはじめて成立するものだが、フィクションの愉しみのほうは、夢を本当だと思ってもらうことにかかっているのだ（Slater 1995）。観光者は観光の心象地理をそういう風に本物だと見なすことができる。それは風景が「現実」だという信念の上に打ち建てられているからだ。景色も国民性も構築物についても同様だ。観光の願望と夢は手触りのある視覚文法に位置づけられている。この文法は、見たものは本当であって、ウソはマコトに重なるということを要請するものだ。これは、夢想、現実、フィクションの魅惑的な混在であって、「観光地への一体化」と「フィクション化」が同時的に混在したものだ。

写真と観光のまなざし

このように、写真機の発明いらい数知れぬ写真が撮られてきたのだ。この一世紀半、写真を撮る目というとてつもない貪欲さが絶えることなくあったが、これはまた新しいモノの見方、世界の描き方、家庭生活の舞台化、そういうことをする新しい権威の形というものを教えてくれる貪欲さでもあった。一九世紀の北ヨーロッパでは、「別界」を留めおきたい願望と可能性が劇的な展開を見せていた。ここまでみてきたように、場は「コダック化」されていた。こういう願望と、カメラ、三脚、写真の対象を通して留めたい場は、地中海（Pemble 1987）、アルプス（Ring 2000）、カリブ海（Sheller 2003; Thompson 2006）、グランド・キャニオン（Neumann 1992, 1999）、異国風ナイル川（Gregory 1999）、人目を惹くような漁村（Lübbren 2001）、そのほか水辺一般（Anderson and Tabb 2002）がある。

一九世紀のエジプトがいかに視覚的に構成された場所として脚色されていたかということをD・グレゴリーが述べている。教養、娯楽、そして「ヨーロッパ人」観光者の視覚消費を目的として設定された多種多様に画像化された舞台的な場面がそこにあるという。あるコダックカメラを携えた、ナイル川遊覧帆船いわゆる〝ダハビヤ〟の乗船客がこう書いている。「終日、きみの目の前を半野蛮人の生活風景が過ぎ去っていく。それをきみはフランス料理を食っているあいだあいだに、眺めわたしている。まさにコダックカメラで撮ったエジプトの田舎だ。これをデッキチェアーに座り込んできみは眺めている」（Gregory 1999: 131で引用）。これが、視覚で消費をする来訪者用の「新しいエジプト」を創出したのだ。このようなエジプトらしきものは、スエズ運河、〈ナイルのパリ〉〔一九世紀後半、ナイル川河畔に造られた観光目的のパリの街並みのようなホテルや劇場や建造物群、「ニューパリ」とも言う〕、トーマス・クック社、きれいに仕立てた「古代エジプト」、異国情緒いっぱいのオリエンタル風「別界」、観光のまなざしのためにしつらえた便利な見晴らし地点とか展望台からできあがっている（Brendon 1991: 118参照）。

「コダック化」のもう一つの例は、〈コダック・フラショー〉で、これは「伝統的な」フラダンスをあしらったものだ。このコダック社がスポンサーとなって始めたショーは、ハワイでは一九三七年以来続けられていたものだ。これは実際に舞台化され実物の人間が演じるもので、踊り手をいかにも写真向きにしむけ、また写真を撮りやすいようにしたものだ（Hammond 2001）。このショーに先立って観光者は間近で演者の写真を撮ったり、一緒に写真を撮ってもらったりできる。このショーは戸外に設置された舞台で行なわれ、観覧席は舞台中央に向いていて、太陽が（「カメラ観光者」にでなく）踊り手の正面から当たるようにしてある。もちろん撮影に最適な光を確保するためである。ショーそれ自体も写真向きに振付がしてある。動作が速すぎず、踊り手も時に応じて止まり、ある姿勢のままゆっくりしばらく静止する。その間に観光者はそこを写すゆとりができる。このショーは新しい〈コダックとともに〉という、ダンスや衣装や踊り手を間断なく入れ替えて行なわれる定期公演として企画されている（Hammond

2001）。

写真は、このように視覚環境を目いっぱい使うのだ。そこには、何でも写真の画像にしてしまうということ、もう一つはだれでもがそれを写せるという、この二つによって人のたいていの体験のあり方を平等化するという意味があるのだ、とりわけコダックのカメラで、いまではデジタルカメラで。後者については、のちに考察してみる。写真は、したがって、一種のポストモダン化の過程ともいえる。「スペクタクル社会」のようなもので、世に流布する瞬間画像が現実を凌駕していく。「現実」は観光的になり、視覚消費用になっていく（Debord 1983; また前章参照）。画像の消費と生産はきわめて重要なものとなり、出来事に参加することは、すなわちこれをすごい「画像風景」として見ることや写真にとらえることと同値になるのだ（Sontag 1979）。ときに、写真に撮られてしまうと、モノや人は、おもしろいとかおもしろくないとか別にして、どれでも同じように見えることになる。

ロラン・バルトは、写真は目立つもの（人）の写真から始まり、最後には、写されたものは何でも目立つものに仕立てられた、と記している（Barthes 2000: 34 Sontag 1979: 111）。写真は、雑然としたものの見方であって、芸術のように選良専用ではないのだ。スーザン・ソンタグは、写真を撮る人の「過去のハイ・カルチャーの仮面を剝ぐための情熱（…）、俗へすなおに馴れ合っていること（…）、前衛への熱情と商業主義の利益との妥協のうまさ（…）、芸術を文化的な記録へと変容させたこと」について述べている（Sontag 1979: 131）。人は、写真を撮るようになればなるほど、素人記号論者つまり優秀な「まなざしを向ける人」となっていく。彼らは、藁葺屋根で扉の周りに薔薇がからまっていれば「古《いにしえ》のイングランド」を表象しているとか、岩礁に砕ける波は「手つかずの大自然」を表象しているとか、とくに首の周りにカメラをぶら下げている人は「観光者」だということなどを習い覚えている（Hutnyk 1996）。

じっさい、観光はたいていが、写真になりそうなところを探し求める行為となった。ときには、観光旅行は写真蒐集のための方策ではないかと思われることがある。そのあと、これは、商品化するとか、個人的に、とりわけ家族の思い出に、所有するとか、ということになっていく。写真はこうして多種多様な人の移動のやり方を平等化するのに非常に重大な意義をもっていて、写真に撮られた場所はどこであっても、かつての選良が特定したものというより目立つものとなっていった。そして写真は、旅行の形を具体化させ、そうするため、ひとはさまざまな他者を意識して、「景色の良いところ」を捉え、あるいは家族の「コダック時間」を撮ることで旅を成り立たせたのだ。写真は、旅とそしてまなざしを投げかける行為とのまさに特質を形作るのにきわめて大切なものとなった。ある場が景勝地に転じて、何が「見物」をしに行くのに値するのか、どういう画像や思い出をもちかえるべきかを写真は決めてくれていたのだ。写真はほとんどの旅やまなざしを形づくっているのだ。途中で止まり、(スナップ)写真を撮りまた進むということをするのは、その理由からなのだ。写真を撮る行為には義務感が漂っている。特定の場面を見るとか「コダック時間」を逸してはいけないように人々は感じている。そうでないとシャッターチャンスは失われ忘れられるのだ。

人々が写真を撮るということに〝衝動強迫〟を懐いていると言うことは間違っていないだろう。それは、体験それ自体を、見るという方法に変えたいという強迫でもある。極言すれば、体験をするということがそれの写真を撮るということと同値なのだ。また公に知られた出来事に参与することと撮影された写真のかたちでこれを眺めることとがますます同じになってきている(…)。今日、あらゆることが結局写真化されてしまう(Sontag 1979: 24)。

観光のまなざしが、大きくいまのメディア風景によって、またその風景の中で、事前に形ができあがっているということを見てきた。J・ハットニックが「写真的《フォトジェニック》カルカッタ」という現地観察記録のなかで、観光者はたえず「現地の貧民」を写そうとするが、そうする動機は、自分たちがもっている、といってもメディアの発するカルカッタ人文地理の知識だが、これと一致するからだ、と論じている(Hutnyk 1996)。観光者は対象を枠に閉じ込め探っていくだけでなく、自分たちも枠に閉じ込められ固まっているのだ。まなざしや写真を撮る行為には解釈学的循環がある。行楽で求められているのは一連の写真的な画像で、それもパンフレット、テレビ、ブログ、交流サイトなどですでに見たことがあるものだ。観光写真の大半は「引用」の儀式なのだ(Osborne 2000: 81 参照、同じく、Selwyn 1996; Jenkins 2003 参照)。観光者は、自分が出かけるとなると、そこでまた自分用に画像を探し求め、捉えることになっていくのだ。このことで結局、旅行者は、出かける以前から見ていた画像を自分たちも撮影してきたというのを友だちや家族に見せて、自分たちも本当にそこに行ったのだということを見せびらかすということになっていく。写真は、ある人が本当にそこへ行った、あるいは、その山はこのぐらい高かった、あるいは、そこの文化は実際に絵のようだった、あるいは、自分は家族そろってほんとうの団欒の時をもてたということの証拠品を提供するものとなっている。E・コーエンたちはこう言う。

> 人々は写真に自分の身近なもの、子ども、配偶者、友人、親戚、さらには人生でもっとも意義ある、楽しい出来事などを保存しておきたがるものだが、他方には、珍しいこと、おかしなこと、異文化の景色も保持しようともする(Cohen et al. 1992: 213-14)。

観光写真の手法で多いのは、自分の「愛する人たち」を「目を惹くもの」の中に置くというものである。その方法で、両方が尚美的に表現されることになる（Larsen 2005 の数多くの民族誌事例を参照）。観光地は、人々が自分たちの社会的な在り様を構成し維持するときに生み出す物語と言説の網の目に織り込まれていく（Hsiu-yen Yeh 2009）。家族的まなざしで明瞭にわかるのは、いかに観光写真は意味のある場所で意味のある他者を組み込んでいくかということ、それから、人々の連帯感、一体感、親密感という願望を活かし作り出す「劇場」の一部になっているかということだ（Haldrup and Larsen 2006: 285）。

私たちは、べつのところでデンマーク人の文脈における「家族的まなざし」について分析したことを発表したことがある（Baerenholdt et al. 2004: ch. 6）。ボーンホルム島（デンマーク領バルチック海の島）へ行った人たちから収集した千枚の観光写真のうちで半分以上が家族か友だちの一人以上が前面に写っている。一方、他の「観光者」あるいは「地元の人」が写っているのは稀である。行楽に来た人たちは「身内」の写真を撮りたがる。ただ、その「身内」は、社会的、メディア的に構築されたあきらかに「愛すべき家族とか友愛」という概念の反映でしかない。多くの写真は、不幸とか葛藤とかの痕跡の一切ない楽しいひと時に一緒にいる家族が描出されたものだ。人々は写真に敏感である。というのは、彼らがあこがれている家族の幸せを享受するのは、写真空間の中でだからだ。ひとは行楽中の画像を眺め、行楽中の想念上の家族とか友情がこんどは眺めている人を眺め返してくるのだ。完璧な社会関係、完璧な行楽はおそらく共同体の幻想による絵空事であろう。しかし、写真は、あるはずのなにごとかを表しているのだ。観光写真は、日常行動様式の規範の中断とみなされるものでなく、日常についてと同様、何が愛情ある社会生活なのかという独特な概念によって文化的に特徴づけられたものなのだ。

コダックが私たちに教えてくれたことは、記録されないまなざしや思い出は消えて行ってしまうということ、そして研究からわかったことは、思い出を画像のかたちで捉えるための願望がいかにおおかたの観光写真で、その原動力となっているかということだ。観光者が期待するのは、カメラが、手品のように一瞬の流れゆくまなざしや出来事を、不朽の「思い出旅行」への切符を提供してくれるような持続するモノに変えてくれることだ（Haldrup and Larsen 2003）。この意味で観光は「体験を得られるのはそれ自体ではそれほどのことはなく、その先で味わう思い出のためにあるのだ」（Crang 1997: 366）。写真は観光のまなざしを時空の中に拡大していく。研究で明らかになっていることだが、観光者は自分たちの写真を永続する貴重な持ち物とみなしている。写真は命も感情もあるモノで、容易には処分できないモノなのだ（Haldrup and Larsen 2003; Rose 2010）。

カメラは景色と「まなざし」を手に触れられるモノに変えてこのすべてをもたらしてくれる（ちょうど写真が、女性を紙面上でとかビデオでモノ化するように）。モノ化すれば長く続く後の命がある。場所と人間は、人から人へとわたるモノに変化する。そのモノは壁に張られて家を飾り、回想を構成し、場についてのイメージを創る（Spence and Holland 1991; Taylor 1994; 写真の〝後の命〟についてはHaldrup and Larsen 2010: ch. 7参照）。これはデジタル化までは少なくともそうであった。

デジタル化とインターネット化

観光写真の歴史での最近の出来事はデジタル化とインターネット化である。この一世紀のあいだのアナログ写真はいずれにしても死滅しつつある。デジタル写真が一般化したからだが。写真はいまや大量に撮られ、コンピュータ、携帯電話、インターネット上、とくに交流サイトで消費され、流布するようになった。そこには、リアルタイム化への移行、共同参画、距離を問わないネットワーク上の交友関係を反映して、画像のデジタル化、メディア融合、新しい集団的交遊の表現形式がみられる。いまでは、アナログカメラで写真を撮るというのは珍しくなった（Haldrup and Larsen 2010）。二〇〇四年にコダックは欧米では従来型のカメラの販売を停止した。同時に、六八〇〇万台のデジカメと二億四六〇〇台のカメラ付き携帯が世界中で売られた（Larsen 2008a）。携帯電話もいまでは高品質の写真が撮れるし、携帯の会社（たとえば〈ノキア〉）はますますカメラの機能を宣伝するようになっている。英国では、「二〇〇七年の一年間で、四億四八九六万二三九五枚のMMS〔携帯電話用のメッセージングサーヴィス〕で画像メッセージが送信されている。これを従来の写真フィルムのロール（二四枚撮り）に換算すると、一九〇〇万ロールになる（www.themda.org/mda-press-releases/the-q1-2008-uk-mobile-trends-report.php; アクセス日：2010.04.10）。

携帯やインターネットでの写真がネットワーク上に集積していることが意味するものは、写真技術的〝アフォーダンス〟〔環境が内包している意味情報。人・動物は、これを読み取って知覚や行為を発動させる。知覚心理学者ジェームズ・ギブソンによる造語〕が劇的に拡大したということだ。デジタル写真は写真画像を瞬時に出し、転送可能ににし、即、ディスプレー上で消費可能にしてくれる（Lister 2007; Larsen 2008a; Murray 2008; Rubinstein and Sluis 2008. 図7・1参照）。「あのときあったこと」というアナログ写真の一過性にたいして、デジカメのディスプレーは継続中の出来事をここですぐ見せてくれるし、撮影、対象、消費の三つの空間も近接している。「アナログ写真」が将来見る人に向けてのものであったのにたいして、携帯写真（とかワイ・ファイ装置で使うデジカメ）は「時間を問わず」移転し、受信者は多少の差はあるものの同時に出来事を眺めることができる（Gye 2007; Hjorth 2007; Villi 2007; Larsen 2008a. 図7・2参照）。こういうことが言える。すなわち、出来事を伝える「生中継の絵はがき」だと。デジタル写真

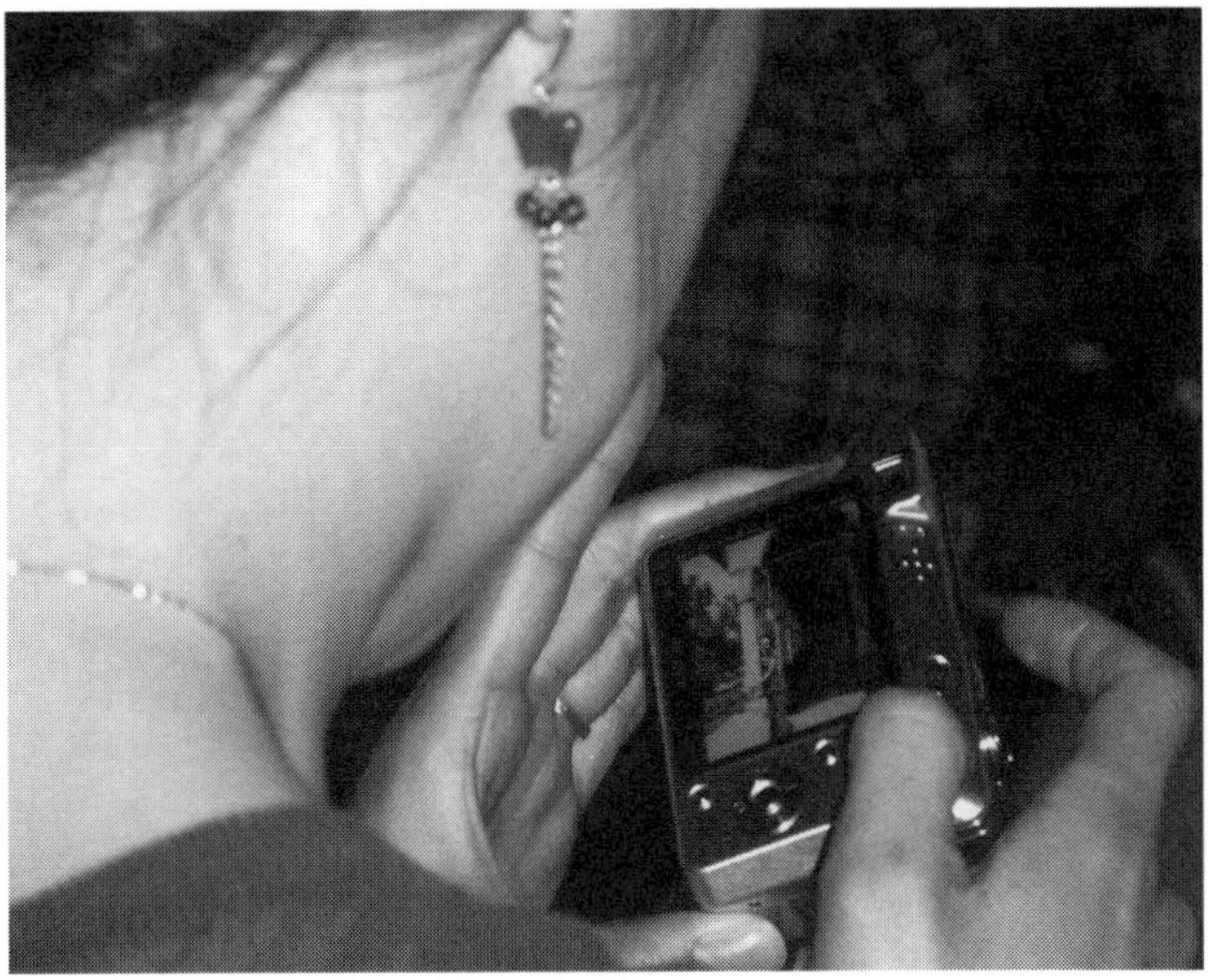

図 7.1　モニターを眺める

図 7.2　携帯写真

が象徴しているのは、「即時性」、「今という力」、それから私たちが名付けたいわゆる「モニター性」である。

次は、デジカメ写真についてのある行動調査で明らかにされた「液晶画面」のもつ意味だ。カメラのモニター上には、写真がすっと現れ、それも撮影直後に、即点検される（「アップロード」する前にである）。これは、写真を撮ったあと、一枚ごとか、まとめてかは別として、まさにその現場、あるいは画像がちゃんと見えるように物陰で、デジカメの液晶画面で確かめるクセのようなものを生み出した。「ここで（手当たりしだい）五枚撮ったの。そして陰に座って〝これはゴミ、これもゴミ〟ということで二枚残したわ（…）。ほんと、このカメラだと自由がきくのね」（イスタンブールでインタビューした二〇代半ばのデンマーク人女性）。短時日のうちに、観光者は、即時、デジタル的にモニター上で消費し、つまらなそうなのは削除するということを〝学び取った〟のだ。見てつまらない画像がいつまでも手元に残っている、ということがあまりなくなった。こういう行為形態はデジタル写真撮影に際だった特質である。デジカメの「魔術」は、写真にする、それも瞬時にしてそうするということで、写真が液晶モニター上でおおっぴらに消費され消されるのだ（図7・1参照）。その場で気に入らない写真は削除され撮り直しされる。これで、人や場所にどういう表象を持たせるかという試みや管理が自在になったのだ。ほとんどの観光者は、たとえ恋人の写真であっても削除することをまったく意に介していない。この「削除行為」はきわめて新しいなにかを表象していると言える。写真を消費し削除することも、写真を作り出す行為の一部となっているのだ。これは期待する画像を作りだすことをより容易にしている（ただし、撮り直しするという時間は浪費しているが）。この〝柔軟〟なデジカメは、消費者社会のさらなる展開を表象している。「自己表現」が新たな重要性を持ち始めたのだ（この研究の詳細はHaldrup and Larsen 2010 参照）。

この段階で削除を免れた画像の大部分はコンピュータにアップロードされ、そこで見られるが、こんどはカメラのモニターでなくコンピュータ・ディスプレー上で見られるのだ。ここからちょっとした選択が行なわれ、分類され、Eメールでメールボックスへ送られたりする。あるいは交流サイトへアップロードされる。サイト上での写真は、世界中のさらなるコンピュータ画面上で（おそらく）消費されるだろう。観光写真は、かつてはたいていの場合、落ち着いた家庭にあって、動かないモノのようにして、本棚にしまわれていたものだ。それが今日では、どうにでもなっていくデジタル品で、コンピュータのゴミ箱、フォルダー、Eメール、ブログ、交流サイトなど将来どうなるかわからない場所にある。コンピュータのネット上の写真は、自由にかついつでも削除、編集され、Eメールの添付ファイルのように発信されていく可能性があり、また、家族のホームページやブログや〈マイスペース〉や〈フェイスブック〉のようなサイトとか、〈フリッカー〉や〈ユーチューブ〉のような写真・映像ファイル共有サーヴィスに展示されていく。これらのこと全体が示しているのは、いかにネットワークに乗ったデジタル写真が〈Web 2.0〉（第三章参照）の重要な構成要素となっているかということだ。何百万という個人写真が使用者の自発的に行なう交流サイト（たとえば、www.virtualtourist.com、www.tripadvisor.co.uk、www.trekearth.com、www.flickr.com など）に日々アップロードされているのだ。推定では上記の後ろ三つのサイトに二、三〇〇〇万の写真がアップロードされていて、その五分の四の人は公開展示スペース（プロフィール）を持っていると言われる（Cox et al. 2008; Larsen 2008a）。

事実、本書でチェックした観光サイトの多くは写真共有サイトの〈フリッカー〉式である。〈フリッカー〉にはエッフェル塔だけでジオタグ〔掲載写真につけられる場所情報〕がついた写真が三七万二三一六枚あり、タージ・マハルが一七万九六六枚、ラスヴェガスが二二四万二五九一枚、〈湖水地方〉が三六万四八四一枚、ビルバオ・グッゲンハイム美術館が一〇万五七一六枚ある（www.Flickr.com; アクセス日：2010.04.27）。〈フェイスブック〉の利用者は一〇〇億枚の写真をいままででアップロードしていて、その数は、実に毎月七億枚ずつ増加している。デジタル化とインターネット化は、写真がより速くより安く旅をするということを意味する。そこで写真は、遠隔地の関係者にも容易に「再」配信されうる、あるいは、仮想空間で開示されうる。行楽写真は、写真を撮ったひとと同じところにいない人にも消費されうるのだ。

個人写真の多くはいまや、モノとしての実質はなくてもカメラの中、コンピュータの中、インターネットの上で仮想の〝デジタルでの命〟を延ばすことを宿命づけられている。命は長いか短いかはべつとして。Eメール、ブログ、交流サイトは写真という思い出の保存場所を変えてしまうのだ。いままでの固定した実体のある家庭や手触りのある対象性から移り、写真は送信者の選んだEメール受信箱へと配信される。さらにそこからデスクトップ、フォルダー、プリンター、デジカメ印画紙、額縁の中へと、場合によってはゴミ箱へと、振り分けられる。さらに、写真のいくらかはもっと複雑な生涯をおくることになる。というのは、写真は、モノ化し、分解され、再生され、異なった形式で再三撮られ、時間を超えて違ったモノを中に住まわせられるからである。そこで、写真の身体的、表面的容貌は潜在的に変身する。「コンピュータの手」は写真の臓腑まで届く能力が備わっているからだ。アナログの写真は画像としてもモノとしてもそとへ逃げ出さない。しかし、デジタル写真はそうはいかない。カメラのモニターそのものはモノとして手で触れられるが、そこで見せている写真は像でしかない。モノではない。それでも、カメラのモニターのサイズが大きくなり、高解像度の画像になると、だんだん旧来のアルバムに似てくる。その例として、「新興プチブル」のなかではちょっとした機器である流行の〈アイフォン〉となると、ディスプレーも広く一枚の写真から次の写真に移動するにはパネル上を「触れる」ことでスクロールできてしまう。

旧来の写真アルバムとちがって、〈フリッカー〉や〈フェイスブック〉の写真表示は日常の流れと結びついているし、「即時」という時間性も反映している。これは「即送達、どこでも受取可、そして要求の即充足」という「即時文化」なのだ（Tomlinson 2007: 74）。しかし、これは現在進行中のあるいは最近の〝体験〟のように、思い出を共有するものではない。写真が「現今」の言動表現になって、それからみると、「見る時刻装置」である度合が少なくなっているのだ。まだ初期の段階とはいえ、〈フリッカー〉や〈フェイスブック〉の写真は短命である傾向がある。「一過性、刹那、〝使い捨て〟」画像なのだ（Van House 2007: 4; Murray 2008）。こういう写真は今日のことを語っていて、明日には忘れられる（Murray 2008）。だが、それだから、この種の写真が無意味で注目に値しないというわけではない。〈フェイスブック〉のユーザーは、平均して一〇〇人以上の「友だち」をもっていることに鑑みても、また〈フェイスブック〉に書き込むのが日常的な行為で、写真もよく見てもらえるしコメントももらえることからみてもだ。こういう写真は見てくれる人が広範に存在し（強い結びつきか弱いかは別として）、ネットでつながった家族関係の日常の一部となって、顔と顔をつき合わせた交際となっている。だが、これも写真を撮った人がいったん写真をネットに流せば、写真の行く末については制御がきかなくなる。友だちであれ、知らない人であれ、それを意想外の文脈で使っているかもしれないし、もういちどどこかへ流しているかもしれない。コピーが可能でかつ時を問わず旅をしていく情報のかけらとしてネットに住まう写真は、多種多様な枝道をとって、そのうちのあるものは害があり不快なものになり、予測不能な先行きに直面するようになる（Dijck 2008）。

写真の行く末は不確かであるとしても、多くの観光写真は種々のネットでつながったディスプレー上で見られるし、移動するし、日常の交遊関係にもつながっていく。そして、ここに、「自由に使える」という点を加えてもいいだろう。「モノとしてのアウラ」が欠けているということは、なぜかくも多くのデジタル写真が短命であるかの理由ともなる。しかし一方またその写真が素早く伝達される情報の形態として評価されている理由ともなっている。遠距離間で繋がるデジタル写真は、ディスプレー上の交流によって移動ネット社会の重要な要素となっているのだ（Larsen et al. 2006）。多くのデジタル画像が仮想空間に存在するとしても、デジタル写真は必ずしもモノとしての実態がないわけではない。デジタル画像のどれかは「モノのアウラ」をともなう対象物としてモノ化もすることがあるからだ（Edwards and Hart 2004: 9）。

むすび

写真は、このように観光のまなざしと観光一般の展開に重要な役目を果たしてきた。両者は別々の課題でなく、まるで「一体」であるかのように相互に原因となりまた強めあってきた。もし、写真が一八四〇年頃に発明されていなかったとしたら、そして安価なコダックカメラによって写真が大いに発展をしていなかったら、現在の観光のまなざしはまったくその様相を変えていただろう。写真術はあきらかに観光のまなざしにとって、観光全般にとっていちばん重要なものである。

研究者のあるものは、このことが、観光を「疎外する」特質の好例だとしている（Albers and James 1988: 136）。E・ブルナーは、あるインテリの観光者のグループの旅行ガイドをした経験を思い出して、こういっている。それはある宗教儀式の場にやって来て、着いていくらもしないうちに、そのグループは、では、次の観光地へさっさと行ってくれと言ってきた。このときの現代観光者の観るという意味に彼は軽侮の念を表明している。

「だって、もう観ましたよ」。この言葉はいまでも心にひっかかっている。体験という観光的な様相はまず視覚にあるのだが、そこへ行った、「観た」ということが、その存在確認だけで十分になってしまっているからだ。観光者はバリ島の儀式を充分に「観る」というが、それはメディアにあった事前の画像をそこに確認するだけなのだ（…）。儀式を「観る」ということは土産を買い集めることに似ている（…）。観光者は、珍しいもの、異国風なあかしを「観た」のだ。それ以上踏み込んで、もっと深いレベルまで探究することなど求めていない（…）。写真にその祭事を（…）撮れば、それ以上のことは要らないのだ（Bruner 1995: 235-6。傍点は引用者）。

体験を拒絶する写真というものが非難を受けているのだ。写真はあまりにも視覚一本やりで、手短すぎ、画像があればよい、という技術でしかないのである。あまりにも受動的で不浄だ（Osborne 2000）。カメラと画像は観光者のものの見方を簡略化し機械的にした。複雑な場面もまるでお手軽で準備が整った写真用場面となり、体験と観ることは同類となり、観ることはとどのつまり、一瞥程度で、シャッターを切って写すためだけなのだ。現代の大衆観光への規範的な批判の多くは、D・ブーアスティンにはじまり（Boorstin 1964）、カメラ観光者の「別界」との遭遇方法を冷笑することがその中心にある。したがって、写真の位置づけをめぐって不毛の観光旅行者二分法が存在するのは驚くにあたらない。他の場面では洞察力のある考察をするJ・テイラーが、唐突に（という風に見えるが）、観光者で写真を撮る者を三つに区別しているのだ。「旅行者」(深くまなざしを投げかける人)、「観光者」(浅薄な一瞥の収集家)、「日帰り行楽をする人」(何にたいしても、一瞬、ざっと見る、あるいは〝スナップ写真〟を撮る人)というものだ(Taylor 1994: 14)。

一方、私たちの分析は、プロが撮った写真は、まなざしと観光者のカメラの台本となっているということでは重要なものだということだったが、また、観光はそのほとんどが解釈的循環を作り出すと言うことも述べた。つまり、これを一方通行的に描いたりすることはあまりにも単純すぎるということ、観光会社やメディア組織から観光者への画像の流れを既定のものとして描くことも単純すぎると述べた。観光者はイメージとして受けとった画像を再・生産《リプロデュース》するからだ。観光写真は既存の場の神話を侵犯し新しい神話を作ることに貢献する。一方商業写真は観光者の写真を反映しているもので、その逆ではないのだ(Garrod 2009; Scarles 2009; Haldrup and Larsen 2010)。じっさい、市場調査の担当者は、たえず変わる観光嗜好についての知見を得るため、観光者は事実上、ある場にたいしてどういうまなざしを向けているのか、そこでどういう経験をするか、何がプラスの場の神話となり、何がマイナスの神話になるのかという市場調査を行なっている(Scarles 2004: 49)。

〈Web 2.0〉になって、観光者は、「公開された展示場《ディスプレー》」に置かれた日常的な写真をますます生産・消費するようになってきている。「観光者仲間」によるこういう写真も、やがては、写真機や、「プロの」画像や、テレビ番組の「演出」に関与するようになってくるだろう。次章で「パフォーマンス」について考察するのだが、観光行為が商業的メディア環境によって台本化され「振付されている」という一面があっても、観光行為は決してすみからすみまで事前に決定されていたり、予想通りに行われていたりするものでない。ミシェル・フーコーが教えてくれているように、権力は万遍なく広がり、いたる所で顔を出すのであって、ある集団にのみ属するものでない（Foucault 1976）。権力はどこにでもあり、それは関係性の網の目で行使されている。これは観光についてもあてはまる（Cheong and Miller 2000）。地元側や観光者もまた時に応じて、観光業者側の権力である「台本」や一般的な言説に逆らうような、あるいは歪めるような行為をしたり、写真を撮ったりして、自分たちの権力を行使しているのだ。観光者の行為は決して彼らの「枠組み」にすべてが規定されていることはない。それは少なくとも、場合によっては、予測不能なことがらとか、独自の発想とか、そして身体的パフォーマンスがそこにともなっているからだ（Ek et al. 2008; Haldrup and Larsen 2010）。

第八章　パフォーマンス

はじめに

観光を理解するためにここまで観光のまなざしという鍵概念を通して検討をしてきた。今までは観光のまなざしとサーヴィス労働、「記号の経済」、現代のメディア化文化、構築された環境、見ること、そして写真の歴史を分析した。本章では、現代のまなざし行為についていささか深めていきたい。そしてこれを行なうために、観光のまなざしを〝パフォーマンス〟という視点から考察する。私たちは、広い意味でミシェル・フーコーにヒントを得た観光のまなざしの概念というのは、アーヴィング・ゴフマンの相互関係の〈ボトムアップ〉手法を加味することによって、もっと活性化され、より身体的、劇場的になるのではないだろうかと考える。ここで、I・ハッキングの立場にしたがって進めてみたい。その立場というのは、ミシェル・フーコーのトップダウン方式とアーヴィング・ゴフマンのボトムアップ方式、その両方が社会相互関係を解くには必要だというものだ（Hacking 2004）。

第一章で私たちが述べたことは、「一連の舞台化された催しものや舞台化された空間としての、さらには一連の演出的技術とその実施としての〝観光創出〟」（Edensor 2001a: 61; 2001b）を検討し、また、「パフォーマンス転回《ターン》〔訳注1〕という動きが、一九九〇年代から観光理論のなかに見ることができるということだった。このことについては私たちも研究に貢献してきたが（Baerenholdt et al. 2004; Haldrup and Larsen 2010）、この理論の変化はアーヴィング・ゴフマンの演出法《ドラマツルギー》という比喩理論がヒントになっている。A・フランクリンとM・クラングは「観光文化を構成する文化的特質や開発された手練、それ自身がじつは世界中が舞台なのだというゴフマン流の世界を暗示しているのだ」と言う（Franklin and Crang 2001: 17-18）。本章では、パフォーマンス転回の観点から、さらにアーヴィング・ゴフマンの〈演出法《ドラマツルギー》の社会学〉から観光のまなざしを広く再考してみる。まなざしとパフォーマンスの概念世界には似た点が多い。つまり、この両者は、互いが離れて見つめ合うのでなく、「ともに踊る」関係であるはずだからだ。この問題をさらに深めたいが、それには、身体化され多重感覚をもつまなざしの性格を検討し、と、同時に複雑な社会関係と、まなざしを向けるというパフォーマンスをも含む流動的な権力の布置関係をも検討していく。最後に、観光写真を「行使する」ことを通した演劇的、身体的、相関的まなざしを描写してみる。

この意味では、本章は観光のまなざし理論に批判を加えてきた方々にたいしての応答ともなるであろう。批判は種々あったが、まず、観光体験の大部分は肉体的、身体的であり、これを見逃して、たんな

訳注1——この章で扱う「パフォーマンス」について、簡略化の危険を承知でいうなら、ヒトが行う振舞い（演技・実践行為）が外にたいして何らかの影響や相関関係を（意図ある・なしにかかわらず）生み出し、主体にも客体にたしても、また関係性にも新たな（別の）意味を帯びさせることをいう。ゴフマンの場合は基本的に社会関係におけるヒトについてであるが、ここでは、モノ、コト、場、構築物などにまでこの理論を広げて用いている。「パフォーマティヴ」はこのパフォーマンスを遂行している（させている・させようとする）様態を表す。「転回」（ターン）は、表象論的認識から身体的パフォーマンス論へのシフトを意味する。

る視覚の対象とするのはどうか、というものである（Veijola and Jokinen 1994）。また、女性観光論者は、そこには「男」を前提にしたまなざしや〝フラヌール〟があり、これは女性を下位に見る男の視覚的、覗き見的な意味として働いている、というものがあった（Veijola and Jokinen 1994; Wearing and Wearing 1996; Pritchard and Morgan 2000a, 2000b; Johnston 2001）。また、女性の観光者は社会的〝相関関係〟からと〝触覚〟から、愉楽を覚えるのだと主張するものもあった（Wearing and Wearing 1996）。これらに関係して、まなざしという概念は静態的かつ受動的すぎて、パフォーマンスとか偶発的経験などが欠けている、という視点からのもあった（Perkins and Thorns 2001）。さらに、まなざしの複雑な社会的関係の一部、とくにホスト側のそれを扱っていない、というのもあった（Maoz 2006）。D・マッカネルも『観光のまなざし』は、ある種の「第二のまなざし」を説明することに失敗しているという。第二のまなざしというのは、見ることは人を欺く、ということを承知しているまなざしのことで、そこには、見えていない、語られていないものも承知しているということがある。さらに、まなざし一つひとつはそれ自身を「超えた」ものを生成しているというものだとも言っている（MacCannell 2001）。

　まず「パフォーマンス転回」を、それからアーヴィング・ゴフマンの社会学からヒントを得た、まなざしとの共通領域を分かち合っている点をざっと描いてみたい。次に、まなざしという概念が達成しようとしている意図のいくつかを明らかにする（詳細は Larsen 2009）。

〈パフォーマンス転回〉

　まず一つ目は、パフォーマンス転回《ターン》というのは、「観光が求めているのは、たんに〝見る〟だけでなく、そこにいること、何かを行なうこと、触れること、そして観ること、これらのことに、より基礎をおいた新しい見方を示すもので」こういう認識に理論の力点が移ってきたことをいう（Perkins and Thorns 2001; Edensor 2006）。パフォーマンス転回が着目するのは、観光者は場所を体験するのに、視覚だけでなく多種多様な感覚を用いているということ、そしてそこには身体感覚とかその反応効果が含まれるという点なのだ。観光者はたんなる見物人としては退屈しはじめていると言われ、じっさいの多くの活動的な観光（冒険観光）では、明らかに活き活きと多種の身体的感覚、身体効果、行動力が享受できるようになっている（Cloke and Perkins 1998; Franklin and Crang 2001: 12; Bell and Lyall 2002; Franklin 2003）。観光空間のあるものに「遊園地」があるが、そこでは規律に縛られていた「労働者としての体」も、人、モノ、場と積極的に交わることで、活き活きした遊び興ずる、若々しい身体へと変化する。O・P・ポンスも、たとえば、共同で手順通り演じているような作業のもと、彫刻家のような手つきで、細かい砂、水、スコップ、バケツなどで砂の城を作ったりしているという。ヌード水浴場での調査報告では、海岸生活のバカ騒ぎ的、皮膚感覚的様相が論じられている（「砂の城」を作ることについてはPons 2007; Baerenholdt et al. 2004: ch. 1 参照）。

二つ目は、パフォーマンス転回は、テーマ化され、舞台化されている観光地の本質、ならびに台本化され、劇場化された観光者の〝肉体をそなえた〟体の動きということ、これらを概念化するために、アーヴィング・ゴフマンの演劇メタファーを援用していること。まさに、即席で演ずる人、俳優たち、出演者たち、舞台としての観光地、演出家としてのガイド、舞台監督などがいるというものだ（Edensor 1998, 2000, 2001a）。観光は、設定、進行、演技がすべてであるような全体状況であり、ここで行為がともなわないパフォーマンスはありえない。パフォーマンス転回というメガネを通すと、観光は行為であり、パフォーマンスでもってはじめて成就されるなにものかであるのだ。行為と演技の意味論へ立ち返ろうとすると（Franklin and Crang 2001）、その背景にあるE・ゴフマンの理論が求められる。E・ゴフマンは、相互作用の特性ならびに、さらに一般化して社会生活の特性にかんしてじつに念入りに詳細にわたった研究をしている。その特性というのは、相互作用は身体化した演技によるというものだ。この相互作用や一般の社会生活については、演技する表現力豊かで感情あふれる反応をする身体同士にかんする、彼なりのミクロ社会学の中に見いだされる。その身体は、気取ったり、身振りをしたり、談笑したり、謝罪したり、赤面したり、目をそらしたり、さまざまを行なうというのである。観光者の身体を精神・生物学的で表出的で社会化されたものとして描写する点においては、パフォーマンス転回はまさにゴフマン流理論と重なる。

三つ目は、人の連携がその基本単位となっているというE・ゴフマンの洞察をもとにこういうことが言える。パフォーマンス転回は個々の観光場面を造り上げているさまざまの観光関係当事者を検証するのだが、（第四章の分析と同様）「生産側」を調査した数々の理論がある。これは、現場が場所的にあるいは象徴的にどういうふうに舞台化されているかとか、担当責任者がどう観光資源を演出しているか、台本を構成しているか、という点を調査したものだ。T・エンザーは、ツアーガイドがどのように観光者の空間移動、場所の解釈、それにふさわしい言動の振付をしているかを述べてこう言う。「観光空間の舞台監督、観光者の演技指導、観光者の動きの振付から見えてくるものは、パフォーマンスを支え整序していく空間的・社会的管理だ」（Edensor 2001: 69）。こうなると、この転回は、権力との関係での〝相互作用の秩序〟を扱っている点でE・ゴフマンを超えてさえしまっている。A・ウィーヴァーが、遊覧航海業界の「相互作用的サーヴィス労働」についての調査報告で述べているように、「権力、管理、摩擦の重要性がゴフマンの調査研究では過小評価されている」のである（Weaver 2005: 8）。

ある文献では、いかに観光者は受け手であるだけでなくパフォーマンスする側でもあるかを論じている。T・エンザーは〈タージ・マハル〉で、どのように観光者は歩き、まなざしを向け、写真を撮り、記憶に刻み込んでいくという振舞いをしているのかを調査研究している（Edensor 1998）。一方、J・O・ベーレンホルトたちは、遊歩というパフォーマンス、海浜での活動、写真などを検証している（Baerenholdt et al. 2004）。パフォーマンス転回は、J・アドラーの「パフォーマンス術としての旅」を踏まえている。この論文ではJ・アドラーは「旅行者の身体は、文字通り〝旅術〟のための乗り物として、歴史構造に従属し、様式の束縛を受けていたのだ。旅行者が、文化的に価値づけされた体験を受容するための感覚そのものが、すでに教養の程度に応じて違った型にはめられて作り上げられたもので、事実上、統制だった」（Adler 1989: 8）という。観光者はガイドや見えている記号によって演出されているだけでなく、どのように観光資源を知覚し価値づけるかというために、そこにない、あるいは見えない記号、規範、習俗によっても演出を受けているのだという（Edensor 2001a: 71）。身体的慣習と自己表示様式は「文化的集団」独自のもので、またその集団から学習したものだということを強調するE・ゴフマンと同様、まさにパフォーマンス転回でも、観光的パフォーマンスはある意味、事前に構成されたものだということを明らかにしている。パフォーマンスは初演であることはぜったいない。リハーサルや他のパフォーマンスの模倣が求められ、これが自然に見える程度にだが、規範や期待値との調整もあって、そして儀式的行為として容認されるようになるからだ。パフォーマンスというのは広い意味で慣習行動であるので、意図的ではないとはいえるが。E・ゴフマンはこう述べる。

日常生活でのまともなパフォーマンスは、「演技したもの」とか「装ったもの」ではない。それは、事前に何をするかを承知していて、それを、効果を狙って今ひたすらしているのだ、という意味合いで言うならだが。人が、今そうしていると感じているような表現はとくに彼自身にも「どうしようもないもの」だろう（…）。眼や身体の動きを事前に形づくっておくことはふつうの人にはできないことだが、だからといって、それは、人が、舞台化した自分の上演演目の中で事前に決まった形《かた》をもいて、目や身体で自己表現をすることはないということを意味するものではない。簡単に言うと、自分たちは、だれでもが思っている以上にじつは上手に演じてしまっているのだ（Goffman 1959: 79-80; これは二〇〇八年のナイジェル・スリフトの論を予想させるものだ）。

この延長線上で、T・エンザーは、観光が日常生活と切断されるという考えに反対を唱えている。「観光のたいていの形態は、日常を脱出するというより、文化的にコード化された逃避の企てを流儀化したものだ。さらに、観光者は、日常性からの逃避という観念で頭がいっぱいではあるが、毎日の習慣や反応のパターンをひきずっていて、これは彼らの旅行鞄の一部だ」（Edensor 2001a: 61）。観光者はたんに、観光地へ旅するのでない。ものの考え方、習慣的な行動、社会関係も、なんとなく観光者とともに旅をするのだ（Larsen 2008b; Haldrup and Larsen 2010）。観光者の行動の文化的にコード化されたパターンは、階級、ジェンダー、民族、男女を単位として展開するので、それが何を観るべきか、どういう行動をとったらいいのかというグループ単位で了解し合えるしきたりを生み出す（Edensor 2001a: 60）。

四つ目は、パフォーマンスが教えられ、学ばれ、整序されたものという一方で、そのパフォーマンスは決して完全には事前に決められないものでもある。E・ゴフマンは、こう主張する。「相互作用に組み込まれたものにとって、規範は考慮しなくてはならないものとなる。従うべきものか、注意深く回避するものとしてかは別にして」(Goffman 1963: 42)。観光者がおとなしく準備されたルートや台本に従っているという過剰に設定された舞台としての観光を描出していく研究にたいして、パフォーマンス転回は、観光の創造性や逸脱行動や前向きの実践があることを明示している。O・レフグレンはこういう注意をしている。「標準的なマーケッティングでは観光者を標準化しないと気が済まないのだ。大衆観光で、観光者の体験を俎上にあげる研究は、参加者たちの個々人の旅行での体験の個別性を過小評価しているか、見逃していることがよくある」(Löfgren 1999: 8)。観光者は、ただ足跡を残していくのでなく、自分で演じ、自分たちの物語をその場所に書き込み、そして自分自身の道を歩むことができるのだ。パフォーマンスは決して、単純に演出家に決められているものではない(Larsen 2005)。観光のパフォーマンスは具現化した行動で、したがって、「どのようなパフォーマンス(実際、どういうパフォーマンス活動であっても)とも同じく、本質的にその場まかせの行為なのだ」(Schieffelin 1998: 197)。パフォーマンスからの比喩論では、観光が完全に標準化されているとか統制されているなどという考え方に疑念を抱き、むしろ、人間活動ならびに、多種多様な役割は柔軟かつ臨機応変に演じられうるものだというところに力点をおく(Weaver 2005: 6)。T・エンザーは「パフォーマンスとしての観光という概念が示唆しているのは、役柄などは自分の体験によって選別され、演技されうるものだということだ。それも、規律化された儀式的なパフォーマンスから、ある程度は即興のパフォーマンスまで、さらには、まったくの自由な空間での隅から隅まで即興の演技までだ。こうして、同じ観光者でも、一回の旅行中であれ休暇滞在中であれ、いろいろな役柄をつぎつぎと演じていくことがありうるのだ」(Edensor 2000: 341)。ここに旅行の行為者性、トラブル、批判などの余地が生じるのだ。

五つ目に、観光地は比較的固定化され、所与の、受動的な場所として想定されている。またそこを巡るひとたちとも別個の存在としても見られている。しかしパフォーマンス転回ではこういう静態的、固定的な場や景観にたいする意識に揺さぶりをかける。場もパフォーマンスも、確固としたものでなく偶発的な公演みたいなものなのだ。T・エンザーはこう論ずる。

> 舞台の本質は、そこで演じられるパフォーマンスしだいだ。かりに入念に舞台設定されたような観光地でも、それと異なる規範が身についている観光者がそこにいるだけで形が変わってしまう。いわば、舞台はたえず変化し、膨らんだり縮んだりもすることがあるのだ。というのは、たいていの舞台というのは、多目的用途になっていて、違った上演が行なえる場だからだ（Edensor 2001a: 64）。

観光地は、消費され、パフォーマンスによってたえず再生され、異見にも晒される。場所は、そこでパフォーマンスが起こった時に、また起こしたときはじめて、観光の場として成立するのだ（Baerenholdt et al. 2004）。

六つ目に、パフォーマンス転回で強調するのは、カメラとか観光バスとか車とかのようなモノと技術が観光パフォーマンスを起こさせるのに重要であるということである。モノや技術は肉体の能力範囲を超えて身体的性能を増大させ、新しいことをしたり、ちがった現実を感受したりすることを可能にしてくれるのだ。クロケー〔ゲートボールに似た球技〕やバーベキューや日焼けやビーチバレーやダンスや数知れぬパフォーマンスが可能となる芝生や砂浜やダンスフロアのような手触りのある場がなければ、観光は「生命がない」ものになるだろう（Haldrup and Larsen 2006, 2010: ch. 4）。パフォーマンスというものを分析するのに欠かせないのは第七章で述べた「アフォーダンス」（Gibson 1986）という概念である。個々の人間の器官とこれを作動させる技術に向けて個々の場や個々のモノが与えてくる力をアフォーダンスと呼ぶが、アフォーダンスは客体的であると同時に主体的であり、環境でもあり器官でもある。アフォーダンスは、人間のそれなりの世界の中での肉体的な動きを通して、世界と人の相互依存関係から生じるものである。アフォーダンスはある可能な範囲内でだが、人の行動を左右する。「肉体的環境に潜在している能力の範囲でだが（…）、選択肢がある（…）。そして、この潜在している能力は直接身体的な内なる可能性と（人間の）器官との限界とにも関係している」（Michael 1996: 146）。過去と現在の社会関係が与えられ、人間が感覚的で、肉体的で、技術の助けで拡大し、移動する存在でもあるということであれば、環境の中のモノが可能性や抵抗を発信《アフォード》してくるのだ。

七つ目に、パフォーマンス転回は、観光を孤立した島としてみない。むしろ観光、日常、大切な人（家族や友人）とのあいだのつながりを調査研究するものだとしている。『パフォーマンスをする観光地』（Baerenholdt et al. 2004）は、冒頭、海岸の砂の城の前でシャベルとバケツを手にしてポーズをしている二つの家族の私的な写真を掲載している。砂の城を建て、写真を撮るという共同のパフォーマンスは、いかに人が自分以外の身体とともに演じているかということを示している。つまり、観光のパフォーマンスはチーム単位で行なわれるもので、この交流関係が、じつは愉しみでもあり同時に腹立ちでもあったりするところがあるのだ。観光は（はじめての）場所を消費するという方法だけでなく、一緒に来た親しい友だちや家族と共にいるという、交流の心象地理でもあるのだ（Haldrup and Larsen 2010: ch. 2）。

最後に、パフォーマンス転回は、観光静態の表象的、テクスト的読み取りに異議を申し立てるものだ。観光を作りだし、パフォーマンスを呼び込むためにどういうことを人や組織は、演じかつ舞台化しているのかという一種の〝フィールド調査報告〟をせよというのだ。これは「個々の場所の感じ、様子、雰囲気を、すでに決定されたある関係性の〝結果〟だとして書いたり読み取ったりする」方法への異議なのである（Degen et al. 2008: 1909）。さらに、これは、「戦略」（De Certeau 1984）があることも検証する。観光者は、この戦略をつかって、建前として記述されてきた記号、モノ、場所にたいして、わざと空気を読まない演技をするという（Edensor 1998; Cloke and Perkins 2005）。

以上、パフォーマンス転回のおもな要諦を概説したので、こんどは、これを本来のまなざしそのもの、との関係で検討してみよう。まず、感覚とまなざしの関係を明確にさせ、次に、まなざしを向けるということへの身体的で多様な感覚的アプローチを考察してみる。

身体化したまなざし

私たちは観光体験の視覚的性質におおいに注目をしてきた。しかし、その意図は視覚が唯一の感覚だというものではなかった。観光者が場所に巡り会い、観光のまなざしが観光接触の全様相を説明できるというものではなかった。それでは確かに偏った無理な主張だろう（Urry 1992）。観光者は多様な感覚をとおして場所と遭遇する。A・サルダンハはこう問う。「観光者は、泳がないのか、山へ登らないのか、散策しないのか、スキーをしないのか、のびのびしないのか、退屈しないのか？　たぶんでなくぜったい？　彼らは、味わったり、匂いを嗅いだり、聴いたり、踊ったり、飲んだり、セックスしたりしないだろうか？」（Saldanha 2002: 9）。もちろん、それはする。観光者は異国風の食事をするし、初めてのにおいを嗅ぐし、互いに触れあうし、陽光も浴びるし、鼓動を打つ「聴覚風景《サウンドスケープ》」に合わせて踊りもおどるし、友だちとも語らうし、時にはいっしょに飲む。香り、触覚、匂い、音、そして行動することが差異と非日常をつくる（Franklin and Crang 2001: 14）。肉体的な愉楽は観光では到る所に出現する。山歩き、自然の中のサイクリング、海でのダイビング、浜辺での遊び、アルプスを滑降するスキー、徹夜のダンスパーティーなどだ。そして観光者は同じ状態ではいない。役割を違えて変えていく。O・レフグレンがもうすこし一般化してこう言う。「休暇旅行に出かけているときのいちばんの愉しみは、数多い活動や気分の中からどれかを選べる可能性があるということだ。たとえば、見物する、買い物する、浜辺でまどろむ、散策に出かける、小説を読む、あるいはカクテルの〈テキーラ・サンライズ〉をしたたか呑むとかだ」（Löfgren 1999: 267）。

しかし、たくさんの観光的な建造物、モノ、技術の成果、観光行為は（先のような観光の動機とは対照的に）前章であつかったカメラ、写真、広告、テーマ化された空間などと相まって、視覚中心で構築されている。たしかに視覚が唯一の感覚でないとしても、これは観光を編制している感覚なのだ。視覚が他の感覚の場、役割、効果を編制しているのだ。並ならぬ視覚的刺激の感動こそが視覚以外の他の感覚を異なった状況の枠組みに位置づけてくれるのだ（Rodaway 1994）。視覚の卓越性は、あらゆる種類の実際行動やパフォーマンスに、特別なあるいは他にはない性格を与えてくれるという意味で、きわめて大きい。浜辺の近くの棕櫚の木、いかにも人を惹きつけるようなレストラン、テーマリゾート、見晴らしの良い寝室、南国の鳥たちのいる光景、異国風の植物の色どりなどなどだ。活動としていちばん平凡なのは、買い物、散歩、飲む、泳ぐ、川下りなどだが、こういうものも強い印象の、あるいはふつうでないような視覚的背景の中で行なわれると非日常に感じられるし「観光的」になるのだ。C・ベルとJ・ライアルが、冒険観光についてこう言う。「肉体的な運動としての自然観光、たとえばカヌーを漕ぐ、ダイビングする、難路を踏破するなども壮大な光景があってこそそのことだ」（Bell and Lyall 2002: 27）。

観光地のおおくが視覚理論にもとづいて構築されているし、その過程で他の感覚器官を抑え込むというか制御もしているし、また視覚は通常の観光の体験では、統括していく感覚であることは事実なのだが、いっぽう、人々の場所との遭遇における諸感覚の複雑な交差を捉える〝相関的な〟分析をここから述べていきたいとおもう。私たちは観光の感覚的な分析をめぐって検討し、通常支配的な視覚とその他の感覚（それには種々の動作も含まれる）とのあいだの関係性に注目する。まなざし行為は「動く肉体、多種の感覚をもつ肉体との関係で」検討することが必要なのだ。「というのは、肉体こそが、感覚（見る、触る、嗅ぐ、聴く、味わう）を機能させている身体の研究を行う場を提供しているからだ。さらに、どうやって生きている肉体が動くことで、こういう感覚すべてが統合されていくかを研究する場でもあるからだ」（Lund 2006: 41）。

ほぼ、どういう場合でも、それぞれの感覚は相互に結び合わさっていて、時間と空間を超えておかれている人やモノの感知環境を作り上げている。風景（や視覚的街並み）だけでなく、〈聴覚風景〉というものもある。たとえば、キューバでならとくに映画『ブエナ・ビスタ・ソシアル・クラブ』とか、インドのゴア州だと〈レイブ音楽〉などの影響を受けての観光だ（Saldanha 2002 参照）。「嗅覚風景」というのもある。どこかの森とか（Macnaghten and Urry 2000a 参照）、第三世界の異質な雰囲気の観光地を散策しているというようなときだ（Edensor 1998; Dann and Jacobsen 2003 参照）。「味覚風景」もある。とくにこれは一八世紀後半のレストランの発祥に由来するものだ（Spang 2000 参照）。それからいわゆる食べ歩き観光もある（Boniface 2003; Everett 2008 参照）。「触って感じる地理」もある。岩登りをする人の手（Lewis 2000 参照）、登山家の足（Lund 2006 参照）、「白い」肌を焼くこと（Ahmed 2000 参照）、浜辺での砂の城を築くこと（Pons 2009 参照）などである。K・ルンドがスコットランドの丘陵地帯散策の研究で言及しているように、「山歩きする人の視覚やまなざしは、大地に触れ、移動する肉体を自覚する行為と分かちがたいものがある」(Lund 2006: 40)。

身体は、「他者」ならびに数多くの感覚風景からの直接的な感覚受容の中でそれ自身も振る舞っているのである(Rodaway 1994)。体が、外の世界の中で、また世界を経めぐる際に直に感じているその世界(日焼けするまでじっと待って横たわっている場合でも)と、もう一つは、言説的に媒介された社会的嗜好や社会的卓越性、イデオロギー、意味などを表象する感覚世界、この二つの間で身体は前へ後へと渡り歩いている。こういう感覚を積極的、受動的に感受する身体は種々のパフォーマンスというものに関与している。身体は固定された事前に定まったものでなく、パフォーマンスがそこに関与し、とくに、動き、本性、嗜好、欲望という観念が組みこまれたパフォーマンスとにかかわりがあるのだ。こうして、身体的感覚と、言説や言語に媒介される社会・文化的「感覚風景」とのあいだには複雑な連関があるのだ(Crouch 2000 と Macnaghten and Urry 2000b における、身体化された〈余暇風景〉参照)。これは熱帯地方の観光の多くに見られる現象だ。たとえば、カリブ海だ。ここでは、観光時代初期の来訪者なら、初めての果実を味わい、花の香りを嗅ぎ、陽光の真っただ中にいると感じ、熱帯雨林のもやっとした緑におのれの体を浸し、同時に、初めての驚くような光景を見ることができたのだ(Sheller 2003)。

さらに、身体的な感覚受容と知覚と種々の技術手段とのあいだにも複雑な関係がある(Ingold and Kurttila 2000; Michael 2000; Sheller and Urry 2004)。M・マイケルは、余暇での田舎歩きとまなざしを向ける行為に与えるウォーキングシューズの「作用性《エイジェンシー》」を描いている(Michael 2000)。ウォーキングシューズは快適な歩きを与え、さらにそれは、素足や日常用の靴だと歩行に不可能でないとしても、難渋するような所を歩行可能な地面にしてくれるのだ。こういう種々の技術にかかわるモノが身体能力をはるかに向上させてくれる。これがない場合に自然が「そのまま」の身体に与えていた〈アフォーダンス〉を、技術が拡大してくれているというしだいだ。身体に抵抗のないものとして企図されていても、時にはそれが邪魔でかつ抵抗になってしまうことがある。観光バスに乗ってみよ。移動中、目には刺激が飛び込み、身体は座席の「快適さ」の中でゆったりとしている。しかし、窮屈で動けない席のせいで通常の血流に障害を受けるなら、バスの座席は潜在的に「腹立たしい」ものになる。ウォーキングシューズが痛ければ、自然を畏敬の念を抱かせるものとして体験することが難しいのと同様、観光バスの「映画を観ているような壮観」が、もし足とか背中が痛ければ台無しになる。場所や天候は身体なしで知ることができるとしても、バスに乗っているという体験には身体的実感がともない、そうなると、好むと好まざるにかかわらず、バスの中では人々は逃れることもできず、長い苦痛を感じてしまうことがありうるのだ。

さらに、時には、その場を構成していく感覚となりうる視覚あるいは視覚化と、その場を主体的に教授しようとする観光者のそれぞれの方法とに齟齬が生じることがある。彼らはその場に抗して、案内者や案内板が指示していることに反した方法であたりを歩きまわることもできるし、視覚的に美しい場へ行って騒音を立てたりすることもできるし、あらゆる種類の反抗をやってしまうのだ。一例は、先史遺跡の〈ストーンヘンジ〉だ。ここは「保護精神」でもって演出され、表象されていて、一望一瞥で全体を把握できる博物館風の「考古学的」な石にまつわる場となっているところだ。ところが、観光者のあるものは考古学的というより、石に触ったりして、身体的、精神的にその石の「気」とつながろうと、長々と滞留しようとする(Letcher et al. 2009)。観光のまなざしに内在する言説、記述、企図のシステムが(以下で述べるが)抵抗の様態も生み出したりするのだ。観光のまなざしには多種多様なものがあるということを述べているのだが、この多種多様ということに迫る一つの方法は、まなざしのパフォーマンスに含まれる味覚風景、嗅覚風景、聴覚風景、触覚風景を検証することだ。M・ディージェン他が展開した、光景にたいしての多感覚的、〝パフォーマティヴ〟研究方法は興味あるものだ。それは、「デザイン化された都市環境」、たとえばイギリスのミルトン・キーンズ市にあるショッピングモールがどのように視覚的に消費されているかを調査したものだ。その研究には三つの要素が見られる。

第一は、ここでの体験は〝パフォーマティヴ〟であるとして理論化されるということ。どういうことかと言うと、視覚上の体験というのは、独自の行為をとおして、特定の時、特定の場所に客体とそこに随伴する主体の双方にとっての構成的な結果として生じているということ（…）。第二は、その経験は〝関係的〟であること。見るものと対象とのあいだの相互関係が対象の性質を創出し、またその逆も生じる。第三は、視覚性は常に〝多様態的〟であること。すなわち、視覚的体験もほぼ恒常的に、聴覚、触覚、口頭の体験をともなっている。そして人工的な都会環境の場合では、形、道筋、大小のようなある種の空間認識もともなっている（Degen et al. 2008: 1909。括弧〝〟は引用者）。

M・ディージェン他は、ショッピングモールでの「まなざし」の現場調査の卓抜な寸描を通して、これが「パフォーマティヴ」、「関係的」、「多様態的」視覚的体験の性質をもつものであると述べているのだ。ここには「意識的行動」、「買い物的視線」、「親の視線」が含まれている。どれもが視覚以外の感覚上の関与と、人とモノとの複雑な間主観的関係をともなっている。

「意識的行動」では、歩くこととまなざしを投げかけることとのあいだの重層関係に着目している。これは、人に「モール街の、ある道を策定しつつ泳ぎ回る」ことを可能にしているというものだ。それは「キョロキョロ探しながら見ていく広角のまなざしで、対象のモノの周辺を動き回ることに用いられ、対象を認知する場合も、それらと交わるのはごく表面的でしかない」(Degen et al. 2008: 1919)。次に、触れること、匂うこと、停止することなどは「買い物的視線」に極めて特徴的で重要な点だ。「買い物中は、視覚にかなり集中していて、積極的に欲しいものを探している。このときはいろいろなモノに触っている。私たちは、店のぜんたいを眺め渡すのに使われている「浅い」焦点の定まらないまなざしから、触れること、匂いを嗅ぐこと、とくにものが衣服だったり香水で、上等な材質だったりすると、「深い」焦点の定まったしっかりした見方へと変えているのだ」(Degen et al. 2008: 1919)。「親の視線」は「関係的」というものの典型で、共同体的なまなざしの特質がそこにみられる。たいていの人は自分に大切な他者を連れてまなざしを発動する。そこで、その「グループ」の社会的な構成は他人にたいするのとその見方を違えてくる。とくに、子どもはその親たちの見方に影響を与える。

モール街に子ども連れで来ている場合、その眼と体は子どもの体と動きにいつでも対応できるように子どもに同調している。子どもの身体がついてきている場合は、モール街とその感覚的な刺激(窓、音楽、街路設置物)は背景にひっこんでしまう。そしてモール街の地理は遊園地(ときには危険な、ときには楽しい)と化す(…)そこに、二人の動き回る子どもがいて、一緒に楽しんでいる。私の目と耳と手は子どもたちの方へ向き、焦点は子どもに合わせ、あまり広い空間は見ていない。子どもたちはどこに? 何を喋っている? 何をしていたのだろう? このことは多くのモノとの関係にもあった。もちろんである。そして、他の人とも。ときどき、子どもの眼を通してほとんど見たり感じたりすることもできた。私たちは子どもの感覚に自分たちのそれを同調させているのだ。そしてある場所の〈アフォーダンス〉をあらためて読み取っているのだ。広場の彫像は骨組みだから登れるのだとか、噴水の周囲の縁石は走りっこするのにいいとか、そういうことを知ったりする（Degen et al. 2008: 1911）。

図 8.1　観光と“聴覚風景”

見るということの、この再構成には観光のまなざしにとって、重要な意味あいがある。本書のいたる所で私たちはまなざしにもさまざまな様式があること、そして、同じその光景でも、ハビトゥスや観光者の気質などによって異なる方法で消費されうることをすでに強調してきた。パフォーマンスをともなう観光のまなざしはちがった感覚風景を持ちうる。まなざし行為は多様態的なのだ。人は決して肉体なしの旅する眼にはなれない。ある光景や、美術・博物館のとある展示物にまなざしを投げかけることは人の身体的な健康状態にも依存している。もしその人が二日酔いだとか、空腹だとか、喉が渇いているとか、下痢だったりすれば、あるいは靴の履き心地が悪いとか日差しが強すぎるとかエアコンが寒すぎるだとかだと、印象は薄くなるだろう。同様に、印象的な景色も変な匂いだとか騒音があると台無しになることだろう。観光旅行は景色や観ることを中心に展開するものではあるが、ツアーガイドは過ぎ行く景色や見せ場に「音を添える」ことをする。観光のおおかたはある種の音を聴くことも伴なうし、ときには関係のない音声を伴なっていることもある（前頁、図8・1参照）。

さらに、まなざしを向ける人は、目の前に見えてくるものを触ってみたい、撫でてみたい、そこを歩いてみたい、登ってみたい、場合によっては、動物、植物、遺跡、構築物、芸術品が欲しい、というような抑えがたい欲望を懐くものだ。たいていの美術・博物館はこういう身体的接触と縁が薄いか、禁止しているかであるが、他の場所では、たいていまなざしは観ることと同時に触ることを含んでいる。最後に、観光者は決して単に場所やモノにまなざしを向けるのでなく、観光しているときは、知人か知らない人かは別として、他者をも見ている。そして、私たちがまなざしを投げかける相手は、体験の質として、まなざしの対象と同様に重要である。次の節ではまなざしを向ける行為の多面的社会関係を検討し、観光者同士の結びつきや、他方、ホストとゲスト間の結びつく関係性をみてみたい。

社会関係とまなざし

「親の視線」は、いかに子どもが親の行動リズムやまなざしに影響を与えるかということを明確に見せている。親のまなざしはどうしても子どもにまとわりついていてその残りの部分で娯楽施設を目で追っている。しかし、それは持続する凝視的なまなざしではない。それでも子どもも親の後について行き、「大人」のモノをしかたなく見ている。検討したいのは、まなざしを向ける行為は〝関係的〟な実践で、「グループ」内での微妙な身体的、言語的な情報交換や相互関係を伴なっているという点である。

観光者の多くは孤独な〝フラヌール〞として世界を体験をしているわけではない。同僚とか、友人とか家族とかカップルとかのグループで体験するのだ。まなざし行為には常に身近な他者の存在が含まれている。まなざし行為は、相互関係的な共同体のゲームであり、そこでは、個人のまなざしは他者の存在とまなざしによって媒介され、かつ影響もされている。このようなまなざしの社会関係はまなざしを広げると同時に制約もする。D・クラウチがこれを一般化してこういう。「私たち自身の存在が他者に、他者の空間に、その空間での動きに影響を与え、また他者からこちらへの影響も当然だが受ける。それは、煩わしさの元として否定的にとらえられることが多いが、しかしそうしてしまうとその中に潜む肯定的なものも見逃すのだ」(Crouch 2005: 29)。

カップルでの旅は「ロマンティックなパリ」でなら簡単に恋に落ちることがある。しかし、その「ロマンティックなパリ」も、ひとり者で一人ぼっちだとか、失恋したと感じているばあいとか、また、ここに来ても互いの仲をやりなおせないということがわかってしまったうまくいっていないカップルとかには、嘲笑っているように映る。おそらく彼らは秘かに、次の機会にだれかと「ロマンティックなパリ」にまなざしを投げかけられたらと夢見ている。ある特定の場所での観光者の感情と情動の体験は、その場所そのものだけでなく、連れだって旅をする社会関係の質にもかかっている。

〝自分以外〞の観光者もまた観光のまなざしに影響を与え、規制する。観光者は仲間の観光者にもまなざしを投下している。O・レフグレンがこれを一般化してこう述べる。

観光者は、行列を作っているとき、カフェであるいは、プールサイドで座っているときに他の観光者や同行者を観察する時間がずいぶんある。こういう状況にいると私たちは素人社会学者になる。絶え間なく自分以外の観光者の言動を観察したり判定したりしているからだ。しかし、その他に、自分の周りにいる知らない人たちの生活を夢想し想像するという豊かな機会がそこから生まれているのだ。あそこのカップルはどうなのだろう、プールの脇に腰を下ろしている家族は？ 広場《ピアッツァ》を横切っている日本人の団体は？私たちは隠された生活を勝手に想い描いて、他者の境遇を自分たちのと比べている(Löfgren 2008: 94)。

そして、こういうことも言えるだろう。観光者は「批判的な社会学者」となるということだ。他の観光者は、薄っぺらだ、気取っている、いやなことをしていると文句を言い、バカにするのだ。あいての状況だとか好みの品定めゲームはだれでもやっている。観光者はそこに一緒にいる他者と自分たちとを区別して自己存在を発信しているのだ。ディオニュソス的観光者は文化観光をするものを見て、遊びを知らない人だとバカにし、他方は、「だらしなく日光浴なんかしていて」教養の足らない人だなとあざ笑う。こうやって両者が相手を避けようとしていながら、ホテルや空港や名所や浜辺では袖擦り合わせ、他者のする体験を否定的に見ようとするのだ (Edensor 1998)。

パッケージ・ツアーとかガイド付き団体旅行での「集合的まなざしを向ける人」は仲間意識の規律にそったまなざしに従うものだ。〝自分たち以外の他者〟の存在が、そうしていたかもしれないパフォーマンスを制約し、観光者らしい慣習的言動を見せてしまう。集合的まなざしの社会的関係の相関をつくる媒介者としてカギになるのは、ガイドと添乗員である。まなざしと観光名所を演出し枠組みを作るからだ。写真の撮影タイミングを示唆してくれるし、台本化されたコメントを言ってくれるし、事前にわかっている遊歩のコースに沿った動きを演出して、しかるべき規範的な動きを支援してくれるのだ

(Edensor 1998; Cheong and Miller 2000)。ある意味では、こういう緻密なガイドは観光地を飛び地空間にしてしまい、E・ゴフマンの言う「全制的施設《トータル・インスティテューション》」に似たものにしてしまう。この施設というのは、ある集団が「相当期間、外の社会から切断され、共に閉鎖的ながっちりした制度の差配下に一定の生活を過ごす」場所〔刑務所、修道院など〕を示す言葉だ（Ritzer and Liska 1997: 106より引用）。現代観光のこの「全制的施設」あるいは「飛び地空間」というのは、〝グループのパフォーマンス〟が象徴的にそれを示している。この振舞いは「ガイドやツアーコンダクターがいて、演出家あるいは監督のように振る舞う高度な指揮権下にある作戦行動で、パフォーマンスは幾度も繰り返され、動きの中ではっきりそれとわかり、時間にも厳しく制約をうけている。そこで、陳腐すぎるほど前例に従って写真を撮り、まなざしを投げかけ、〝かたまりになって〟移動し、という芝居のなかでみなは自分の役を演じていくだけでなく、グループではまた、主役の役者、すなわちガイドの独白のセリフに心底感心したりする。ガイドはそれぞれの場所用のパフォーマンスで同じ台本を演じているだけなのだが」（Edensor 1998: 65）。

　J・ラースンはフィールド調査報告で、観光ツアーでいかに集合的まなざしが社会的にも物的にもガイドによって編制されているかを探究している（Larsen 2004a）。これはデンマークのコペンハーゲン市とロスキレ市周囲での〈ヴァイキングの国ツアー〉での事例研究だ。バスがコペンハーゲン市から最短道路を選んで走行を始めると、ガイドは当日の行程を説明する。

> さあ〈ヴァイキングの国ツアー〉です！　これは恐怖のツアーですよ。怖いツアーですよ。これから出てくるのは墓や墓地などだけなのです。しかしご心配なく。ツアーの終わりにはこれが好きになるのです（…）。これからお連れするのは美しいデンマークの郊外です。すこしそこをお見せしましょ

う。それからあの有名な〈ヴァイキング船博物館〉へ参ります。そこで皆さん方はヴァイキングの専門家になります。次に、五〇〇〇年前の薄暗い古い洞窟墓地へ参りますが、その途中で、もういちど郊外の絵のような景色の中を抜けていくルートへご案内します（…）。デンマークの典型的な昼食を、趣向を凝らした旅籠で召上っていただきますが、その前には、ロスキレ市の驚くほど美しいカテドラルにお参りしていただきます（Larsen 2004a: 148-9）。

群を抜いたとか、絵のようなとか、これぞ真のというような意味の言説でもって、このツアー、風景、名所は枠取りされている。二〇分後にガイドはこう告げる。「さて、まもなく高速道路にはいりますが、これは数分間だけです。本日はおもに景色のよいすばらしい小道の方を選んでまいります」。次に、安堵の声でガイドは、ただいま、目的地につきましたと告げる。第一番目の村へ入ると、バスは減速し、その間にガイドの演出には力が入ってくる。

ただいま、センゲルーセ村へ着きました。左手をご覧ください。古い家並みをお楽しみください。村の池があります。お楽しみください。スーパーマーケットがあっても無視してください。さて、どうぞ前方をちょっとご覧ください。ここにも典型的な田舎の教会があります。これは八〇〇年ほど昔のものです。では、こんどは右手をご覧ください。建物の屋根の葺き替えをしていますね。その右側にご覧になれるのがこれぞまさに伝統的なやり方なのです、昔ながらの職人技ですね。では、こんどは左手をご覧ください。掃き清められた教会の庭ですね。墓がありますが一つひとつがまるで箱庭のようでしょう。手入れもよく、いつも世話がされているのです（Larsen 2004a: 149）。

口先だけの表現とジェスチュアーでもってガイドは（「どうぞ！」）と礼儀正しく、自信をもって村の何を見るべきか、どう見るべきか、何を見ないかという目の消費行動を指揮していくのだ。全員がこのオーケストラ指揮に従っていく。上半身と首が右、左とまるで社会的身体になったかのように動く。座席にいる三、四〇人の人は、一つの「集合的まなざし」となってシンクロして指揮下で動いている。

ツアーのあいだ、とくにガイドが何かを指示しているあいだは、ずっと、参加者は窓の外へ目を移し集中して積極的にじっと眺めるようにしている。写真が喫緊だったりシャッターチャンスらしい場所だったりすると、バスは速度を落とし、カメラの焦点をあわせたり、ピンボケにならない画像を撮りやすくするゆとりを与えてくれる。写真の回数は、ガイドの説明の頻度にほぼ比例して多くなる。右や左を見るように指示しているときの反応は、一回観て、同時に一回〝パチリ〟というのが多い。バスの中では読書とか音楽を聴くとかいう典型的な「閑つぶし」風の旅行活動は、まず行なわれない。そして、旅の話しも稀だ。バスに乗っている人は、語り部のガイドのとりこになって、名所の風景はゆったりと流れていく。

集合的まなざしによって消費されているのに、ガイドの方は村々を「ロマン主義的まなざし」の対象として描きだしていく。みんなは「古い家々」、「典型的な教会のある村々」、「昔ながらの職人技」、「掃き清められた教会の庭」を見るように指示されている。場所もモノも「典型的」とか「デンマークの」とか「古い」とか「昔ながらの」というふうに描き出される。これは「観光のレトリックというのは、観光者と彼らが観るものとの関係性はこれが正しいのだという点を前面に打ち出すことで成り立っている」ということのあらわれだ（MacCannell 1999: 14）。ガイドは、場合によっては「ポスト・ツーリズム」

的装いも演ずることがある。陰鬱な古墳に入るのを怖がらないで、私が皆さん方をひっぱって行きますから、とか、「スーパーマーケットがあっても無視してください」と冗談めかして言ったりするからだ。

ガイドは景色を通り過ぎるたびにほとんどエンドレスの「サウンドトラック」役をする。つまり一方通行のコミュニケーション（優位な位置からの）で、少なくともバスの中にいる限り避けられない。ガイドが絶えまなく、観るべきもの、それをどう捉えるか、評価するかを指摘しているので、みんなは自分自身の解釈を描き出すゆとりはほとんどない。バスの外でも「緩やかな管理」下にある。暗々裏に、勝手に探索しないよう注意され、ガイドの後をついてくるよう言われる。こうしてグループとして旅しながら、同じ参加者からも「監視」されている。このように、このツアーのタイミングや演出は、自治と共同と社会的管理の三つが同時にある特殊な社会関係にその特徴がある。

まなざしを向ける人とガイドとまなざしを向けられたものというグループのある関係を論じてきたので、こんどは、まなざしを〝向ける人〟と〝向けられる人〟、言い換えるとゲストとホストの関係に目を向けてみよう。前に、ホストも、観光の演出と舞台を設定する場の舞踊劇に貢献しているのだということを述べた。もっとも、そのときはホストよりゲストに着目して論じていた（Baerenholdt et al. 2004; Sheller and Urry 2004）。これはふつうに言えば、不均等な力関係で、まなざしを〝向ける人〟が〝向けられる人〟に力を及ぼし、これを構築し消費することだ。非力なホスト側からの抵抗は少ない。観光者の中における抵抗とか自発性の分析を強く推し進めたパフォーマンス転回と同様、ここで、まなざしを向けられる側がかならずしも全面的に受動的で無力ではないという理由を述べている研究をめぐって検討してみよう。B・クインはこう述べる。「地元側は観光者の存在との遭遇、交渉、管理、摩擦に複雑な方法で対処していくが、これを論ずるのは、観光者によって演じられる役割を理解するのと同様に重要なことになる」(Quinn 2007: 461)。

D・マオズの「相互的まなざし」の概念では、観光者と対面する相互関係でのホスト側の抵抗と権力を分析している(Maoz 2006)。この視点は、主として観光産業と観光者との関係を検討した初期の観光のまなざしの定式との関係からみると、明らかに進展している。あのときは、「ホスト側」の積極的、操作的、抵抗的パフォーマンスには軽くしか注目していなかったからだ。実際、力点が置かれていたのは、観光者は場と地元にたいして相当な権力を及ぼしているという点で、地元の人間は、格子の向こうの「珍奇な奴」となって、遠慮会釈もなくまなざしを向けられ、写真を撮られていた(Urry 1992)。D・マオズが言うのは「そうではなく、地元側のまなざしにはもっと複雑な両面的な絵柄が基本にあって、そこでは、観光者のまなざしも地元のも、ともに存在し、互いに影響を与え、共食いをしている。結果、いわゆる〝相互的まなざし〟を生じているのだ」(Maoz 2006: 222)。D・マオズによれば、観光の現場では両者があい互いにまなざしを投じている。地元側は観光者のまなざしを投げ返し、結果、観光者もその意味で、格子の向こうの「珍奇な奴」に変ずるのだ。ただ、「観光者の大半はこのまなざしを感じていない。その理由は、観光者は主として地元民の存在を高飛車にはねつけているからだ。まず観察されているとすら感じていないし、その意味で、完全に自由で気ままな環境として受け止めたなかで行動している(Maoz 2006: 229)。

D・マオズは、以上のように、ホストとゲストのあいだのより複雑で相互的な権力関係を提起しているのである。権力は不偏的にかつ流動的に存在し、これはパフォーマンスの相互関係なのだ(Ateljevic and Doorne 2005も参照)。ミシェル・フーコーの権力・抵抗の二元論の延長線上で言うなら、「相互のまなざしでは両者とも、相手が操り人形のように見えるのだ。というのはまなざしが言動を操ってしまうからだ。その結果、相互に回避、疎外、そして否定的な態度や言動が生じる。つまり、はっきりした〝支配側〟、〝被支配側〟はいなくて、両者同時に権力をこうむり、かつ行使することになっている」(Maoz 2006: 225)。

イスラエルから来たバックパッカーとインドの地元民とのあいだの相互関係のフィールドワーク研究にもとづき、D・マオズは、観光者への三つの対応の様態を描きだしている。地元側は一般的に言うと、観光者は「浅薄で、享楽的で粗雑な人たちで、悪い教育を受け、安易に惑わされる」ものとみている(Maoz 2006: 235)。まず、対応方法の一つは、「協調型」。これは、地元側が「無力化」して、常に無条件に観光者の要望に副おうとするものだ。そして、そんな「願望」を満たすように自分たちの生活様式や仕事を変えてしまう。観光者のまなざしは自分たちのまなざしでもあるというぐらいまでそれを内面化させてしまう者もあるほどだ。しかし、一方でこの論者は、観光者に抵抗する二つのパターンの存在を認めている。その一つは、控えめな「隠蔽された抵抗」とでもいう型で、地元側は観光者を嘲笑し陰口をきき、他方では来訪者が簡単に惹かれるような商品やサーヴィスや神聖さなどの「舞台化された本物性」を抜け目なく売り込んでいく。本物性を求める者は地元のまなざしには頓着しないし、舞台設定されていることにもまず気づかない。もう一つは、「公然たる抵抗」で、地元側は、無知だったり、嫌な様子を示したりする観光者の言動に「逆襲」してくる。口での対抗、礼儀正しく振る舞え、というような注意書きとか、粗野な客には手抜きのサーヴィスをするとか、商売で、「イスラエル人お断り」のような掲示で観光者の立ち入りを禁じたりするなどだ(Maoz 2006: 231)。D・マオズは、相互的まなざしは、観光のまなざしの概念と〝相補的〟なものなのだという考察もしている。まなざしというのは、ゲストと別のゲストの間、観光者と「第三者」、観光者の仲間内での、常に内部交差的で敏感に反応する数多くの相互的まなざしなのだという認識にたてば、まなざしは、より複雑で、行為遂行的《パフォーマティヴ》で、相互作用的なものとなっていくのだ。

まなざしと場所

パフォーマンス転回は、いかに観光者が観光地の共同制作者であるか、また観光者がその場所をそれぞれ異なる方法、感覚、実践で体験しうるかという認識を前進させた。すでに述べたように、まなざしを向ける行為は、循環する表象や建造物のテーマによって高度な媒介を受けていて、前もって形成されたものなのだと述べてきた。しかし、そのまなざしの行為自身は決して既知のものでもなければ完璧に予測通りになるものでもないことも付言した。第一章で、種々の言説と実践とを通して正当化されたまなざしの向け方には異なる方法があることを挙げた。これを挙げたのは、どういう観光の対象でも、視覚でもって消費され、その方法は多様であるということを描き出したかったからでもある。もちろん、その方法のおおかたは特定の歴史的言説とか諸説によって企図され整序されているのだが。一つの光景にたいして種々の「まなざし」が存在するということは混乱の元となるし、その場を異見のある空間としてしまい、本来とちがった観光者が出没してしまう。T・エンザーはいかに西洋の観光者は〈タージ・マハル〉では、インド人を「目障りな観光者」だと感じ、一方、バックパッカーの旅行者は、団体旅行の観光者がこの象徴的な名所とのゆったりしたロマン主義的な邂逅を壊していると文句をいう(Edensor 1998: ch. 4)。

遺産観光地とショッピングモールへの来訪者はその場所に単純には取り込まれることがないし名所めぐ

り観光者もガイドから受けた物語や行程の受動的消費者ではない。観光者は文化的麻薬の患者ではない。パフォーマンス転回を追究している私たちには、生産（演出）と消費（行動）とを区別をする境界をぼやけさせてしまうパフォーマンスモデルの〝回路《サーキット》〟が必要となる。しかも他方で、両者を、複雑に内部で関与し、重複しあうものとして見る必要もある。「身体には外から書き込まれるだけでなく、自らも自己の意味や感情を、たえず更新して絶え間なく変容する空間に書きこんでいる」（Edensor 2001a: 100）。「消費」という行為は、現在に記号化されているものを再・解釈、再・構成、再・実行、解読を瞬時に行なう「生産」の行為ともなるのだ（Du Gay et al. 1997）。さらに観光者は以前からのテクストを解読するだけでなく、新しい記号を創出する側にもなりえる。それは他の観光者、ガイド、言説、構築物、モノなどと進行形の相互作用や、パフォーマンスをすることによってなのだ。

R・ヒュイソンの『遺産産業』（Hewison 1987）にたいする批判の要諦は、「遺産化」という決めつけに対抗して、多種の読み解き、反応、反発があることを示すことであった（第六章参照）。A・クロニスが、米国南北戦争のゲティスバーグ物語風景にかんする研究で示した結論は次のようなものである。

> 南北戦争の物語はその意味を社会に広めた製作者個人による成果ではない。ゲティスバーグ物語風景は相互作用の過程を描き出しているのだ。この過程を通して、観光空間でのパフォーマンスにもとづく南北戦争の戦闘というものが意味ある物語となる。過去の出来事としてのゲティスバーグの戦いは事実である。しかしながら、文化的産物としてのゲティスバーグは、いかようにでもなる物語テクストで、企画者によって舞台化され多種多様な形態で表現されている。そこから出てくる物語は観光者の異見に曝され、それとの折衝下におかれる。物語が上演されているあいだ、観光者はおとなしくテ

クストを読み解いているのではない。彼らは、それぞれの背負う背景を用い、また折衝し、間隙を埋め、想像をしつつ積極的に参与していくのだ。そこで、サーヴィスの提供側はたんに歴史を教えるというのでなく、観光者も、ただ過去を学ぶのではないということになる。むしろ、彼らの相互作用を通じて、企画側も観光者側も、折衝、物語的理解、具現化の手立てをもって歴史をかたちにしていくのだ（Chronis 2005: 400）。

観光のほとんどは演出され、観光者はその整えられたものに従うことになるものの、これへの抵抗とかポスト・ツーリストの斜に構えた見方を排除するものではない。ショッピングモールは、複雑で自意識も強く嘲笑的な消費者として買い物遊戯をしている「ポスト・ショッパー」をもしっかり惹きつけている。利用者は消費主義の犠牲者だとか、「クレジットカード中毒」だという単純な見方をすべきでない。むしろモール街の開発者の意図からの自立を行使しうる人なのだ。これが成就されるのは観光者のある種の〝フラヌリー〟によるもので、たえずぶらぶらと歩き、まなざしを向け、向けられ、「彼らの逍遥する歩み、群衆を形成する様子などが、ある種の都会的雰囲気を構成するのだ。それは買い物広場の権利と自由の絶え間なき主張でもあり、カーニバルの〝共同態《コムニタス》〟だ」（Shields 1989: 161）。J・フィスクは直接には利益を生み出さないある種の感覚消費について語っている。商店街を行き来したりして、「本当の」消費者や法と秩序を守る紳士を邪魔したり、消費主義の大聖堂で異様な言動をとったり、場違いな行動をするようなことが積極的な悦楽となり、これがカウンター・カルチャーの実践となってきた（Fiske 1989: 17）。

さらにT・エンザーは旅と飛び地空間にかんしてこう論じている。「あまりにも字句通りにこういうメタファーを用いると、空間的決定主義を作り出し、観光者は完全に固有の画一的なパフォーマンスを取らざるをえなくなっていると言わんばかりの間違った印象を与える」(Edensor 2000: 330)。H・タッカーの行なったオーストラリアの「自然驚異発見の旅」での現地調査でも、若者たちの参加者がガイド付きの長いツアーに反抗を示す様子が明らかにされている。多くの人がツアーを新たな人々(友人、交際相手、男女関係)とめぐりあい、楽しむ機会だと見なしていることからしても、彼らは、通りすぎる風景やガイドの解説よりも、好ましい他者へとまなざしを向け、より注意を注いでいた。彼らは、ガイドが過剰に熱心だったりすると嫌な顔をし、ツアーの目玉だと言われていた場所へ着いても、互い同士のくだらない写真を撮りあっていた(Tucker 2007)。

私たちは、ここまで観光のまなざしを、その身体性およびまなざしの社会関係から、また〝抵抗〟の諸様式から検討してきたが、こんどは写真に戻り、その多様な〝振舞い〟について考えてみたい。

観光写真を演ずる

観光写真は、受け身的で、表層的で、身体が欠落していると見なされがちで、また、言説的に事前設定されているモノの「引用」にすぎない行為とされる。ある種の「解釈学的循環」の定型化は観光者の撮影行為を「引用」儀式としてしまい、それゆえに、観光者は、自分自身を構成したり探究したりするよりも、むしろ商業的な画像によって構成され固定化されていくのだという(Osborne 2000: 81)。つまり写真を「行使」するのでなく、写真の「型にはめられて」いるのだという。こういう論は、写真行為を「実践を探究しないで」分析していて、つまり「各場所に存在する現実の生活をそぎ落としたような、死んだ地誌を生産するだけになっている」のだ（Crang 1999: 249）。観光写真についてのたいていの言説は、生命のない観光者、事の起こらない出来事、死んだ地誌を生み出すだけだった。私たちはここで、パフォーマンス転回が観光写真の分析をいかに「蘇生」させるかを検討してみたい。

パフォーマンス論者は、パフォーマンスには定型ということもあるけれど、演ずる行為もそこにあると述べる（Haldrup and Larsen 2010: ch. 7 参照）。本書の第七章では、写真は儀式化した「劇場」だということを検討した。この劇場は、人々が、自分たちが待望しかつ期待する自己イメージとか同伴者、家族、友だちなどとの一体感、全体感、親密さを生み出すために活躍する場である。しかし写真行為には「演技する」という重要な要素もある。ただ、このことは写真の儀式化された性質やそれが表象するものに力点を置く論述にはたいていの場合、表にはでてこない。通常、撮影行為はその目的（すなわち何枚かの写真）のための手段だとみなされている。しかし、演技的様相からみると、これはむしろ転倒する。写真行為は、それ自身が目的でもありえるのだ。写真そのものの価値を無視するわけではないが、演技的様相は、いかに写真行為がそれ自体で、悦楽、創造性、交際の源泉となっているか、そして、この行為こそがパフォーマンスだということを説明しているのだ。デジカメ以前のことだが、O・レフグレンがこう述べている。

（写真撮影は）記録したいという人の衝動に由来するという見方は重大な点を見失っている。じつは、人の愉しみは、思い出の一つひとつを集めて次の冬にみんなに見せよう、というようなことにはなくて、ただ単純にそれらを創りだしたいという点にあるからなのだ。ビデオを回していく、（…）コダックのカラーフィルムを使ってシャッターを切る、というような大きな労力がこういう物語産出にどれだけ費やされようと、そしてその写真の末はどうなっていこうと、それらを産出する行為自体が体験となるのだ。（…）ここには、芸術家でも無い人が（…）躊躇することなく、一枚の写真物語、（あるいは）ビデオの記録を制作するため自分の腕試しをしてみようとする大舞台があるのだ（…）ここでは、あなたは自分自身の監督、劇作家、あるいは映画の脚本家となりうるのだ（Löfgren 1999: 74）。

ここから引き続き、私たちは〝なぜ〟という点から〝どのように〟という点に移っていきたい。つまり、写真の機能を研究することから、写真を「行なう」とか「行動する」への移動だ（この行動は、愛すべき家族との生活というような儀礼とか言説を再生産していくだろう）。そして、きわめて重要なのはそういうパフォーマンス的行為が、表象的・表現的（ポーズをとる、自己表象、文化的言説の援用）であると同時に非表象的・非表現的（相互作用、仕事、人づき合いなども含む）だということだ。写真のパフォーマンスはつねに、単なる表象・表現を超えるものだということだ。

まずエドワード・サイードが述べた「表象《リプリゼンテーション》〔＝上演〕」という概念はまさに演劇的なものである」（Said 1995: 63）という点から始めてみたい。観光者の写真を一つの演技だととらえることは、身体化した実践や社会関係やその物語に光を当てることを可能にする。写真撮影は演技専一ではなく、多感覚的に参加する身体の演技だ。写真を撮る行為は視覚の実践だと認識されがちだ。だから素早くかつ「シャッターを切る」ということ以上のことは求められていない。しかし演ずるという面からの研究方法では、忙しい、活動的な遊び心いっぱいの「写真行為的身体」なのだ。写真行為を上演だと捉えると、これは時間に併行する行為でもある。J・サザー・ワグスタッフがかつての〈世界貿易センター〉での写真撮影について論じているように、「貿易センター・ビルでの観光者は単純には同じ方法でそこを全員が〝写真撮影〟

図 8.2　家族のまなざしを演ずる

をしているわけではない。彼らは、それぞれの主観でレンズを通して、参加する対象や、自分たちに共鳴するその場所での動き方を選びだし、また、人工的な記憶をそこへの参加で作りつつ、そしてそのそれぞれ違った体験を写真的に捉えつつ、そこを見かつ同時にその場を体験している」のである（Sather-Wagstaff 2008: 77）。あるいはJ・スオンパを引用するなら「ノールカップ岬で何百人もの観光者たちと一緒に押し合いへし合いしながら白夜の太陽を見ているとする。ロマンチックな体験を伝えるには、カメラの巧みな技術に頼らなくてはならなくなる」となる（Suonpää 2008: 79）。

べつのところで、私たちは写真を撮る人の身体がどういう姿勢で、立っているか、膝をついているか、体を横にあるいは前へ、あるいは後ろへ傾けているか、廃墟にもたれかかっているか、地面に横になっているかなどを紹介している。写真を撮られるとき観光者グループは、まるでそのグループが合体したかのように自分の顔や身体を部分品のように構成してポーズをとっている。触れること（体と体、あるいはアーヴィング・ゴフマンが名付けている「肩に手をかける《ショルダー・ホールド》」「手をつなぐ《ハンド・ホールディング》」）（Goffman 1976: 55-6）は、家族というまなざしを通して意味を持つ観光の写真での基本なのだ（前頁、図8・2参照）。カメラが取り出されると、ひとは優しい態度をとり、性的な意識なしに、たとえば手を握りあうとか抱きしめるとか抱擁するとかの体勢を取る。「腕は肩に回し」あるいは「肩を抱く」のは友だちとか家族たちをまるで一つの社会的身体であるかのように結びつけるふつうの方法である。観光の写真はこの身体の親密さを作り出すと同時にそれを見せるのだ。親近感が発生するのはカメラ事象が人々を一体化させるからだ。愛しているとか、親密な家族生活のしるしを発するには、家族は身体的に互いに触れあってこれを演じなくてはならないのだ。このような写真行為を通してグループを一体化させるのも、ガイド付きの団体旅行での集合的まなざしの特徴である（図8・3参照）。この舞台化された親密さは撮影が終わってしまうと消滅する傾向がある（親友でも、ひとたび撮り終わって、まだ抱き合い続けているのはむしろおかしいだろう）。これは、アーヴィング・ゴフマンの「人の印象操作を観察するのにいちばん興味ある瞬間の一つに、演者が舞台の袖から観客がいる場へ出てきた瞬間、または舞台から引き下がった瞬間がある。というのは、その二つの瞬間には、役柄に入り込むのと、役柄から抜けていくのとのみごとな様子が見られるからだ」という重要な指摘と通じ合うものがある（Goffman 1959: 123）。

　カメラのレンズを向けられると、ひとはふつう以上に自分たちの心理的・文化的身体、外見や態度、その状況の中の自分の立ち位置に意識を向けるようになり、反射的に適切な「自分を表す」ポーズを取る。写真を撮られるということはある社会的状況であって、そこでは演劇的な配慮がつねに生じていると思われる。これは表現に関わる身体的コミュニケーションの一つのかたちである。ロラン・バルトが述べているように「私は写真を撮られ続けてきたし、それはわかっていた。いまは、レンズに見つめら

図 8.3　ガイド付きツアーで見られる集合的まなざし

れていると感じてしまうと、一切が変わってくる。私は、〃ポーズをとる〃態勢に自分を構えてしまうのだ。私は瞬時にして自分を別の身体に変えてしまうのだ。私は先を越して写真画像に自分を変身させるのだ」(Barthes 2000: 10)。印象操作の一形態としてのポーズは写真行為に不可欠なものである。カメラを向けられるとポーズをとるのは「お約束」になっているようにも思える。写真を撮られるとき、人はどうしても情報を「発して」しまうが、ポーズを通してだと、未来へ向けてのこれという画像の伝達を試みることができる(Larsen 2005)。しかしながら、このポーズをとることは、知らぬうちに行なわれる。アーヴィング・ゴフマンが言うように「表現メッセージというのは、人が計算していないことが多く、自然発生的な、意図せざるフィクションを保持しているものだ」からだ(Goffman 1963: 14)。

私たちは、『演ずる観光地』という研究書で、自分たちの子どもを舞台化し、写真として捉えようとした二人の女性の長々とした努力について検証したことがある（Baerenholdt et al. 2004: ch. 7）。まず、そこには、この〝イヴェント〟のための舞台設定がある。まるで撮影動作にはふさわしくない服を着ているかのように、おそらくあまりにも熱くて息苦しいと感じたのだろう、カメラをぶら下げた女性がジャケットを脱ぐ。次に彼女は慎重に一人ひとり子どもたちの位置を決めていく。次に、撮影が始まる。彼女はしゃがみこむ、「カメラの目」が子どもの視線と同じ高さに近づくように。目の高さが合う。さて、もう一人の女性がその動きに加わってくる。ひざまずいている方の女性の真後ろに立ち、子どもたちに目をすえ、腕をあげて大きく振る。それから、ちょっと間が空いて、写真を撮る女性が撮影位置を変える。やや体を伸ばして。いまや、イヴェントは盛り上がる。次の数分間かそこら、カメラを持った女性は絶え間なく狙いを定めシャッターを切っていく。その間、もう一人は、ディスコかエアロビクスのような腕の動きをあれこれ駆使して動かし続けている。顔に満面の笑みを浮かべて動いている。子どもたちの腕はそれに「同調」してはいない。顔はおそらく笑っている。そして楽しげな休暇旅行の写真はおかげさまでできあがる。

この現場記録の寸描は、写真のある〝社会関係〟を表すものだ。観光者は、親密な他者（家族、伴侶、友人、ツアーの同行者など）とグループをつくって、そして今いる、または思い描いている（帰宅後に）見てくれる人とともに、写真行為を身体的に、創造的にそして多種の感覚を使って演じているのだ。観光者の写真の演技的様相は、写真を撮る、カメラに向けてポーズをとる、ポーズをとる体勢を振り付ける、写真を撮っている観光者を眺める、写真を眺めるという実践とつながっている。こういう写真を撮る行為はそこに「チームワーク」があることが多く、「写真を見る側《オーディエンス》」も、この振舞いとしてのチームワークをそこから読み取ることが必要だということを教えてくれる。写真を撮ることは、写す人とポーズを取る人と、いまの、あるいは将来の想定される写真を見てくれる人との複雑な社会関係の象徴化したものなのである。ポーズを取る人は、なにがしかのふさわしい表情（いちばんふつうには〝笑って！〟）をするように、あるいは場違いな態度を取らないようにと、写真を撮る人あるいは他のグループのだれかによって教わるのだ。

これはまた観光者のカメラワークがいかに、「消費対象の場所」（Urry 1995a）あるいは覇権的な「場の神話」（Shields 1990）に関わるだけでなく、友だち、カップル、とくに「家族的まなざし」を通しての家族というグループで演じられる自己表示や「戦略的印象操作」にも関わっているかということを示している（Haldrup and Larsen 2003; Larsen 2005）。たいていの観光者は旅先で反射的にそこでの写真を撮ってみたいという願望を持つものだ。観光者は、「モノとしての装置」、たとえば記念的建造物、見物場所、美しいスポットと、それから自分たちグループが枠内に収まる景色などを探しだす行為をするのだ。

自己というものは、外に表れるパフォーマンスでたえまなく創出されていく「演劇的発露」だ。概念化するのもふつうの一つの演劇的実践である（Goffman 1959: 47）。たいていの視覚表現は、要するに、記号化され演出された印象操作の舞台に帰着する。カメラが現れた瞬間に、まずい雰囲気はまず自動的に中断され、退屈な集まりでさえ、活き活きとしたものになる。カメラ好きも、みんなが「誠実」であるわけではない（Goffman 1959: 28）。愛情などほとんどない家族であっても、カメラに向かっては愛情ある家族生活を演ずることはできる（Kuhn 1995）。

アーヴィング・ゴフマンはかつてこう述べた。「私たちは宴会の顔、葬儀の顔、そしてさまざまな種類の制度的な顔を持つ」（Goffman 1959: 28）。そしてこの顔一覧に〝観光の顔〟も加えてよいだろう。観光写真は「愛し合う顔」と密に結びついている。ストレスいっぱいの親、退屈している少年少女、泣いている幼児なども、カメラのシャッターが切られはじめると、幸福な顔を装うように、互いに抱き合うようにと指示される。印象操作を注意して行なっておけば、表向き「愛し合う」家族とか友人と過ごした写真の記憶を旅から持って帰ることが保証される。観光者のおおくのグループは、共同で一つの社会的身体を作りだし、その身体は儀礼にかなった姿となって展示される。だれでも写真撮影のイヴェントには、勿体をつけた態度でポーズをとって「敬意」を表明する。優しい笑みを浮かべ、姿勢よくまっすぐに、両手は体の横につけてとかだ。だれも揶揄したり、目立とうとしたりすることはない（Baerenholdt et al. 2004: ch. 6にこの現場調査報告がある）。これは〝厳粛なるまなざし〟で、社会関係とその行事をともに祝福する行為である。こういう理想化された家族写真像にはちょっとした異論があるかもしれない。それは、アーヴィング・ゴフマンが名付けた「役割距離」という概念があたるかもしれない。すべての人がいつでも進んで役割に「合わせる」わけではないというものだ。どういうポーズがふさわしいかという葛藤はグループ内同士でもある。その例が、十代の子どもたちで、かわいく見えるようにしなさいという親の指示に逆らうのだ。そういう役割に無頓着で平気な子どもとして見られたいからだ。家族でも、とくに父親は、忙しい行事で、愛し合う家族と演出することに居心地の悪さを表すことだってある。

また、「遊び半分のポーズ」というのもある。観光者は、いい加減な振舞いをしたり変てこな顔をしたり節度を欠いたような身振りをしてカメラにたいしてふざける。この反・ポーズはとりわけ若者には広がっていて、デジカメ以降一般化した。H・タッカーが述べているのは、ガイド付きの団体旅行で、若者参加者たちが自分たちの姿や訪問した先の滑稽な写真を撮ることだ。その意図は、あたかもガイドがそのツアーに行きわたらせて定着させておきたいと努めている「まじめさ」に挑発をするかのようなこの種の「ポーズ」をとることだ、という（Tucker 2007: 151）。そしていささか似たことだが、思わずしてしまういささか場をぶち毀すような「ポスト・ツーリスト的ポーズ」というものがある。これは、観光者が冗談で観光写真の慣習的な筋書を嘲笑するというものだ。T・エンザーが、〈タージ・マハル〉でアメリカ人観光者のグループが写真を撮ろうとポーズをとっているときにふと耳にした会話だ。

観光者A「さあ、みんな、並んで、感心した顔して」
観光者B「うん、まあ……結構ですがね、だけどさ、それで、どうなるのでしょうねえ」
観光者C「さっき、ボブがいいこと言ってたね、〝〈タージ〉はすごいなあ、けどそれがどうした〟って」
観光者A「さあ、とっとと写真撮って、次へ行こうよ」

(Edensor 1998: 133)

最後に、ゲストとホストのあいだにある複雑な権力関係にもどってみる。この関係は権力という意味では均衡しているのだが、D・マオズの「相互的まなざし」概念にヒントを得たA・ギレスピーの「逆まなざし」の概念では、観光者が体験する恥ずかしさや落ち着かなさを興味深く述べている。それは地元の写される側が気づいて、写真を撮るゲスト側へまなざしを向け返すときなのだ。A・ギレスピーの考察はこの「逆まなざし」には悪意があり、その理由は、旅行者と自認する者は、文化人類学者的なまなざしも持ち合わせているつもりなのに、現地のまなざしの逆襲で、自分たちが単なる観光者になり下がり、覗き見的なまなざしを向ける振舞いをする人だとされるからだ。まさに、写真を撮るということなどは、バカにされているし、いかがわしい観光者の行為だからだ。逆まなざしに捉えられると、写真を撮っている人は、撮られている側が「シャッターを切られて」別に気にしていなくても、「面目を失う」。A・ギレスピーはこう述べる。

写真を撮られる側は撮る側をじっと見つめて、問いただすような目つきで、あるいはちょっと不審そうに見て、一瞬で、写す側と写される側の関係を逆転させる。写される方の人は、ちらっと見るだけで写真を撮っている観光者を捉え、おかしな観光者として見なすことができる。つまり、逆まなざしはその種々のかたちでもって観光者の自己を浮き立たせる媒介となりうるのだ（Gillespie 2006: 347）。

むすび

以上、私たちはパフォーマンスが観光の重要な要素だということを多方面から考察してきた。アーヴィング・ゴフマンが、観光のほぼ全般にわたって存在する演技的性格への洞察の豊かな源泉となることも見いだした。また、社会相互作用一般がパフォーマンスに満ちていて、これは消えていくことも、意義が小さくなることもないということも述べた。これはじつは産業としての、また現代世界の諸活動の中核とみられる観光の問題点を最終章で検討する際にも、少なくとも北半球の豊かな国に住む人々にとってはきわめてかかわりがある点なのだ。そしてこの富める北半球での、観光のまなざしの制度のもとで広がった余暇旅行の規模と領域が、実際には、人類史の、ある意味、限られた時期にたまたま出現しているのだということも明らかになっている。私たちは余暇的な旅の問題点を考察し、訪れる先の環境、長期的気象、そして二〇世紀の移動する観光のまなざしの「燃料」ともなった石油産出にまつわるリスクを次章で述べよう。

ただ、こうした現代の移動をともなう世界の代替物を探しだすのは、いくつかの理由で、といっても、たしかに観光のパフォーマンス的特質が理由の一つにはあるが、やっかいではある。私たちは、どういう種類のパフォーマンスが現代のグローバル化する観光のパフォーマンスの代わりになりうるのかということを問うことになるかもしれない。このパフォーマンスが形を変えてグローバル化と逆に局地化《ローカル》することは想定できるだろうか。観光のまなざしが本当の局地や日常という地点に向かいつつあることを想定することができるのか。長距離を旅することは必要なのか、新しい場所へ行くことは必要なのかという疑問もあるだろう。というのは、たいていの観光は、日常の範囲で、多少とも近い家族生活とか友だち関係を演ずる、感傷に訴える心象地理をめぐって展開していることを私たちは検証してきたからだ。デジタル写真だと、写された対象はすべてどこでも、身近に見ることができてしまうのだから、これは一体どういうものと言えばいいのだろう。観光のまなざしのパフォーマンスが、ディスプレーの上で見られ、身体的にはそこへ行っていない、というような完全に「仮想景色」を基調とする状況が想像できるのだろうか。まなざしとそれを向ける人の相互作用が、ただ仮想であって、まったく身体をもたず、それが、本章で詳細に検討したアーヴィング・ゴフマンから導かれた議論の主眼に対抗してくることがあるのではないか。あるいは、未来の観光のまなざしはもっと「局地」化していて、人々の社会関係に結びつき、むしろ長距離の旅や遠隔地を漁るということがなくなるのだろうか。

第九章　リスクと未来

はじめに

本章では、観光の現在と未来についていささか検討をしてみる。とくに重要なのは観光とそのリスクとのつながりである。本書の初版が一九九〇年に出版されたときには、トーマス・クックが一八四〇年代以降に創出した観光業の仕組みに触れた以外にはほとんど検討をしていなかった。それはトーマス・クックの仕組みによって個人旅行にともなう明白な危険性が解消されてきたという指摘だった。しかしながら、一九九〇年ごろから新しい「リスク」の分析が出てきた。多くは、U・ベックの『リスク社会』（Beck 2002、英訳初版は1992）〔邦訳題は、『危険社会』〕に刺激をうけたものだ。この著書では、U・ベックは「自然の」危険災害にかんしてではなくて、産業社会の「人災」のリスクについて関心を寄せている。一九八五年のチェルノブイリの原発での爆発事故でほぼ全ヨーロッパにまき散らされた放射能は、産業社会からリスク社会への変容の症候と見られている。リスク社会には「善きもの」だけでなくおおくの「人間由来」の〝悪しきこと〟が存在する。リスク社会とか多種多様な厄災の拡散とは、現代の社会環境のもつ多くの危険とか、地域の汚染、エネルギーや資源の有限性、気候変動などを指している。そしてとくに九・一一テロ攻撃以降、現代の危険性はテロリズムの悪と、とりわけその恐怖であり、このことで、街、リゾート地、空港などでの移動する身体への監視や統制が生じてきている。

私たちはとくに、観光それ自体が自滅していくものなのか、どういう意味でそうなのか、を検討する。すなわち、観光は、地域のあるいは世界規模に影響を及ぼす大きなリスクとなるのか、有害なものを生み出し、観光の活動の前提そのものを食い尽くし破壊していくのか、という問いである。もっとも、こういう悪しきことは、一九世紀の初頭からはじまった観光や旅の異常なまでの発展から生じているとも思われる。ウィリアム・ワーズワースの詩『同胞《はらから》』はこう始まる。

あの観光者、かの者たちから何卒吾々を守りたまえ！
何か得ないと気が済まないような生き方をする御仁。ある者は
素早く楽しげに周りを一瞥見渡し、まるで大地は空気のよう。
御仁、蝶になり、あたりを翔びまわり、
その夏の続くかぎり。またある者たちは賢者の如く
突兀たる岩の縁に鎮座、
膝上に、手帖と鉛筆と、
眺めて寸描、描いて、また眺め、

J・バザードは、この詩は一八〇〇年以来の「近代の始まりを象徴している。つまり、人がなにか一つの文化に帰属することをやめて、その文化を周遊するだけという時代だ」という考察をしている

(Buzard 1993: 27)。こうして、この二〇〇年ほどの特徴となっている、場を眺め、なぞらえ、対比し、収集するという行為が始まった。多くの場所が現在では、世界の驚きスポットとでもいうべき世界的憧憬地となっていて、そこへ旅をして、ぜひ自分の目で見に行く価値があるとされる。世界を巡るというのは、この二世紀にわたって、とくにはヨーロッパで一八四〇年前後に社会的流動化・可動化が確立してきて以来、いかに世界が意味として体験されるようになったかということを意味する。P・シュルツは『死ぬまでに一度は行きたい世界の1000ヵ所』という九七二ページの本で、自分でまなざしを向けに行くべき場所を挙げている (Schultz 2003)。

本書では、現代の観光者が、自分たちで見に行きたいと思う種々の場所を数多く検討している。そして、観光者はそういう場所を収集し、他と比べ、そこへ行ったことをもって、またその情報を〈Web 2.0〉で開示することで文化資本を獲得していってもいる。私たちは言いたくもなる、こんな観光者からは「何卒吾々を守りたまえ」と。実際、観光のまなざしがグローバルになっていったので、現代世界にはある新しく強力なリスクが産まれてきている。リスクというか、悪しきことだが、それは観光者が訪れるまさにその場所にも、人を場所から場所へと運ぶための石油の供給にも、将来の地球という星の生活環境にも及ぶものだ。こういう問題性を検討しながら、リスクと危険《デインジャー》のある奇妙な重なり合いを考察しよう。この両者の重なり合いは、観光のまなざしの蔓延と、これがもたらす多大な「消費欲動」から生まれてくる。

リスクと危険

観光とは、要は、快楽にかかわるものだといえようが、この快楽、この世界中の場所を消費する行為は、場合によっては、疾病、危険、死をもともなう（Urry 2004 参照）。快楽と苦痛、リスクと危険とには奇妙な結びつきがあることがよくある。

第一に、それは、観光地がよく病気や死に満ちているからだ。第二章で、温泉地のようなリゾート地の初期の歴史を述べた。そのリゾート地は鉱泉を飲み、よい空気を吸うための場所であり、治療を受け快癒する場所であることはいまも同じだ。そういう場所には、よく療養施設、定年後の老人や疾病者が相当に集まっている。とくにいまでは医療観光やフィットネス観光が広がってきている状況でもある。現代のキューバは現代医療観光でかなり進んでいるのはおもしろい現象だ。というのは、共産主義のすすんだ医療制度の伝統みたいなものがあるからだが。

第二に、他所の場所を消費するということには、残酷な死にたいしてまなざしを向け、場を自分のものとする行為がある。すでに、負の観光地にどういうものがあるかについて考察した。監獄、戦争記念館、城砦、絶滅収容所、死闘や厄災や要塞地などだ。その例として、シンガポールの〈チャンギ刑務所〉、アフリカ西岸にあるいくつかの奴隷市場要塞、チャンネル諸島の〈ナチ・オルダニー強制収容所〉、一七世紀に虐殺のあったスコットランドの〈グレンコー村〉、宗教・政治対立の現場となった、北アイルランドの首都ベルファストの〈フォールズ通り〉、〈グラウンド・ゼロ〉、エジプトのピラミッド、ドイツの〈ダッハウの強制収容所〉、広島、真珠湾、ニューオーリンズのハリケーン〈カトリーナ〉の被害痕、サラエヴォ包囲などだ。まだそのほかに時代を象徴する個人の死にかんする記念的な場所もある。たとえば、ケネディ大統領が暗殺された芝小丘《グラシー・ノウル》の道路、エルヴィス・プレスリーの旧宅と墓のあるグレイスランドの町、アメリカのミュージシャン、ジム・モリソンのパリにある墓、ダイアナ妃が亡くなったトンネル自動車路だ（Lennon and Foley 2000）。さらに、血に飢えた文化も消費対象の遊び文化へと衣替えさせられることがよくある。たとえば、ヴァイキングとかインカとかズールー族の戦士などだ（Baerenholdt and Haldrup 2004 のヴァイキングについての記述参照）。

こういう死、厄災、苦しみの場所は遊びの場所として演出されていて、多くは入場料も取られ、解説が行なわれ、種々のサーヴィスや土産品も売られている。こういう場所はたいてい繁盛していていまも続いている。それは愛好者やファンのしっかりした連繋組織のおかげだ（Baerenholdt and Haldrup 2004; Hui 2008）。熱心な愛好者は「仕事」をしてくれるのだ。それは相互関係や相互援助という仕事だ。どうするかというと、一番にネットワークを通じて、その場所とかその人についての、知る人だけが知るような知識を入手する。愛好者やファンの組織は、この亡くなった人とか厄災の経験を広く世間の目にむけて公開する。その記念施設を確認しに訪れた人のまなざしでもって、世界中にそれに立ち会ってもらうのだ。訪問者はその意味でこの記念施設や出来事の鍵になるのだ。さらに、観光者のこういうパフォーマンスはその記憶を広い世間の目に留めて、それが現地の「災害疲れ」のおそれも軽減するのだ。これについては、P・ペッツーロがニューオーリンズのハリケーン〈カトリーナ〉の災害後の事例で優れた考察をしているとおりである（Pezzullo 2009）。

もっと一般的に言うなら、人の移動と病気ということにはそうとう関連性がある。外国への移動率が高ければ新たなリスクも生じる。たとえば梅毒、エイズ、サーズなどだ。これは旅行者や観光者の移動からくる疾病である。P・ファーマー流にいうなら現代版ペストだ（Farmer 1999）。第三章で扱った「セックス観光」や「ゲスト」と「ホスト」間の性的な接触は、エイズのような性に関係する疾病の地理的拡大に寄与してしまった。その点、サーズは海外に移住していった中国人の旅行という独自のパターンから生じたものだ。場所は病気の移入にたいしてきわめて脆弱であり、とくに病気への恐れにたいしては弱い。病気は一夜にして、観光地を死の恐怖の場にしてしまうからだ。恐慌から人はその場所に寄りつかなくなるようになる。その例は、二〇〇一年にイギリスの〈湖水地方〉の一部であった。牧歌的な田園地方が、口蹄疫の蔓延を食い止めるために殺された牛の焼死体で満ちたのだ。

第三に、観光地は危険な場所であるとか、またそう想像されることがよくある。観光者の身の回りに真っ先に犯罪や恐懼が襲うというのだ。リオデジャネイロは、観光と犯罪のそういう意味での過密地だ。ここでは〈ファヴェーラ〉〔スラム街〕の犯罪者が、カモになる観光者を狙っている。観光者を犯罪に引きずり込む例はたくさんある。路上強盗、売春、スリ、観光者相手の麻薬関係の違法取引だ。カリブ海一帯の魅力のいささかは、この〝危険〟がまさに目の前の、壁一枚隔てられたそこにあるにあるからこそとも言われている。海賊話、〈ラスタファリ〉〔ジャマイカから発生した宗教運動。フランスなどではカルトの指定を受けている〕、麻薬、〈ヤーディー〉〔ジャマイカの国際的で凶悪な犯罪集団〕、これらすべてはこのカリブ海のパラダイスのような島々での「危険いっぱいの観光」の演出に一役買っている（Sheller 2003）。「危ない旅行」用のガイドブックもたくさん出ている（Schroeder 2002: 73）。BBCテレビでも〈危険地帯への休暇旅行〉というシリーズで紹介されていた。とはいえ、第六章で論じたように、観光リゾート地、国際ホテル、ショッピングモール、テーマパークなどの飛び地的に囲い込まれた観光空間は〝安全〟構築の表象でもあり、そこは、危険や不安のある場所から、消費者を隔離するようわざわざ企図されているのだ。実際においても、想像上であっても厄災をともなう環境では、観光者は自己を収監する「収容所」で安全でいられることを選ぶことが多い。

第四に、観光のパフォーマンスは、R・セネットが「身体は困難に対処しようとするとき活き活きとする」というように、身体を別種の危険に置くということだ（Sennett 1994: 310; Macnaghten and Urry 2000b）。

前の章で述べたように、冒険観光というのは観光のまなざしの新しい型として発展してきた。これは明らかに身を危険にさらす動きをともなう観光の振舞いだ。こういう身体の極限のパフォーマンスとしては、バンジージャンプ、ゲレンデ外でのスキー、パラグライダー、スカイダイビング、急流下り、高山のトレッキングなどがある。トーマス・マンは、現代精神、とりわけ、この世界を「巡遊」する人たちの精神、これは底なし地獄が好きなのだと、かつて述べたことがある（Bell and Lyall 2002: 23より引用）。ニュージーランドは、とくにこの底なし地獄式の新式観光パフォーマンスが発展してきたところだ。そこにはますます過激になる崇高《サブライム》さがあり、こういうことが言われている。「自然は、観光者が大地を支配したいという夢を恣にさせてくれる場を提供している。冒険ヒーローになれるのだ」（Bell and Lyall 2002: 22）。ニュージーランドは「壮大な光景」が、「ますます過激になる崇高」の躍動的な消費にふさわしい場を提供しているというのだ（Bell and Lyall 2002: 36）。このほかに「若者風」観光者は「遊戯的危険」に身を曝すのである。夜を徹して乱痴気パーティーをするとかである（インドのゴアとかスペインのイビサ島であるような）。あるいは、羽目を外した飲み会である（バカ騒ぎをする若者をターゲットにした多くのパッケージ・ツアーがそうである）。

最後に、今世紀に見られるのが（人々の思いの中にある）テロのリスクや身体的恐怖であり、また、リスクや恐怖心から現実の環境のなかに出現した、広く設置されている監視の目だ。ETA（バスク祖国と自由）のテロリストはとくに観光地を狙い撃ちしていた。たとえばビルバオ市の〈グッゲンハイム美術館〉の爆破計画などだ。彼らは観光者に向けて爆発物を使用した。バスクの独立を確保する運動の象徴としてである。しかし、テロはより広く国際的に広がってきている。世界テロは、アメリカという大国やその同盟国への攻撃を仕掛けようとしている。とくに中東における、親米国にたいしてである。

この世界の新しい無秩序になかで、西側の観光者を惹きつけている場所は新たな標的となっている。観光者は世界の武力衝突の最前線に置かれるのだ。カイロ、ルクソール、ニューヨーク、バリ島、モンバサ、ジャカルタ、カシミールなどでそれは実際に起こっている。観光地は、大量の死の痕跡を他人事として求める観光者を惹きつけているのだ。ある評論家が述べていたことだが「スペインの爆発は主に観光者に降りそそぐ」〔ミュージカル〈マイフェアーレディ〉の中の有名なセリフ「スペインの雨は主に平野に降りそそぐ」をもじったもの〕だ（http://slate.msn.com/id/112743/; アクセス日：2010.12.02）。潜在的な死や死の恐怖はいまや多くの観光地を忍び足で歩き回っている。

このように観光地は観光者だけでなくテロリストも惹きつけてしまっている。観光者は、往々テロリストになることもある。テロリストになったり観光客を装ったりするのだ。弱者の武器は、人々に恐怖をひき起こすことである。遊びほうけている、いかにも観光者らしい行動をとっている「無垢の観光者」に恐慌を引き起こすことだ。「最近の恐怖というのは根底的な疑念と結びついている。テロ〔恐怖〕は、時、場所、相手を選ばず攻撃してくる（…）。最近のテロ行為は手当たり次第でかつ拡散して存在している」（Diken and Laustsen 2005: 2）。どこかは分からないとはいえ、旅行者や観光者のいる空間にも襲ってくる。最近の不安は疫病のようであり、可能性として、空港、機上、ホテル、ナイトクラブ、海浜、石油基地、観光バス、地下鉄などを攻撃してくる。観光者であるということは、テロ戦線の先端にいることであり、可能性として、死ぬということだ。ある意味、少なくとも、「ウサマ・ビンラディンはすでに勝ち戦をしているのだ。その勝利とは、一切を消耗しつくす恐怖で成り立っている」（Diken and Laustsen 2005: 14）。この一切を消耗しつくす恐怖は、とりわけ空港、つまり外国旅行へのゲートをみれば明白である。

この最新の目に見えない敵のために、高度化した「監視類別」装置が生み出されている。外国旅行者が、移動を行なうためには、特段に洗練された監視システムが必要となっている。アメリカではこの要請が前代未聞の出来事に発展した。アメリカに一年で入国する五億五〇〇〇万人以上のための空港安全対策と管理システムの開発全般を国営化したのだ（Diken and Laustsen 2005: 3）。もう内も外もなくなっている。すべては、同時に内であり外である。権力、まなざし、テロは場所を問わず存在する。事実、観光者は現在では最も執拗な監視、検査、管理の下に置かれている。グローバルな市場での消費者となるには、観光者は強力で集中的なシステムとまなざしとに晒されなくてはならない。これは、企業や国家の制度的なまなざしによって監視し管理するシステムなのだ。このように、観光地で「遊んでいる」人という「ソフトな標的」すら、テロ戦線の前面に置かれているのだ。そしてテロリストも観光者もまざって「移動していく」が、監視側としてはこの両者は「選別」しなくてはならない。保安検査場《ゲート》、捜索犬、カメラ、顔の生体認証カメラ、ＩＣカード、虹彩認証、衛星システム、盗聴器、テロ情報認知制度など、すべて現代の旅行や観光というパフォーマンスの一部である。一週間、楽園にでも行こうとするなら、セキュリティ装置はたちどころに〈ビッグ・ブラザー〉〔ジョージ・オーウェルの小説『一九八四』に登場する独裁者の名前。すべての人を監視する権力者〕に姿を変える。その世界ではまなざしを向ける観光者がいたる所で監視の対象になっているのだ。

　都市やリゾート地はますます空港と似た性格になってきている。新しい監視、検査、管理の体制で、かつては「所持品検査社会」と呼ばれていたところが、いまや世界規模の「テロとの戦い」を実施する場所になっているわけだ。空港で試行される技術が外へ出てきて、ありふれた都市や観光地を新しい世界秩序のなかでの、恐怖や何が起こるかわからないような質《たち》の所にしてしまった。そこで、Ｇ・マルチノッティは、空港のような場所は「いまでは、私たちが住んでいる町と同じ所だ。〝どこでもない場〟も、現代では、都市の典型的場所以外の何物でもない」（Martinotti 1999: 170; Cwerner et al. 2009）。空域すらも、世界共通の秩序づけが導入しつつあるこういう「場」の典型であり、世界の都市と大きく重なり、類似していっている。空も、その他の場所と区別することがますます難しくなってきている。空域という例外的だった場も規制下に置かれるようになってきている。飛行機の利用者がますます世界を飛び回っているだけでなく、その旅行を可能にしている移動や安全対策のシステムも世界を飛び回り、あちこちの都市に着陸している。G・フラーとR・ハーレイは「空港は未来都市だ」と述べている。とくに、そういう都市は来訪者、すなわち「ふつうの観光者」であろうと、そうでなかろうと他所からの人たちであふれ、その人たちを監視しなくてはならないのだ（Fuller and Harley 2005: 48）。イギリスでは、推定で、一人が一日に平均三〇〇回監視カメラに記録されているという（Morgan and Pritchard 2005）。第六章で〝フラヌール〟は観光者の先駆け（男性だけであったが）であり、匿名になりえたし、境界閾にいられた、ということを考察した。しかし、都市での匿名性や境界閾は、デジタル化されて駆動している監視カメラの執拗なまなざしの前では、いまやほとんど幻想である。

すべてを見る、遍在するカメラのまなざしは、伝統的には公共空間の目的でもあった匿名性の機会を危機に陥れている。露骨でない監視カメラシステム（…）はデータベースや自動認識のソフトウエアーなどとあいまって、目立たないように個人とその動きを記録している。しかもふつう匿名であるとか、公衆のなかなので識別されないと当然思いこんでいるような空間や場面においてさえそうされている（Dubbeld 2003: 158）。

観光者はいまや日常的に、強力なデジタル一望監視機器で捉えられ、その対象とされている。犯罪、暴力、テロの危険性が認知されるからということで正当化されているのだ。

そして、同時にテロの場所はまなざしが注がれる新しい場所となるのである。その意味で、〈グラウンド・ゼロ〉とか北アイルランドのベルファスト市にある〈フォールズ通り〉とか〈シャンキル通り〉は、今日では観光地図にのっていて、外からの来訪者が期待されている(ベルファスト市には〈トラブル塔〉〔一九七〇年代からの住民の宗教・政治対立を現地では「トラブル」と呼んでいる〕もある)。死の場所が、来訪の期待される場に変容し、まったく新しい観光コースとして、負の観光の消費行為をする場になっている。九・一一の結果として、アメリカ人の「愛国観光」への呼びかけがおこり、アメリカ人はそういう危ない飛行機に乗って、そして、どこかへ行楽に行くことを止めないのだということを自ら確認し、敵にむかって、おまえたちは、勝利はしていないのだ、自分たちは死への恐怖はないのだということを示すのだ。前述したように九月一一日以降、記録的な数の観光者がニューヨークへも群れをなしたのである。

場所と競争関係

ここで、国際化した観光のまなざしから生じてきたもう一つの悪しきことへ目を向けてみたい。まず過密の発生を考察してみる。オーバーユースと地域の環境の劣化というのは、一九六〇年代以降にもっぱら「西側」では討議の話柄となってきた。E・ミシャンは「観光者、観光業者、運輸産業、付随するサーヴィス業(…)にたいして、他方、自然美を保護しようとすることに配慮を働かせている人々すべてとのあいだに軋轢がある」と書いている(Mishan 1969: 140)。彼は、その例に、アメリカのターホウ湖を挙げている。ここの動植物が、湖畔に沿って建てられたホテル群からの汚水でダメになってしまったのだ。こういうふうに観光開発で起こる地域の環境破壊という例は枚挙にいとまがないほどある。この問題はとくに前述の〈ツーリズム・コンサーン〉のようなNGO団体が取り上げている（http://tourismconcern.org.uk/; アクセス日：2010.06.11）。

E・ミシャンが主張するのは、旅や観光が生みだすコストをめぐって、現在と未来の世代のあいだには利害の不一致があるということだ。観光者が一人増えるときの限界費用には、過密の増加による環境負荷という損失コストが伴うはずで、これが考慮されていないという。こういう過密による損失コストには、一般に、海辺の平穏さや静謐が欠如するという好ましくない結果とか、飛行便の多さからの騒音、景観の破壊、動植物への毀損などいろいろある（Verbeek 2009）。だからといって、観光者の多くは、その観光地へ行くのを控えたほうが得だなどとはけして思わないところにも問題がある。事実、そこへできるだけ早く行こう、込み合う前の荒らされていない雰囲気へのまなざしを享受したいという強い動機づけが存在するのだ。こうして、「かつては静かで、珍しいし美しいし由緒もある静養の場所だった場を、いたる所、金を抱えた群衆への曝しものにし、無秩序な競争に追い込んで、観光業は、結果として言えば、文字通り回復不能なまでの破壊をしていく」（Mishan 1969: 141）。とくにE・ミシャンは「若くてアタマの悪い連中」は観光産業がでっち上げた夢に乗せられているのだと言う（E・ミシャンが今のイビサ島やインドのゴアを見たらどう思うだろう）（D'Andrea 2007）。

大衆観光が普及しても、それは旅そのものを民主的にするものではない。観光は幻想で、これがまさにその訪れる場所を破壊していくのだ。それは地理的な場所が限られているからだ。E・ミシャンは、「少人数で自由に享受すべきものを、群衆は群衆であるがゆえに必然的に壊すのだ」と言う（Mishan 1969: 142）。国際協定でも結ばれない限り、次の世代は「邪魔の入らない自然美」の場所などほとんどないような世界を継承することになるだろう(Mishan 1969: 142)。E・ミシャンは、すべての国際航空の禁止をあからさまに提唱しているのだ! 市場を規制なしに発展させれば、それこそ観光のまなざしの対象である場所そのものを壊していくという。

W・ベッカーマンは次の二点を明らかにしている(Beckerman 1974: 50-2)。第一。大衆・大量観光の結果についての懸念は基本的に「中産階級」の不安である(多くの環境問題と同様だ)。第二。大衆観光で影響を受けている層は、じっさいはそのことから、ある点で利益を得ているのだ。たとえば、大衆団体観光者は、彼らがいなければ入手できなかったような有益なサーヴィスを見つけ出してくれる先駆的訪問者なのだ。

しかし、ここで鍵となる論述は、F・ハーシュの、成長と位置の経済についての社会的限界についてのものだ(Hirsch 1978)。つまり消費者の選択行為において個人の自由度を拡大していくと、位置的経済に関しては、結局どの個人にとっても、本来の選択の自由が失われてしまう、というものである。財、サーヴィス、労働、位置、その他の社会関係などの特質は、稀少であるか過密(または混雑)であるかのいずれかであるのだ。つまり競争がゼロサムになるようになっているのだ。ある人が当該の財をちょっとでも多く消費すると、他のだれかの消費量が減ってしまうか、満足度が低下してしまう。経済成長で増産できる物質財の場合とちがって位置財は供給を増やせないのである。位置財の消費は関係的なものである。各個人が引き出す満足は、無限には拡大できず、他者の消費にたいする自己の消費との比で決まるのである。これが「制約的競争」というもので、そこでは人は本当には選択をすることができない状態にあるというものだ。消費行動の最終段階ではだれもが幸せになれないとわかっていても、人は参入してきてより多くを消費することを余儀なくされている。「ゆっくりしたければ、人より速く走らなくてはならない」ということだ（Schwartz 2004 参照）。

観光そのものがこの位置財であることは明らかだ。地中海の海岸線は絶対的稀少にあたり、ここでは一人の消費が他人の排除的犠牲で成立している。また、そこが本質的に卓越した場所だからではなく、ただそこが趣味の良さとか上位のステータスを意味するからというだけで消費されるような行楽先が多くある。ヨーロッパ人にとっての極東がその好例であろう。ただ、大衆観光の型それ自体が変わるにつれて変化してはいくだろうが。もう一つ言うなら、過密の程度によって人々の満足度が決まるという観光地がたくさんあるのだ。F・ハーシュはある専門職についている中産階級の人が、こういうままでの「エキゾティック」な国への廉価なチャーター便の投入で「私もここに来られるようになった、ということは、ここはもうオシマイだな」という言葉を引用している（Hirsch 1978: 167）。

しかしながら、本書では、一般に観光では何を消費するのかが明確でないということを示してきた。消費するのは、ある対象にまなざしを向けることができる資力なのか？　多数の同行者と一緒でいいのか？　他人と一緒でなく、個人でまなざしを向ける資力なのか？　あるいは手近に対象が見える所に短期間の施設を借りうる資力なのか？　あるいは、至近に対象が見える所に自分専用の建物を所有する資力なのか？　この問題が発生するのは、観光活動には「まなざし」という鍵概念があるからだ。ところが観光に内包される稀少性ということは複雑なのだ。観光産業が遂行している戦略は、新しい開発を創始して、同じ対象に向けられるまなざしの数を大幅に増やすことだった。例えば、ホテルのどの客室も〈オーシャン・ビュー〉になるようにするとか、クルーズ船の寝室全てが海側に窓があるように改装するとかである。

稀少性にかんして、もっと重要な区別がある。観光地の物理的な環境収容力と場の視覚的容量である

(Walter 1982)。物理的な環境収容力で言えば、山道が崩壊し消えてしまっているため、文字通り歩行者がこれ以上進めないという場合にはこれは明白だ。ただし、物理的に通行可能な山道なら他にはいくらでもある。けれども物理的な希少性が適応されるのは、あの景色までいけるのはその道だけなのだ。その山にあるどの道ででもいいわけではない。

視覚的容量はこれを変えてしまう。そこで、J・ウォルターは観光体験の主観性に関心を寄せてこう論ずる(Walter 1982: 296)。もしその山道がまだ物理的に通行可能であったとしても、それだからといって、そこへ行ってみたら、まなざしを向けてみたいと期待していた太古の原生林がなかったということはある。つまり、そこの視覚的容量はすでに終わってしまっていて、ただ物理的容量だけが残っていたのだ。J・ウォルターは、あるアルプスの山を例にひいている。物質的な財としての山は、その巨大さや美しさや、アルプスの高峰という理念に一致することで眺められることが可能だ。このすばらしさにはほとんど限界というものがない。しかしながら、その同じ山も、位置的な財としても見られることがあり、たとえば、他の観光者がいない状態で、ひっそりとあるいは少人数のグループで享受したいと願うような自然の霊場の一種としてである。こういう孤独な「消費」は、いわゆる趣味のよさを顕示するものだろう(Bourdieu 1984 参照)。これは「ロマン主義的」観光のまなざしであり、このなかでは、孤独、他人からの隔絶、そしてまなざしの対象との個人的で半ば精神的なつながりというものを人々は期待するのである(第二章、第八章を参照)。

ロラン・バルトは、このことを、フランスのガイドブックの定番〈ギッド・ブルー〉においては、「山々をもてはやすこの中産階級、このアルプスの古くからの神話(…)、つまり、山、淵、峡谷そして急流だけが(…)、努力と孤独の精神性を鼓舞するものであるかのごとく表されている」と述べている

(Barthes 1972: 74)。J・ウォルターは、ロマン主義的まなざしの好例として、ウィルトシャー州の〈ストゥアーヘッド・パーク〉を考察している。そこが描き出しているのは、

自我は、社会の中ではなく、孤独な自然への瞑想の中に見いだされるというロマン主義的想念だ。ストゥアーヘッドの庭園は完璧なまでのロマン主義的風景である。林やシャクナゲや洞穴や神殿や中世風の田舎家、それらすべてが入り組んだ湖岸に沿ってあり、こういう中をくねくねした狭い小道が通っている（…）。庭園は「自然の姿」の中を巡って歩くように設計されている。だから他人がいるとたちまちこの雰囲気を台無しにしてしまうのである（Walter 1982: 298）。

しかし「集合的」観光のまなざしは、これとは対照的なのだ。J・ウォルターは、ウィルトシャー州のもう一つの館《やかた》と庭園、〈ロングリート屋敷〉を描き出している。ここにあるのは、

〈ケイパビリティ・ブラウン〉公園の中に設えられた広大壮麗な屋敷だ。木々は入念に刈り込んであり、（…）この屋敷から庭園が一望でき、庭園からも屋敷は一望できるようになっている。事実、屋敷は公園の焦点に位置するように建っている（…）。パンフレットによれば二八の催物や施設があるそうだ。そのどの催物も、それを目当てに集まった大勢の人も、この壮麗な屋敷の伝統と快く溶け合っている。基本的にここでは貴族生活を私的にしないでオープンにしているのだった（Walter 1982: 198）。

こういう屋敷は開かれた場所として企図されているのだ。他者がいて始めて成立するのだ。集合的ま

なざしは、このように大人数の他者の存在を必要とし、その点では、第二章で論じたかつてのイギリスの海浜リゾートなどもこの例だ。他者は、まさにここそ来るべき所だと言うことをしめすような雰囲気を醸してくれているのだ。これもすでに述べたが、大都市でも同じで、都会はその国柄を超えたような性格こそが特徴となるのだ。大都に著しい興奮と魅力を付与するのは、世界各地からの人々(別の言葉で言えば観光者)の存在なのだ。多種の観光者が多くいるということはたんに過密を生み出す、ということだけではない。それは位置財の議論で明らかにされたことだ(第八章参照)。

かくて、F・ハーシュの場所をめぐる競争関係についての論は、主としてロマン主義的まなざしや人類学的まなざしによって特徴づけられる観光に適応されるものなのだということになる。メディア的まなざしや集合的まなざしが存在し演じられる場所では、混雑とか過密が問題になる度合いは逆に少ないのである。じっさい、F・ハーシュの論は、観光者が観ることのできる対象の数には限りがあるという考え方に基づいている。しかし、本書で記したように、最近では観光のまなざしの対象はひじょうに増え、E・ミシャンの「邪魔の入らない自然美」などの枠をはるかに超えている。この増加の理由の一つは、現代のツーリストがまなざしの〝収集家〟であり、以前ほど同じ場所に繰り返し行きたがらなくなったことにもあるようなのだ。

私たちが論じてきたのは、現代の観光のまなざしは、ますます、指標がハッキリしてきて、まなざしを向けるに値するモノと場所を明確にしてきているということだ。しかも、比較的数少ない観光スポットを指し示していて、結果、多くのツーリストがひじょうに限られた地域に集中することになる。J・ウォルターが言うように「この聖なるスポットが位置財となるのだが、この財は観光の平等化によって破壊されていく」(Walter 1982: 302)。彼は、「どこにでも、また何にでも珠玉は隠れている(…)。発見する対象は無尽蔵」（Walter 1982: 302）という見方をあえて採る。彼の言によれば、私たちは、数少ない選ばれた聖なる場所だけへの観光のまなざしを作る傾向から離れなくてはならないし、まなざしを向けられるものについてもっと柔軟にならなくてはならないのだ。これは近年になってやや見られるようになった現象で、とくに、前述したような産業、田園、遺産観光とか、映画に触発された観光とか、冒険観光の発達にともなうものがそれである。いずれにしても、J・ウォルターの、ロマン主義的まなざしをいだく階級的特質の分析は説得力がある。

職業的なオピニオン・メーカー（パンフレットの書き手、教師、〈田園委員会〉〔英国の田園地帯の公園、風致地区、山道、海岸線の景観保存や指定・管理など行なう民間組織。一九六八年設立〕の委員など）はほとんどが中産階級の人たちで、位置財にたいするロマン主義的な願望はおおよそこの中産階級にこそ由来をもっているのである。ロマン主義的孤高は、かくて影響力のある後楯と良質な宣伝力を手中に収めているのだ。これにたいして、おおかたの労働者階級の、親睦、つき合い、混雑の中にいることとの楽しみ方というのは、環境保存に関心の深い人々によってしばしば軽蔑されるのである。これは不幸なことで、というのは（…）、この存在こそが、特権者だけの手中にある活動を高揚させてくれるからである（Walter 1982: 203; また Butcher 2003 参照）。

このように、観光地の過密、趣味、場所の関係には複雑なものがあるのだ。世俗を離れることやロマン主義的まなざしに価値をおく人たちは、これは、自然を観るたんなる一方法としては見ないのである。むしろ、彼らは、自分たちと同じ方法で、みんなが自然を聖なるものとして見るように心砕くのである（「善き観光者」ということでは Wood and House 1991 参照、一方、「新しい倫理的観光」という批判についてはButcher 2003参照)。ロマン主義というのは、大衆観光の萌芽にむしろ内包されていたもので、これが広がり一般化されて来たものなのだ。そして、それだけに、この主義者はこの効能を他人に布教しようとすればするほど、ますますロマン主義的まなざしを毀損していったのだ。「ロマン主義的ツーリストは、他人をも自分の宗教に改宗させようとして、墓穴を掘っているのだ」(Walter 1982: 301)。ロマン主義的まなざしは、観光を世界的規模に広げるのに一助あった重大なメカニズムではある。世俗から離れるとか孤独とかの対象になりそうな場所をロマン主義者が際限なく探し求め、これに応えるかのように、ほとんどの国はこのロマン主義的まなざしという土俵に引きずり込まれたのであった。最近で言えば、エコツーリズムの進展がある。人跡未踏の熱帯雨林とかグレート・バリア・リーフにある島に建てられた宿舎エコ・ロッジとかで、これは「環境的に善い趣味」を示そうとするものだ。場所についての競争関係はこのように、世界に広がる観光にとって強力な作用を及ぼしている。

次の節では、ガラリと変わった視点から、ある観光批判と一連のリスクについて検証してみたい。場所についての競争関係やロマン主義的まなざしには、べつのリスクが産まれてくる行為がそこに含まれている。それはその結果に鑑みて、そうとう大きなものとなりうるある危険性なのだ。グローバル観光の根底には、きわめて重要な資源の枯渇につながるものを内包している、ということなのだ。それはさきほどの「自然美」の問題ではなく、移動や建設や冷暖房や、何億という旅行者が世界を巡るのを維持するのに使用されているエネルギーの問題なのだ。この移動者は石油から生じる問題を全部負担しているわけではない、とくにこれこそが世界を動かしているといえるその炭素燃料の引き起こす悪影響についてをだ(Elliott and Urry 2010参照)。

石油

今日の世界経済と社会は豊富で安い石油に深く依存し、また組み込まれている。産業、農業、商業、家庭、消費の仕組みは豊かな石油供給の上に構築されている。石油は用途が広く便利であり、二〇世紀には価格も安かった。石油なくては、世界観光や身体移動をともなう観光のまなざしはなかっただろう。「石油の力は、実質的には人、原料、食糧品、工業製品のすべての国内外への移動に動力を供給している」(Homer-Dixon 2006: 81)。これは実質的に、地球上で動く一切のものの生命線を握るものとなってしまっている (Kunstler 2006)。国際運輸部門は少なく見積もっても九五パーセントは石油に依存している。いままでは、平均して年に二パーセント以上の増産があった (Leggett 2005: 21)。「安い」石油は、社会、産業、軍事、商業生活のほとんどの部門で潤滑油のように働いている (Bower 2009)。この発展で重要だったのは、それがもたらす利害の力であった。J・レゲットは「石油帝国」を、ほぼどんな国民国家より権力がある、と述べている (Leggett 2005: 12, 15; Bower 2009)。「炭素燃料軍事・産業複合体」というふうに語れるかもしれない。車産業と同様、炭素燃料を基盤とした巨大資本体制を発展拡大しようとしているのだ。離れた場所にある、遠方から訪れる特殊な余暇・観光地の開発とか、その数多い空域を使っての空の移動とかである。こういう複合的企業体は、直接間接問わず、気象変動への疑念、規制、エネルギー市場介入などに対抗するための陳情活動《ロビーイング》に資金を流している (Urry 2011)。ノルウェーを除いては、ほとんどの産油国は、独裁的で、政治的に腐敗していてかつかなり不平等な国だ。こういう国は間接的な意味で世界の大半のテロの元凶になっている。とくに中東がそうだ。

石油は二〇世紀にはもっとも重要であったが、今日では後退し、同時に、膨大な二酸化炭素排出増加の原因であり、つまり気候変動の原因ともなっている。〈石油ピーク仮説〉によると、埋蔵石油の採掘量には、初期、中期、終期がある。そして、ある時点で産出量が最大値に達する。埋蔵量の約半分あたりでピークとなるのだ。このピーク以降、石油は採掘が困難になり、かつコストもかかり始める。石油産出量は典型的な釣鐘型のカーブを描くというのだ。これは、石油が突然枯渇するということでなく、供給逼迫と価格高騰が起こるということを表している。二〇〇五年前後にあったように価格高騰だけがときには、劇的に急上昇のカーブを描いてくることもあるが。ピーク後は、その油田での採掘は採算がきわめて悪化する。世界全体の石油ピークは、一九九〇年代にもう起きているということを言う人もいる。また別の試算では二〇〇四年か二〇〇五年に来ているという(Deffeyes 2005; Strahan 2007)。〈国際エネルギー機関(IEA)〉の試算では、もっと楽観的で、ピークは二〇二〇年代だとしている。

世界でいちばん大きな油田は半世紀ほど前に発見されたが、石油の発見が最高点に達したのは一九六五年であった。実際にも一九七〇年代以降に大きな発見はない。今も三ないし四バレルの石油が、一つの油田発見のために日々消費されている。石油に依拠した自動車と航空機の世界的依存中毒症がいちばんに発達したアメリカのような国の石油ピークは、一九七〇年に起こった。それで、長期にわたり石油価格は高騰する一方で、今後も品不足がしばしば発生するだろう。それは一人頭で測ると、その供給力が低下しているからだ。世界規模のグローバル観光や、「いままで通り」を維持するには二〇五〇年までに倍増する必要があるという消費のシステムを稼働させ続けるような石油は十分にないのだ(Homer-Dixon 2006: 174)。このように、「産業文明はエネルギー消費に依拠し、エネルギーは本質的にその量に限りがあり、実際に枯渇を初めてもいる(…)。最後には、どんな国でも、二〇世紀に人類が体験してきたような産業主義を維持することは不可能になるだろう」(Heinberg 2005: 1)。

人類史のなかでの「石油時代」というのは結局、「掘りやすく、かつ上質の油が出る」と言う意味では、ほんの短い期間（二〇世紀がせいぜい）のものになってしまいそうなのだ。石油の供給は何ヵ国かだけに集中し、このために不公平で問題のある供給が生じる可能性を増している。そして石油関係者は、企業も国家も、一貫して埋蔵量を過大に発表している。世界全体の公的数値はそういう数字を基にして決められてしまっている。世界でいま最も経済成長している中国では、一九九九年から二〇〇四年にかけて石油輸入高が倍増した。石油ピーク研究者のJ・クンスラーは、現在のままの需要の増大率だと、中国は一〇年以内に、現在の世界の石油輸出量の全部を消費してしまうことになるだろうと推定している。そして、これは世界の他の国の石油需要の伸びを計算に入れない数字で、かつ世界の産油量が落ちないという前提での推定である（Kunstler 2006: 84）。

グローバルな経済成長や旅行や消費の上昇水準を維持するのに十分な石油がないと、たいへんな経済停滞、資源戦争、生活水準低下が惹起されることになるだろう。可能性として石油ピークはすでに経済・社会的に大きな影響を与え始めている。これは未来の何かの前兆であるかもしれない。二〇〇八年の世界規模の経済・財政危機は、アメリカで、〝辺縁的〟郊外とそこに関連する商業地区やレジャー地区の広い地域開発に投機的な建設と危うい投資を行なうことに端を発したところがある。一九八〇年代後半から一九九〇年代前半の石油の余剰時期には原油の取引価格は一バレルあたり一〇ドル（一九九八年）であった。しかし、二〇〇八年の半ばまでには一バレルあたり一三五ドルにまで高騰した。これで、さきほどの郊外に建てられた住宅やレジャー施設の存続がこれ以上不可能になり、住人がそこに住み続けられなくなった。そしてこの郊外からの逃避で、世界中の財政システムに最悪のドミノ現象が起こっていった。

原油価格が最高点に達したとき、銀行は破綻し、救済の対象になった。旅行についてのさまざまな影響がでてきて、航空会社が破産申請をしはじめ、自動車製造は記録的な売り上げ（とくに大型車）の落ち込みをだし（二〇〇九年には一三パーセント下落）、アメリカはもはや世界一の自動車市場ではなくなった。アメリカを象徴するような会社が破産申請をしたからだ。世界中でも成長は低速の記録をだした。デトロイトは徐々に滅亡都市の体をなしてきて、多くの投機的な余暇・観光開発からは撤退がはじまり、外国旅行や観光は激減した（Dennis and Urry 2009; Urry 2011 参照）。

ただし、中国は、観光地としても、国内観光者、海外観光者いずれをも生み出すという国という点でも、例外的に目立つ国だ。ここに二〇〇六年の『中国日報』の、中国人にむけて、消費を思い切り拡大せよと熱心に説いている社説がある。これは世界で最大の自動車市場を生み出しただけでなく、世界へ出かける中国人の数を非常に増やした。中国はこの三〇年間で国際観光者数で筆頭となってきた。毛沢東主義時代から一九七〇年代の半ばまでは、観光移動はブルジョワ的悪だと見なされていたのだ。世界の多くの観光地が、中国人向けに受け入れ態勢の手直しをしているということが公表されている。今世紀に入ってから中国人の数が五倍にまで増加しているのだ。この変化はバリ島で見られる。ここでは、木彫の像でいうなら、ヒンズーの神々より仏像に変わってきているし、フランスでは中国人観光者は最大の層であり、アメリカの〈マリオット・ホテル〉グループでは中国式朝食を導入している。そしてとくに香港やマカオでは脱社会主義的中国人観光者がホテル、カジノ、ショッピングセンター、商店街などで身体の消費という行為を習得しつつある（中国人の移動にかんする新文化についてはSimpson 2009; Anderlini 2010; Nyíri: 2010 参照）。

観光は大量の石油を消費するが、この石油は不平等で腐敗した体制を下支えする役目をはたしていて、そういう体制がテロを生み、そこで観光者は場所によっては爆弾攻撃をうける危険性もある。観光地にはテロリストがふとやってくることもあるのだ。石油は世界を動かしている。しかし、その世界は観光の世界でもありテロの世界でもある。さらに油で世界が潤滑されるのはどうやらだいぶ減速をしてきているようだ。旅はますます高価になり、それが国際観光の長期的成長に疑問符をつけている。

気候変動

石油ピーク以上に、将来の気候変動の行く末のほうが問題があるようだ。二〇世紀の資本主義はその結果として、少なくとも世界の気温を〇・八℃上昇させたといわれる。これは地球大気における温室効果ガスが増えたことからきている（IPCC 2007; Stern 2007）。温室効果ガスは太陽光線を補足してしまう。そうすると、地球を暖める「温室」となる。さらに、この温室効果ガスのレベルと世界の気温はこの先二、三〇年でさらに大きく増加しそうだ。「旧態依然」の省エネ対策、とくに旅行などのような高度に炭素依存の制度の中での効果の薄い省エネだと、温室のガス貯蔵量は世紀末には三倍になりそうだ。『スターン報告書（気候変動の経済学）』によると、ここ二、三〇年で平均気温は、三℃から、驚くことに（おおかたの研究者が指摘する六℃より高く）一〇℃ぐらいまでのあいだの数値まで上昇しそうだと言う。世界の消費レベルも五ないし二〇パーセント減少しそうだ（Stern 2007: 3）。世界の気温が三℃上昇しても、これは人類の経験したことのないものだ。気温の様子、降水、農作物、動物、生活すべてを変えてしまうだろう。

気候変動の科学的な実証は、〈気候変動にかんする政府間パネル〉（ＩＰＣＣ）の初めての報告書が一九九〇年に出されたときに比べて、確度を増している。二〇〇七年には、このIPCCの報告書は、世界の気候の温暖化はいまは疑いようのないもので、これは、世界の平均気温、平均海水温の上昇、いたるところでみられる融雪、氷解、そして海面上昇などについての集中的な観察に基づくものだ、としている。報告書はさらに、人間の生産活動や人間由来の二酸化炭素が温室効果ガスとして最も量が多いと述べている。この集積のレベルは、過去六五万年に認められる自然的要因によるものをはるかに超えている。二酸化炭素の高いレベル、しかも上昇するレベルは、したがって「非自然」的原因によるものなのだ。地球温暖化にはたくさんの現れ方がある。極地の温度上昇、氷山の縮小、万年雪や氷河の融解、永久凍土層の減退、降水の変化、生物多様性の減少、いままでにない風の吹き方、旱魃、熱波、熱帯サイクロンなどの極端な気象事象である（Lovelock 2006; Pearce 2006; Lynas 2007; Monbiot 2006）。

IPCC関連で、世界中の何千と言う科学者たちの組織だった活動が世論を替え、いろいろな映画にもそれは反映してきている。たとえば、『デイ・アフター・トゥモロー』（二〇〇四年）や『不都合な真実』（二〇〇六年）や『愚か者の時代』（二〇〇九年）だ。アメリカ国防省は、気候変動は世界を破局に導くだろうと発表した。何百万の生命を戦争と自然災害で失わせ、またテロなどよりもはるかに地球の安定にたいして脅威となる、としている。

しかしながら、次世紀にかけての未来の気候の規模、衝撃、速さについては、まだ不確定要素も大きい。〈全球気候モデル〉は温室効果ガスと気温上昇率にはまだ「わからないこと」がたくさんあるとも言っている。IPCCの報告書は科学的な面と政治的な面の複雑な了解点に基礎をおいている。だから、潜在的、不確定な影響の結果すべてを織り込んでいるわけではない。こういう影響の結果というのは、人が将来、飛行機に乗るのか、車を運転するのか、高速鉄道で旅をするのか、ワールドカップのような巨大催し物を見に行くのか、エアコンを家庭やホテルで使うのか、海水脱塩で水を得るか、あるいは宇宙観光を開発するのか、などにもよるのだ（これらすべての炭素の足跡解析についてはBerners Lee 2010参照）。

もし、人々がこれらを実行していれば、気温は上昇するだろう。そしてこの二、三〇年で気温が上昇すれば、こういう行為はおそらくさらなる気温上昇の引き金になるだろう。地球の環境システムが自然増を吸収できなくなるからだ。こういうもっとも疑いようのない劇的影響として、グリーンランドの全体または一部の氷床の氷解がある。気候変動は、このようにしてさらなる気候変動を引き起こす。最近の氷床コア研究が明らかにしていることは、前の氷河期と間氷期にも突然の急激な温度変化が地球に起こったことを明らかにしている。つまり地球は段階的変化をするとは限らないのだ（Pearce 2007）。急激な変化がむしろふつうで、例外ではないのだ。さらに、最終氷河期での気温は現在の気温よりわずか五℃低かっただけだった。ところが最近の北極圏での温度上昇によってじっさいに、過去三〇年にさかのぼるとこの地域は三℃ないし五℃温暖化しているということが実証されている。

このようにして、地球の環境システムの中での多様でしかもそれらが相互に関連しているような変化は累積しつつ崩壊の悪循環を作り出すようになる。世界保健機構は、気候変動のせいで、二〇〇〇年になれば一年に一五万の死者がでるだろうと推計していた。地球は延命しても、人のさまざまな居住様式、とくに定期的かつ大々的に「移動する」かたちは、そうはいかないかもしれない。そして、最初に消える場所は海浜地帯に造られたリゾート地、たとえばモルディヴ諸島などだ。ここは、住民を島から移住させる計画がすでに進んでいる（Ameelung, Nicholls and Viner 2007; Becken and Hay 2007）。

次の節では、入手できる可能性の下がる石油（それから天然ガス）と、もう一つは、気候変動や膨大な人口増加と、この両者の相互関係を前提として今世紀半ばには、世界と観光はどうなっているかということを簡単に考察してみる。そこには、まだ力強い観光のまなざしはあるのだろうか（Smart 2010; Urry 2011: ch. 9 参照）。私たちは二〇五〇年にむけての三つのシナリオを想定してみる。

未来

第一の可能性は、超移動と超観光消費である。資源の枯渇や気候変動の影響などは実際上はそれほど重要なものにならない。少なくとも裕福な北半球の層には。移動の形や食料、モノ、場、サーヴィスを消費するかたちはむしろもっと強まり、頻度も上がり、徹底的に彼らの「仮面《ペルソナ》」の一部になっている。

これは「超」世界で、人は「常にオン」の状態にあって、小型のインテリジェント装置に向かって休むことなく流れる情報や個人的メディアがあり、とくに「移動中」にもそれが続き、その移動もほとんど昼夜分かたず行なわれている。平均的な市民は一日に数時間旅をしていて、決まったときの限られた旅行時間というような観念はもう過去のものになる。新しい種類の燃料や車ができて、時間、空間の制約を問題としなくなる。第三世代のバイオ燃料や水素燃料のおかげで、個人でできる空の旅もふつうのことになる。車は地面にへばりついているのがカッコわるいという常態となる。ちょうどコルビュジエ風の未来が、みんなを空へと手招きしているように。定期便としては〈ヴァージン・ギャラクティック〉会社〔宇宙旅行ビジネスを扱うアメリカの会社〕の宇宙飛行がある。すくなくとも大気圏内への定期便はふつうのことになる。実際の宇宙との境界も、宇宙観光が民営化されれば本当に征服されるだろう。そうすれば永年低迷していた宇宙旅行という夢も現実になっていく。

このシナリオでは、たいていの人は、自国外で学び、常に移住を繰り返し、家族には定期的に何度か再会する。ながらく離れていた友だちに頻繁に会い、地球の裏側まで買い物に行き、ある者は行楽で月まで行く。人は、地理的に離れているだけでなく、たえず移動しているような他者と一緒にこういうことをしようとする。それで、彼ら同士は、そうとう頻繁にかつ非常に遠距離を旅したり連絡を取り合ったりすることになる。同僚、友だち、家族といつも繋がっていられるよう高速旅行と頻繁な交流をするが、これには膨大な負荷がかかっている。このシナリオの底流に、高度に発達した異常なまでの消費、とりわけ、機械装置を用いた移動や、新しい観光地の発見による長距離移動が可能であるということが社会的ステータスとなるということが見える。ここで想定されるのは、高速旅行や観光のまなざしがまだ強力な「位置財」であり続けているということだ。ここでの消費は異彩をはなつようなこととなり、高速自動車、自家用飛行機、別荘所有ということがステータスとして見なされ、評価の対象となり、また甲斐性があるという意味を帯びるのである。長距離を旅し、他の社会に住む他者とあちこちに関係を取り結ぶ行為がステータスの基本となるのだ。ただし、もちろん、余儀なく移住させられたり、亡命をしたりしている人にはそうはならないが。

電子情報は、身体的旅行の〝代用品〟とはならない。だが、身体の旅の動機づけになるし、消費が人目を惹き、それでステータスが引き上げられるというその先の道をも提供もする。この高度なつながりを持つ世界で、社会生活や労働は濃密で、かつこの両者の境目はぼんやりしている。低賃金のサーヴィス労働者でも「いつでもそういうことができる」というのが常態となり休暇をことさら休息だとはしなくなる。これは映像作品『スター・トレック』的未来世界で、時間の大半はおおくの人には「休暇中」なのだ。

第二のシナリオは、多くの環境論者が論じているもので、すなわち、「地域持続性」の概念に関わる経済、社会の世界規模の変容である。このエルンスト・フリードリヒ・シューマッハ〔ドイツ生まれのイギリスの経済学者。〈スモール・イズ・ビューティフル〉の主張で知られる〕のモデルは、そこでおおかたの人が生活し、働き、おおいに安らぐような自立的（であると同時におそらく半・孤立の）共同体という関係網といえよう。つまり、より地域的で規模も小さなライフスタイルへと、世界が劇的に変位していることがそこにうかがえるのだ。友だちは近所の人から得られ、家族は新しい構成になってもそうは遠くへはたがいが離れない。仕事は近所で執られ、徒歩、自転車、公共交通機関が自動車や飛行機に取って代わられる。教育は地元の学校や大学で十分で、季節ごとに、いつ、どの食糧が作られるか、消費されるかが決まっている。たいていの商品やサーヴィスはより質実になり、かつ近所で作られ、提供される。そして、ほとんどすべての旅行も地域限定で、「観光」の要素も、形だけのささやかなものとなるだろう。

そういう世界では、このような「コンパクトな町」から離れて、何であれ、住んだり、子どもを養育したり、あるいは遠くへ旅をしようとすることや、とくに遊興の観光で出かけるなどの行為などは、カッコわるいこととなってしまうだろう。ステータスの属性は地域回帰ということになり、遠隔地への移動などは位置財《ポジショナル・グッズ》どころか、むしろ〝位置悪《ポジショナル・バッド》〟となる。このシナリオは新しい「友だちのあり方」、つまり身近に生活していて徒歩か自転車で行ける距離にいるようなものと知り合いになることを選ぶことだ。人々は遠隔旅行や遠隔関係が無くなって平穏になるだろう。「選り好み」と「好都合な時」、そして車や飛行機を条件とするような長距離旅行や団体旅行の形式は一般的でなくなり、むしろこういうのは低いステータスの条件ともなるだろう。

J・クンスラーは、二一世紀は、他所へ行くことより腰を落ちつけるということに関心をもつ時代になるだろうと予測している（Kunstler 2006）。石油ピーク後の究極のシナリオでは、車はぜいたく品で、車をつかえない人たちの怨嗟の的となるだろうというものだ。これは、車破壊行為にまで及び得る。あるいは運転する人が侮蔑を受けることにもなる。J・クンスラーはこう主張する。未来の意味するところは、相当な規模縮小、小型化、地域化そして生活様式の激変だ。彼はこう述べている。

いずれにしても、こういうことが想像できるだろう。二一世紀半ばの交通風景は、過去五〇年のあいだに私たちが享受してきた祝祭じみた移動などからはほど遠いものとなるだろう。その特徴は質朴さと、実質的には旅、観光、交通にかんしてはささやかな移動規模への回帰にある。私たちは、このことで身近な環境をほとんど自分たちで作らざるをえなくなるのだ（Kunstler 2006: 270）。

生活のかたちは、地域に中心が置かれ、そこに集められる。ほとんどの活動が地域にあるので、徒歩、自転車、そして、新しい二酸化炭素低排出型などの、現在の動力と併行して開発されたような交通手段が見いだされていくだろう。

このシナリオは、劇的に品薄になる低価格エネルギーと、いっぽう世界で巻き起こる批判の増加と対応するかたちで進展していくストーリーといえるだろう。相当な経済危機があって、世界の目は地域の持続性とか地元意識へと向けられていく。それは、観光のまなざしの著しい脱グローバル化をともなう。ただ、インターネット上のヴァーチャルな旅はその限りでないが。地域共同体の価値とか環境負荷ということが、消費主義や歯止めのない観光移動などの価値より大切なものとして見られるようになるだろう。結果として、国際観光システムや観光地、交通の多くは徐々に衰退していくだろう。

第三のシナリオでは、気候変動や石油、ガス、水の欠乏、さらに断続的に起こる戦争が、二〇世紀の両義的な意味での遺産である移動、エネルギー通信連絡の相当な衰退を引き起こすだろう。このように文明が逆行した未来では、生活水準も急落し、移動の形も地域限定になり、地方に「豪族《ウォーロード》」のようなものが現れる。国家とか世界の支配力が相対的に落ちてきて、ほとんど観光者は旅などしなくなる。危険性とか環境・文化の悪しき面がでてくるからだ。法治国家が独占的に手中におさめていた身体を束縛するような力もなくなるだろう。部族間とかその他との諍いが一国内でも徐々にふつうのことになり、旅や観光は危険に満ちたものとなるだろう。

多くのインフラも崩壊しはじめることが十分あり得て、かつ、地域間での生産・消費の分離が増え始めるだろう。この「豪族」は移動や兵器類の再生利用方式を統治し、ますますバイク、自動車、トラック、電話システムの、地域内での再生利用を進めるだろう。ほとんど、人々は労働に就いていないだろう。車もトラックも砂漠に放置されすっかり錆びついているか、増水で流されてどこかへ行ってしまっている。石油やその他の資源の使用が減少してきて、世界の人口が激減していけば、気候変動の影響も、ある部分は回復していくかもしれない(石油なき時代の「豪族」支配の歪んだ社会を描いた最近のSF小説に『カーヒューランの軍隊』(サラ・ホール作)や『極北』(マーセル・セロー作)などがある)。

安全な長距離移動や観光は消滅しているだろう。例外は、「治安を保たれた」隔離された場所というか滞在地を確保できるような大富豪たちだろう。ちょうど中世のように、長距離旅行は危なくて、おそらく武装でもしてでないと行なわれないだろう。団体旅行など無くなっているだろう。富める者は武装したヘリコプターか軽飛行機で旅するだろう。豪族支配下にあるそれぞれの地域は、近隣と潜在的に戦争状態にあり、それはとくに水利、石油、ガスの支配をめぐってである。とくに二〇世紀の行き過ぎた極端な天候異変のあったような海沿いの地帯では、大規模な水位の上昇があったり、石油・ガスの長距離パイプラインの破損があったりすると、資源も武装強奪集団の争奪の対象にされ権益を奪取されてしまうことがあるだろう。自動車やトラックのいくらかは残るだろうがほとんどはポンコツの時代物状態である。こういう故障したものを、いざという時に動かしたり止めたりするには相当な技術が動員されなくてはならない。車を何度も使い直しするのは現行の発展している社会ではある種のその場しのぎの鋳掛屋修理式車文化でしかないが、これがおそらく発展しているのだろう。

映画『マッドマックス2』は、石油不足から引き起こされる市民秩序の崩壊に直面した、この荒涼とした歪んだ貧窮化した世界を描いている。そこでは、権力は、航続時間が短くとも、とにかく飛行できるような新しい移動手段の工夫ができる者の手中に落ち着く。このシナリオ下では、生活は、貧困な南半球の一部をみて想像がつくような、移動の少ない、不快で、汚れた、そして「欠乏だらけ」のものとなるだろう。

この三つのシナリオのどれも、単純な意味で好ましくはないもので、観光産業や、もっと広く社会全般にとっても犠牲なくてはすまされないものである。永久運動の未来的な第一の、というシナリオでは、未来のエネルギー資源不足を考えれば、疑問符一杯のものとなり、二酸化炭素排出で多くの悲惨な結果が生じる。第二のシナリオの未来では、世界中どこを見ても、はるかにいまより少ない人口しか養えないし、第三のシナリオでは、多くの生活は不快で悲惨で欠乏だらけになってしまう。これら一つひとつのシナリオの欠陥を乗り越えるのには、種々の戦略がある。またそれは進めなくてはならない戦略だ（これにかんする考察は Smart 2010 参照）。

第一。私たちはいささか「新奇を求めるまなざし」を、それなしで済ませることが必要だ。たしかにこれは現代の観光を躍進させてきたものではあるが。そしてその代わりに、私たちが「地域的まなざし」と名付けるディスクール、施策、投資を進めることを後押しし、人々を、地球を歩き回ることより、地元にとどめるようにすることだ。そして人々がより遠くへ旅をする場合は、これは団体で、しかも持続可能なより高速の列車で可能な範囲に限るべきだ。これに関連しては、旅程の範囲を小さくする必要もある。そうすれば、そのことで自分たちの「足元」にある「宝」を探し出し、見つけ出す。異国の、遠いものが必然的によいものだなどという想像をしないことだ。いささかインターネットの効果に着目すべきである。ネットで手近の愉しみを発見するとか、それと同時に、身体での旅をヴァーチャルの旅で代わりにすることができるようなソフトとか体験を開発することだ。概していえば、訪問とか邂逅の形を地域ごとに作り出すこと、あるいは、ハイデッガーがいうところの「観る人の手元にいつでもある」ような対象をもう一度見直してみるべきで、これは、観光のまなざしというような想念を思い切り放棄してしまえばもっと容易になるだろう。(Smith 2009: 627)。また、進めなくてはならないのは、ヴァーチャルな人との出会いの形式であって、それでもって、じっさいにその場へ出かけ、顔と顔を合わせ、身体的に出会うとか、あるいはどこかに、何かの機会に出かけるという感覚的な愉しみの全部とか、そうでなくてもほとんどを事実上代わりにしてくれるものを発展させる必要があるだろう。インターネットや〈Web 2.0〉は地域性を強める必要があり、もはやグローバルな選択とか身体的旅行の必要はないのだ。さらに、炭素燃料関連企業の力は課税とか規制で劇的に弱体化していくことも必然だ。一方、「公共」交通機関や新しい持続可能な「個人」交通のかたちにはもっと投資され、助成されるべきだ。これはおそらく、永続性のある新自由主義的資本主義の世界におけるもっともやりがいのある要件であろう。そして、これと並行してあるのが、建築のガイドラインの企画にむけて、旧来の、場所欠落、没場所的ポストモダンのテーマ化(第六章で検討した)や、現代のデザインや企画にあるような

「自動車支配の街」でなく、場所の差別化と低炭素と自転車・歩行者にやさしい街づくりである（Dennis and Urry 2009はこの種のイノヴェーション論を詳細にわたって展開している）。

永久運動的な未来は、そうでなくても、すでに何かべつの未来へと滑落しつつあるようにも見える。二〇世紀には、一つの場所を、活動とか過剰な消費の場所のように特別に象徴化していた。そして、その繁栄や衰退（の可能性）があることは、世界の観光地や観光のまなざしにたいして何か大切なことを指し示しているかもしれない（それは、第二章で見たように、観光リゾート地のふつうにある盛衰とも同じと言えば言えるが）。

ドバイ首長国

一九八〇年代以降のいわゆるネオ・リベラリズム時代に、多くの新しくデザイン化・テーマ化された観光地やバブリーな開発がなされてきた。そのうちのいくつかは第六章で扱った。M・デイヴィスとD・モンクがこういう場所を、挑発的なことばで「悪魔の楽園」（Davis and Monk 2007）と述べている。その例として、イランの砂漠にあるカリフォルニア風オアシス〈アルジー・ジャジッド〉特区や、四〇〇億ドル規模の二〇〇八年北京オリンピックとか、周囲をフェンスで囲まれた香港の高級住宅地〈パーム・スプリングス〉、ヨハネスブルグの白人富裕層居住地サントン地区、ドバイ首長国とか、ラスヴェガス、モナコなどがあげられる。モナコでは一三億人の中国人を当て込んで二五〇億ドルが遊興的賭博に投資されている（Simpson 2009）。

これらは高度炭素「消費」の場である。その投機的な開発はしばしば巨大なインフラ計画によって可能になる。その中には著名な建築家も含まれる。そこに関連する新しい交通システムはまさに公的な資金でまかなわれている。そういう場所の建設には、そこが造成地（モナコやドバイ）であるか砂漠（ラスヴェガス、スペインのグラン・スカラ、アブダビ）であるため、水、石油、動力、建築資材などの浪費的な消費がともなう。こういう場所は、たくさんのまがい物の環境に囲まれた高度に商業化された場所で、模倣といっても元になったオリジナルより「本物」風になっている。ゲートはたいていデジタル管理され、現地の人たちや有効な身分保証を示せない人の出入りができなくなっている。いろいろなかたちでの体験をしてもらうことを種々商品化しているような場では、人の言動の規範は家族・近隣によって規制を受けることがないが、こういう目的で造られた場所もやはり周辺近隣の目の管理外にあるので、野放図な消費様式とか快楽だけが横行し、よほど不適切な消費でもしないかぎり、人々は疚しさを感じないですむ。じっさい、こういう場所は潜在的に、とりわけギャンブル、アルコール、過食、それにかんする犯罪的なものへの大規模な耽溺の場となる。こういう所は消費過剰地帯として、また、膨大な数の来訪者や、場合によっては作業労働者の流れ込む地帯として世界的に知られている。

前世紀の終わりごろから今世紀の初めごろにかけて、ドバイ首長国はこういう過剰の代表的なところだった。ここでの石油掘削は一九六六年にはじまったのだが、比較的短時間でその石油も枯渇を初めて、膨大な観光、レジャー、スポーツ、不動産、消費経済がこれに代わった。産油国でなくなって、ドバイ首長国の収入の九割はいまでは非石油関係である（Davidson 2008: 1）。つまりここは大量の石油消費国なのだ。石油は、人工島造成、ホテル、娯楽施設に使用され、そこは、世界でも最大のビル街となってきて、非常に大量の来訪者や労働者の出入りのための交通を整え、来訪者向けに、ふつうだと平均気温が四〇度以上になるので、冷房のある壮大な環境を用意している。ドバイ首長国は、エネルギーをたいそう消費しているのだが、それもエアコンをフル稼働して戸外の庭園まで冷やしたり、インドアのスキーリゾートを造り、真夏でも砂漠のど真ん中で氷点下を保ったりしているのだ。ドバイ首長国が、隣国のカタールに次いで、一人あたりの二酸化炭素排出量では世界第二位という成績なのも驚くにあたらない（ここにかんする詳細は Schmid 2009 参照）。

ドバイ首長国のビル群のスカイラインを見れば一〇か一五かの巨大プロジェクトが進行中なのがわかる。こういう中には、一二〇キロにわたって海岸線から延びている二つの〈パーム・アイランド〉〔ドバイの海岸沖に造られている人工島群。棕櫚（パーム）の形をしている〕の開発、つぎつぎと出現する、世界をかたどったような新しい島々、広大な複合商業施設、ドーム型のスキーリゾート、その他の本格的スポーツ会場、世界一の高層ビル〈ブルジュ・ハリファ〉、六五〇〇室もある世界一大きなホテル〈アジア・アジア〉建設、そして一〇〇マイルの先まで遠望のきく世界で初めての七つ星ホテル〈ブルジュ・アル・アラブ〉などがある（Davis and Monk 2007; Davidson 2008; Schmid 2009）。ここは、とてつもなく石油を必要とする画期的な過剰の場だ。それはとくに中東や南アジアからの来訪者を迎える世界一贅を尽くした消費の楽園ドバイの野望でもあった。それにふさわしく、「外見についても環境についても果てしなく力を尽くさなくてはならないのだ」（Davis 2007: 52）。ドバイ首長国は、巨大さとその完璧さという点ではこれを成し遂げた。遊びをねらった多くのシミュラークルの巨大施設、たとえばバビロニアの〈空中庭園〉とか〈タージ・マハル〉とかピラミッドとか雪山とかだ。これはどんな現物《オリジナル》よりはるかに完璧な〝にせもの〟なのだ。ここは、ショッピング、飲食、買売春、賭博の過剰な消費地だ。イスラム圏の国である以上、「極限」まで消費しないことが悪徳なのだ。そして消費のパラダイスを後押しするかのように、国の祝日にも〈ショッピング・フェスティヴァル〉があって、それも一カ月続く狂想劇だ。ここは来訪者ならびに地元の富裕層にとっての消費過剰の象徴的な場所である。ここでは自然環境など、なんの障害にもなりえない所であった。もし海浜がなければ、海浜は造られ、そこを造形して、神々が見おろせるように、あるいは世界地図で見られるように棕櫚《パーム》の木の形に造られたのだ。大量の資金と猛スピード。このうえなく荒涼とした環境にある自然の限界をつぎつぎ超克していくドバイ首長国について行くのも難しいぐらいだ。

　しかし石油ピークと気候変動の結果、海面上昇や荒天が起これば このアラビアのラスヴェガスは、元の砂の中に戻って行ってしまうことになるだろう。これはほかの多くの海浜にある地域やリゾート地も同様で、そこも膨大なエネルギー使用に頼っているが、海面上昇や氾濫で流されてしまう可能性があるのだ（Amelung, Nicholls and Viner 2007）。これはまさに起こりつつあることだ。観光都市ニューオーリンズに二〇〇五年九月に起こったのだ。ここは、町全体がそうと言うわけではないが、とにかくたいへん繁盛していた観光都市だ。やはり、海沿いの、一部は海抜ゼロより低い位置に発達した町で、ここが極端な気象異変に襲われたのだ。ハリケーン〈カトリーナ〉が示したことは、繁栄した大都市に住んでいる人たちの身の上に起こったことだ。非常な変異が、海に近い側に住まなくてはならない人々の財産の多くを流し去ったのだ。世界中の何十億というテレビ画面に貧しい黒人の膨れ上がった死体の映像が映し出され、現地の人々みんなが「処分品」のように扱われていたのだった。ハリケーン〈カトリーナ〉がもう一つ示したのは、地域を襲う洪水にたいしての石油供給の脆弱性だ。世界の石油精製所はすでに能力いっぱいに稼動していたので、それ以上産出量を上げることもならず、このときにあのミシシッピー精油所が閉鎖されてしまったのだ。それで品薄状態は常態化してしまい石油の価格は跳ね上がった。これはその反動で二〇〇五年前後に石油価格急落を引き起こし、結果サブプライム・ローンの抵当価値や、二〇〇八年にはこれに関係する金融商品価格を下げた。そして、これが意味するところは、世界中で多くの観光不動産開発が、二〇一〇年あたりまでで行き詰まっていったということだ。これは観光産業の典型的特徴であるが、一方で、財政破綻した地域では、新たなまなざしの観光がでてきている。ある企業が、ウォール・ストリートめぐりの「醜聞《スキャンダル》と悪党《スカウンドレル》ツアー」を行なっている（Clark 2010）。

この財政破綻でも、ドバイ首長国という〝思い上がり〟はその道を先頭切って邁進しているように見えたが、その驚異的な成長も後退を始めたのだ。ドバイ首長国は現在は実質的になにも作らなくなった。建築に使われていた金は借入金だった。その贅は、現代の奴隷ともいえる待遇で、せっせと働く外国人労働者のおかげで建造されたのだ。それは観光のまなざしからは隠されていたものだ。アジア中から一〇〇万以上の人が、眠れる村だったドバイを煌めくアラビアのラスヴェガスへと変貌させたのだった。外国人労働者は、いまは、クレジットで買った車を空港に放置してこの国から離れつつある。何千と言う建設労働者が一時解雇され、資産は、六〇パーセント目減りしているという数字もある。建設計画の半数は中断されたか中止されている。人口も減少し、ドバイは、アブダビからの一〇〇億ドルの借入金にたいする救済措置が必要となった（www.cnn.com/2009/BUSINESS/12/14/dubai.10.billion.bailout/index.html; アクセス日：2010.03.05）。ジャーナリストのポール・ルイスはこう言った。「あまりにも高く、あまりにも早いドバイのお遊びは終わりだ」（Schmid 2009）。

このドバイ首長国盛衰記は現代世界史の前駆となるものだろうか。同様、二、三〇年先の観光のまなざしの波及も委縮したまま停滞してしまうのか、あるいはアラビアの砂漠に反転攻勢があるのか。大々的だった観光のまなざしは二〇世紀の〝思い上がり〟の姿だったのか。それは、さらに石油が枯渇し、海面がさらに上昇するに従い、徐々に消え去るものだろうか。そうすると、ドバイ首長国の衰退は、観光のまなざしの意義ということでは、もっと広い意味での衰退の始まりということになるのだろうか。

二〇五〇年の先になっても、まだ比較的広く、またふつうのこととして「観光のまなざし」は機能しているのだろうか。

訳者あとがき

本書は John Urry and Jonas Larsen, *The Tourist Gaze 3.0* (London: Sage Publications, 2011) の全訳である。

『観光のまなざし』の初版は、一九九〇年に出版され、観光学分野で画期的な研究書として高い評価を受け、斯界に著者ジョン・アーリの名前を知らしめた。常に観光学の必須文献として挙げられる今や古典となっている名著である。わが国でも、『観光のまなざし』（邦訳は一九九五年）への言及がみられないような観光研究論文はないといっても過言でないほど知られた著書となっている。

訳者の見るところ、本書は、類書と極めて異なった印象を与える。論者の専門領域（社会学）から照射する観光論でもなく、また、逆に観光に関する種々のテーマを集成した論集でもないからだ。本書の著者は、観光の構造と原理を描きだそうとする意図のもとに、自分の専門には抑制を利かせ、むしろ哲学、美学、歴史学など多種多様な異分野からの知見を脱領域的に抽出し、そこに中心軸としての「まなざし」理論を貫通させたのだ。すなわち、観光を既存の学問領域に資する素材とは捉えず、独自な的として正面に据え、その解明に挑んだのである。このような研究態度と方法は、世界にも類例がなかった。本書が、大きな注目をうけた由縁はこの辺りにありそうだ。

しかし激変する時代の流れのなかで、同書も内容に古さを露呈し始めて、初版からおよそ一〇年後の二〇〇二年に第二版が上梓されたのである。ところが、この第二版は、第七章の改変（「見ることとテーマ化すること」に）と第三版を予告するような第八章（「まなざしのグローバル化」）の追加が行われた以外は、初版の構成を踏襲し、データの更新、新事例の摂取などが行われたものの、コンセプトからみると、マイナーチェンジと言わざるを得なかった。このため、邦訳は見送られた。

待たれていた「新版」がついに編まれたのは、さらに一〇年ほどを経た二〇一一年のことだった。すなわち本訳書がそれである。じつは、原著では、明示的に第三版だとは記載されていなくて、タイトルの後ろに「3・0」とつけられていて、初版にはそえられていた副題「現代社会におけるレジャーと旅行」も削除されている。『観光のまなざし』は前著を引き継ぐものの、内容の一新された別の著作であるかのごとく意匠されているのである。このため本訳書も『観光のまなざし　増補改訂版』と銘打つことにした。もちろん初版での記述が残された部分もないわけではないが、その箇所も相当に換骨奪胎され、徹底的に書き直しと構成のやりなおしが施されているのである。

この大改訂が可能になったのは、新たに若い執筆者ヨーナス・ラースンが共著者として参加したことによるところが大きい。原著初版で一五六頁だったものが新版では二四〇頁になっていることをみても既存の版を一度白紙に戻すというほどの姿勢が感じられる。こういう形態的な変化はそれとして、私たちに気になるのは内容に係わる改変である。

＊

その改変は、実に多岐にわたるが、とくに指摘しておきたいのは次の三つである。

まず、本書のキー概念である「まなざし」理論であるが、この基本は本書でも堅持されているものの、ミシェル・フーコーの理論と併置するようにアーヴィング・ゴフマンの〈演出術《ドラマツルギー》〉理論が新たに前面に押し出されている点である。そのことで、まなざし理論は、フーコー＝ゴフマンが両輪となることになり、大きな組み直しがなされている。観光の現場に展開する「パフォーマンス」を観光者だけでなくホスト側や観光地にまで及ぼして、まなざし概念を一気に拡大・深化させた。観光における視覚の意義を身体へシフトさせているのである。

二つ目は、初版以降に生じた世界情勢の変化に見合う検討である。社会主義体制の崩壊は所与のものとなった今、本書ではグローバリゼーション概念を、移動社会という観点で捉えた考察が行われる。観光も、人・情報・文化の移動、すなわち世界の流動化現象の側面からの捉えなおしがなされているのである。初版のモダン対ポストモダンの二項対立を、よりポストモダン側に傾斜させ、あらゆる境界の溶融現象が観光にどう絡んでくるのかという関心からの議論を深めているのである。

三つ目は、これに対する反動現象、すなわち局地化、個人化、自然愛好、懐旧趣味、遺産化などに着目し、情報化社会のビッグバンは、一方で観光の個別化をもたらし、消費者側への権力移行が生じていることが論じられている点である。同様、観光現場や観光行為をネット上で発信する個人の観光情報やヴァーチャル消費は、観光現場に再び影響を及ぼすという「観光反射機能」の議論などもテーマのひとつになっている。

これら三点に通底しているのは、観光という現象がもはや孤立しては存在していないこと、したがって、観光学も自明の対象や方法を持つことが至難な状況に入りつつあるということ、そして、しかしながら「観光」は現存し、その批判的研究の深化がますます重要になってきている、という極めてやっかいな状況認識なのである。

＊

本書の基本的な枠組みをなす「まなざし」という鍵概念は、初版出版以来、その関心の大きさに対応するかのように、批判もかなり投げかけられてきた。

その批判について述べる前に、本書における「まなざし」の意味には二つの側面があることを指摘しておきたい。

ひとつは、「文化」の枠組みの謂いとしてのまなざしである。もうひとつは、観光行為や観光現場の実践次元に据えられた「視覚」としてのまなざしである。

前者のまなざしとは、文化的に編制された視覚の制度であり、この概念規定こそが旧来の観光の実体論からの画期的転回をもたらしたものであった。ロラン・バルトなどの表象研究者たちが折に触れ述べていたことではあるが、これらが観光という分野に咀嚼され引き入れられたことはコロンブスの卵的な大変な功績とすべきことだったのである。すなわち、本書で引用されているとおり、「世界は自明なものとしてあるのでなく、〝そのままの目〟が〝外の世界を見れば〟自然に〝見えて〟くるようなものではない。ありていにいうなら、〝外〟には、支配的な文化がそう思わせているような面白いものも、よいものも、美しいものも何もないのだ。見えるということは、人が学び取った文化的慣習でしかない」のである。観光を論ずるのは、この原点から始まらなくてはならないことをまなざし論は教えたのである。本書ではこの意味でだけミシェル・フーコーは援用されていると捉えてさしつかえないだろう。本書を「正しい」ミシェル・フーコー解釈の地平から批判するのはやや筋違いである。

ここで問題となっている「批判」というのは、この観点からのものではない。まなざしの含意する二つ目の側面に対してなのである。すなわち、観光という概念全体に君臨する「視覚」としてのまなざしに対してなのである。

この批判にはさまざまあるが、大別すると、二つの立場があった。第一は、初版のまなざし論では、観光行為分析に他の感覚器官が軽視されているというものである。いわば西欧の視覚優先文化批判にもつながるものである。第二は身体の相互的関係世界が欠けているという批判である。これが批判の主流といってよいだろう。観光行為にいちばん主要な役目を担っているのは、視覚とともに、身体による体験世界の相互作用である、というものだ。本書で〈演出術《ドラマツルギー》〉理論が援用されたのはこの議論においてである。そしてこれが本書の改変の大きな部分であることは前に述べたとおりである。

本書における刷新というのは、ある意味、初版に対する批判を真摯に受容し、これに十分に応えようという誠意から生まれたものだと言い換えることも可能かもしれない。

＊

さて、本書の新版としての意義をこのように紹介してしまうと、いかにも机上の煩瑣な抽象的議論の書のように解されるかもしれない。だが、内実は、きわめて観光実務に直結する刺激的なヒントに満ちた実学の書でもあるのである。最新の実証的なデータ、多くの新しい事例研究を基にこれらの論が構築され展開されているからである。

ただ、実学とはいえ、世間に流布する、理論的裏打ちがすっぽり抜け落ちた単なる職務体験や観光現場のケーススタディや官公庁施策のような「実体的」観光論の類とは根本的に一線を画している。それは、観光現場の事例を多用した考究とはいえ、前述したような徹底した学術理論に支えられたものだからだ。その意味で、本書は、現代の観光旅行、余暇、文化政策、観光施策、経済活性化、地域振興、歴史・自然遺産および芸術展示などに係わっているすべての人にとっての必須実務書となりうるものである。

もうすこしいえば、本書を一読すればわかるように、観光学というのは、観光事業・施設、交通産業のような実務に資するだけの研究ではない。地理学や地域学、民俗学、文化人類学、社会学などのような文化科学的な関心からも、さらには、景観論、写真論、比較文化論、社会史、労働と余暇の問題、都市問題、南北問題、環境問題、文化衝突の問題などからも関心がもたれ得るマルチ領域の学問であり、本書はこれらの関心からも広く読まれうるものだと考えられる。

*

翻訳について一言。

原著における誤植と思われる語や意味の通じにくい表現や論述内容への疑義については、原著者と幾度かやり取りを行った。結果、原著者からの寛大な同意または要請で、割愛した箇所、修正した箇所などが相当あるが、その経緯についてはいちいち示していない。

本書にはきわめて多くの研究書からの引用があり、これは英語圏以外のものも含まれている。いくつかその英訳に疑義がある部分があったが、筆者への確認で、英訳本そのままを引用しているので、これを尊重してほしいという意向を受けた。

また引用された数多くの研究文献の訳語や筆者名のカナ書きのいくつかは既存の邦訳で用いられているものと異なるものがあるが、それを否定するものでない。なお、共著者のJonas Larsenの読みは、本人からの意向に副ってデンマーク語読みとし、そのカナ表記については、大阪大学言語文化研究科の石黒暢氏のご教示を参考に訳者の責任で決めたものである。

本書には、パフォーマンス、デザイン、リスクなどと、カタカナ語が少なからず頻出する。本来、創出してでも邦語を充てることが望ましいと思われるが、訳者の力不足もあり、また、斯界に既に流布するこれらカタカナ訳語の大勢との齟齬を避けるためにも、やむをえずこれらを用いていることが多い。ご了承ねがいたい。

*

本書では、千か所以上の引用、六三〇の参照文献が挙げられている。これらすべてをチェックし、さらに対応する邦訳文献の有無について、きわめて詳細・精緻で網羅的な調査を行ってくれた法政大学・大学院生の吉田公記君に感謝する。彼の精力的な仕事なくしては、本書の文献整理はとうてい完成しなかっただろう。深く感謝をする。

文中の引用符について一言。原文の引用符は「 」、参照・引用文献の指示は小さな（ ）、訳者注は〔 〕、イタリックは傍点を用い（文脈上〝 〟を用いることも）、必要に応じて、大文字で始まる固有制度名や施設名などには適宜〈 〉を使用することをおおむねの原則としたが、文脈上、必ずしもこの照応に従わなかった場合もある。

最後に、法政大学出版局の前田晃一氏の細かな配慮がなくては本書はとうていここまで出来上がらなかった。心からお礼を申し上げる。

二〇一四年初夏

加太宏邦

著 者

ジョン・アーリ（John Urry）

1946年生まれ。ケンブリッジ大学で経済学修士，同大学で社会学博士号取得．ランカスター大学社会学科教授，学科長，初代社会科学部長，大学研究所長を務める．王立芸術協会会員，学士院会員，英国社会科学協会会員，また，英国国立航空研究所主任研究員，ランカスターの〈移動の科学研究所〉所長などを務めた．邦訳のある著書に，『経済・市民社会・国家──資本主義社会の解剖学』（清野正義監訳，法律文化社，1986年），『観光のまなざし──現代社会におけるレジャーと旅行』（加太宏邦訳，法政大学出版局，1995年），『場所を消費する』（吉原直樹・大澤善信監訳，法政大学出版局，2003年），『社会を越える社会学──移動・環境・シチズンシップ』（吉原直樹監訳，法政大学出版局，2006年），『自動車と移動の社会学──オートモビリティーズ』（M・フェザーストン，N・スリフトとの共著，近森高明訳，法政大学出版局，2010年），『グローバルな複雑性』（吉原直樹監訳，法政大学出版局，2014年），『モビリティーズ──移動の社会学』（吉原直樹・伊藤嘉高訳，作品社，2015年），『オフショア化する世界──人・モノ・金が逃げ込む「闇の空間」とは何か？』（須藤廣・濱野健監訳，明石書店，2018年），など。2016年死去。

ヨーナス・ラースン（Jonas Larsen）

1972年生まれ．ロスキレ大学（デンマーク）教授．専門分野は移動の科学，観光旅行とメディア．観光旅行，地理学と移動性の研究誌での論文多数．著書に，*Urban marathons: rhythms, places, mobilities* (Routledge, 2022), 共著に，*Performing Tourist Places* (Ashgate, 2004), *Mobilities, Networks, Geographies* (Ashgate, 2006), *Tourism, Performance and the Everyday: Consuming the Orient* (Routledge, 2010)，など．

訳 者

加太宏邦（かぶと・ひろくに）

1941年生まれ。大阪外国語大学（現・大阪大学）外国学部大学院，ジュネーヴ大学，ローザンヌ大学で学ぶ．法政大学名誉教授．専門は文化表象論，観光文化論，スイス文化論．主な仕事に『スイスの旅』（昭文社，1987年），『荷風のリヨン』（白水社，2005年），翻訳にアーリ『観光のまなざし』（法政大学出版局，1995年），テプフェル『アルプス徒歩旅行』（図書出版社，1993年）など．論文に「日本の観光プラティクと余暇問題」（法政大学比較経済研究所・村串仁三郎・安江孝司編『レジャーと現代社会』法政大学出版局，1999年），「観光的なもてなしを考える」（『観光文化』149号，日本交通公社，2001年），「観光概念の再構成」（『社会志林』Vol. 54.4，法政大学社会学会，2008年），「観光学への新たなまなざし」（『経済 Trend』2009年1月号，経団連），など．

《叢書・ウニベルシタス　1014》
観光のまなざし〔増補改訂版〕

2014年 9月 1日　初版第1刷発行
2024年10月17日　　　第4刷発行

ジョン・アーリ／ヨーナス・ラースン
加太宏邦 訳
発行所　一般財団法人　法政大学出版局
〒102-0071 東京都千代田区富士見 2-17-1
電話03(5214)5540 振替00160-6-95814
組版: HUP　印刷: 平文社　製本: 誠製本

Printed in Japan

ISBN978-4-588-01014-9

索引

カ行

サ行

タ行

ナ行

ハ行

マ行

ヤ行

ラ行

参考文献

Abercrombie, N. and Longhurst, B. (1998) *Audiences*. London: Sage.

Adams, M. K. (2004) 'The genesis of touristic imagery: politics and poetics in the creation of a remote Indonesian island destination', *Tourist Studies*, 4: 115-35.

Adey, P. (2006) 'Airports and air-mindedness: spacing, timing and using the Liverpool airport, 1929–39', *Social and Cultural Geography*, 7: 343-63.

Adey, P. (2010) *Aerial Life: Spaces, Mobilities, Affects*. London: Wiley-Blackwell.

Adkins, L. (1995) *Gendered Work*. Buckingham: Open University Press.

Adler, J. (1989) 'Origins of sightseeing', *Annals of Tourism Research,* 16: 7-29.

Ahmed, S. (2000) Strange Encounters. London: Routledge.

Albers, P. and James, W. (1983) 'Tourism and the changing photographic image of the Great Lakes Indians', *Annals of Tourism Research*, 10: 123-48.

Albers, P. and James, W. (1988) 'Travel photography: a methodological approach', *Annals of Tourism Research*, 15: 134-58.

Amelung, B., Nicholls, S. and Viner, D. (2007) 'Implications of global climate change for tourism flows and seasonality', *Journal of Travel Research*, 45: 285-96.

Anderlini, J. (2010) 'Chinese travellers change the face of tourism', *Financial Times*, 8 June.

Anderson, S. and Tabb, B. (eds) (2002) *Water, Leisure and Culture: European Historical Perspectives*. Oxford: Berg.

Andrews, H. (2005) 'Feeling at home: embodying Britishness in a Spanish charter tourist resort', *Tourist Studies*, 5: 247-66.

Andrews, M. (1989) *The Search for the Picturesque: Landscape, Aesthetics and Tourism in Britain, 1760-1800.* Aldershot: Scolar Press.

Arellano, A. (2004) 'Bodies, spirits and Incas: performing Machu Picchu', in M. Sheller and J. Urry (eds), *Tourism Mobilities*. London: Routledge. pp. 67-77.

Ateljevic, I. and Doorne, S. (2005) 'Dialectics of authentication: performing "exotic otherness" in a backpacker enclave of Dali, China', *Journal of Tourism and Cultural Change*, 3: 1-17.

Atkinson, J. (1984) 'Manpower strategies for flexible organisations', *Personnel Management*, August: 28-31.

Augé, M. (1995) *Non-Places*. London: Verso.

Bærenholdt, J. O. and Haldrup, M. (2004) 'On the track of the Vikings', in M. Sheller and J. Urry (eds), *Tourism Mobilities.* London: Routledge. pp. 78-89.

Bærenholdt, J. O., Haldrup, M., Larsen, J. and Urry, J. (2004) *Performing Tourist Places*. Aldershot: Ashgate.
Bagguley, P. (1991) 'Gender and labour flexibility in hotel and catering', Services Industries Journal, 10: 737-47.
Bagguley, P., Mark-Lawson, J., Shapiro, D., Urry, J., Walby, S. and Warde, A. (1989) 'Restructuring Lancaster', in P. Cooke (ed.), *Localities*. London: Unwin Hyman. pp. 129-65.
Bagguley, P., Mark-Lawson, J., Shapiro, D., Urry, J., Walby, S. and Warde, A. (1990) *Restructuring Place, Class and Gender*. London: Sage.
Ball, R. (1988) 'Seasonality: a problem for workers in the tourism labour market', *Service Industries Journal*, 8: 501-13.
Barnes, J. (1999) *England, England*. London: Picador.〔ジュリアン・バーンズ『イングランド・イングランド』古草秀子訳，東京創元社，2006 年.〕
Barrett, F. (1989a) *The Independent Guide to Real Holidays Abroad*. London: Independent.
Barrett, F. (1989b) 'Why the tour operators may face their last supper', *Independent*, 7 November.
Barthes, R. (1972) *Mythologies*. London: Jonathan Cape.〔ロラン・バルト『現代社会の神話 1957』下澤和義訳，みすず書房，2005 年〕
Barthes, R. (2000) *Camera Lucida*. London: Vintage.〔ロラン・バルト『明るい部屋——写真についての覚書』花輪光訳，みすず書房，1985 年.〕
Batchen, G. (1999) *Burning with Desire: The Conceptions of Photography*. London: MIT Press.〔ジェフリー・バッチェン『写真のアルケオロジー』前川修他訳，青弓社，2010 年.〕
Bate, J. (1991) *Romantic Ecology: Wordsworth and the Environmental Tradition*. London: Routledge.〔ジョナサン・ベイト『ロマン派のエコロジー——ワーズワスと環境保護の伝統』小田友弥，石幡直樹訳，松柏社，2000 年.〕
Baudrillard, J. (1983) *Simulations*. New York: Semiotext(e).〔ジャン・ボードリヤール『シミュラークルとシミュレーション』竹原あき子訳，法政大学出版局，1984 年.〕
Baudrillard, J. (1985) 'The ecstacy of communication', in H. Foster (ed.), *Postmodern Culture*. London: Pluto Press. pp. 126-34.〔ジャン・ボードリヤール「コミュニケーションの恍惚」，ハル・フォスター編『反美学——ポストモダンの諸相』室井尚 , 吉岡洋訳，勁草書房 , 1987 年所収.〕
Baudrillard, J. (1988) *America*. London: Verso.〔ジャン・ボードリヤール『アメリカ——砂漠よ永遠に』田中正人訳，法政大学出版局，1988 年.〕
Baum, T. (2007) 'Human resources in tourism: still waiting for change', *Progress in Tourism Management*, 28: 1383-99.
Bauman, Z. (1987) *Legislators and Interpreters*. Cambridge: Polity.〔ジグムント・バウマン『立法者と解釈者——モダニティ・ポストモダニティ・知識人』向山恭一他訳，昭和堂，1995 年.〕

Bauman, Z. (1993) *Postmodern Ethics*. London: Routledge.
Bauman, Z. (1999) *Globalization: The Human Consequences*. Cambridge: Polity.〔ジグムント・バウマン『グローバリゼーション――人間への影響』澤田眞治，中井愛子訳，法政大学出版局，2010年.〕
Bauman, Z. (2000) *Liquid Modernity*. Cambridge: Polity.〔ジークムント・バウマン『リキッド・モダニティ――液状化する社会』森田典正訳，大月書店，2001年.〕
Bauman, Z. (2003) *Liquid Love*. Cambridge: Polity.
Beardsworth, A. and Bryman, A. (2001) 'The wild animal in late modernity: the case of the Disneyization of zoos', *Tourist Studies*, 1: 83-104.
Beaverstock, J., Derudder, B., Falconbridge, J. and Witlox, F. (eds) (2010) *International Business Travel in the Global Economy*. Aldershot: Ashgate.
Beck, U. (2002) *Risk Society*. London: Sage.〔ウルリヒ・ベック『危険社会――新しい近代への道』東廉，伊藤美登里訳，法政大学出版局，1998年.〕
Beck, U. and Beck-Gernsheim, E. (1995) *The Normal Chaos of Love*. Cambridge: Polity.
Becken, S. and Hay, J. (2007) *Tourism and Climate Change*. London: Channel View.
Beckerman, W. (1974) *In Defence of Economic Growth*. London: Jonathan Cape.
Beer, D. and Burrows, R. (2007) 'Sociology and, of and in Web 2.0: some initial considerations', *Sociological Research Online*, 12(5), www.socresonline.org.uk/12/5/17.html (accessed 22.11.10).
Beeton, S. (2005) *Film-induced Tourism*. Chichester: Channel View.
Bell, C. and Lyall, J. (2002) 'The accelerated sublime: thrill-seeking adventure heroes in the commodified landscape', in S. Coleman and M. Crang (eds), *Tourism: Between Place and Performance*. New York: Berghahn. pp. 21-37.
Bell, D. (2007) 'The hospitable city: social relations in commercial spaces', *Progress in Human Geography*, 31: 7-22.
Benjamin, W. (1973) 'The work of art in the age of mechanical reproduction', in H. Arendt (ed.), *Illuminations*. London: Fontana. pp. 219-54.〔ヴァルター・ベンヤミン『複製技術時代の芸術』佐々木基一編集・解説，晶文社，1970年.〕
Berger, J. (1972) *Ways of Seeing*. Harmondsworth: Penguin.〔ジョン・バージャー『イメージ――視覚とメディア』伊藤俊治訳，パルコ，1986年.〕
Berman, M. (1983) *All that is Solid Melts into Air*. London: Verso.
Berners Lee, M. (2010) *How Bad are Bananas?* London: Profile Books.
Bhabha, H. (ed.) (1990) *Nation and Narration*. London: Routledge.
Bianchi, V. R. (2000) 'Migrant tourist-workers: exploring the "contact zones" of post-industrial tourism', *Current Issues in Tourism*, 33: 107-37.
Billig, M. (1997) *Banal Nationalism*. London: Sage.
Blackbourn, D. (2002) 'Fashionable spa towns in nineteenth century Europe', in S. Anderson and B. Tabb (eds), *Water, Leisure and Culture*. Oxford: Berg. pp. 9-22.
Blau, J. (1988) 'Where architects work: a change analysis 1970-80', in P. Knox (ed.), *The*

Design Professions and the Built Environment. London: Croom Helm. pp. 127-46.
Boden, D. and Molotch, H. (1994) 'The compulsion to proximity', in R. Friedland and D. Boden (eds), *Now/Here: Time, Space and Modernity.* Berkeley, CA: University of California Press. pp. 257-86.
Boniface, P. (2003) T*asting Tourism: Travelling for Food and Drink*. Aldershot: Ashgate.
Boon, B. (2007) 'Working within the front-of-house/back-of-house boundary: room attendants in the hotel guest room space', *Journal of Management and Organization*, 13: 160-74.
Boorstin, D. (1964) *The Image: A Guide to Pseudo-Events in America*. New York: Harper.〔ダニエル・J・ブーアスティン『幻影の時代──マスコミが製造する事実』星野郁美，後藤和彦訳，東京創元社，1964 年.〕
Boswell, D. and Evans, J. (eds) (1999) *Representing the Nation: A Reader. London: Routledge.*
Bourdieu, P. (1984) *Distinction*. London: Routledge and Kegan Paul.〔ピエール・ブルデュー『ディスタンクシオン──社会的判断力批判（Ⅰ・Ⅱ）』石井洋二郎訳，藤原書店，1990 年.〕
Bourdieu, P. (1990) *Photography: A Middle-brow Art*. London: Polity.〔ピエール・ブルデュー監修『写真論──その社会的効用』山縣熙・山縣直子訳，法政大学出版局，1990 年.〕
Bower, T. (2009) *The Squeeze: Oil, Money and Greed in the Twenty First Century*. London: Harper Press.
Brendon, P. (1991) *Thomas Cook: 150 Years of Popular Tourism*. London: Secker & Warburg.〔ピアーズ・ブレンドン『トマス・クック物語──近代ツーリズムの創始者』石井昭夫訳，中央公論社，1995 年.〕
Brunner, E. (1945) *Holiday Making and the Holiday Trades*. Oxford: Oxford University Press.
Bruner, E. (1994) 'Abraham Lincoln as authentic reproduction: a critique of postmodernism', *American Anthropologist*, 96: 397-415.〔エドワード・M. ブルーナー「オーセンティックな複製としてのアブラハム・リンカーン──ポストモダニズム批判」遠藤英樹訳『奈良県立大学「研究季報」』12(2)：103-29，2001 年.〕
Bruner, E. (1995) 'The ethnographer/tourist in Indonesia', in M.-F. Lanfant, J. Allcock and E. Bruner (eds), *International Tourism*. London: Sage. pp. 224-41.
Bryman, A. (1995) *Disney and His Worlds*. London: Routledge.
Bryman, A. (2004) *The Disneyization of Society.* London: Sage.〔アラン・ブライマン『ディズニー化する社会──文化・消費・労働とグローバリゼーション』能登路雅子監訳，明石書店，2008 年.〕
Bryson, N. (1983) *Vision and Painting.* London: Macmillan.
Buhalis, D. and Law, R. (2008) 'Progress in information technology and tourism management: 20 years on and 10 years after the Internet: the state of Tourism research', *Tourism Management,* 29: 609-23.

Butcher, J. (2003) *The Moralisation of Tourism*. London: Routledge.
Butler, T. and Savage, M. (eds) (1995) *Social Change and the Middle Classes*. London: UCL Press.
Buzard, J. (1993) *The Beaten Track*. Oxford: Clarendon Press.
Callan, R. (1989) 'Small country hotels and hotel award schemes as a measurement of service quality', *Service Industries Journal*, 9: 223-46.
Campbell, C. (1987) *The Romantic Ethic and the Spirit of Modern Consumerism*. Oxford: Basil Blackwell.
Campbell, M. (1989) 'Fishing lore: the construction of the "Sportsman"', *Annals of Tourism Research*, 16: 76-88.
Carlzon, J. (1987) *Moments of Truth*. Cambridge, MA: Ballinger.〔ヤン・カールソン『真実の瞬間——SASのサービス戦略はなぜ成功したか』堤猶二訳，ダイヤモンド社，1990年.〕
Casey, M. (2009) 'Tourist gay(ze) or transnational sex: Australian gay men's holiday desires', *Leisure Studies*, 28: 157-72.
Cass, J. (2004) 'Egypt on steroids: Luxor Las Vegas and postmodern orientalism', in D. Medina Lasansky and B. McLaren (eds), *Architecture and Tourism: Perception, Performance and Place*. Oxford: Berg. pp. 241-64.
Castells, M. (1996) *The Rise of the Network Society*. London: Blackwell.
Chalfen, R. (1987) *Snapshot Versions of Life*. Bowling Green, OH: Bowling Green State University Popular Press.
Chan, W. Y. (2006) 'Coming of age of the Chinese tourists: the emergence of non-Western tourism and host-guest interactions in Vietnam's border tourism', *Tourist Studies*, 6: 187-213.
Chandler, P. (2000) 'The UK outbound tour operating market: changing patterns of distribution', *ETC Insights*, London: English Tourism Council.
Cheong, M. S. and Miller, L. M. (2000) 'Power and tourism: a Foucauldian observation', *Annals of Tourism Research*, 27: 371-90.
Chhabra, D. (2010) 'How they see us: perceived effects of tourist gaze on the Old Order Amish', *Journal of Travel Research*, 49: 93-105.
Chronis, A. (2005) 'Coconstructing heritage at the Gettysburg storyscape', Annals of *Tourism Research*, 32(2): 386-406.
Clark, A. (2010) 'Financial crisis: walk this way', *Guardian*, 29 May.
Clark, P. (1983) *The English Alehouse: A Social History, 1200-1830*. London: Longman.
Clark, T. J. (1984) *The Painting of Modern Life*. London: Thames & Hudson.
Clarke, J. and Critcher, C. (1985) *The Devil Makes Work*. London: Macmillan.
Clifford, J. (1997) *Routes*. Cambridge, MA: Harvard University Press.〔ジェイムズ・クリフォード『ルーツ——20世紀後期の旅と翻訳』毛利嘉孝他訳，月曜社，2002年.〕
Clift, S. and Carter, S. (eds) (1999) *Tourism and Sex*. London: Cassell.

Clift, S. and Carter, S. (2000) *Tourism and Sex: Culture, Commerce and Coercion*. London: Cassell.

Cloke, P. and Perkins, H. (1998) 'Cracking the canyon with the awesome foursome: representations of adventure tourism in New Zealand', *Environment and Planning D: Society and Space*, 16: 185-218.

Cloke, P. and Perkins, H. C. (2005) 'Cetacean performance and tourism in Kaikoura, New Zealand', *Environment and Planning D: Society and Space*, 23: 903-24.

Cloke, P., Phillips, M. and Thrift, N. (1995) 'The new middle classes and the social constructs of rural living', in T. Butler and M. Savage (eds), *Social Change and the Middle Classes*. London: UCL Press. pp. 220-38.

Coe, B. and Gates, P. (1977) *The Snapshot Photograph: The Rise of Popular Photography, 1888-1939*. London: Ash and Grant.

Cohen, B. and Manspeizer, I. (2009) 'The accidental tourist: NGOs, photography, and the idea of Africa', in M. Robinson and D. Picard (eds), *The Framed World: Tourism, Tourists and Photography*. Aldershot: Ashgate. pp. 79-94.

Cohen, C. (1995) 'Marketing paradise, making nation', *Annals of Tourism Research,* 22: 404-21.

Cohen, E. (1972) 'Towards a sociology of international tourism', *Social Research*, 39: 164-82.

Cohen, E. (1979) 'A phenomenology of tourist experiences', *Sociology*, 13: 179-201.〔エリク・コーエン「観光経験の現象学」遠藤英樹訳『奈良県立商科大学「研究季報」』9(1)：39-58, 1998 年.〕

Cohen, E. (1988) 'Traditions in the qualitative sociology of tourism', *Annals of Tourism Research*, 15: 29-46.

Cohen, E., Nir, Y. and Almagor, U. (1992) 'Stranger-local interaction in photography', *Annals of Tourism Research*, 19: 213-33.

Coleman, S. and Crang, M. (eds) (2002a) *Tourism: Between Place and Performance*. Oxford: Berghahn Books.

Coleman, S. and Crang, M. (2002b) 'Grounded tourists, travelling theory', in S. Coleman and M. Crang (eds), *Tourism: Between Place and Performance*. Oxford: Berghahn Books. pp. 1-17.

Comolli, J.-L. (1980) 'Machines of the visible', in T. De Lauretis and S. Heath (eds), *The Cinematic Apparatus*. London: Palgrave Macmillan. pp. 121-42.

Cooper, R. (1997) 'The visibility of social systems', in K. Hetherington and R. Munro (eds), *Ideas of Difference: Social Spaces and the Labour of Division*. Oxford: Blackwell and Sociological Review. pp. 32-41.

Corbin, A. (1992) *The Lure of the Sea: The Discovery of the Seaside in the Modern World, 1750-1840*. Cambridge: Polity.〔アラン・コルバン『浜辺の誕生――海と人間の系譜学』福井和美訳，藤原書店，1992 年.〕

Cosgrove, D. (1984) *Social Formation and Symbolic Landscape.* London: Croom Helm.

Couldry, N. (2005) 'On the actual street', in D. Crouch, R. Jackson and F. Thompson (eds), *The Media and the Tourist Imagination: Converging Cultures.* London: Routledge. pp. 60-75.

Cox, A. M., Clough, P. D. and Marlow, J. (2008) 'Flickr: a first look at user behaviour in the context of photography as serious leisure', *Information Research*, 13(1): paper 336, http://informationr.net/ir/13-1/paper336.html (accessed 22.11.10).

Crang, M. (1997) 'Picturing practices: research through the tourist gaze', *Progress in Human Geography*, 21: 359-73.

Crang, M. (1999) 'Knowing, tourism and practices of vision', in D. Crouch (ed.), *Leisure/Tourism Geographies*. London: Routledge. pp. 238-56.

Crang, M. (2006) 'Circulation and emplacement: the hollowed out performance of tourism', in C. Minca and T. Oakes (eds), *Travels in Paradox: Remapping Tourism.* Lanham, MD: Rowman & Littlefield. pp. 47-64.

Crang, M. and Travlou, P. (2009) 'The island that was not there: producing Corelli's island, staging Kefalonia', in P. Obrador, M. Crang and P. Travlou (eds), *Cultures of Mass Tourism: Doing the Mediterranean in the Age of Banal Mobilities*. Aldershot: Ashgate. pp. 75-90.

Crang, P. (1994) 'It's showtime: on the workplace geographies of display in a restaurant in Southeast England', *Environment and Planning D: Society and Space,* 12: 675-704.

Crang, P. (1997) 'Performing the tourist product', in C. Rojek and J. Urry (eds), *Touring Cultures*. London: Routledge, pp. 137-54.

Crawshaw, C. and Urry, J. (1997) 'Tourism and the photographic eye', in C. Rojek and J. Urry (eds), *Touring Cultures*. London: Routledge. pp. 176-95.

Cresswell, T. (2006) *On the Move: Mobility in the Modern Western World.* London: Routledge.

Crick, M. (1988) 'Sun, sex, sights, savings and servility', *Criticism, Heresy and Interpretation*, 1: 37-76.

Crouch, D. (ed.) (2000) *Leisure/Tourism Geographies.* London: Routledge.

Crouch, D. (2005) 'Flirting with space: tourism geographies as sensuous/expressive practice', in C. Cartier and A. Lew (eds), *Seductions of Place*. London: Routledge. pp. 23-35.

Culler, J. (1981) 'Semiotics of tourism', *American Journal of Semiotics*, 1: 127-40.

Cunningham, H. (1980) *Leisure in the Industrial Revolution*. London: Croom Helm.

Cuthill, V. (2007) 'Consuming Harrogate: performing Betty's Café and Revolution Vodka Bar', *Space and Culture,* 10: 64-76.

Cwerner, S. (2001) 'The times of migration', *Journal of Ethnic and Migration Studies,* 27: 7-36.

Cwerner, S., Kesselring, S. and Urry, J. (eds) (2009) *Aeromobilities*. London: Routledge.

D'Andrea, A. (2007) *Global Nomads: Techno and New Age as Transnational Countercultures in Ibiza and Goa*. London: Routledge.
Daniels, S. and Cosgrove, D. (1988) 'Introduction: iconography and landscape', in D. Cosgrove and S. Daniels (eds), *The Iconography of Landscape*. Cambridge: Cambridge University Press. pp. 1-10.〔D. コスグローブ, S. ダニエルス編『風景の図像学』千田稔, 内田忠賢監訳, 地人書房, 2001年.〕
Dann, G. (1996a) 'The people of tourist brochures', in T. Selwyn (ed.), *The Tourist Image: Myths and Myth Making in Tourism*. Chichester: John Wiley & Sons. pp. 61-81.
Dann, G. (1996b) *The Language of Tourism: A Social Linguistic Perspective*. Wallingford: CAB International.
Dann, G. and Jacobsen, J. K. S. (2003) 'Tourism smellscapes', *Tourism Geographies*, 5: 3-25.
Davidson, C. (2008) *Dubai: The Vulnerability of Success*. London: Hurst and Company.
Davis, M. (2007) 'Sand, fear, and money in Dubai', in M. Davis and D. Monk (eds), *Evil Paradises*. New York: The New Press. pp. 48-68.
Davis, M. and Monk, D. (eds) (2007) *Evil Paradises*. New York: The New Press.
De Botton, A. (2002) *The Art of Travel*. New York: Pantheon Books.〔アラン・ド・ボトン『旅する哲学——大人のための旅行術』安引宏訳, 集英社, 2004年.〕
De Certeau, M. (1984) *The Practice of Everyday Life*. Berkeley, CA: University of California Press.〔ミシェル・ド・セルトー『日常的実践のポイエティーク』山田登世子訳, 国文社, 1987年.〕
Deane, P. and Cole, W. A. (1962) *British Economic Growth, 1688-1959*. Cambridge: Cambridge University Press.
Debord, G. (1983) *Society of the Spectacle*. Detroit, IL: Black & Red.〔ギー・ドゥボール『スペクタクルの社会』木下誠, ちくま学芸文庫, 2003年.〕
Deffeyes, K. (2005) *Beyond Oil: The View from Hubbert's Peak*. New York: Hill & Wang.
Degen, M. (2004) 'Barcelona's games: the Olympics, urban design, and global tourism', in M. Sheller and J. Urry (eds), *Tourism Mobilities*. London: Routledge. pp. 131-42.
Degen, M. (2008) *Sensing Cities*. London: Routledge.
Degen, M., DeSilvey, C. and Rose, G. (2008) 'Experiencing visualities in designed urban environments: learning from Milton Keynes', *Environment and Planning A*, 40: 1901-20.
della Dora, V. (2007) 'Putting the world into a box: a geography of nineteenthcentury "travelling landscapes"', *Geografiska Annaler*, 89B: 287-306.
della Dora, V. (2009) 'Travelling landscape-objects', *Progress in Human Geography*, 33: 334-54.
Denison-Edson, P. W. (1967) 'Some aspects of a historical geography of Morecambe', BA dissertation, University of Cambridge, Cambridge.
Dennis, K. and Urry, J. (2009) *After the Car*. Cambridge: Polity.
Dent, K. (1975) 'Travel as education: the English landed classes in the eighteenth century',

Educational Studies, 1: 171-80.
Derrida, J. (2000) *Of Hospitality.* Stanford, CA: Stanford University Press.〔ジャック・デリダ（序論：アンヌ・デュフールマンテル）『歓待について——パリのゼミナールの記録』廣瀬浩司訳，産業図書，1999 年.〕
Desforges, L. (1998) '"Checking out the planet": global representations/local identities and youth travel', in T. Skelton and G. Valentine (eds), *Cool Places.* London: Routledge. pp. 175-92.
Desmond, J. (1999) *Staging Tourism.* Chicago, IL: University of Chicago Press.
Devine, F., Savage, M., Crompton, R. and Scott, J. (eds) (2005) *Rethinking Class: Identities, Cultures and Lifestyles.* London: Palgrave.
Dickens, P. and Ormrod, J. (2007) *Cosmic Society.* London: Routledge.
Dicks, B. (2000) *Heritage, Place and Community.* Cardiff: University of Wales Press.
Dijck, V. J. (2008) 'Digital photography: communication, identity, memory', *Visual Communication,* 7: 57-76.
Diken, B. and Laustsen, C. (2005) *The Culture of Exception: Sociology Facing the Camp.* London: Routledge.
Dillard, C., Browning, L., Sitkin, S. and Sutcliffe, K. (2000) 'Impression management and the use of procedures at the Ritz-Carlton: moral standards and dramaturgical discipline', *Communication Studies,* 51: 404-14.
Drachman, H. (1881) *Vildt og Tæmmet. Fortællinger og Naturstudier.* Copenhagen: Gyldendahl.
Du Gay, P., Hall, S., James, L., Mackey, H. and Negus, K. (1997) *Doing Cultural Studies: The Story of the Sony Walkman.* London: Sage.〔ポール・ドゥ・ゲイ他『実践カルチュラル・スタディーズ——ソニー・ウォークマンの戦略』暮沢剛巳訳，大修館書店，2000 年.〕
Dubbeld, L. (2003) 'Observing bodies: camera surveillance and the significance of the body', *Ethics and Information Technology,* 5: 151-62.
Duncan, J. (1999) 'Dis-orientation: on the shock of the familiar in a far-away place', in J. Duncan and D. Gregory (eds), *Writes of Passage: Reading Travel Writing.* London: Routledge. pp. 151-63.
Duncan, T., Scott, D. G. and Baum, T. (2009) 'Mobilities and hospitality work', in *27th International Labour Process Conference,* Edinburgh, April 2009.
Eade, J. and Sallnow, M. (eds) (1991) *Contesting the Sacred: The Anthropology of Christian Pilgrimage.* London: Routledge.
Eco, U. (1986) *Travels in Hyper-Reality.* London: Picador.
Edensor, T. (1998) *Tourists at the Taj.* London: Routledge.
Edensor, T. (2000) 'Staging tourism: tourists as performers', *Annals of Tourism Research,* 27: 322-44.
Edensor, T. (2001a) 'Performing tourism, staging tourism: (re)producing tourist space and

practice', *Tourist Studies*, 1: 59-81.

Edensor, T. (2001b) 'Walking in the British countryside: reflexivity, embodied practices and ways to escape', in P. Macnaghten and J. Urry (eds), *Bodies of Nature*. London: Sage. pp. 81-106.

Edensor, T. (2002) *National Identity, Popular Culture and Everyday Life*. Oxford and New York: Berg.

Edensor, T. (2006) 'Sensing tourist places', in C. Minca and T. Oaks (eds), *Travels in Paradox: Remapping Tourism*. Lanham, MD: Rowman & Littlefield. pp. 23-46.

Edensor, T. and Kothari, U. (2004) 'Sweetening colonialism: a Mauritian themed resort', in D. Medina Lasansky and B. McLaren (eds), *Architecture and Tourism: Perception, Performance and Place*. Oxford: Berg. pp. 189-206.

Edgar, D. (1987) 'The new nostalgia', *Marxism Today*, March: 30-5.

Edwards, E. and Hart, J. (2004) 'Introduction: photographs as objects', in E. Edwards (ed.), *Photographs Objects Histories: On the Materiality of Images*. London: Routledge. pp. 1-15.

Ehrenreich, B. (1983) *The Hearts of Men*. London: Pluto Press.

Ehrenreich, B. (1989) *Fear of Falling*. New York: Pantheon.〔バーバラ・エーレンライク『「中流」という階級』中江桂子訳，晶文社，1995 年.〕

Ek, R., Larsen, J., Hornskov, B. S. and Mansfeldt, O. (2008) 'A dynamic framework of tourist experiences: space-time and performances in the experience economy', *Scandinavian Journal of Hospitality and Tourism*, 8: 122-40.

Elliott, A. and Urry, J. (2010) *Mobile Lives*. London: Routledge.

English Tourism Council (2000/2001) *ETC Insights*. London: ETC.

Enloe, C. (1989) *Bananas, Beaches and Bases*. London: Pandora.

Everett, S. (2008) 'Beyond the visual gaze? The pursuit of an embodied experience through food tourism', *Tourist Studies*, 8: 337-58.

Farmer, P. (1999) *Infections and Inequalities: The Modern Plagues*. Berkeley, CA: University of California Press.

Farrant, S. (1987) 'London by the sea: resort development on the south coast of England, 1880-1939', *Journal of Contemporary History*, 22: 137-62.

Faulks, S. (1988) 'Disney comes to Chaucerland', *Independent*, 11 June.

Featherstone, M. (1987) 'Consumer culture, symbolic power and universalism', in G. Stauth and S. Zubaida (eds), *Mass Culture, Popular Culture, and Social Life in the Middle East*. Frankfurt: Campus. pp. 17-46.

Febvre, R. (1982) *Problems of Unbelief in the Sixteenth Century*. Cambridge, MA: Harvard University Press.〔リュシアン・フェーヴル『ラブレーの宗教――16 世紀における不信仰の問題』高橋薫訳，法政大学出版局，2003 年.〕

Feifer, M. (1985) *Going Places*. London: Macmillan.

Feighery, W. (2009) 'Tourism, stock photography and surveillance: a Foucauldian interpretation', *Journal of Tourism and Cultural Change*, 7: 161-78.

Finkelstein, J. (1989) *Dining Out: A Sociology of Modern Manners.* Cambridge: Polity.

Fiske, J. (1989) *Reading the Popular.* Boston, MA: Unwin Hyman.〔ジョン・フィスク『抵抗の快楽――ポピュラーカルチャーの記号論』山本雄二訳，世界思想社，1998 年.〕

Fjellman, S. (1992) *Vinyl Leaves: Walt Disney World and America.* Boulder, CO: Westview Press.

Ford, C. and Steinorth, K. (eds) (1988) *You Press the Button, We Do the Rest: The Birth of Snapshot Photography.* Bradford: Dirk Nissen Publishing/National Museum of Photography, Film and Television.

Forster, E. M. (1955) *A Room with a View.* Harmondsworth: Penguin (orig. 1908).〔E・M・フォースター『眺めのいい部屋』西崎憲，中島朋子訳，ちくま文庫，2001 年.〕

Foster, H. (1985a) 'Postmodernism: a preface', in H. Foster (ed.), *Postmodern Culture.* London: Pluto Press. pp. ix-xvi.〔ハル・フォスター「序文　ポストモダニズム」，ハル・フォスター編『反美学――ポストモダンの諸相』室井尚 , 吉岡洋訳，勁草書房 , 1987 年.〕

Foster, H. (ed.) (1985b) *Postmodern Culture.* London: Pluto Press.〔ハル・フォスター編『反美学――ポストモダンの諸相』室井尚 , 吉岡洋訳，勁草書房 , 1987 年.〕

Foster, H. (ed.) (1988) *Vision and Visuality.* Seattle, WA: Bay Press Seattle.〔ハル・フォスター編『視覚論』榑沼範久訳，平凡社ライブラリー，2007 年.〕

Foucault, M. (1970) *The Order of Things.* London: Tavistock.〔ミシェル・フーコー『言葉と物――人文科学の考古学』渡辺一民，佐々木明訳，新潮社，1974 年.〕

Foucault, M. (1976) *The Birth of the Clinic.* London: Tavistock.〔ミッシェル・フーコー『臨床医学の誕生』神谷美恵子訳，みすず書房，1969 年.〕

Foucault, M. (1979) *Discipline and Punish: The Birth of the Prison.* Harmondsworth: Penguin.〔ミシェル・フーコー『監獄の誕生――監視と処罰』田村俶訳，新潮社，1977 年.〕

Frampton, K. (1988) 'Place-form and cultural identity', in J. Thackara (ed.), *Design After Modernism.* London: Thames & Hudson. pp. 51-66.〔ジョン・サッカラ編『モダニズム以降のデザイン――ものの実体を超えて』奥出直人他訳，鹿島出版会，1991 年.〕

Franklin, A. (1999) 'Zoological gaze', in A. Franklin (ed.), *Animals and Modern Cultures: A Sociology of Human-Animal Relations in Modernity.* London: Sage. pp. 62-83.

Franklin, A. (2003) *Tourism: An Introduction.* London: Sage.

Franklin, A. and Crang, M. (2001) 'The trouble with tourism and travel theory', *Tourist Studies,* 1: 5-22.

Franklin, S., Lury, C. and Stacey, J. (2000) *Global Nature, Global Culture.* London: Sage.

Freire-Medeiros, B. (2011) *Touring Poverty.* London: Routledge.

Frieden, B. and Sagalyn, L. (1989) *Downtown, Inc.: How America Rebuilds Cities.* Cambridge, MA: MIT Press.〔バーナード・J. フリーデン，リーン・B. セイガリン『よみがえるダウンタウン――アメリカ都市再生の歩み』北原理雄監訳，鹿島出版会，1992 年.　*抄訳〕

Frisby, D. and Featherstone, M. (eds) (1997) *Simmel on Culture*. London: Sage.

Fuller, G. and Harley, R. (2005) *Aviopolis: A Book about Airports.* London: Black Dog Publishing.

Gabriel, Y. (1988) *Working Lives in Catering*. London: Routledge.

Garrod, B. (2009) 'Understanding the relationship between tourism destination imagery and tourist photography', *Journal of Travel Research*, 47: 346-58.

Germann Molz, J. and Gibson, S. (2007a) 'Introduction: mobilizing and mooring hospitality', in J. Germann Molz and S. Gibson (eds), *Mobilizing Hospitality*. Aldershot: Ashgate. pp. 1-25.

Germann Molz, J. and Gibson, S. (eds) (2007b) *Mobilizing Hospitality*. Aldershot: Ashgate.

Gernsheim, H. (1982) *The Origins of Photography*. London: Thames & Hudson.

Gernsheim, H. (1989) *The Rise of Photography 1850-1880: The Age of Collodion*. Volume 2. London: Thames & Hudson.

Gibson, C. and Kong, L. (2005) 'Cultural economy: a critical review', *Progress in Human Geography*, 29: 541-61.

Gibson, J. (1986) *The Ecological Approach to Visual Perception.* Hillsdale, NJ: Lawrence Erlbaum Associates.〔J・J・ギブソン『生態学的視覚論――ヒトの知覚世界を探る』古崎敬他訳，サイエンス社，1985年.〕

Giddens, A. (1992) *The Transformation of Intimacy.* Cambridge: Polity.〔アンソニー・ギデンズ『親密性の変容――近代社会におけるセクシュアリティ、愛情、エロティシズム』松尾精文，松川昭子訳，而立書房，1995年.〕

Gil, J. (1998) *Metamorphoses of the Body*. Minneapolis, MN: University of Minneapolis Press.

Gillespie, A. (2006) 'Tourist photography and the reverse gaze', *Ethos*, 34: 343-66.

Goffman, E. (1959) *The Presentation of Self in Everyday Life*. Garden City, NY: Doubleday Anchor.〔E・ゴッフマン『行為と演技――日常生活における自己呈示』石黒毅訳，誠信書房，1974年.〕

Goffman, E. (1963) *Behavior in Public Places: Notes on the Social Organization of Gatherings*. New York: Free Press.〔E・ゴッフマン『集まりの構造――新しい日常行動論を求めて』丸木恵祐，本名信行訳，誠信書房，1980年.〕

Goffman, E. (1976) *Gender Advertisements*. London: Harper.

Goodwin, A. (1989) 'Nothing like the real thing', *New Statesman and Society,* 12 August.

Goss, J. (1993) 'Placing the market and marketing place: tourist advertising of the Hawaiian Islands, 1972-92', *Environment and Planning D: Society and Space,* 11: 663-88.

Gottdiener, M. (2001) *Life in the Air: Surviving the New Culture of Air Travel*. Lanham, MD: Rowman & Littlefield.

Gottlieb, A. (1982) 'Americans' vacations', *Annals of Tourism Research*, 9: 165-87.

Goulborne, H. (1999) 'The transnational character of Caribbean kinship in Britain', in S. McRae (ed.), *Changing Britain: Families and Households in the 1990s.* Oxford: Oxford

University Press. pp. 176-97.

Grass, J. (1972) 'Morecambe: the people's pleasure. The development of a holiday resort, 1880-1902', MA dissertation, University of Lancaster, Lancaster.

Graves, R. (1965) *Majorca Observed*. London: Cassell.

Green, N. (1990) *The Spectacle of Nature*. Manchester: Manchester University Press.

Greenblatt, S. (1991) *Marvelous Possessions: The Wonder of the New World*. Oxford: Clarendon Press.〔S．グリーンブラット『驚異と占有──新世界の驚き』荒木正純訳，みすず書房，1994年.〕

Greene, M. (1982) *Marketing Hotels into the 90s*. London: Heinemann.

Gregory, D. (1994) *Geographical Imaginations*. Cambridge, MA: Blackwell.

Gregory, D. (1999) 'Scripting Egypt: Orientalism and the cultures of travel', in J. Duncan and D. Gregory (eds), *Writes of Passage*. London: Routledge, pp. 114-50.

Gregory, D. (2001) 'Performing Cairo: Orientalism and the City of the Arabian Nights'. Paper presented at the 'Space Odyssey' Conference, Roskilde University.

Gregory, D. (2003) 'Emperors of the gaze: photographic practices and productions of space in Egypt, 1839-1914', in J. Schwartz and J. Ryan (eds), *Picturing Place: Photography and the Geographical Imagination*. London: I.B. Tauris. pp. 195-225.

Guerrier, Y. and Adib, A. (2003) 'Work at leisure and leisure at work: a study of the emotional labour of tour reps', *Human Relations,* 56: 1399-417.

Gye, L. (2007) 'Picture this: the impact of mobile camera phones on personal photographic practices', *Continuum*, 21: 279-88.

Hacking, I. (2004) 'Between Michel Foucault and Erving Goffman: between discourse in the abstract and face-to-face interaction', *Economy and Society,* 3: 277-302.

Haldrup, M. and Larsen, J. (2003) 'The family gaze', *Tourist Studies*, 3: 23-46.

Haldrup, M. and Larsen, J. (2006) 'Material cultures of tourism', *Leisure Studies,* 25: 275-89.

Haldrup, M. and Larsen, J. (2010) *Tourism, Performance and the Everyday: Consuming the Orient*. London: Routledge.

Hall, M. (1994) 'Gender and economic interests in tourism prostitution: the nature, development and implications of sex tourism in south-east Asia', in V. Kinnaird and D. Hall (eds), *Tourism: A Gender Analysis*. Chichester: John Wiley, pp. 142-63.

Hall, S. (2007) *The Carhullan Army.* London: Faber & Faber.

Halsall, M. (1986) 'Through the valley of the shadow', *Guardian*, 27 December.

Hammond, D. J. (2001) 'Photography, tourism and the Kodak Hula Show', *Visual Anthropology,* 14: 1-32.

Hannam, K. and Knox, D. (2010) *Understanding Tourism*. London: Sage.

Harris, H. and Lipman, A. (1986) 'Viewpoint: a culture and despair: reflections on "post-modern" architecture', *Sociological Review,* 34: 837-54.

Harrison, B. (1971) *Drink and the Victorians*. London: Faber & Faber.

Harvey, D. (1989) *The Condition of Postmodernity*. Oxford: Blackwell.〔デヴィッド・ハーヴェイ『ポストモダニティの条件』吉原直樹監訳・解説，青木書店，1999 年.〕
Harvey, P. (1996) *Hybrids of Modernity*. London: Routledge.
Hawken, P., Lovins, A. and Lovins, L. H. (1999) *Natural Capitalism*. London: Earthscan.〔ポール・ホーケン他『自然資本の経済――「成長の限界」を突破する新産業革命』佐和隆光監訳，日本経済新聞社，2001 年.〕
Hayes, D. and MacLeod, N. (2007) 'Packaging places: designing heritage trails using an experience economy perspective to maximize visitor engagement', *Journal of Vacation Marketing*, 13: 45-58.
Hebdige, D. (1986-7) 'A report on the Western Front', *Block*, 12: 4-26.
Hebdige, D. (1988) *Hiding in the Light*. London: Routledge.
Heidegger, M. (1993) 'Building dwelling thinking', in *Basic Writings*. London: Routledge. pp. 347-63.〔中村貴志訳・編『ハイデッガーの建築論――建てる・住まう・考える』中央公論美術出版，2008 年.〕
Heidegger, M. (2005) *Sojourns*. Albany, NY: State University of New York Press.
Heinberg, R. (2005) *The Party's Over: Oil, War and the Fate of Industrial Society*. New York: Clearview Books.
Hendry, J. (2000) *The Orient Strikes Back: A Global View of Cultural Display*. Oxford: Berg.
Hern, A. (1967) *The Seaside Holiday*. London: Cresset Press.
Hetherington, K. (2000a) 'Museums and the visually impaired: the spatial politics of access', *Sociological Review*, 48: 444-63.
Hetherington, K. (2000b) *New Age Travellers: Vanloads of Uproarious Humanity*. London: Cassell.
Hewison, R. (1987) *The Heritage Industry: Britain in a Climate of Decline*. London: Methuen.
Hirsch, F. (1978) *Social Limits to Growth*. London: Routledge and Kegan Paul.〔フレッド・ハーシュ『成長の社会的限界』都留重人監訳，日本経済新聞社，1980 年.〕
Hjorth, L. (2007) 'Snapshots of almost contact: the rise of camera phone practices and a case study in Seoul, Korea', *Continuum*, 2: 227-38.
Hochschild, A. (1983) *The Managed Heart: Commercialization of Human Feeling*. Berkeley, CA: University of California Press.〔A・R・ホックシールド『管理される心――感情が商品になるとき』石川准，室伏亜希訳，世界思想社，2000 年.〕
Hoffman, M. L. and Musil, J. (1999) 'Culture meets commerce: tourism in postcommunist Prague', in D.R. Judd and S. Fainstein (eds) *The Tourist City*. New Haven and London: Yale University Press. pp. 179-97.
Holderness, G. (1988) 'Bardolatry: or, the cultural materialist's guide to Stratfordupon-Avon', in G. Holderness (ed.), *The Shakespeare Myth*. Manchester: Manchester University Press. pp. 1-15.
Holland, P. (2001) 'Personal photography and popular photography', in L. Wells (ed.),

Photography: A Critical Introduction. London: Routledge. pp. 117-62.

Hollinshead, K. (1992) '"White" gaze, "red" people – shadow visions: the disidentification of "Indians" in cultural tourism', *Leisure Studies*, 11: 43-64.

Hollinshead, K. (1999) 'Surveillance of the worlds of tourism: Foucault and the eye-of-power', *Tourism Management*, 20: 7-23.

Hollinshead, K. (2009) 'Theme parks and the representation of culture and nature: The consumer aesthetics of presentation and performance', in T. Jamal and M. Robinson (eds) (2009) *The Sage Handbook of Tourism Studies*. London: Sage.

Homer-Dixon, T. (2006) *The Upside of Down: Catastrophe, Creativity, and the Renewal of Civilization*. London: Souvenir.

Hooper-Greenhill, E. (1988) 'Counting visitors or visitors who count', in R. Lumley (ed.), *The Museum Time-Machine*. London: Routledge. pp. 213-32.

Horne, D. (1984) *The Great Museum*. London: Pluto Press.〔ドナルド・ホーン『博物館のレトリック——歴史の<再現>』遠藤利国訳，リブロポート，1990年.〕

Hsiu-yen Yeh, J. (2009) 'The embodiment of sociability through the tourist camera', in M. Robinson and D. Picard (eds), *The Framed World: Tourism, Tourists and Photography*. Aldershot: Ashgate. pp. 199-216.

Hui, A. (2008) 'Many homes for tourism: re-considering spatializations of home and away in tourism mobilities', *Tourist Studies*, 8: 291-311.

Hutnyk, J. (1996) *The Rumour of Calcutta*. London: Zed Books.

Ibelings, H. (1998) *Supermodernism: Architecture in the Age of Globalisation*. Rotterdam: NAI Publishers.〔ハンス・イベリングス「スーパーモダニズム」佐藤美紀訳『10+1』19，181-91，2000年．＊抄訳〕

Ingold, T. and Kurttila, T. (2000) 'Perceiving the environment in Finnish Lapland', *Body and Society*, 6: 183-96.

IPCC (2007) Climate Change 2007: Synthesis Report. Geneva: IPCC.〔IPCC（気候変動に関する政府間パネル）編『IPCC地球温暖化第四次レポート——気候変動2007』文部科学省他訳，中央法規出版，2009年.〕

Jackson, P. (1992) 'Constructions of culture, representations of race: Edward Curtis's "way of seeing"', in K. Anderson and F. Gale (eds), *Inventing Places: Studies in Cultural Geography*. London: John Wiley & Sons. pp. 89-106.

Jacobsen, S. K. J. (2003) 'The tourist bubble and the Europeanisation of holiday travel', *Tourism and Cultural Change*, 1: 71-87.

Jäkle, J. (1985) *The Tourist*. Lincoln, NB: University of Nebraska Press.

Jamal, J. and Robinson, M. (eds) (2009) *The Sage Handbook of Tourism Studies*. London: Sage.

James, N. (1989) 'Emotional labour: skill and work in the social regulation of feelings', *Sociological Review*, 37: 15-42.

Jameson, F. (1985) 'Postmodernism and consumer culture', in H. Foster (ed.), *Postmodern*

Culture. London: Pluto Press. pp. 111-25.〔フレドリック・ジェームソン「ポストモダニズムと消費社会」，ハル・フォスター編『反美学——ポストモダンの諸相』室井尚，吉岡洋訳，勁草書房，1987 年.〕

Januszczak, W. (1987) 'Romancing the grime', *Guardian*, 2 September.

Jarvis, R. (1997) *Romantic Writing and Pedestrian Travel*. London: Macmillan.

Jay, M. (1993) *Downcast Eyes*. Berkeley, CA: University of California Press.

Jeffreys, S. (1999) 'Globalizing sexual exploitation: sex tourism and the traffic in women', *Leisure Studies*, 18: 179-96.

Jencks, C. (1977) *The Language of Post-Modern Architecture*. New York: Academy.〔チャールズ・ジェンクス『ポスト・モダニズムの建築言語』竹山実訳，エー・アンド・ユー，1978 年.〕

Jenkins, O. H. (2003) 'Photography and travel brochures: the circle of representation', *Tourism Geographies*, 5: 305-28.

Jenkins, S. (1987) 'Art makes a return to architecture', *Sunday Times*, 15 November.

Jenks, C. (1995) 'The centrality of the eye in western culture: an introduction', in C. Jenks (ed.), *Visual Culture*. London: Routledge. pp. 1-25.

Johnson, J. and Pooley, C. (eds) (1982) *The Structure of Nineteenth Century Cities*. London: Croom Helm.

Johnson, K. and Mignot, K. (1982) 'Marketing trade unionism to service industries: an historical analysis of the hotel industry', *Service Industries Journal*, 2: 5-23.

Johnston, L. (2001) '(Other) bodies and tourism studies', *Annals of Tourism Research*, 28: 180-201.

Jokinen, E. and Veijola, S. (1997) 'The disoriented tourist: the figuration of the tourist in contemporary cultural critique', in C. Rojek and J. Urry (eds), *Touring Cultures*. London: Routledge. pp. 23-51.

Jones, A. (1987) 'Green tourism', *Tourism Management*, December: 354-6.

Jordan, F. and Aitchison, C. (2008) 'Tourism and the sexualisation of the gaze: solo female tourists' experiences of gendered power, surveillance and embodiment', *Leisure Studies*, 27: 329-49.

Judd, D. and Fainstein, S. (eds) (1999) *The Tourist City*. New Haven, CT: Yale University Press.

Kaplan, C. (1996) *Questions of Travel*. Durham, NC: Duke University Press.〔カレン・カプラン『移動の時代——旅からディアスポラへ』村山淳彦訳，未來社，2003 年.〕

King, A. (1984) *The Bungalow*. London: Routledge.

Kinnaird, V. and Hall, D. (eds) (1994) *Tourism: A Gender Analysis*. Chichester: John Wiley.

Kirshenblatt-Gimblett, B. (1998) *Destination Culture: Tourism, Museums and Heritage*. Berkeley, CA: University of California Press.

Klein, N. (2000) *No Logo*. London: Flamingo.〔ナオミ・クライン『ブランドなんか、いらない』松島聖子訳，大月書店，2009 年.〕

Klingmann, A. (2007) *Brandscapes*. Cambridge, MA: MIT Press.

Knox, P. (1987) 'The social production of the built environment', *Progress in Human Geography*, 11: 354-77.

Knox, P. (1988) 'The design professions and the built environment in a postmodern epoch', in P. Knox (ed.), *The Design Professions and the Built Environment*. London: Croom Helm. pp. 1-11.

Krier, L. (1984) '"Berlin-Tagel" and "building and architecture"', *Architectural Design*, 54: 87-119.

Kroker, A. and Cook, D. (1986) *The Postmodern Scene*. New York: St. Martin's Press.〔アーサー・クローカー，デイヴィッド・クック『ポストモダン・シーン――その権力と美学』大熊昭信訳，法政大学出版局，1993年.〕

Kuhn, A. (1995) *Family Secrets: Acts of Memory and Imagination*. London: Verso.〔アネット・クーン『家庭の秘密――記憶と創造の行為』西山けい子訳，世界思想社，2007年.〕

Kunstler, J. (2006) *The Long Emergency: Surviving the Converging Catastrophes of the 21st Century*. London: Atlantic Books.

Landry, C. (2006) *The Art of City Making*. London: Earthscan.

Landry, C., Montgomery, J., Worpole, K., Gratton, C. and Murray, R. (1989) *The Last Resort*. London: Comedia Consultancy/SEEDS (South East Economic Development Strategy).

Larkham, P. (1986) *The Agents of Urban Change*. University of Birmingham, Department of Geography, Occasional Publication No. 21.

Larsen, J. (2000) 'The Trafford Centre: a modern machine for consumption and post-modern spectacle', *Travel and Destination*. Proceedings of a conference held at Roskilde University, 17 February. Department of Geography, Roskilde University. pp. 39-61.

Larsen, J. (2001) 'Tourism mobilities and the travel glance: experiences of being on the move', *Scandinavian Journal of Hospitality and Tourism*, 1: 80-98.

Larsen, J. (2004a) 'Performing tourist photography'. PhD, Roskilde University, Department of Geography.

Larsen, J. (2004b) '(Dis)connecting tourism and photography: corporeal travel and imaginative travel', *Journeys: International Journal of Travel and Travel Writing*, 5: 19-42.

Larsen, J. (2005) 'Families seen sightseeing: the performativity of tourist photography', *Space and Culture*, 8: 416-34.

Larsen, J. (2006a) 'Geographies of tourism photography: choreographies and performances', in J. Falkheimer and A. Jansson (eds), *Geographies of Communication: The Spatial Turn in Media Studies*. Gøteborg: Nordicom. pp. 241-57.

Larsen, J. (2006b) 'Picturing Bornholm: the production and consumption of a tourist island through picturing practices', *Scandinavian Journal of Hospitality and Tourism*, 6: 75-94.

Larsen, J. (2008a) 'Practices and flows of digital photography: an ethnographic framework', *Mobilities*, 3: 141-60.

Larsen, J. (2008b) 'De-exoticizing tourist travel: everyday life and sociality on the move', *Leisure Studies*, 27: 21-34.

Larsen, J. (2009) 'Goffman and the tourist gaze: a performativity approach to tourism mobilities', in M. H. Jacobsen (ed.), *Contemporary Goffman*. London: Routledge, pp. 313-32.

Larsen, J., Urry, J. and Axhausen, K. (2006) *Mobilities, Networks, Geographies*. Aldershot: Ashgate.

Larsen, J., Urry, J. and Axhausen, K. (2007) 'Networks and tourism: mobile social life', *Annals of Tourism Research*, 34: 244-62.

Lasansky, M. (2004) '"Tourist geographies": remapping old Havana', in D. Medina Lasansky and B. McLaren (eds), *Architecture and Tourism: Perception, Performance and Place*. Oxford: Berg. pp. 165-88.

Lash, S. (1990) *Sociology of Postmodernism*. London: Routledge.〔スコット・ラッシュ『ポスト・モダニティの社会学』田中義久監訳，法政大学出版局，1997年.〕

Lash, S. and Urry, J. (1987) *The End of Organized Capitalism*. Cambridge: Polity.

Lash, S. and Urry, J. (1994) *Economies of Signs and Space*. London: Sage.

Latour, B. (1991) 'Technology is society made durable', in J. Law (ed.), *A Sociology of Monsters: Essays on Power, Technology and Domination*. London: Routledge.

Lawson, A. and Samson, C. (1988) 'Age, gender and adultery', *British Journal of Sociology*, 39: 409-40.

Lea, J. (1988) *Tourism and Development in the Third World*. London: Routledge.

Leadbetter, C. (1988) 'Power to the person', *Marxism Today*, October: 14-19.

Leggett, J. (2005) *Half Gone: Oil, Gas, Hot Air and Global Energy Crisis*. London: Portobello Books.〔ジェレミー・レゲット『ピーク・オイル・パニック——迫る石油危機と代替エネルギーの可能性』益岡賢他訳，作品社，2006年.〕

Leheny, D. (1995) 'A political economy of Asian sex tourism', *Annals of Tourism Research*, 22: 367-84.

Lenček, L. and Bosker, G. (1998) *The Beach: A History of Paradise on Earth*. London: Secker & Warburg.

Lennon, J. and Foley, M. (2000) *Dark Tourism*. London: Continuum.

Letcher, A., Blain, J. and Wallis, J. R. (2009) 'Re-viewing the past: discourse and power in images of prehistory', in M. Robinson and D. Picard (eds), *The Framed World: Tourism, Tourists and Photography*. Aldershot: Ashgate. pp. 169-84.

Lett, J. (1983) 'Ludic and liminoid aspects of charter yacht tourism in the Caribbean', *Annals of Tourism Research*, 10: 35-56.

Levitt, T. (1981) 'Marketing intangible products and product intangibles', *Cornell HRA Quarterly*, August: 37-44.

Lewis, N. (2000) 'The climbing body: nature and the experience of modernity', *Body and Society*, 6: 58-80.

Lewis, P. (2009) 'Too high, too fast: the party's over for Dubai', *Guardian*, 14 February: 28-9.

Ley, D. and Olds, K. (1988) 'Landscape as spectacle: world's fairs and the culture of heroic consumption', *Environment and Planning D: Society and Space*, 6: 191-212.

Lickorish, L. J. and Kershaw, A. G. (1975) 'Tourism between 1840 and 1940', in A. J. Burkart and S. Medlik (eds), *The Management of Tourism*. London: Heinemann. pp. 11-26.

Light, A. (1991) *Forever England: Femininity, Literature and Conservatism between the Wars*. London: Routledge.

Light, D. (2001) 'Gazing on communism: heritage tourism and post-communist identities in Germany, Hungary and Romania', *Tourism Geographies*, 2: 157-76.

Lisle, D. (2004) 'Gazing at Ground Zero: tourism, voyeurism and spectacle', *Journal for Cultural Research*, 88: 3-21.

Lister, M. (2007) 'A sack in the sand: photography in the age of information', *Convergence*, 13: 251-74.

Littlewood, I. (2001) *Sultry Climates: Travel and Sex since the Grand Tour*. London: John Murray.

Litvin, W. S., Goldsmith, E. R. and Pan, B. (2008) 'Electronic word-of-mouth in hospitality and tourism management', *Tourism Management,* 29: 458-68.

Lodge, D. (1991) *Paradise News*. London: Secker & Warburg.〔デイヴィッド・ロッジ『楽園ニュース』高儀進訳，白水社，1993年.〕

Löfgren, O. (1999) *On Holiday: A History of Vacationing*. Berkeley, CA: University of California Press.

Löfgren, O. (2003) 'The new economy: a cultural history', *Global Networks,* 3: 239-54.

Löfgren, O. (2008) 'The secret lives of tourists: delays, disappointments and daydreams', *Scandinavian Journal of Hospitality and Tourism,* 8: 85-101.

Lovelock, J. (2006) *The Revenge of Gaia*. London: Allen Lane.〔ジェームズ・ラブロック『ガイアの復讐』竹村健一訳，中央公論新社，2006年.〕

Lowe, P. and Goyder, J. (1983) *Environmental Groups in Politics*. London: Allen & Unwin.

Lowenthal, D. (1985) *The Past is a Foreign Country*. Cambridge: Cambridge University Press.

Lübbren, N. (2001) *Rural Artists' Colonies in Europe, 1870-1910*. Manchester: Manchester University Press.

Lukas, S. (2007) *The Themed Space*. Lanham, MD: Lexington Books.

Lukas, S. (2008) *Theme Park*. London: Reaktion Books.

Lumley, R. (ed.) (1988) *The Museum Time-Machine*. London: Routledge.

Lund, K. (2006) 'Seeing in motion and the touching eye: walking over Scotland's

mountains', *Etnofoor: Antropological Journal,* 18: 27-42.

Lunn, T. (1989) 'How to swing unused talent into action', *Sunday Times,* 20 August.

Lynas, M. (2007) *Six Degrees*. London: Fourth Estate.〔マーク・ライナス『+ 6℃——地球温暖化最悪のシナリオ』寺門和夫訳・監修，ランダムハウス講談社，2008 年.〕

Lynch, K. (1960) *The Image of the City*. Cambridge, MA: MIT Press.〔ケヴィン・リンチ『都市のイメージ』丹下健三，富田玲子訳，岩波書店，1968 年.〕

Lynch, K. (1973) *What Time is This Place?* Cambridge, MA: MIT Press.〔ケヴィン・リンチ『時間の中の都市——内部の時間と外部の時間』東京大学大谷研究室訳，SD 選書，鹿島出版会，2010 年.〕

MacCannell, D. (1973) 'Staged authenticity: arrangements of social space in tourist settings', *American Sociological Review,* 79: 589-603.〔ディーン・マッカネル「演出されたオーセンティシティ——観光状況における社会空間の編成」遠藤英樹訳『奈良県立商科大学「研究季報」』11(3)：93-107，2001 年.〕

MacCannell, D. (1999) *The Tourist.* New York: Schocken (orig. 1976).〔ディーン・マキァーネル『ザ・ツーリスト——高度近代社会の構造分析』安村克己他訳，学文社，2012 年.〕

MacCannell, D. (2001) 'Tourist agency', *Tourism Studies,* 1: 23-38.

Macdonald, S. (1995) 'Consuming science: public knowledge and the dispersed politics of reception among museum visitors', *Media, Culture and Society,* 17: 13-29.

Macdonald, S. (1997) 'A people's story: heritage, identity and authenticity', in C. Rojek and J. Urry (eds), *Touring Cultures*. London: Routledge. pp. 155-75.

Macnaghten, P. and Urry, J. (1998) *Contested Natures*. London: Sage.

Macnaghten, P. and Urry, J. (2000a) 'Bodies in the woods', *Body and Society,* 6: 166-82.

Macnaghten, P. and Urry, J. (eds) (2000b) *Bodies of Nature*, double issue of *Body and Society*, 6: 1-202.

Macnaghten, P. and Urry, J. (2000c) 'Introduction', *Body and Society,* 6: 1-11.

Maoz, D. (2006) 'The mutual gaze', *Annals of Tourism Research*, 33: 221-39.

Markwick, M. (2001) 'Postcards from Malta: image, consumption, context', *Annals of Tourism Research*, 28: 417-38.

Mars, G. and Nicod, M. (1984) *The World of Waiters*. London: Allen & Unwin.

Marshall, G. (1986) 'The workplace culture of a licensed restaurant', *Theory, Culture and Society,* 3: 33-48.

Martin, B. (1982) *A Sociology of Contemporary Culturarl Change.* Oxford: Blackwell.

Martin, B. and Mason, S. (1987) 'Current trends in leisure', *Leisure Studies,* 6: 93-7.

Martinotti, G. (1999) 'A city for whom? Transients and public life in the secondgeneration metropolis', in R. Beauregard and S. Body-Gendrot (eds), *The Urban Moment: Cosmopolitan Essays on the Late-20th-century City*. London: Sage. pp. 155-84.

Mason, J. (2004) 'Managing kinship over long distances: the significance of "the visit"', *Social Policy & Society,* 3: 421-9.

Massey, D. (1994) *Space, Place and Gender.* Cambridge: Polity.
Mazierska, E. and Walton, K. J. (2006) 'Tourism and the moving image', *Tourist Studies,* 6: 5-11.
McClintock, A. (1995) *Imperial Leather.* New York: Routledge.
McCrone, D. (1998) *The Sociology of Nationalism.* London: Routledge.
McCrone, D., Morris, A. and Kiely, R. (1995) *Scotland – the Brand.* Edinburgh: Edinburgh University Press.
McKay, I. (1988) 'Twilight at Peggy's Cove: towards a genealogy of "maritimicity" in *Nova Scotia*', Borderlines, Summer: 29-37.
McQuire, S. (1998) *Visions of Modernity: Representation, Memory, Time and Space in the Age of the Camera.* London: Sage.
Mellinger, W. M. (1994) 'Toward a critical analysis of tourism representations', *Annals of Tourism Research,* 21: 756-79.
Mellor, A. (1991) 'Enterprise and heritage in the dock', in J. Corner and S. Harvey (eds), *Enterprise and Heritage.* London: Routledge. pp. 93-115.
Mennell, S. (1985) *All Manners of Food.* Oxford: Blackwell.〔スティーブン・メネル『食卓の歴史』北代美和子訳，中央公論社，1989 年.〕
Mercer, C. (1983) 'A poverty of desire: pleasure and popular politics', in T. Bennett (ed.), *Formations of Pleasure.* London: Routledge and Kegan Paul. pp. 84-101.
Merriman, N. (1989) 'Museum visiting as a cultural phenomenon', in P. Vergo (ed.), *The New Museology.* London: Reaktion. pp. 149-71.
Metcalf, H. (1988) 'Careers and training in tourism and leisure', *Employment Gazette,* February: 84-93.
Meyrowitz, J. (1985) *No Sense of Place: The Impact of Electronic Media on Social Behaviour.* New York: Oxford University Press.〔ジョシュア・メイロウィッツ『場所感の喪失——電子メディアが社会的行動に及ぼす影響（上）』安川一他訳，新曜社，2003 年.〕
Michael, M. (1996) *Constructing Identities.* London: Sage.
Michael, M. (2000) *Reconnecting, Culture, Technology and Nature.* London: Routledge.
Miller, D. and Slater, D. (2000) *The Internet.* London: Berg.
Mills, C. A. (1988) '"Life on the upslope": the postmodern landscape of gentrification', *Environment and Planning D: Society and Space,* 6: 169-89.
Milton, K. (1993) 'Land or landscape: rural planning policy and the symbolic construction of the countryside', in M. Murray and J. Greer (eds), *Rural Development in Ireland.* Aldershot: Avebury. pp. 120-50.
Mishan, E. (1969) *The Costs of Economic Growth.* Harmondsworth: Penguin.〔E・J・ミシャン『経済成長の代価』都留重人監訳，岩波書店，1971 年.〕
Mitchell, T. (1989) 'The world as exhibition', *Comparative Studies in Society and History,* 31: 217-36.
Mitter, S. (1986) *Common Fate, Common Bond.* London: Pluto Press.

Monbiot, G. (2006) *Heat*. London: Allen Lane.〔ジョージ・モンビオ『地球を冷ませ！――私たちの世界が燃えつきる前に』柴田譲治訳，日本教文社，2007 年.〕

Mordue, T. (2001) 'Performing and directing resident/tourist cultures in Heartbeat country', *Tourist Studies*, 1: 233-52.

Mordue, T. (2009) 'Television, tourism and rural life', *Journal of Travel Research*, 47: 332-45.

Morgan, N. and Pritchard, A. (2000c) *Advertising in Tourism and Leisure*. London: Butterworth-Heinemann.

Morgan, N. and Pritchard, A. (2005) 'Security and social "sorting": traversing the surveillance-tourism', *Tourist Studies*, 5: 115-32.

Morris, M. (1988) 'At Henry Parkes Motel', *Cultural Studies*, 2: 1-47.

Munt, I. (1994) 'The other postmodern tourism: culture, travel and the new middle classes', *Theory, Culture and Society*, 11: 101-24.

Murray, S. (2008) 'Digital images, photo-sharing, and our shifting notions of everyday aesthetics', *Journal of Visual Culture*, 7: 147-63.

Myerscough, J. (1974) 'The recent history of the use of leisure time', in I. Appleton (ed.), *Leisure Research and Policy*. Edinburgh: Scottish Academic Press. pp. 3-16.

Neumann, M. (1992) 'The traveling eye: photography, tourism and ethnography', *Visual Sociology*, 7: 22-38.

Neumann, M. (1999) *On the Rim: Looking for the Grand Canyon*. Minneapolis, MN: University of Minnesota Press.

Norman, P. (1988) 'Faking the present', *Guardian*, 10-11 December.

Nyíri, P. (2010) *Mobility and Cultural Authority in Contemporary China*. Seattle, WA: University of Washington Press.

O'Dell, T. (2007) 'Hospitality, kinesthesis, and health: Swedish spas and the market for well-being', in J. Germann Molz and S. Gibson (eds), *Mobilizing Hospitality*. London: Ashgate. pp. 103-20.

O'Dell, T. and Billing, P. (eds) (2005) *Experiencescapes: Tourism, Culture and Economy*. Copenhagen: Copenhagen Business School.

O'Rourke, P. J. (1988) *Holidays in Hell*. New York: Atlantic Monthly Review.〔P・J・オローク『楽しい地獄旅行――世界紛争地帯過激レポート』芝山幹郎訳，河出書房新社，1991 年.〕

Obrador, P., Crang, M. and Travlou, P. (eds) (2009) *Cultures of Mass Tourism*. Aldershot: Ashgate.

Ockman, J. (2004) 'New politics of the spectacle: "Bilbao" and the global imagination', in D. Medina Lasansky and B. McLaren (eds), *Architecture and Tourism: Perception, Performance and Place*. Oxford: Berg. pp. 189-206.

Ong, A. and Nonini, D. (eds) (1997) *Ungrounded Empires*. London: Routledge.

Oppermann, M. (1999) 'Sex tourism', Annals of Tourism Research, 26: 251-66.

Osborne, P. (2000) *Travelling Light: Photography, Travel and Visual Culture. Manchester*: Manchester University Press.
Ostling, S. (2007) 'The global museum and the orbit of the Solomon R. Guggenheim Museum New York', *Internatiomal Journal of Humanities*, 5: 87-94.
Ousby, I. (1990) *The Englishman's England*. Cambridge: Cambridge University Press.
Pan, B. and Fesenmaier, R. D. (2006) 'Online information search: vacation planning process', *Annals of Tourism Research*, 33: 809-32.
Pan, B., MacLaurin, T. and Crotts, C. J. (2007) 'Travel blogs and the implications for destination marketing', *Journal of Travel Research*, 46: 35-45.
Papastergiadis, N. (2000) *The Turbulence of Migration*. Cambridge: Polity.
Parr, M. (1995) *Small World*. Stockport: Dewi Lewis Publishing.
Parr, M. (1999) *Boring Postcards*. London: Phaidon Press.
Pearce, F. (2007) *With Speed and Violence: Why Scientists Fear Tipping Points in Climate Change*. Boston, MA: Beacon Press.
Pearce, P. and Moscardo, G. (1986) 'The concept of authenticity in tourist experiences', *Australian and New Zealand Journal of Sociology*, 22: 121-32.
Pelizzari, A. M. (2003) 'Retracing the outlines of Rome: intertextuality and imaginative geographies in nineteenth-century photographs', in J. Schwartz and J. Ryan (eds), *Picturing Place: Photography and the Geographical Imagination*. London: I.B. Tauris. pp. 55-73.
Pemble, J. (1987) *The Mediterranean Passion*. Oxford: Clarendon Press.〔ジョン・ペンブル『地中海への情熱——南欧のヴィクトリア＝エドワード朝のひとびと』秋田淳子他訳，国文社，1997年.〕
Perkin, H. (1976) 'The "social tone" of Victorian seaside resorts in the north-west', *Northern History*, II: 180-94.
Perkins, H. and Thorns, D. (2001) 'Gazing or Performing?: Reflections on Urry's tourist gaze in the context of contemporary experience in the antipodes', *International Sociology*, 16: 185-204.
Pezzullo, P. (2009) 'Tourists and/as disasters: rebuilding, remembering, and responsibility in New Orleans', *Tourist Studies*, 9: 23-41.
Pfeil, F. (1985) 'Makin' flippy-floppy: postmodernism and the baby-boom PMC', in M. Davis, F. Pfeil and M. Spinker (eds), *The Year Left: An American Socialist Yearbook 1985*. London: Verso. pp. 263-95.
Phelps-Brown, E. H. (1968) *A Century of Pay*. London: Macmillan.
Pillsbury, R. (1990) *From Boarding House to Bistro*. Boston, MA: Unwin Hyman.
Pimlott, J. (1947) *The Englishman's Holiday*. London: Faber & Faber.
Pine, B. J. and Gilmore, H. J. (1999) *The Experience Economy*. Boston, MA: Harvard Business School Press.〔B・J・パインII，J・H・ギルモア『[新訳] 経験経済』岡本慶一，小高尚子訳，ダイヤモンド社，2005年〕
Pine, R. (1987) *Management of Technological Change in the Catering Industry*. Aldershot:

Avebury.

Piore, M. and Sabel, C. (1984) *The Second Industrial Divide*. New York: Basic Books.〔マイケル・J・ピオリ，チャールズ・F・セーブル『第二の産業分水嶺』山之内靖他訳，筑摩書房，1993年.〕

Pollard, S. (1965) *The Genesis of Modern Management*. London: Edward Arnold.〔シドニー・ポラード『現代企業管理の起源――イギリスにおける産業革命の研究』山下幸夫他訳，千倉書房，1982年.〕

Pons, O. P. (2007) 'A haptic geography of the beach: naked bodies, vision and touch', *Social and Cultural Geography*, 8: 123-41.

Pons, O. P. (2009) 'Building castles in the sand: re-positioning touch on the beach', *Senses and Society*, 4: 195-210.

Pons, O. P., Crang, M. and Travlou, P. and (eds) (2008) *Cultures of Mass Tourism: Doing the Mediterranean in the Age of Banal Mobilities. New Directions in Tourism Analysis.* Aldershot: Ashgate.

Poon, A. (1989) 'Competitive strategies for a "new tourism"', in C. Cooper (ed.), *Progress in Tourism, Recreation and Hospitality Management* Vol. 1. London: Belhaven Press. pp. 91-102.

Poon, A. (1993) *Tourism, Technology and Competitive Strategies.* Wallingford: CAB International.

Pratt, M. (1992) *Imperial Eyes.* London: Routledge.

Pritchard, A. and Morgan, N. (2000a) 'Privileging the male gaze: gendered tourism landscapes', *Annals of Tourism Research*, 27: 884-905.

Pritchard, A. and Morgan, N. (2000b) 'Constructing tourism landscapes: gender, sexuality and space', *Tourism Geographies,* 2: 115-39.

Pritchard, A. and Morgan, N. (2006) 'Hotel Babylon? Exploring hotels as liminal sites of transition and transgression', *Tourism Management,* 27: 762-72.

Quick, R. C. (1962) *The History of Morecambe and Heysham.* Morecambe: Morecambe Times.

Quinn, B. (2007) 'Performing tourism: Venetian residents in focus', *Annals of Tourism Research*, 34: 458-76.

Raban, J. (1986) *Coasting.* London: Picador.

Raento, P. and Flusty, S. (2006) 'Three trips to Italy: deconstructing the New Las Vegas', in C. Minca and T. Oakes (eds), *Travels in Paradox: Remapping Tourism.* Oxford: Rowman & Littlefield. pp. 97-124.

Retzinger, J. (1998) 'Framing the tourist gaze: railway journeys across Nebraska, 1866-1906', *Great Plains Quarterly,* 18: 213-26.

Richards, J. and MacKenzie, J. (1986) *The Railway Station.* Oxford: Oxford University Press.

Richards, J., Wilson, S. and Woodhead, L. (eds) (1999) *Diana: The Making of a Media*

Saint. London: I.B. Tauris.

Riley, R., Baker, B. and Van Doren, S. (1998) 'Movie-induced tourism', *Annals of Tourism Research*, 25: 919-35.

Ring, J. (2000) *How the English Made the Alps*. London: John Murray.

Ritzer, G. (2008) *The McDonaldization of Society.* Thousand Oaks, CA: Pine Forge Press.〔ジョージ・リッツア『マクドナルド化した社会――果てしなき合理化のゆくえ』正岡寛司訳，早稲田大学出版部，2008 年.〕

Ritzer, G. and Liska, A. (1997) 'McDisneyization and post-tourism: complementary perspectives on contemporary tourism', in C. Rojek and J. Urry (eds), *Touring Cultures.* London: Routledge, pp. 96-112.

Roche, M. (2000) *Mega-Events and Modernity.* London: Routledge.

Rodaway, P. (1994) *Sensuous Geographies.* London: Routledge.

Rojek, C. (1993) *Ways of Escape*. London: Sage.

Rojek, C. (1997) 'Indexing, dragging and the social construction of tourist sights', in C. Rojek and J. Urry (eds), *Touring Cultures*. London: Routledge. pp. 52-74.

Rojek, C. (2004) *Celebrity.* London: Reaktion Books.

Rojek, C. and Urry, J. (eds) (1997) *Touring Cultures.* London: Routledge.

Rose, G. (2003) 'Family photographs and domestic spacings: a case study', *Transactions of the Institute of British Geographers,* 28: 5-18.

Rose, G. (2004) 'Everyone's cuddled up and it just looks really nice: an emotional geography of some mums and their family photos', *Social & Cultural Geography,* 5: 549-64.

Rose, G. (2010) *Doing Family Photography*. Aldershot: Ashgate.

Rose, M. (1978) *The Gregs of Styal.* Cheshire: Quarry Bank Mill Development Trust.

Rubinstein, D. and Sluis, K. (2008) 'A life more photographic', *Photographies*, 1: 9-28.

Ryan, C. and Hall, M. (2001) *Sex Tourism*. London: Routledge.

Ryan, J. (1997) *Picturing Empire: Photography and the Visualisation of the British Empire.* London: Reaktion Books.

Said, E. (1995) *Orientalism: Western Conceptions of the Orient*. Harmondsworth: Penguin.〔エドワード・W・サイード『オリエンタリズム（上・下）』板垣雄三，杉田英明監修，今沢紀子訳，平凡社ライブラリー，1993 年.〕

Saldanha, A. (2002) 'Music tourism and factions of bodies in Goa', *Tourist Studies,* 2(1): 43-63.

Samuel, R. (1994) *Theatres of Memory*. London: Verso.

Samuel, R. (1998) *Island Stories*. London: Verso.

Sasser, W. and Arbeit, S. (1976) 'Selling jobs in the service sector', *Business Horizons,* 19: 61-5.

Sather-Wagstaff, J. (2008) 'Picturing experience: a tourist-centred perspective on commemorative historical sites', *Tourist Studies,* 8: 77-103.

Savage, M. (1988) 'The missing link? The relationship between spatial mobility and social mobility', *British Journal of Sociology*, 39: 554-77.

Savage, M., Barlow, J., Dickens, P. and Fielding, T. (1992) *Property, Bureaucracy and Culture: Middle-Class Formation in Contemporary Britain.* London: Routledge.

Scarles, C. (2004) 'Mediating landscapes: the processes and practices of image construction in tourist brochures of Scotland', *Tourist Studies*, 4: 43-67.

Scarles, C. (2009) 'Becoming tourist: renegotiating the visual in the tourist experience', *Environment and Planning D: Society and Space*, 27: 465-88.

Schama, S. (1995) *Landscape and Memory.* London: HarperCollins.〔サイモン・シャーマ『風景と記憶』高山宏，栂正行訳，河出書房新社，2005 年.〕

Schieffelin, E. (1998) 'Problematizing performance', in F. Hughes-Freeland (ed.) *Ritual, Performance, Media.* ASA Monograph 35. London: Routledge. pp. 194-208.

Schivelbusch, W. (1986) *The Railway Journey: Trains and Travel in the Nineteenth Century.* Oxford: Blackwell.〔ヴォルフガング・シヴェルブシュ『鉄道旅行の歴史――19 世紀における空間と時間の工業化』加藤二郎訳，法政大学出版局，1982 年.〕

Schmallegger, D. and Carson, D. (2008) 'Blogs in tourism: changing approaches to information exchange', *Journal of Vacation Marketing*, 14: 99-110.

Schmid, H. (2009) *Economy of Fascination.* Berlin: Gebrüder Borntraeger.

Schroeder, J. (2002) *Visual Consumption.* London: Routledge.

Schultz, P. (2003) *1000 Places To See Before You Die.* New York: Workman Publishing.〔パトリシア・シュルツ『死ぬまでに一度は行きたい世界の 1000 ヵ所――アジア・アフリカ編，北米・南米編，ヨーロッパ編』イースト・プレス，2007 年. ＊アジア・アフリカ編：白倉三紀子訳，北米・南米編：美國コウ訳，ヨーロッパ編：白倉三紀子，尾原美保訳〕

Schwartz, B. (2004) *The Paradox of Choice.* New York: HarperCollins.〔バリー・シュワルツ『なぜ選ぶたびに後悔するのか――「選択の自由」の落とし穴』瑞穂のりこ訳，ランダムハウス講談社，2004 年.〕

Schwartz, J. (1996) 'The geography lesson: photographs and the construction of imaginative geographies', *Journal of Historical Geography*, 22: 16-45.

Schwartz, J. and Ryan, J. (eds) (2003a) *Picturing Place: Photography and the Geographical Imagination.* London: I.B. Tauris.

Schwartz, J. and Ryan, J. (2003b) 'Introduction: photography and the geographical imagination', in J. Schwartz and J. Ryan (eds), *Picturing Place: Photography and the Geographical Imagination.* London: I.B. Tauris. pp. 1-18.

Scruton, R. (1979) *The Aesthetics of Architecture.* Princeton, NJ: Princeton University Press.〔Roger Scruton『建築美学』阿部公正訳，丸善，1985 年.〕

Selwyn, T. (ed.) (1996) *The Tourist Image.* Chichester: John Wiley.

Sennett, R. (1994) *Flesh and Stone.* London: Faber & Faber.

Shaw, G., Agarwal, S. and Bull, P. (2000) 'Tourism consumption and tourist behaviour: a

British perspective', *Tourism Geographies*, 2: 264-89.

Sheller, M. (2003) *Consuming the Caribbean*. London: Routledge.

Sheller, M. and Urry, J. (eds) (2004) *Tourism Mobilities*. London: Routledge.

Shields, R. (1989) 'Social spatialization and the built environment: the West Edmonton Mall', *Environment and Planning D: Society and Space*, 7: 147-64.

Shields, R. (1990) P*laces on the Margin*. London: Routledge.

Shoard, M. (1987) *This Land is Our Land*. London: Paladin.

Simpson, T. (2009) 'Materialist pedagogy: the function of themed environments in post-socialist consumption in Macao', *Tourist Studies*, 9: 60-80.

Slater, D. (1991) 'Consuming Kodak', in J. Spence and P. Holland (eds), *Family Snaps: The Meanings of Domestic Photography*. London: Virago. pp. 45-59.

Slater, D. (1995) 'Photography and modern vision: the spectacle of natural magic', in C. Jenks (ed.), *Visual Culture*. London: Routledge. pp. 218-37.

Slater, D. (1999) 'Marketing mass photography', in J. Evans and S. Hall (eds), *Visual Culture: The Reader.* London: Sage. pp. 289-306.

Smart, B. (2010) *Consumer Society.* London: Sage.

Smith, M. (2009) 'Ethical perspectives exploring the ethical landscape of tourism', in J. Jamal and M. Robinson (eds), *The Sage Handbook of Tourism Studies*. London: Sage. pp. 613-30.

Smith, V. (1989) *Hosts and Guests: The Anthropology of Tourism*. Philadelphia, PA: University of Pennsylvania Press (orig. 1978).〔バレーン・L. スミス編『観光・リゾート開発の人類学——ホスト＆ゲスト論でみる地域文化の対応』三村浩史監訳，勁草書房，1991 年.〕

Sontag, S. (1979) *On Photography*. Harmondsworth: Penguin.〔スーザン・ソンタグ『写真論』近藤耕人訳，晶文社，1979 年.〕

Spang, L. (2000) *The Invention of the Restaurant.* Cambridge, MA: Harvard University Press.〔レベッカ・L・スパング『レストランの誕生——パリと現代グルメ文化』小林正巳訳，青土社，2001 年.〕

Special Projects Group, Lancaster City Council (1987) *Lancaster – Heritage City: Position Statement.* Lancaster: Lancaster City Council.

Spence, J. and Holland, P. (1991) *Family Snaps: The Meanings of Domestic Photography.* London: Virago.

Spillman, L. (1997) *Nation and Commemoration.* Cambridge: Cambridge University Press.

Sprawson, C. (1992) *Haunts of the Black Masseur*. London: Jonathan Cape.

Stallinbrass, C. (1980) 'Seaside resorts and the hotel accommodation industry', *Progress in Planning*, 13: 103-74.

Stamp, G. (1987) 'A right old Roman carry-on', *Daily Telegraph,* 28 December.

Stanley, J. (2005) 'Wanted: adventurous girls, ships' stewardesses, 1919-1939'. PhD Lancaster University, Lancaster.

Stauth, G. and Turner, B. (1988) 'Nostalgia, postmodernism and the critique of mass culture', *Theory, Culture and Society,* 2/3: 509-26.

Stern, N. (2007) *The Economics of Climate Change: The Stern Review*. Cambridge: Cambridge University Press.〔「気候変動の経済学」(エグゼクティヴ・サマリー) AIM チーム, 国立環境研究所訳, 2007 年.〕

Strahan, D. (2007) *The Last Oil Shock*. London: John Murray.〔デイヴィッド・ストローン『地球最後のオイルショック』高遠裕子訳, 新潮社, 2008 年.〕

Strange, C. and Kempla, M. (2003) 'Shades of dark tourism: Alcatraz and Robben Island', *Annals of Tourism Research,* 30: 386-405.

Suonpää, J. (2008) 'Blessed be the photograph: tourism choreographies', *Photographies*, 1: 67-86.

Szerszynski, B. and Urry, J. (2002) 'Cultures of cosmopolitanism', *Sociological Review*, 50: 461-8.

Szerszynski, B. and Urry, J. (2006) 'Visuality, mobility and the cosmopolitan: inhabiting the world from afar', *British Journal of Sociology,* 57: 113-31.

Tagg, J. (1988) *The Burden of Representation: Essays on Photographies and Histories.* Amherst, MA: University of Massachusetts Press.

Talbot, H. F. (1839) 'Some account of the art of photogenic drawing, or, the process by which natural objects may be made to delineate themselves without the aid of the artist's pencil', in B. Newhall (ed.), *Photography: Essays and Images.* New York: Museum of Modern Art. pp. 23-30.

Talbot, H. F. (1844-46) *The Pencil of Nature*. London: Longman, Brown, Green (unpaginated).

Taylor, J. (1994) *A Dream of England: Landscape, Photography and the Tourist's Imagination.* Manchester: Manchester University Press.

Tester, K. (ed.) (1994) *The Flâneur*. London: Routledge.

Theroux, M. (2009) *Far North*. London: Faber & Faber.〔マーセル・セロー『極北』村上春樹訳, 中央公論新社, 2012 年.〕

Thompson, E. P. (1967) 'Time, work-discipline, and industrial capitalism', *Past and Present,* 38: 56-97.

Thompson, G. (1981) 'Holidays', Unit 11 of *Popular Culture and Everyday Life* (2). Milton Keynes: Open University Press.

Thompson, G. (1983) 'Carnival and the calculable: consumption and play at Blackpool', in T. Bennett (ed.), *Formations of Pleasure*. London: Routledge. pp. 124-36.

Thompson, K. (2006) *An Eye for the Tropics: Tourism, Photography, and Framing the Caribbean Picturesque*. Durham, NC: Duke University Press.

Thrift, N. (1989) 'Images of social change', in C. Hamnett, L. McDowell and P. Sarre (eds), *The Changing Social Structure.* London: Sage. pp. 12-42.

Thrift, N. (1996) *Spatial Formations.* London: Sage.

Thrift, N. (2008) *Non-Representational Theory.* London: Routledge.

Tomlinson, T. (2007) *The Culture of Speed: The Coming of Immediacy.* London: Sage.

Tooke, N. and Baker, M. (1996) 'Seeing is believing: the effect of film on visitor numbers to screened locations', *Tourism Management,* 17: 87-94.

Towner, J. (1985) 'The Grand Tour: a key phase in the history of tourism', *Annals of Tourism Research,* 12: 297-33.

Towner, J. (1988) 'Approaches to tourism history', *Annals of Tourism History,* 15: 47-62.

Travel Alberta (n.d.) *West Edmonton Mall.* Edmonton: Alberta Tourism.

Tucker, H. (2007) 'Performing a young people's package tour of New Zealand: negotiating appropriate performances of place', *Tourism Geographies,* 9: 139-59.

Turner, C. and Manning, P. (1988) 'Placing authenticity - on being a tourist: a reply to Pearce and Manning', *Australian and New Zealand Journal of Sociology,* 24: 136-8.

Turner, L. and Ash, J. (1975) *The Golden Hordes.* London: Constable.

Turner, V. (1973) 'The center out there: pilgrim's goal', *History of Religions,* 12: 191-230.

Turner, V. (1974) *The Ritual Process.* Harmondsworth: Penguin.〔ヴィクター・W・ターナー『儀礼の過程』冨倉光雄訳，新思索社，1996 年.〕

Turner, V. and Turner, E. (1978) *Image and Pilgrimage in Christian Culture.* New York: Columbia University Press.

Tzanelli, R. (2008) *The Cinematic Tourist.* London: Routledge.

UNDP (1999) *Human Development Report.* New York: UNDP and Oxford University Press.〔国連開発計画『人間開発報告書 1999――グローバリゼーションと人間開発』北谷勝秀他監修，国際協力出版会，1999 年.〕

Urry, J. (1992) 'The tourist gaze "revisited"', *American Behavioral Scientist,* 36: 172-86.

Urry, J. (1995a) *Consuming Places.* London: Routledge.〔ジョン・アーリ『場所を消費する』吉原直樹，大澤善信監訳，法政大学出版局，2003 年.〕

Urry, J. (1995b) 'A middle class countryside?', in T. Butler and M. Savage (eds), *Social Change and the Middle Classes.* London: UCL Press. pp. 205-19.

Urry, J. (1996) 'How societies remember the past', in S. Macdonald and G. Fyfe (eds), *Theorizing Museums.* Oxford: Sociological Review Monographs and Blackwell, pp. 45-65.

Urry, J. (2000) *Sociology Beyond Societies.* London: Routledge.〔ジョン・アーリ『社会を越える社会学――移動・環境・シチズンシップ』吉原直樹監訳，法政大学出版局 , 2006 年.〕

Urry, J. (2003) *Global Complexity.* Cambridge: Polity.〔ジョン・アーリ『グローバルな複雑性』吉原直樹監訳，法政大学出版局 , 2014 年.〕

Urry, J. (2004) 'Death in Venice', in M. Sheller and J. Urry (eds), *Tourism Mobilities.* London: Routledge, pp. 205-15.

Urry, J. (2007) *Mobilities.* Cambridge: Polity.

Urry, J. (2011) *Climate Change and Society.* Cambridge: Polity.

Uzzell, D. (1989) *Heritage Interpretation* (Vol. 2). London: Belhaven Press.

Van House, N. (2007) 'Flickr and public image-sharing: distant closeness and photo exhibition', *CHI*, April 28-3 May: 2717-22.

Van Maanen, J. (1991) 'The smile factory: work at Disneyland', in P. J. Frost, L. Moore, M. Louis, C. Lundberg and J. Martin (eds), *Reframing Organizational Culture.* London: Sage. pp. 58-76.

Veijola, S. and Jokinen, E. (1994) 'The body in tourism', *Theory, Culture and Society,* 6: 125-51.

Veijola, S. and Valtonen, A. (2007) 'The body in tourism industry', in A. Pritchard, N. Morgan, I. Ateljevic and C. Harris (eds), *Tourism and Gender: Embodiment, Sensuality and Experience*. Wallingford: CAB International. pp. 13-31.

Venturi, R., Brown, D. S. and Izenour, S. (1972) *Learning from Las Vegas*. Cambridge, MA: MIT Press.〔R・ヴェンチューリ他『ラスベガス』石井和紘，伊藤公文訳，鹿島出版会，1978年.〕

Verbeek, D. (2009) *Sustainable Tourism Mobilities.* Telos.

Verstraete, G. (2010) Tracking Europe. Durham, NC: Duke University Press.

Villi, M. (2007) 'Mobile visual communication: photo messages and camera phone photography', *Nordicom Review,* 28: 49-62.

Vulliamy, E. (1988) 'Squalid renaissance', *Guardian*, 16 April.

Waitt, G. and Head, L. (2002) 'Postcards and frontier mythologies: sustaining views of the Kimberley as timeless', *Environment and Planning D: Society and Space*, 20: 319-44.

Walter, J. (1982) 'Social limits to tourism', *Leisure Studies*, l: 295-304.

Walton, J. (1978) *The Blackpool Landlady*. Manchester: Manchester University Press.

Walton, J. (1979) 'Railways and resort development in Victorian England: the case of Silloth', *Northern History*, 15: 191-209.

Walton, J. (1981) 'The demand for working class seaside holidays in Victorian England', *Economic History Review*, 34: 249-65.

Walton, J. (1983) *The English Seaside Resort: A Social History, 1750-1914*. Leicester: Leicester University Press.

Walton, J. (1997) 'Seaside resorts and maritime history', *International Journal of Maritime History,* 9: 125-47.

Walton, J. (2000) *The British Seaside*. Manchester: Manchester University Press.

Walton, J. and Poole, R. (1982) 'The Lancashire wakes in the nineteenth century', in R. Storch (ed.), *Popular Culture and Custom in Nineteenth-century England.* London: Croom Helm. pp. 100-24.

Walvin, J. (1978) *Beside the Seaside*. London: Allen Lane.

Wang, N. (2000) *Tourism and Modernity*. Oxford: Elsevier.

Ward, M. and Hardy, D. (1986) *Goodnight Campers! The History of the British Holiday Camp*. London: Mansell.

Warhurst, C., Nickson, D., Anne, W. and Cullen, M. A. (2000) 'Aesthetic labour in interactive service work: some case study evidence from the "new" Glasgow', *Service Industries Journal*, 3: 1-18.

Waters, S. (1967) 'Trends in international tourism', *Development Digest*, 5: 57-61.

Wates, N. and Krevitt, C. (1987) *Community Architecture*. Harmondsworth: Penguin.〔ニック・ウェイツ，チャールズ・ネヴィット『コミュニティ・アーキテクチュア――居住環境の静かな革命』塩崎賢明訳，都市文化社，1992年.〕

Wearing, B. and Wearing, S. (1996) 'Refocusing the tourist experience: the "flâneur" and the "choraster"', *Leisure Studies*, 15: 229-43.

Weaver, A. (2005) 'Interactive service work and performative metaphors: the case of the cruise industry', *Tourist Studies*, 5: 5-27.

Wells, L. (2001) 'Introduction', in L. Wells (ed.), *Photography: A Critical Introduction*. London: Routledge. pp. 1-8.

Welsh, E. (1988) 'Are locals selling out for a bowl of gruel?', *Sunday Times*, 11 December.

Welsh, E. (1989) 'Unmasking the special agents', *Sunday Times*, 26 February.

West, B. (2006) 'Consuming national themed environments abroad: Australian working holidaymakers and symbolic national identity in "Aussie" theme pubs', *Tourist Studies*, 6: 139-55.

West, N. (2000) *Kodak and the Lens of Nostalgia*. Charlottesville, VA: University of Virginia Press.

Whitaker, R. (1988) 'Welcome to the Costa del Kebab', *Independent*, 27 February.

White, D. (1987) 'The born-again museum', *New Society*, 1 May: 10-14.

Whittaker, E. (2009) 'Photographing race: the discourse and performance of tourist stenotypes', in M. Robinson and D. Picard (eds), *The Framed World: Tourism, Tourists and Photography*. Aldershot: Ashgate. pp. 117-38.

Whyte, W. F. (1948) *Human Relations in the Restaurant Industry*. New York: McGraw-Hill.

Wickers, D. and Charlton, G. (1988) 'Oh, we do like to be by the seaside', *Sunday Times*, 5 June.

Williams, A. and Shaw, G. (1988) 'Western European tourism in perspective', in A. Williams and G. Shaw (eds), *Tourism and Economic Development*. London: Belhaven Press. pp. 12-38.〔アラン・M・ウイリアムス，ガレス・ショー編『観光と経済開発――西ヨーロッパの経験』廣岡治哉監訳，成山堂書店，1992年.〕

Williams, R. (1972) 'Ideas of nature', in J. Benthall (ed.), *Ecology: The Shaping Enquiry*. London: Longman, pp. 146-66.〔ジョナサン・ベンソール編『エコロジー（上・下）』都留信也監訳，共立出版，1977-78年.〕

Williams, R. (1973) *The Country and the City*. London: Paladin.〔レイモンド・ウィリアムズ『田舎と都会』山本和平他訳，晶文社，1985年.〕

Williams, S. (1998) *Tourism Geography*. London: Routledge.

Wilson, A. (1988) 'The view from the road: nature tourism in the postwar years',

Borderlines, 12: 10-14.

Wilson, A. (1992) *The Culture of Nature*. Oxford: Blackwell.

Winter, T., Teo, P. and Chang, T. C. (eds) (2009) *Asia on Tour: Exploring the Rise of Asian Tourism*. London: Routledge.

Wittel, A. (2001) 'Toward a network sociality', *Theory, Culture and Society*, 18: 31-50.

Wolff, J. (1985) 'The invisible flâneuse: women and the literature of modernity', *Theory, Culture and Society*, 2: 37-48.

Wolff, J. (1993) 'On the road again: metaphors of travel in cultural criticism', *Cultural Studies*, 7: 224-39.

Wong, Jehn-Yih and Wang, Chih-Hung (2009) 'Emotional labor of the tour leaders: an exploratory study', *Tourism Management*, 30: 249-59.

Wood, K. and House, S. (1991) *The Good Tourist*. London: Mandarin.

Wood, M. (1974) 'Nostalgia or never: you can't go home again', *New Society*, 7 November: 343-6.

Wordsworth, W. (1984) *The Illustrated Wordsworth's Guide to the Lakes*. London: Book Club Associates (orig. 1810).〔ウィリアム・ワーズワス『湖水地方案内』小田友弥訳，法政大学出版局，2010 年.〕

Wouters, C. (1989) 'The sociology of emotions and flight attendants: Hochschild's Managed Heart', *Theory, Culture and Society*, 6: 95-124.

Wright, P. (1985) *On Living in an Old Country*. London: Verso.

Xiang, Z. S. and Gretzel, U. (2009) 'Role of social media in online travel information search', *Tourism Management*, 31: 179-88.

Young, G. (1973) *Tourism: Blessing or Blight?* Harmondsworth: Penguin.

Zukin, S. (1991) *Landscapes of Power*. Berkeley, CA: University of California Press.